Conseils et astuces

pour vous et votre maison

Conseils et astuces

pour vous et votre maison

Des solutions efficaces
et des idées futées
pour se simplifier la vie

QUE CHOISIR

Conseils et astuces

pour vous et votre maison

Publié par SAS QUE CHOISIR

SAS QUE CHOISIR – QUE CHOISIR ÉDITION

Président : UFC-Que Choisir, représentée par **Alain Bazot**

Directeur général : **Jérôme Franck**

Direction éditoriale : **Laure Sassier**

RÉALISATION DE L'OUVRAGE

Direction d'ouvrage : **Ingrid Caveri, Laure Sassier**

Conception graphique, maquette et iconographie : **ARCHIPEL STUDIO**

Rewriting : **Élisabeth Le Saux**

Correction et index : **Isabelle Macé**

Photogravure : **EG Atelier**

AUTEURS

Denise Crolle-Terzaghi
Sylvie Dumon-Josset
Valérie Garnaud
Françoise Maître
Sylvie Hampikian
Ingrid Van Houdenhove

COUVERTURE

Olivier Caldéron

Troisième édition

233 boulevard Voltaire, 75011 Paris
ISBN : 979-10-93588-10-0

Préface

Parce que gérer votre quotidien au mieux de vos intérêts a toujours été une des préoccupations majeures de l'UFC-Que Choisir, l'objectif de cet ouvrage est de vous donner des solutions efficaces et des conseils pratiques pour vous simplifier la vie.
Au fil des pages de cet ouvrage, vous découvrirez une multitude d'idées et astuces pour nettoyer, entretenir, réparer, cuisiner, jardiner… et prendre soin de vous. Autant de bons plans et de remèdes judicieux et fiables pour vous aiguiller vers les meilleures pratiques à adopter tout en vous mettant en garde contre certaines idées reçues bien ancrées mais sans fondement.

Dans tous les domaines de la vie quotidienne, il existe des trucs et astuces faciles à mettre en œuvre pour prévenir ou résoudre les petits soucis du moment. Un lavabo entartré ? Un détecteur de fumée à poser ? Un réfrigérateur qui consomme trop d'énergie ? Une sauce à rattraper ? Une tache récalcitrante sur un vêtement ? Un petit bobo à soigner ? Un sommeil perturbé ?… Restez serein ! Face aux coûteuses solutions du commerce, des alternatives sérieuses existent. Plus simples, plus saines et moins chères.

Alors, pourquoi vous ruiner à acheter ce que vous pouvez faire vous-même avec de simples produits ou outils que vous avez à portée de main ? Non seulement vous ferez des économies, mais votre santé et votre environnement ne s'en porteront que mieux. Envie de vivre malin ? Suivez le guide !

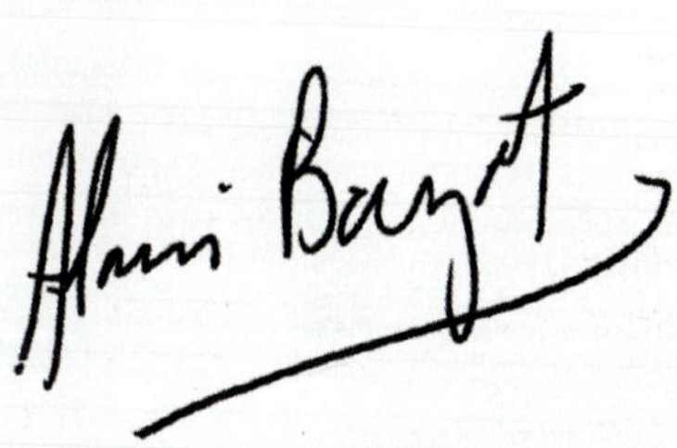

Alain Bazot
Président de l'UFC-Que Choisir

Sommaire

Ménage et nettoyage

Entretien général de la maison

Halte à la poussière !

La poussière est tenace et résistante : à peine délogée, elle reprend inlassablement possession des lieux, dans un cycle sans fin qui apparente volontiers le ménage au labeur de Sisyphe... Cette fine pellicule qui colonise nos intérieurs malgré nous est extrêmement complexe : fibres textiles, phanères humains et animaux (cheveux, ongles, poils), spores de moisissures, insectes morts, miettes d'aliments, composés chimiques toxiques... Voici quelques conseils pour la combattre efficacement.

Chasser la poussière avant qu'elle ne s'installe

❁ Pour repousser l'envahisseur, la stratégie de base consiste à effectuer un ménage régulier. Par conséquent, il est conseillé de passer le chiffon (voir p. 15) au moins une fois par semaine.

❁ Par ailleurs, de bonnes habitudes peuvent contribuer à limiter le développement de la poussière.

✓ L'installation d'un paillasson sur lequel essuyer ses chaussures en entrant permet d'enlever les grosses saletés ; on peut placer en sus dans l'entrée un tapis lavable qui permet de retenir des saletés résiduelles. Pensez à nettoyer l'un et l'autre régulièrement.

✓ Il est également utile de retirer ses chaussures et vêtements extérieurs aussitôt que l'on est rentré chez soi. On les rangera de préférence dans un placard, porte fermée.

> *C'est malin !*
>
> **Une question de bon sens**
>
> ▪ Pour déloger la poussière d'une pièce, ayez toujours le bon réflexe : attaquez de haut en bas !

> *Bon à savoir*
>
> **Les ennemis de l'aspirateur**
>
> ▪ Les aspirateurs n'aiment pas les poussières très fines telles que le plâtre, la farine, le ciment ou les cendres : risque d'encombrement ! Dans ces cas, une bonne vieille pelle et un balai pourront être d'abord utilisés, quitte à humecter le sol pour empêcher ces poussières de voleter.

✓ Les rebords de fenêtres et balcons sont des nids à saleté et projettent de la poussière à l'intérieur quand on ouvre les fenêtres. Là encore, un nettoyage régulier n'est pas du luxe !

✓ Si vous aimez les livres et bibelots, n'hésitez pas à investir dans une bibliothèque ou une vitrine fermées. Vous limiterez grandement leur dépoussiérage...

❁ Concernant le choix des revêtements de sol, le parquet, le linoléum ou encore le carrelage s'avèrent nettement préférables à la moquette (voir aussi encadré p. 34).

Aspirateur : attention aux filtres

❁ L'aspirateur est, de loin, votre meilleure arme contre la poussière, car au lieu de la déplacer (comme le feraient un plumeau et dans une moindre mesure un chiffon), il l'aspire. Mais, même s'il le fait convenablement, il se doit de la piéger et de la retenir, ce que tous les modèles ne font malheureusement pas avec la même efficacité (voir aussi p. 116). Rappelons que ces appareils sont équipés de deux filtres : celui qui protège le moteur de la

poussière et celui qui la retient lors de l'expulsion de l'air. Or, l'un et l'autre doivent être nettoyés ou changés régulièrement, pour éviter à la fois cette indésirable redispersion de poussières et l'odeur désagréable qui s'échappe parfois de l'appareil. Par ailleurs, les aspirateurs sont plus efficaces s'ils sont dotés d'un filtre HEPA, qui piège les particules plus fines.

Un chiffon : oui, mais pas n'importe lequel

- Pour pouvoir combattre efficacement la poussière, le choix de l'arme est essentiel et, en la matière, les lavettes en microfibre font bien mieux que les chiffons ordinaires. Composées de fibres synthétiques fabriquées à partir de polyester et de polyamide, 10 fois plus fines qu'un cheveu, elles n'ont pas leur pareil pour capturer poussières, bactéries et saletés. Elles opèrent sur toutes les surfaces, y compris le plastique et les écrans d'ordinateurs ou de téléviseurs qui, en raison de leurs propriétés électrostatiques, attirent particulièrement la poussière. Humides, elles viennent à bout de la poussière tenace sur les surfaces qui supportent l'eau. D'un coût modique, ces lavettes sont de surcroît très résistantes et lavables en machine – pensez à laver vos chiffons poussiéreux après usage !
- Attention, toutefois, à ne pas les confondre avec leurs consœurs jetables qui, non seulement ne se réutilisent pas, ne se recyclent pas, mais qui, en plus, contiennent souvent des composants nocifs pour la santé et néfastes pour l'environnement.
- Si vous n'avez pas de lavette en microfibre, pensez à humidifier légèrement le tissu que vous utilisez.

C'est malin !

Pour entretenir des lavettes en microfibre

- Si vous voulez que vos lavettes en microfibre conservent tout leur pouvoir d'adhérence, faites-les tremper dans de l'eau additionnée de glycérine, puis sécher – elles seront de nouveau parfaitement opérationnelles !

Coins et recoins

- Pour déloger les moutons inaccessibles, notamment ceux qui se nichent derrière les radiateurs, un plumeau sera très utile. Une fois qu'ils seront délogés, vous n'aurez plus qu'à les aspirer.
- Pour les coins particulièrement difficiles d'accès ou les objets très fragiles (fleurs séchées, abat-jour en papier…), le sèche-cheveux mérite d'être essayé. Certes, il ne fera que déplacer la poussière, mais vous pourrez ensuite l'essuyer à l'aide d'une lavette en microfibre.
- Votre bibliothèque et vos livres sont tout poussiéreux ? Là encore, un coup de chiffon ne suffit pas. Vous gagnerez à passer l'aspirateur, avec la brosse appropriée, sur le bord des étagères et le dessus des livres.
- Pour épousseter des stores vénitiens, il y a mieux que le plumeau, qui vous fera éternuer, et aussi efficace que l'aspirateur. Enfilez une paire de gants en coton et nettoyez les lamelles avec les doigts. À défaut et surtout si vos stores sont en PVC, vous pouvez aussi passer les mains dans deux vieux bas en Nylon imbibés d'eau savonneuse.

❁ Enfin, n'oublions pas les enfants : leurs peluches sont un endroit de prédilection pour la poussière. Pour les en débarrasser, lavez-les à 40 °C. Pour éliminer les acariens, un lavage à 60 °C s'impose, mais dans ce cas vérifiez que la peluche peut supporter cette température.

Décoration et ameublement en tissu

❁ Pour les rideaux, passez toujours l'aspirateur de haut en bas afin d'éviter que la poussière soulevée ne se redépose sur toute la longueur du pan. Et, pour allier esthétique et aspect pratique, remplacez vos draperies en tissu épais par des rideaux lavables.

❁ Concernant les canapés, fauteuils et coussins, veillez à aspirer avec la brosse adéquate. Si le tissu est fragile, il est plus prudent d'utiliser une brosse douce.

En hauteur

❁ Les armoires et autres meubles verticaux ont une fâcheuse tendance à stocker la poussière sur le dessus… Pour remédier à cet inconvénient, posez tout simplement une feuille de papier kraft ou de journal, invisible du dessous : il vous suffira de la remplacer de temps en temps.

❁ Si vous avez des poutres, c'est l'occasion d'utiliser la rallonge télescopique de votre aspirateur !

❁ Et le ventilateur fixé au plafond ? Lui aussi peut être débarrassé de la poussière accumulée grâce à deux vieux bas en Nylon. Glissez-y vos mains, enserrez les pales à deux mains, l'une sur le dessus, l'autre en dessous, et frottez.

Idée récup

Collants et bas filés, chaussettes en coton : bons pour la poussière !

- Ne jetez pas vos collants et bas filés : ils font d'excellents chiffons antistatiques, qui agrippent la poussière aussi bien que les poils d'animaux. En outre, placés sur l'embout de l'aspirateur, ils vous permettront de dépoussiérer un tapis à franges ou des rideaux à pompons sans les arracher. Mais leur recyclage ne s'arrête pas là. Fixé au bout d'un balai, un bas en Nylon capture également les toiles d'araignées qui, de la sorte, ne se retrouvent plus collées au plafond.
- Conservez aussi vos chaussettes en coton : elles serviront à essuyer délicatement vos bibelots, sans éparpiller la poussière.

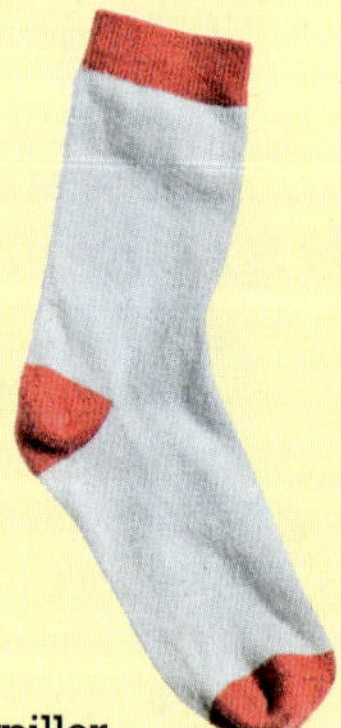

Sous les meubles

❁ Si vous souhaitez ranger des affaires sous votre lit, pensez à les protéger des moutons en les mettant dans une housse ou un bac de rangement avec couvercle en plastique, par exemple. Privilégiez quelques grands contenants plutôt que plusieurs petits. Il vous sera ainsi plus facile de les sortir et d'accéder au dessous du lit pour nettoyer.

Tapis et carpettes

❁ Parce que ce sont de grands réceptacles à poussière et saleté, tapis et carpettes doivent être nettoyés à fond.

✓ Avant toute chose, passez un bon coup d'aspirateur dessus !

✓ Pour les battre, suspendez-les à un fil à linge, une rambarde de fenêtre, une balustrade, à l'extérieur de la maison, et employez un manche à balai ou une vieille raquette de tennis.

✓ Si vous possédez une maison de campagne ou de vacances que vous fermez pendant de longs mois, vous pouvez les enrouler dans du papier journal ou du papier kraft avant de partir – ils seront ainsi protégés de la poussière durant votre absence. ■

Il est important de nettoyer à fond les tapis des chambres d'enfant

Chasser les mauvaises odeurs

Les mauvaises odeurs peuvent vite s'installer à la maison, mais elles ne sont pas non plus une fatalité ! Tout est une question d'hygiène, d'entretien et... de savoir-faire. Car de nombreuses astuces permettent non seulement de prévenir, mais aussi de combattre ces effluves malodorants. Dans tous les cas, ne vous laissez pas tenter ni abuser par les désodorisants d'intérieur qui, derrière leurs parfums capiteux, cachent souvent des molécules très toxiques.

Armoires et placards en bois

❁ Le bois est une matière noble et chaleureuse, mais aussi très prégnante. Il arrive donc qu'une armoire ou un placard en bois sentent le moisi. Dans ce cas, un petit décapage s'impose et la laine d'acier fait merveille en la matière.

✓ Videz le meuble puis, après avoir enfilé des gants de ménage pour protéger vos mains, frottez l'intérieur avec un tampon de laine d'acier – attention : suivez scrupuleusement le sens des nervures du bois, sinon gare aux rayures !

✓ Une fois l'opération terminée, passez un chiffon humide sur les étagères et les parois afin d'éliminer la poussière.

✓ Laissez sécher ou, mieux, passez le sèche-cheveux, qui délogera ainsi les derniers grains de poussière.

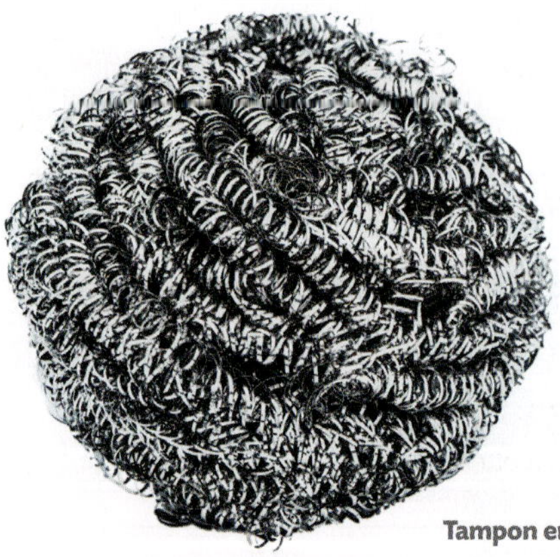

Tampon en laine d'acier

Idée récup

Pot-pourri de fleurs fanées

- Lavande, roses, muguet, lorsqu'ils sont fanés, exhalent encore leur parfum.
- Profitez-en pour confectionner un pot-pourri qui apportera une petite note parfumée à votre maison. La méthode est simple : récupérez les pétales, brins ou corolles des fleurs, laissez-les sécher bien à plat sur une feuille de journal, puis placez-les dans un joli panier avec, éventuellement, un bâton de cannelle.
- Dans le même ordre d'idées, on peut réaliser des sachets de senteur à glisser dans une armoire de chambre, par exemple, où ils embaumeront le linge.

✓ N'oubliez pas non plus de bien aérer la pièce ; votre meuble étant désormais débarrassé de toute trace d'humidité, fini l'odeur de moisi.

❁ Armoires et placards peuvent aussi sentir le renfermé. Plusieurs solutions s'offrent alors à vous, toutes sans danger et peu onéreuses : placez une coupelle dans le meuble concerné et mettez-y un peu de bicarbonate de soude ou quelques clous de girofle, une poignée de feuilles de menthe ou 2 à 3 brins de lavande. Si l'odeur de renfermé persiste, renouvelez ces désodorisants naturels. Nos grand-mères mettaient volontiers un bol de lait bouilli dans leurs placards. Peut-être un peu risqué pour les maladroits, mais pourquoi pas ? Il ne vous coûte rien d'essayer...

Chaussures

Quoi de plus gênant qu'une odeur de chaussures imprégnées de transpiration ? Surtout en été…

Pour y remédier, il suffit de saupoudrer l'intérieur de bicarbonate de soude. Et, ce dernier n'étant jamais en manque d'efficacité, faites-en aussi profiter votre placard à chaussures, dans la foulée… Car, outre ses vertus désodorisantes, il limiterait la prolifération de champignons et de moisissures. Pour vous faciliter la tâche, utilisez une salière, que vous aurez préalablement remplie de bicarbonate. Laissez agir au moins 12 heures avant de secouer vos chaussures ou d'aspirer le produit.

Vous pouvez sinon tamponner l'intérieur de vos chaussures avec un chiffon imbibé de vinaigre blanc (ou vinaigre d'alcool). Le procédé s'avère certes plus fastidieux, mais le résultat serait aussi plus durable !

Bon à savoir

Marc de café et odeurs d'évier

- Certains préconisent de verser du marc de café dans la bonde d'un évier pour éviter la formation de mauvaises odeurs. Mais cette astuce doit être employée avec prudence : tout dépend de l'état et de la configuration de vos sanitaires. Le marc peut ainsi boucher des canalisations qui seraient déjà engorgées ou qui présentent des courbes propices à l'encombrement.

Bouquet de romarin

Cuisine

Il suffit de préparer du chou-fleur, du poisson ou des frites pour que toute la maison empeste ! L'affaire peut même se corser si vous vivez en appartement, avec une cuisine à l'américaine… Usez alors des astuces suivantes : laissez frémir un bouquet de romarin dans de l'eau bouillante pendant une demi-heure, faites griller 2 ou 3 grains de café dans une poêle ou encore faites bouillir une casserole d'eau avec quelques clous de girofle. Les vapeurs parfumées qui se dégageront embaumeront non seulement la cuisine, mais aussi les autres pièces.

Évier, douche, lavabo

Lorsqu'une odeur désagréable s'échappe d'un évier, d'un lavabo, d'une douche ou d'une baignoire, deux suspects sont généralement en cause : les égouts qui refluent – dans ce cas, la solution n'est pas à la portée d'un particulier – et le couple bonde-siphon – l'un et/ou l'autre peuvent être engorgés. Avec le temps, en effet, diverses matières s'accumulent dans ces canalisations : saletés, résidus alimentaires, phanères (cheveux, ongles…), savon, champignons dus à l'humidité…

La solution consiste donc à les éliminer, soit à la main (pensez à mettre un gant fin !), soit à l'aide d'une aiguille à tricoter, voire d'un furet si les résidus sont difficiles à atteindre. L'odeur a alors toutes les chances de disparaître… et de revenir car, en s'évacuant, les eaux usées charrient des résidus qu'il convient de ne pas laisser stagner.

Mieux vaut par conséquent anticiper en nettoyant régulièrement la bonde et en veillant

C'est malin !

Contre l'odeur forte du vinaigre blanc

- Il est vrai que le vinaigre blanc (ou vinaigre d'alcool) sent fort, ce qui est un comble pour un désodorisant ! On peut toutefois améliorer son odeur en ajoutant, directement dans la bouteille, des petits clous de girofle ou quelques gouttes d'huile essentielle (citron ou arbre à thé, par exemple).

à l'entretien des canalisations. Comment ? En versant chaque semaine, dans le siphon, 2 cuillerées à soupe de bicarbonate de soude, autant de sel fin, puis de l'eau bouillante. Vous pouvez remplacer le sel par du vinaigre blanc. Cette opération, effectuée régulièrement, peut permettre de prévenir à la fois les mauvaises odeurs et les engorgements – sans usage de produits chimiques, soit dans le respect de l'environnement.

Lave-linge

- Votre lave-linge dégage une mauvaise odeur ? Quelques réflexes peuvent être utiles.

✓ Pour commencer, procédez au nettoyage de la cuve avec une éponge imbibée de vinaigre blanc.

✓ Puis retirez le bac à produits et lavez-le de la même manière.

✓ Pour finir, séchez ces deux éléments avec soin, par exemple avec une lavette en microfibre, très efficace. L'humidité engendrant des odeurs de moisi, il est également conseillé de laisser la porte du lave-linge ouverte après le lavage.

- Si, malgré ces précautions, une odeur désagréable persiste, c'est qu'il faut vidanger la machine. Débouchez le tuyau prévu à cet effet et laissez s'écouler l'eau croupie qu'il retient – attention : prévoyez une grande cuvette, la quantité d'eau pouvant être assez importante.
- Dernière recommandation : versez du vinaigre blanc dans le compartiment à produits et lancez un cycle à 90 °C, à vide. Ce produit simple possède un pouvoir à la fois anticalcaire et désodorisant.

Lave-vaisselle

- De lavage en lavage, la saleté et les résidus d'aliments s'accumulent, ce qui peut engendrer de mauvaises odeurs. D'où l'importance de bien vider les assiettes avant de les mettre en machine.
- Le filtre de l'appareil mérite également un soin particulier, car il est souvent encombré de restes de pâtes ou riz, par exemple. Pensez à le vider et à le nettoyer régulièrement, avec du liquide vaisselle.
- Pour l'entretien général, vous pouvez verser 50 g de bicarbonate dans la machine et lancer un programme de rinçage (à vide).
- Plus radical : versez un litre de vinaigre blanc (voir encadré ci-contre) – au fond de la cuve du lave-vaisselle – et faites un lavage et un rinçage à l'eau chaude (toujours à vide). Pratiqué deux à trois fois par an, ce nettoyage au vinaigre éliminera les odeurs tout en réduisant les dépôts de calcaire.
- Ponctuellement, on peut placer l'écorce d'un demi-citron pressé à l'intérieur du lave-vaisselle. Mais l'effet ne sera que temporaire, donc.

Le petit coin

- Les WC sont certainement la pièce qui abrite le plus d'odeurs gênantes, surtout lorsque aucune fenêtre ne permet d'aérer le lieu.
- Une solution possible consiste à vaporiser les parois de la cuvette de vinaigre blanc.
- Vos toilettes pourront même sentir bon si vous versez quelques gouttes d'huile essentielle d'arbre à thé, par exemple, dans une coupelle d'argile ou sur un rond d'ampoule en terre cuite.

Une dernière astuce, toute simple, pour masquer temporairement une odeur incommodante : craquez une allumette ! La combustion du soufre modifie instantanément l'air ambiant.

Poubelle

La poubelle à déchets ne peut pas, par définition, sentir bon… mais il est tout de même possible d'atténuer ses mauvaises odeurs en versant 2 grosses cuillerées à soupe de bicarbonate de soude au fond du sac poubelle. À défaut, on peut aussi répandre un peu de sable ou de litière de chat (non usagée). Bien entendu, l'astuce ne dispense ni de nettoyer, ni de désinfecter la poubelle.

Réfrigérateur

Lorsqu'un réfrigérateur sent mauvais, cela révèle généralement quelques négligences dans son entretien ou un rangement inapproprié des aliments.

Comme tous les appareils ménagers, celui-ci nécessite en effet un nettoyage régulier (voir p. 100).

Pour autant, ces efforts peuvent être balayés par une mauvaise répartition ou un stockage inadéquat des denrées alimentaires. Les fruits et légumes sont-ils bien placés dans les bacs prévus à cet usage ? De même, le fromage et les restes de repas sont-ils conservés, comme il faut, dans des boîtes hermétiques ?

Si, malgré tout, votre réfrigérateur dégage une désagréable odeur, placez-y une coupelle de bicarbonate de soude ou d'argile, ces deux produits ayant un bon pouvoir désodorisant.

Le bicarbonate de soude, très utile contre bon nombre de mauvaises odeurs

Bon à savoir

Désodorisants d'intérieur : attention, substances nocives !

- Des tests Que Choisir l'ont prouvé : les désodorisants d'intérieur sont, pour la plupart, nocifs pour la santé. Leurs diverses émanations induisent une véritable pollution de l'air intérieur des logements. Aérosols, huiles essentielles, bougies, diffuseurs, lampes, encens… les produits acceptables sont rares. On leur reproche notamment de contenir des molécules potentiellement allergènes ou irritantes, voire, plus grave, de dégager des substances cancérogènes. Méfiez-vous aussi des soi-disant sprays assainissants (vendus notamment en pharmacie) qui, à grand renfort de publicité, prétendent « purifier l'air » alors que bien au contraire, ils le chargent de polluants.
- Concernant les parfums d'intérieur dits « naturels », il n'existe à ce jour aucune réglementation permettant de les homologuer comme tels. Et les tests, là encore, ne plaident pas en leur faveur… On se méfiera donc des allégations publicitaires prônant un « assainissement de l'air », un « air sain » ou un « air pur ». Il s'agit, la plupart du temps, d'une pure supercherie…
- La meilleure façon de respirer un air sain chez soi reste, non pas de recourir aux désodorisants d'atmosphère, mais de bien nettoyer (voir p. 14) et d'aérer régulièrement (voir p. 140) !

Tabac froid

Il n'existe qu'une solution vraiment efficace – mais peu pratique en hiver – contre les odeurs de tabac froid : aérer plusieurs heures, en pensant à éteindre le chauffage.

Sinon, les cendriers gagneront à être vidés au plus vite et lavés avec du vinaigre blanc, qui désodorise et assainit à la fois.

Certains, par précaution, font brûler des bougies ou de l'encens. Ce n'est pas conseillé : leur effet n'est notable que si la pièce est petite et, surtout, leur usage s'avère généralement toxique (voir encadré ci-dessus). ■

Stop aux nuisibles

Sous le terme générique de nuisibles, on regroupe un certain nombre de petits animaux qui peuvent s'avérer indésirables, voire parasites et destructeurs. Il convient donc de connaître les moyens appropriés pour s'en débarrasser. Sachant que la prévention constitue une bonne arme contre l'invasion !

Les bonnes parades contre les petits envahisseurs

Quelques astuces préventives peuvent vous aider à vous protéger des petites bêtes qui envahissent votre maison !

Un bon réflexe consiste à prendre soin de fermer toutes les ouvertures le soir, fenêtres comme portes, la lumière des lampes attirant certains insectes. C'est particulièrement vrai en été. Vous pouvez aussi installer des moustiquaires aux fenêtres et des rideaux (lanières en plastique ou perles) aux portes donnant sur l'extérieur, notamment la porte d'entrée.

Une maison bien tenue constitue une règle de base pour tenir à distance les nuisibles.

✓ Côté entretien, assurez-vous que la poubelle est toujours bien fermée et videz-la régulièrement. Passez également l'aspirateur pour éliminer les miettes d'aliments. Enfin, laver le sol avec du savon noir est un bon moyen de barrer la route à de nombreux insectes, mais on prendra la précaution de mettre des gants, car il peut irriter les peaux sensibles (à tenir hors de portée des enfants).

✓ Côté hygiène alimentaire, on sera particulièrement attentif aux denrées périssables dans la cuisine. Il est préférable de ranger les aliments dans des boîtes hermétiquement fermées, certains nuisibles grignotant volontiers le papier et le carton. Beaucoup, également, raffolent du sucre, notamment les fourmis, mais aussi les abeilles et guêpes. Soyez donc vigilant avec tous les produits sucrés (sucre, chocolat, bonbons...), sans oublier les fruits. Pour ne pas tenter le diable, pensez à bien fermer les bocaux de confiture et les pots de miel, des mets de choix. De même, ne laissez traîner ni vaisselle ni déchets comportant des traces de sucre.

Bon à savoir

Bois de châtaignier : un répulsif naturel ?

▪ On a constaté que les charpentes en châtaignier, un bois riche en tanins, étaient souvent épargnées par les insectes. Il peut donc s'avérer profitable de répartir des branches de châtaignier dans une cave ou sur une armoire.

Araignées

Les araignées ont contre elles leur apparence repoussante, qui fait hérisser le poil, et les toiles, parfois envahissantes, qu'elles tissent. Pourtant, ces précieux ouvrages de soie constituent de redoutables pièges pour de nombreux insectes volants, neutralisant ainsi des indésirables comme les moustiques. Ces dames, en quelque sorte, passent la toile pour nous ! Si vous tenez malgré tout à vous en débarrasser, certains remèdes sont réputés les éloigner. Libre à vous de tester ces quelques astuces dans votre maison :

✓ L'huile essentielle de marronnier d'Inde est utilisée comme répulsif : vous pouvez en disposer quelques gouttes sur le tour des fenêtres et les cadres de portes, ce qui éloignerait les araignées, incommodées par l'odeur.

✓ Les feuilles de tomates fraîches auraient le même effet.

✓ Enfin, le bois de châtaignier pourrait aussi s'avérer efficace (voir encadré ci-dessus).

Cafards (ou blattes)

Les cafards sont des survivants de l'ère primaire, c'est dire si ces insectes s'avèrent coriaces et difficiles à éradiquer. Associés à l'insalubrité, ils sont soupçonnés de transmettre des maladies, mais la question reste débattue. En effet, s'il est prouvé que les cafards véhiculent de nombreux agents infectieux, rien ne permet de démontrer une transmission régulière à l'homme dans les pays occidentaux, du moins en l'état actuel des connaissances. En revanche, on sait avec certitude que ces animaux provoquent des réactions allergiques respiratoires, essentiellement dues aux déjections et débris de mue.

Pour les combattre, la première mesure est d'éliminer, si possible, les conditions favorables à leur installation, soit la chaleur et l'humidité, mais aussi, parfois, la saleté. En pratique, on se montrera particulièrement vigilant dans la cuisine, leur lieu de prédilection : une simple couche de graisse accumulée derrière la cuisinière suffit à assurer leur survie et leur reproduction… Faites aussi la chasse aux miettes, y compris dans le grille-pain ! Prenez soin de nettoyer régulièrement cafetière, cuisinière, tour et dessous des gros appareils électroménagers, qui tous dégagent de la chaleur et sont donc prisés des blattes. Veillez à bien aérer tant la cuisine que la salle de bains, pour éviter la condensation et ainsi des sources d'eau pour ces insectes. Si vous ne voulez pas les appâter, évitez de laisser la vaisselle sale tremper dans l'évier, surtout le soir – n'oubliez pas qu'elles vivent la nuit ! Il est également préférable de ranger les aliments dans des boîtes hermétiques, pour couper court à toute tentation. Enfin, là encore, on veillera à ce que la poubelle reste bien fermée et soit vidée régulièrement.

Malgré tout, des mesures individuelles peuvent ne pas suffire, même bien menées. C'est notamment le cas si vous vivez en immeuble ou habitez au-dessus d'un magasin d'alimentation ou d'un restaurant. Pour venir à bout durablement de ces intrus, il faut alors traiter le problème à l'échelle générale, collective, et faire intervenir une entreprise spécialisée. Renseignez-vous, au besoin, auprès de votre mairie ou du syndic de votre immeuble.

Bon à savoir

Les insecticides domestiques : à éviter

Les insecticides du commerce (appelés biocides quand on les emploie à la maison) sont souvent efficaces pour éradiquer les petites bêtes, mais au prix d'une toxicité non négligeable : ils contribuent, dans nos logements, à la pollution de l'air intérieur (ils comportent parfois même des molécules déjà interdites en agriculture en raison de leur toxicité pour l'homme ou l'environnement). Il s'avère nettement préférable de miser sur la prévention et les solutions mécaniques. Si, malgré tout, vous devez y avoir recours, veillez à bien aérer une fois que l'insecticide a agi et n'hésitez pas à consulter des tests comparatifs afin de choisir le produit le moins agressif pour la santé.

Fourmis

Les fourmis sont très gourmandes de sucre, aussi ne les tentez pas et usez de précautions (voir p. 22) ! Mais ces dames ont aussi leurs aversions : elles n'aiment pas le savon noir et détesteraient certaines textures ou odeurs, telles celles du bicarbonate de soude, de la poudre de café, du poivre de Cayenne et du sel, de la sauge verte et du basilic. Profitez-en pour en placer aux points stratégiques, dans les placards et près des portes et fenêtres, ce qui devrait les détourner de leur chemin. Il suffit de déposer les ingrédients dans des coupelles.

Du basilic pour éloigner les fourmis

Guêpes, abeilles et frelons

Comme les fourmis, les guêpes adorent les sucreries. À l'intérieur, prenez soin de ranger tout aliment sucré et de bien fermer la poubelle. Dehors, si vous voulez déjeuner en paix, misez sur leur appétence pour le sucre et disposez un piège à quelque distance de la table. Pour ce faire, coupez une bouteille en plastique par le milieu, retournez la partie comportant le goulot, calez-la dans un verre ou un pot et versez-y du sirop non dilué, par exemple, ou encore du jus de fruits ou du cidre. Cet appât devrait faire diversion et attirer les guêpes, qui ont peu de chances d'en ressortir, la gourmandise étant un vilain défaut chez les animaux…

Dans tous les cas, évitez les gestes brusques, qui ne feraient que susciter l'agressivité des guêpes (voir aussi p. 237).

Mouches

Insectes apparus il y a 250 millions d'années et présents dans toutes les régions du globe, les mouches font preuve d'une exceptionnelle et désespérante capacité d'adaptation… Rien qu'en France, on en dénombrerait pas moins de 600 espèces. La plus répandue d'entre elles, la mouche domestique, s'introduit dans les maisons dès le retour des beaux jours. Sa visite est souvent furtive. En effet, ces mouches ne cherchent pas à établir leurs quartiers, les femelles ayant juste besoin d'un endroit pour pondre leurs œufs et assurer la nourriture des larves. En quête de matières organiques fraîches ou en putréfaction, elles jettent notamment leur dévolu sur la viande, le fromage, les légumes et les fruits – surtout les épluchures et les fruits mûrs.

Il faut donc veiller en priorité à couvrir et ranger tous les aliments frais. La poubelle, cible privilégiée, doit toujours être fermée et vidée régulièrement. Une bonne hygiène reste le meilleur rempart contre les mouches.

Si vous habitez dans une maison, pensez à vérifier que la cave et le grenier n'abritent pas de cadavres de rongeurs ou d'oiseaux.

Enfin, plus rarement, certaines conditions sont favorables aux mouches, même dans une maison bien entretenue : présence d'un élevage, d'un tas de fumier ou d'un point d'eau stagnante à proximité. Dans ce cas, on fera au mieux pour les éliminer…

Idée reçue

Insectes : qui pique, qui ne pique pas ?

- **Le bourdon** pique ? Généralement non, ce n'est pas un insecte agressif. Seuls les bourdons femelles ont un dard et ne piquent que par autodéfense.
- **Les moustiques** piquent les personnes qui ont beaucoup de sucre dans le sang ou qui portent un parfum ? Non. Avec leurs antennes, ils repèrent notre chaleur corporelle et le gaz carbonique que notre peau dégage. Avec leurs yeux, ils voient nos mouvements.

Mites

Ce sont les chenilles des mites, et non les mites adultes, qui grignotent nos vêtements en laine ou en soie.

Elles raffolent également de notre odeur ! Ce qui explique que des habits propres les intéressent beaucoup moins, *a fortiori* s'ils ont été repassés, la chaleur du fer les indisposant.

Comme ces petites larves n'aiment pas non plus être dérangées, elles préfèrent les endroits calmes : en fin d'hiver, prenez soin de mettre les vêtements que vous ne porterez plus dans une housse hermétique !

Étant friandes de laine, les mites s'attaquent bien sûr aux couvertures : là encore, pour éviter l'invasion, pensez à les laver et à les protéger une fois l'hiver passé. Vous pouvez tout simplement les enfermer dans des sacs en plastique.

Tapis, tapisseries et matelas ne sont pas en reste : secouez-les régulièrement au grand air, pensez à les brosser et à les aspirer.

Certains répulsifs naturels, comme la lavande ou le bois de cèdre, sont également utiles, à condition qu'ils restent odorants – n'oubliez pas de les remplacer de temps en temps.

Moustiques

Démangeaisons insupportables, réactions allergiques, insomnie : l'été, les moustiques nous gâchent la vie. Pour éviter et calmer les piqûres, quelques gestes simples peuvent être utiles : voir p. 236.

Punaises de lit

❁ Comme son nom l'indique, ce petit parasite affectionne les lieux calmes et sombres tels que la chambre, où les malheureux dormeurs se font piquer à leur insu, la nuit (des piqûres souvent en rang d'oignons ou groupées, sur le dos, les bras ou les jambes). Une fois repu de sang (dont on retrouve souvent des traces sur les draps), il part s'abriter à proximité des lits, dans les fentes des boiseries et les jointures des literies, sous les tapis, mais aussi derrière les tableaux et sous les papiers peints, s'il y a de la place ! Autant dire que la punaise doit être traquée dans les moindres recoins de la chambre : elle se débusque par la présence de petits points noirs, ses excréments.

❁ Pour en venir à bout, l'aspirateur peut vous aider : en cas d'invasion, agissez rapidement et aspirez soigneusement votre matelas (y compris les coutures) à l'aide du bec suceur (embout fin), ainsi que les plinthes, les recoins, les dessous de tapis, les fauteuils, l'arrière des meubles et des tableaux… Attention, si les œufs et les insectes ont été aspirés, ils n'ont pas été tués et pourraient ressortir : fermez hermétiquement le sac de l'aspirateur immédiatement après, emballez-le dans un sac en plastique et jetez-le dans une poubelle extérieure. Nettoyez l'aspirateur (vous pouvez plonger le tuyau et les accessoires dans une eau à plus de 60 °C).

❁ Lavez les draps et les vêtements rangés près du lit à plus de 60 °C et, si possible, passez-les au sèche-linge. Pour éviter que les punaises infestent d'autres parties de la maison, transportez le linge dans des sacs bien fermés (sacs que vous jetterez ensuite) avant de le mettre en machine. Faites de même avec les couettes et les oreillers.

❁ Pour les vêtements qui ne peuvent être lavés à 60 °C et les petits objets infestés, vous pouvez utiliser le froid : mettez-les au congélateur à – 18 °C pendant au moins 72 heures.

Souris

❁ Ce petit mammifère craintif, qui détale au moindre bruit, est loin d'être inoffensif.

❁ Les souris rongent tout, y compris les fils électriques et les tuyaux. Qui plus est, ces rongeurs déposent leurs urine et excréments partout où ils passent, rendant ainsi les denrées souillées impropres à la consommation, et peuvent transporter des parasites (gale, teigne, puces, poux) transmissibles à l'homme.

❁ Certains répulsifs à base d'huiles essentielles sont réputés les chasser, comme l'ail, le lavandin ou l'eucalyptus, mais ils n'ont pas toujours l'effet escompté et, surtout, sont à éviter dans les pièces d'habitation en raison de leur forte odeur, voire des risques d'allergie.

❁ Quant aux systèmes à ultrasons, qu'ils soient à piles, électriques ou à énergie solaire, leur efficacité est également très discutée.

❁ Si vous avez un chat, lâchez-le : c'est à lui de jouer ! Sinon, n'hésitez pas à solliciter le voisinage : il y a toujours un minou dans les parages. Demandez alors à recueillir un peu de sa litière – usagée, bien sûr, pour les odeurs – et garnissez-en un vieux bas ou un collant : placé sur le chemin supposé des souris, il pourrait les faire fuir.

❁ Autre possibilité à envisager : poser un piège mécanique. Sachant que les souris se méfient de l'odeur humaine, il est conseillé de mettre des gants quand on l'installe. De même, avant de le réutiliser, on prendra toujours soin de le laver car, là encore, elles pourraient se méfier en reniflant l'odeur de la victime passée. Les pièges ont l'avantage d'être peu coûteux, réutilisables, et ils permettent de récupérer la souris morte avant que son cadavre n'empuantisse les lieux, ce qui ne manquerait pas d'attirer d'autres animaux indésirables (mouches et autres insectes). ■

Nettoyer du sol au plafond

Bichonner sa maison, c'est un peu comme prendre soin de soi. On aime qu'elle sente le propre et le frais, que ses sols reluisent, que ses vitres brillent ! Vous trouverez ici des conseils de fée du logis pour tout nettoyer, du sol au plafond, sans recourir aux cocktails de détergents du commerce.

Pour tout nettoyer du sol au plafond : le nettoyant multiusages

Les messages publicitaires n'ont de cesse d'inciter le consommateur à multiplier ses achats en termes de produits ménagers : il faudrait ainsi des produits distincts pour le sol de la cuisine, pour le sol de la salle de bains, pour les plans de travail, pour la baignoire ou la douche… on n'en finit plus ! Or, avec un bon nettoyant multiusages, vous pouvez tout faire ou presque dans la maison. Il vous servira aussi bien à lessiver les sols (en carrelage ou en lino) qu'à nettoyer un plan de travail ou une faïence murale. Il s'utilise dilué en entretien courant ou pur s'il faut venir à bout de taches rebelles. Encore faut-il bien le choisir. Des tests Que Choisir ont montré que tous les nettoyants multiusages du commerce n'ont pas la même efficacité. De plus, nombre d'entre eux polluent encore l'air intérieur de manière non négligeable (voir encadré ci-contre). N'hésitez pas, par conséquent, à consulter des tests comparatifs. L'application gratuite *Quelproduit* de l'UFC-Que Choisir pourra vous renseigner sur leur composition.

Plutôt que de vous encombrer avec de nombreux produits, utilisez un nettoyant multiusages

Bon à savoir

Nettoyants multiusages du commerce : un cocktail de substances chimiques

Comme le prouvent les tests menés par Que Choisir, les nettoyants multiusages du commerce émettent encore trop de COV (composés organiques volatils), nocifs pour la santé. Beaucoup continuent notamment de rejeter du formaldéhyde, même s'il s'agit de très faibles quantités. Or, cette substance chimique s'avère irritante même à faibles doses, que ce soit pour la peau, les yeux ou les voies respiratoires, sans compter ses effets cancérogènes avérés. Aussi, quand vous utilisez ce type de produits, veillez à aérer largement votre logement, pour limiter la pollution de l'air intérieur (voir aussi p. 140). Les mélanges de produits, en outre, sont à éviter, car les interactions entre substances peuvent accroître leur nocivité – un cocktail explosif !

Préparer son propre nettoyant multiusages

Vous pouvez fabriquer vous-même votre propre nettoyant multiusages. Il constituera une alternative peut-être moins efficace mais plus saine que les produits industriels équivalents.

Pour ce faire, récupérez un vaporisateur (de 500 ml de contenance), rincez le flacon et procédez comme suit :

✓ Versez dans le flacon 1 à 3 cuillerées à café de savon neutre liquide (ou « base ») – base lavante, sans aucun additif, que l'on trouve principalement dans certains magasins bio et drogueries ou sur Internet.

✓ Ajoutez 1 à 2 cuillerées à café de bicarbonate de soude.

✓ Complétez avec de l'eau chaude et mélangez.

Ce nettoyant se conserve plusieurs mois. Il s'applique avec une lavette ou une serpillière en microfibre ou se vaporise directement sur la surface à nettoyer. Épongez et rincez.

Opération antigras

Savon noir

❁ Le savon noir constitue un bon produit dégraissant. Il s'avère donc tout indiqué pour les surfaces très exposées comme les plans de travail, les plaques de cuisson, mais aussi les hottes et crédences. On l'utilise dilué, à raison de 1 cuillerée à soupe dans un seau d'eau. Ce produit pouvant irriter les peaux sensibles, il est recommandé de mettre des gants et de le tenir hors de portée des enfants.

❁ Autre solution efficace pour dégraisser les surfaces : un mélange d'eau (un seau), de savon de Marseille ou de savon neutre liquide (2 bouchons) et de vinaigre blanc (1/2 verre).

Savon de Marseille

❁ Les cristaux de soude (ou carbonate de soude) sont quant à eux utiles pour venir à bout d'une couche de gras particulièrement épaisse. Ils doivent être dissous dans l'eau, seuls ou avec du savon (savon de Marseille ou savon noir), pour un nettoyage musclé : comptez 1 cuillerée à soupe de cristaux de soude et 1 bouchon de savon pour un seau d'eau. Le port de gants, ici aussi, est conseillé, car les cristaux de soude peuvent se révéler irritants ; de même, on veillera à les garder hors d'atteinte des enfants.

❁ Sur les matières comme le marbre ou le granit, il convient d'employer les cristaux de soude avec précaution, du fait de leur effet abrasif. Il vaut mieux d'abord faire un essai, en prenant soin de ne pas frotter trop fort. Le savon noir, en revanche, conviendra très bien dans la mesure où il fait briller et nourrit, notamment le marbre. Il existe aussi des alternatives plus douces : nettoyant multiusages ou terre de Sommières (voir encadré p. 87), par exemple. Dans tous les cas, voici comment procéder :

✓ Versez le produit de votre choix sur la tache de graisse.

✓ Frottez la surface avec une éponge humide. S'il s'agit de terre de Sommières, il faut laisser agir au moins 2 ou 3 heures, voire une demi-journée.

✓ Rincez et passez un linge sec pour éviter toute trace disgracieuse.

Cuisine, toilettes et salle de bains : nettoyer en toute sécurité

❁ Les toilettes et la salle de bains, comme la cuisine, sont des pièces qui exigent une vigilance particulière, car elles sont susceptibles d'abriter des micro-organismes indésirables (voir notamment la question des salmonelles, p. 28). Du fait de ses propriétés antiseptiques, le vinaigre blanc constitue une solution à la fois écologique, sûre pour la santé et économique, en complément d'un nettoyant multiusages. Il suffit d'ajouter 1 cuillerée à soupe de vinaigre blanc dans le nettoyant multiusages fait maison (voir p. 26). Vous pouvez appliquer cette solution sur les surfaces, les éviers et lavabos, la baignoire… Frottez à l'éponge, rincez puis séchez à l'aide d'une lavette (sèche) en microfibre.

❁ Pour les éviers, lavabos, bac de douche… l'idéal est de disposer d'une bonde ou d'une crépine permettant de recueillir le surplus de saletés et de résidus, ce qui permet de les vider et de les nettoyer régulièrement. Une petite astuce pour déloger les saletés installées : glissez de temps en temps un goupillon dans l'orifice.

Salmonelles et Campylobacter

Parmi les bactéries qui rôdent dans nos cuisines, certaines font beaucoup parler d'elles : les salmonelles. Selon l'Institut Pasteur, ce sont elles qui provoquent le plus d'intoxications alimentaires en France. Bien moins connue du grand public, la bactérie *Campylobacter*, principalement présente dans la viande de poulet, est susceptible de causer la campylobactériose. Cette maladie est la maladie d'origine alimentaire la plus fréquemment signalée dans l'Union européenne. Quelques règles d'hygiène s'imposent pour mieux se protéger.

On se lavera toujours soigneusement les mains avant de cuisiner, au savon, en insistant sur les ongles.

Il est important de nettoyer, rincer puis sécher les surfaces (table, plan de travail, planche) avant d'y poser des aliments. Le nettoyage peut se faire à l'eau savonneuse ou avec un nettoyant multiusages.

Les bactéries transitant d'un aliment à un autre, il ne faut pas utiliser la même planche ou les mêmes ustensiles pour les aliments crus qu'on prépare (notamment poissons, viandes et volailles, avant de les cuire) et pour des aliments qu'on ne fera pas cuire ou recuire (crudités, fruits, plats déjà cuits…) On évite ainsi le risque de contamination croisée.

Il importe également de laver avec soin tous les ustensiles de cuisine et les robots ménagers. Sans oublier de changer régulièrement les torchons et serviettes.

Dans le réfrigérateur, on pensera à séparer les aliments crus des aliments cuits, mais aussi à placer les restes de repas dans une boîte hermétique. Réfrigérateur et congélateur seront, de même, nettoyés régulièrement, car si le froid « endort » les germes, il ne les tue pas (voir aussi p. 100).

Bon à savoir

Les produits antibactériens sont-ils vraiment indispensables ?

- « Détruit les bactéries », « élimine 100 % des microbes et bactéries », « désinfecte en profondeur »… Les publicités n'hésitent pas à stigmatiser notre hantise des microbes et des maladies. Or, à la maison, nul besoin d'évoluer dans un environnement stérile comme à l'hôpital : garder un intérieur raisonnablement propre est suffisant.
- Qui plus est, cet hygiénisme soigneusement entretenu par les fabricants peut se doubler d'effets pervers en éliminant les bonnes bactéries, celles qui régulent les souches bactériennes résistantes. Le contact avec les bactéries est, précisément, ce qui permet à l'organisme de se forger des défenses immunitaires efficaces – ainsi, certaines allergies seraient favorisées par un excès d'hygiène. Trop de propreté peut donc être néfaste ! En outre, la surutilisation de ces antibactériens risque d'amoindrir leur efficacité si les microbes qui leur résistent se multiplient, notamment en milieu hospitalier.
- Ne vous y trompez pas : à la maison, le meilleur moyen de venir à bout de la saleté est tout simplement de l'éliminer physiquement avec de l'eau chaude, du savon (ou du produit nettoyant multiusages), du vinaigre blanc (un antibactérien dont l'action désinfectante est désormais prouvée) et un peu d'huile de coude.

Moisissures

Pour prévenir le développement de moisissures, il est recommandé d'assurer une bonne aération dans la maison (voir encadré p. 141) et d'éviter l'excès d'humidité (voir encadré p. 30). Quelques astuces permettent également d'en atténuer les effets.

Les moisissures ont une prédilection pour les joints des carrelages. Dans ce cas, plusieurs solutions s'offrent à vous.

✓ Vous pouvez essayer de les éliminer en passant, après nettoyage, une brosse à dents trempée dans du jus de citron. Laissez agir quelques minutes, puis frottez avec une éponge à peine humide avant de rincer et sécher. Vous pouvez aussi utiliser un mélange de citron et de bicarbonate de soude.

✓ Le vinaigre blanc peut être efficace ; il est notamment reconnu pour son action fongicide. Son utilisation permettra du même coup d'enlever le tartre. Si vos joints sont un peu abîmés et que vous craigniez de les endommager davantage, diluez le vinaigre dans de l'eau.

Fruit and Vegetables

Les bons gestes

Pour éviter l'excès d'humidité

- Lorsque vous cuisinez à l'eau ou à la Cocotte-Minute, pensez à couvrir les casseroles et à ouvrir la fenêtre ou à activer la hotte aspirante, si vous en possédez une, pour évacuer la vapeur d'eau.
- De même, ouvrir les fenêtres après chaque douche ou bain limite la condensation. On n'hésitera pas par ailleurs à éponger les murs carrelés de la salle de bains ainsi que les parois de la cabine de douche, soit à l'aide d'une raclette à vitres, soit avec une lavette en microfibre (sèche). Des précautions qui valent également pour les surfaces carrelées de la cuisine.
- Si vous avez le choix, il est préférable de faire sécher votre linge à l'extérieur de la maison.
- Enfin, si vos fenêtres sont équipées d'une grille d'aération, veillez à ne pas l'obstruer et à ne pas placer de meuble devant : elle est précieuse pour la circulation de l'air !

✓ Enfin, l'eau de Javel (voir encadré p. 31) mérite d'être essayée sur les joints moisis, car elle possède une action à la fois blanchissante et désinfectante (en revanche, ce n'est pas un nettoyant). Il convient toutefois de l'employer avec parcimonie, diluée (50 % d'eau de Javel, 50 % d'eau froide), en se servant d'une brosse à dents. Pensez ensuite à rincer et sécher la surface concernée.

❁ Sur les tapis et moquettes, vous pouvez utiliser du bicarbonate de soude. Saupoudrez la poudre directement et uniformément sur les parties moisies, puis laissez agir au moins un quart d'heure et passez l'aspirateur. Le traitement sera d'autant plus efficace que les traces de moisissures sont légères et récentes.

Calcaire

❁ Que ce soit pour prévenir les dépôts de calcaire ou détartrer les surfaces, le vinaigre blanc est votre allié de choix : il peut remplacer efficacement les détartrants du commerce. Voici comment procéder :

✓ Récupérez un vaporisateur (de 500 ml ou 1 litre de contenance).

✓ Préparez un mélange de 50 % de vinaigre blanc et 50 % d'eau.

✓ Vaporisez sur la surface à détartrer et laissez agir le temps nécessaire. En général, pour un nettoyage hebdomadaire, une dizaine de minutes suffisent pour prévenir les dépôts de calcaire.

❁ Ne négligez pas les robinetteries, cible quotidienne du tartre. Les robinets seront régulièrement frictionnés avec ce mélange, avant rinçage et séchage (avec une lavette en microfibre). S'agissant des traces de calcaire incrustées, comme celles qui se déposent autour des robinets difficiles d'accès, il est préférable d'appliquer le vinaigre blanc pur à l'aide d'un papier absorbant que l'on enroulera à la base des robinets, là où l'eau stagne. Laissez agir 1 heure ou plus, le temps que le calcaire se dissolve, puis passez l'éponge, rincez et séchez.

❁ Pour les mitigeurs, si votre eau est très calcaire, un petit bain détartrant sera le bienvenu : faites ainsi tremper de temps en temps le bec du mitigeur (si vous pouvez le dévisser) et le pommeau de douche dans de l'eau vinaigrée chaude.

❁ Vous pouvez aussi fabriquer une pâte à récurer détartrante, qui ne rayera pas les surfaces :

✓ Prenez un petit pot en verre, un pot à yaourt par exemple. Versez-y 2 cuillerées à soupe de bicarbonate de soude, puis ajoutez progressivement 2 cuillerées à soupe de vinaigre blanc. La solution va entrer en effervescence durant quelques secondes.

✓ Une fois la réaction terminée, mélangez le tout.

✓ Appliquez cette pâte sur la zone entartrée à l'aide d'une brosse à dents, puis frottez et, enfin, passez une éponge à peine humide.

WC

❁ Le cabinet d'aisances se doit d'être à l'abri des mauvaises odeurs, bien sûr, mais aussi de la saleté et du tartre. Vous pouvez réaliser vous-même un produit qui conciliera toutes ces exigences, une sorte de tout-en-un :

✓ Dans un vaporisateur, mélangez du vinaigre blanc et de l'eau à parts égales. Vous obtiendrez une solution antitartre et antiseptique.

✓ Pour la propreté, ajoutez-y quelques cuillerées à café de savon noir ou de savon neutre liquide.

❁ Vaporisé quotidiennement, à l'intérieur comme à l'extérieur de la cuvette, ce nettoyant WC assure une parfaite hygiène et prévient – voire déloge – le tartre déjà installé.

❁ Pour parfumer, vous pouvez rajouter quelques gouttes d'huile essentielle, comme l'arbre à thé, le citron ou l'eucalyptus radié. Mais ayez la main légère, car ces huiles peuvent relarguer des COV (voir encadré p. 141).

❁ Si, toutefois, vous remarquez des taches récentes dans le fond des toilettes, versez 1 cuillerée à soupe de bicarbonate de soude (ou de pâte à récurer détartrante maison, voir p. 30), puis frottez énergiquement et, enfin, tirez la chasse d'eau.

Bon à savoir

Eau de Javel : prudence

▪ L'eau de Javel assainit et blanchit, mais contrairement à une idée reçue, ce n'est pas un produit nettoyant. Des tests Que Choisir la classent bonne dernière quand il s'agit de laver des sols carrelés, d'éliminer des traces de savon ou de nettoyer des surfaces grasses.

▪ Elle blanchit les parois des WC sans pour autant en enlever le tartre. Elle désinfecte mais perd de son pouvoir antibactérien au contact d'une surface sale, et comme pour les produits antibactériens (voir encadré p. 28), son utilisation répétée perturbe l'équilibre bactérien naturel – qui stimule nos défenses immunitaires – en permettant à des bactéries pathogènes et résistantes de se développer.

▪ L'eau de Javel est un produit dangereux qui, en cas de projection, peut provoquer des brûlures de la peau et des yeux. Il convient de ne jamais l'associer à un produit acide (vinaigre, citron…), auquel cas elle dégage instantanément du chlore gazeux, dont les effets vont d'une simple irritation du nez à des maux de tête ou nausées jusqu'à une détresse respiratoire. En outre, son impact sur l'environnement est loin d'être négligeable, puisqu'elle pollue les ressources en eau.

▪ Si vous souhaitez malgré tout utiliser de l'eau de Javel, réservez-la pour l'usage qui lui est dédié : désinfecter et blanchir.

❁ Pour une cuvette entartrée de longue date, on utilisera du vinaigre blanc bouillant (1 litre), en laissant agir toute une nuit avant de brosser. Il est parfois nécessaire de répéter l'opération.

Carrelage en grès cérame émaillé

❁ Un produit nettoyant multiusages (voir p. 26) convient en général, il suffit ensuite de rincer.

❁ Cependant, si le carrelage est très encrassé ou graisseux, il vaut mieux employer du savon noir (1 cuillerée à soupe dans un seau d'eau) et passer une serpillière en microfibre (le rinçage n'est pas indispensable). Cette solution nettoie en profondeur, y compris les joints, protège la surface et la fait briller.

❁ On peut aussi utiliser un mélange de 1/3 de bicarbonate de soude et 1/3 de poudre de pierre ponce, le tout délayé avec 1/3 d'eau, jusqu'à l'obtention d'une pâte. Celle-ci sera appliquée directement sur la surface concernée, à l'aide d'une éponge. Il suffit alors de la laisser sécher, puis de frotter et, enfin, de rincer à l'eau et au savon noir. Ce traitement vaut également pour des joints très encrassés : dans ce cas, on appliquera la pâte avec une éponge ou une brosse à dents, puis on laissera sécher avant de frotter et rincer, à l'eau et au savon noir. La poudre de pierre ponce est un bon récurant : pour se la procurer, le plus simple est encore de la fabriquer soi-même (voir encadré ci-contre). Pour des joints moisis, voir p. 28.

Carrelage en pierre naturelle

❁ Ce type de carrelage s'entretient bien à l'eau et au savon noir (comptez 1 cuillerée à soupe de savon pour un seau d'eau, sans rinçage). Si la pierre est tachée, on peut tenter d'appliquer la même pâte que celle conseillée pour le carrelage en grès (voir p. 31).

Lino

❁ Le linoléum naturel comme le lino synthétique ne sont pas exigeants.

❁ Un coup de serpillière imbibée d'eau savonneuse (savon de Marseille, sans rinçage, ou nettoyant multiusages, avec rinçage) suffit généralement. Veillez seulement à bien essorer la serpillière avant de la passer, car les linos n'aiment pas l'eau qui, en excès, les fait gondoler. Point trop n'en faut !

❁ Si votre lino est un peu terne ou a besoin d'être dégraissé, par exemple dans une cuisine, vous pouvez le laver au savon noir, qui décape et nourrit à la fois : diluez-en 1 cuillerée à soupe dans un seau d'eau chaude. Passez la serpillière. Il n'est pas nécessaire de rincer.

❁ En cas de taches, vous pouvez le frotter avec du bicarbonate de soude, appliqué en pâte (1/3 de bicarbonate de soude pour 2/3 d'eau). Laissez sécher, frottez avec une éponge, puis enlevez la pâte avec une serpillière imbibée (mais non détrempée) d'eau savonneuse.

Bon à savoir

Ils n'aiment ni le vinaigre, ni le citron

- Le marbre, le granit et la pierre de lave craignent particulièrement les produits acides. Aussi, si vos plans de travail, évier ou lavabo sont fabriqués à partir de ces matériaux, il vaut mieux éviter l'usage de vinaigre blanc ou de citron. Un nettoyage à l'eau savonneuse convient davantage, avec au choix : savon noir, liquide vaisselle ou nettoyant multiusages.

C'est malin !

Fabriquer de la poudre de pierre ponce

Il n'est pas difficile de fabriquer soi-même cette poudre : ses propriétés abrasives la rendent utile pour récurer les carrelages, notamment ceux en grès et en pierre naturelle.

- Procurez-vous deux petites pierres ponces (au rayon hygiène des grandes surfaces).
- Enfermez-les toutes les deux dans un torchon, de manière qu'elles s'abrasent par frottement.
- Posez le tout sur une planche en bois, puis tapotez avec un marteau : la pierre ponce étant particulièrement friable et poreuse, l'opération sera rapide.
- Versez la poudre obtenue dans un bocal.

Parquet non vitrifié

❁ En entretien courant, un simple dépoussiérage convient parfaitement, soit à l'aspirateur, soit avec une serpillière en microfibre à peine humide.

❁ Pour les parquets en bois massif, un encaustiquage est recommandé 1 à 2 fois par an, à titre de protection. Pour ce faire, le parquet doit être propre, de façon que le bois absorbe bien l'encaustique, et il est préférable de procéder en fine couche, sinon la surface risque de se ternir et de devenir collante.

❁ L'huile de lin est, à raison, réputée pour nourrir et protéger le bois. Si le parquet a été huilé à la pose, on peut tout à fait l'utiliser. En revanche, si c'est de la cire qui a été appliquée, il vaut mieux s'en tenir à l'encaustique.

❁ Pour faire reluire un parquet ciré, l'usage préconise les patins – qui font glisser les pieds – ou le chiffon de laine frotté au sol – qui, lui,

use les genoux. Il est moins périlleux et moins pénible d'employer un vieux bas fixé au bout d'un balai.

Parquet vitrifié

- Il s'entretient comme le lino, à l'eau savonneuse, l'essentiel restant de ne pas trop imprégner la serpillière (le rinçage n'est pas indispensable). On évitera toutefois le savon noir, dont l'action décapante pourrait endommager le vernis protecteur. Du savon de Marseille convient très bien, de même qu'un nettoyant multiusages (voir p. 26) – dans ce cas, prévoyez de rincer.
- Pour prévenir les rayures, une bonne solution consiste à coller des patins en feutrine ou en caoutchouc sous les pieds des tables et des chaises.

Sol stratifié

- Ici aussi, l'entretien courant nécessite juste de passer l'aspirateur ou une serpillière en microfibre à peine humide. En cas de tache persistante, il suffit de frotter avec un peu de savon noir puis d'essuyer avec une serpillière humidifiée. En revanche, les détergents et nettoyants liquides sont déconseillés, car ils peuvent endommager le revêtement protecteur.

Moquettes et tapis

- Qu'ils soient en laine ou en fibres synthétiques, moquettes et tapis accueillent chaleureusement la poussière et les acariens (voir encadré p. 34). Un entretien régulier s'avère donc essentiel pour les déloger, surtout en ce qui concerne la moquette, souvent plus épaisse que ses cousins les tapis. Il est par conséquent recommandé de passer l'aspirateur 2 à 3 fois par semaine, sans oublier le dessous des lits et canapés. On veillera également à bien aérer ensuite, de manière à

Les bons gestes

Éliminer une tache d'eau sur un parquet ciré

- Les parquets cirés craignent l'eau. Pour faire disparaître une tache d'eau, frottez-la énergiquement avec un bouchon en liège (voir aussi p. 303).

disperser les particules en suspension dans l'air. Les tapis gagneront à être secoués, battus et brossés à l'extérieur de la maison, notamment en période froide : les acariens n'aiment pas du tout le froid !

- Pour nettoyer et désodoriser une moquette ou un tapis, saupoudrez-les de bicarbonate de soude, puis laissez agir un bon quart d'heure. Ensuite, un coup d'aspirateur suffit. Bien utile quand on a un animal de compagnie, surtout un chat qui marque son territoire !
- En cas de taches, il est préférable d'intervenir le plus vite possible, pour éviter l'imprégnation des fibres (voir encadré p. 54).

Revêtements divers

- Votre revêtement de sol est d'origine végétale ? Voici quelques astuces pour bien l'entretenir.
- Fibre de coco et sisal : leur nettoyage se résume au passage de l'aspirateur, car tous deux sont vulnérables à l'eau et aux taches, particulièrement le sisal.
- Jonc de mer : de par sa nature aquatique, le jonc de mer aime l'eau et notamment l'eau salée. L'humidifier une fois par mois, à l'aide d'une serpillière, permettra donc de préserver toute son élasticité. Comptez 1 cuillerée à soupe de sel par litre d'eau. Les taches sont relativement faciles à enlever, car elles n'ont pas de prise sur le jonc ; il suffit de les frotter à l'eau salée, puis à l'eau claire.
- Liège : grâce à ses propriétés antistatiques, le liège absorbe peu la poussière et les saletés. Les traces s'éliminent en un coup de serpillière, trempée dans de l'eau savonneuse et bien essorée (le rinçage n'est pas indispensable). Les taches sont plus délicates à traiter, le matériau restant fragile : on peut essayer de les frotter légèrement avec une gomme ou du papier émeri extrafin, mais sans insister.

> *Bon à savoir*
>
> **Acariens et allergies**
>
> Les acariens peuvent provoquer des allergies, car ils véhiculent des allergènes dans leurs déjections et les débris de carapaces de leurs cadavres. Or, ces hôtes indésirables de nos intérieurs colonisent tapis et moquettes à notre insu, puisqu'ils sont invisibles à l'œil nu ! D'où l'importance d'un bon dépoussiérage.

Des murs impeccables

- Les murs sont souvent les grands oubliés du ménage, alors qu'ils ne méritent pas moins d'être dépoussiérés ! Pour ce faire, on procédera en douceur, avec l'embout adéquat de l'aspirateur, sans oublier de bien aérer.
- Les murs peints, ou le papier peint lessivable, prennent facilement les marques de doigts ou de crayons. Un coup de gomme peut suffire. Sinon, on appliquera un produit abrasif doux, comme du bicarbonate de soude ou de la

> *C'est malin !*
>
> **Adieu aux marques**
>
> Vous déplorez des traces au mur derrière les radiateurs ? Elles sont dues à la propulsion d'air chaud. Pour masquer ces marques disgracieuses, installez une tablette décorative (en bois ou en marbre, par exemple) quelques centimètres au-dessus des radiateurs.

poudre de pierre ponce (voir encadré p. 32). Il suffit d'en prélever une petite quantité à l'aide d'une éponge humide, puis de frotter la tache, avant de rincer à l'eau claire et de sécher, soit en tamponnant avec un chiffon sec, soit en utilisant le sèche-cheveux.

- Lorsque des murs peints sont très sales, on ne peut faire l'économie d'un bon lessivage. Il importe d'abord de préparer la pièce : retrait des meubles qui peuvent être déplacés, sinon pose d'une bâche ou de vieux draps, décrochage des cadres, protection des prises et interrupteurs (caches découpés dans du carton) et, bien sûr, coupure du courant. Cela fait, on lessivera les murs avec de l'eau chaude savonneuse ou un nettoyant multiusages, voire du savon noir s'ils sont très encrassés et/ou graisseux (dans la cuisine, notamment). Compte tenu du risque de coulures sales, il est conseillé d'effectuer un rinçage.

- Dans tous les cas, on procédera par petites surfaces et en commençant par le bas.

Des vitres transparentes comme de l'eau de roche...

- De l'eau chaude vinaigrée ou à peine savonneuse nettoie parfaitement les vitres. Le secret pour éviter les traces ? Utiliser une raclette, de haut en bas, et sécher les vitres avec une lavette en microfibre ou éventuellement du papier journal. Ce dernier noircit certes un peu les mains, mais les vitres, elles, seront propres ! Pour plus de commodité, on le roulera en boule.

- Quand les enfants profitent de la buée pour dessiner sur les vitres, inutile de sortir le grand jeu. Un coup de lavette humide effacera leur forfait. Sinon, ventiler la pièce évite la condensation.

C'est malin !

Une seconde vie pour les éponges

Par leur usage même, les éponges se gorgent de salissures et prennent une mauvaise odeur avec le temps. La solution ? Les laver ! Glissez-les donc dans le lave-linge pour un lavage à 30 °C (s'il s'agit d'une éponge abrasive, il vaut mieux la protéger dans une chaussette) ou plongez-les 30 minutes dans un bain d'eau chaude savonneuse additionnée de jus de citron ou de 2 cuillerées à soupe de bicarbonate de soude. Elles en ressortiront propres et fraîches – ce bain de jouvence pouvant être renouvelé à volonté.

Des poignées de porte rutilantes !

- Les poignées de porte étant très sollicitées par nos mains, elles se salissent et ternissent vite. Le mieux est de les nettoyer avec une lavette en microfibre légèrement humide.

- Les poignées en laiton ont l'inconvénient de s'oxyder facilement. Pour leur redonner une belle patine, certains les frottent par mouvements circulaires avec un bouchon de liège.

- Les poignées en porcelaine ont tendance à perdre de leur blancheur avec le temps. Pour la raviver, vous pouvez essayer l'application d'eau tiède citronnée (à l'aide d'un gant de toilette).

- D'une manière générale, en cas de traces résistantes, il est préconisé de frictionner les poignées avec un peu de sel fin, de sable ou de bicarbonate de soude, à l'aide d'une lavette humidifiée – tous trois font office d'abrasifs doux. On rincera le tout à l'eau claire tiède avant de lustrer avec une lavette en microfibre sèche. ■

Accessoires de salle de bains

Douche, baignoire et lavabo sont aisément nettoyés. Mais qu'en est-il de la ribambelle d'accessoires qui, eux aussi, « baignent » dans une atmosphère de chaleur et d'humidité ? Ils ne méritent pas moins d'être assainis et débarrassés de leurs impuretés. Du tapis de bain à la brosse à dents, voici des conseils et astuces utiles pour en prendre soin.

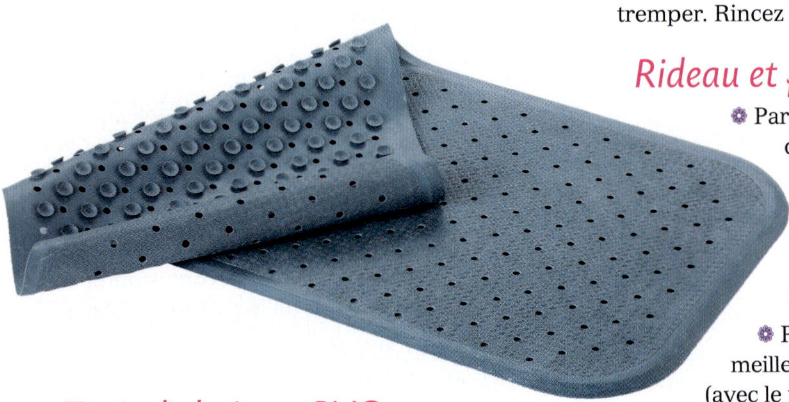

Tapis de bain en PVC

- L'effet conjugué de l'humidité et de la condensation les rend très sujets aux moisissures. En prévention, un bon réflexe consiste à les faire sécher.
- Sinon, on peut tenter d'éliminer le plus gros en frottant, le mieux étant d'utiliser une brosse robuste, de type brosse ménagère ordinaire, et de taille adaptée au tapis. Après brossage, on appliquera du vinaigre blanc chaud, en prenant soin de le diluer dans un peu d'eau, car il peut avoir un effet légèrement corrosif.
- Le bicarbonate, grâce à son pouvoir nettoyant et abrasif, peut également contribuer à éliminer les taches de moisi. Vous pouvez appliquer sur les moisissures une pâte, que vous préparerez en versant 2 cuillerées à soupe de bicarbonate de soude dans un récipient, puis en y ajoutant progressivement de l'eau, jusqu'à obtention d'une consistance épaisse. Déposez cette pâte sur les moisissures, laissez agir quelques heures, puis frottez (utilisez une brosse à dents pour tourner autour des ventouses qui souvent concentrent les moisissures). Nettoyez avec une éponge humide, rincez avec une eau tiède légèrement citronnée, pour un bon parfum d'agrume. Pour finir, on séchera le tapis avec une lavette en microfibre, qui absorbera l'humidité.
- Vous pouvez aussi donner un bain à votre tapis ! Faites couler un fond d'eau tiède dans la baignoire, ajoutez-y environ 1 bouchon de savon noir liquide, puis mettez-y le tapis à tremper. Rincez bien.

Rideau et parois de douche

- Par leur usage quotidien, le rideau de douche comme les parois de la douche elle-même (ou de la baignoire) se retrouvent fréquemment maculés de traces de tartre et/ou de résidus de savon..
- Pour limiter le décapage, le meilleur réflexe reste de rincer à l'eau (avec le pommeau de douche) les parois et le rideau après chaque douche ou bain, puis de les sécher avec un gant, une lavette en microfibre ou une raclette à vitres. Un petit geste vaut mieux qu'une grande corvée !
- Pour les résidus de savon, la meilleure solution est de passer une éponge avec un nettoyant multiusages, puis de rincer (sans oublier à nouveau de sécher parois et rideaux ou d'aérer largement la pièce).
- Pour le tartre ou en cas de moisissures, vous pouvez employer un mélange d'eau savonneuse (savon noir) et de vinaigre blanc ou de citron additionné de bicarbonate de soude.
- À noter : les rideaux de douche qui se vendent actuellement sont généralement lavables en machine. Utilisez un programme délicat à 30 °C, avec un peu de lessive, une demi-tasse de bicarbonate de soude et/ou une demi-tasse de vinaigre blanc.

Miroir

- Il a le chic pour se couvrir de buée ! Mais, si votre salle de bains comporte une fenêtre, une bonne aération de la pièce après ablutions devrait permettre de la chasser.
- Sinon, les miroirs se nettoient comme les vitres : à l'eau chaude vinaigrée ou à peine savonneuse.
- Un peu de shampooing sur une éponge contribue à prévenir la formation de buée, du moins temporairement. Un chiffon doux imbibé d'alcool à 90° aura le même effet, ce dernier ayant des propriétés dites hygroscopiques, qui lui font absorber l'humidité de l'air.
- Pour effacer toute trace disgracieuse sur votre miroir, l'astuce consiste à utiliser un chiffon non pelucheux pour le sécher (lavette en microfibre, par exemple), du papier journal roulé en boule ou, comme le faisaient nos grand-mères, un torchon en lin ou en métis.

C'est malin !

Astuce express pour chasser la buée sur un miroir

- En sortant de la douche, impossible de vous voir dans le miroir embué. Vous n'avez pas de chiffon à portée de main ? Ou vous n'avez pas de fenêtre ou ne souhaitez pas aérer immédiatement la pièce ? Dans ce cas, utilisez le sèche-cheveux et dirigez-le vers le miroir : l'air propulsé va ventiler et assécher sa surface. Faites attention, cependant, à avoir les pieds et mains biens secs pour éviter tout risque d'hydrocution.

Brosse à dents

- Garante d'une bonne hygiène bucco-dentaire, la brosse à dents se doit d'être d'une propreté irréprochable.
- À cet égard, la façon de la ranger est importante. L'humidité favorisant le développement de germes, il est conseillé de la placer tête en haut dans un gobelet, sans cache de protection, de manière qu'elle reste toujours bien sèche.
- Un petit bain au bicarbonate, pratiqué régulièrement, permettra de nettoyer en douceur votre brosse à dents, en éliminant le tartre et les résidus d'aliments piégés dans les

Idée récup

10 façons de réutiliser une vieille brosse à dents

Une brosse à dents usagée peut encore beaucoup servir à la maison. C'est même un précieux accessoire pour toutes sortes de nettoyages. Voici 10 idées de recyclage ménager : libre à vous de compléter cette liste, non exhaustive, selon vos besoins et votre ingéniosité !

- Éliminer les peluches sur une fermeture à scratch.
- Gratter la boue sur des semelles de chaussures.
- Appliquer du cirage.
- Appliquer un produit récurant sur des joints de carrelage.
- Débarrasser passoires et râpes des résidus alimentaires.
- Enlever une plaque de tartre (avec une pâte détartrante).
- Récurer le pourtour des robinets, des brûleurs et les petits recoins difficilement accessibles.
- Nettoyer l'intérieur des bagues et autres bijoux avec la précision nécessaire.
- Déloger résidus de savon et poils incrustés dans un rasoir.
- Ôter les cheveux, résidus de laque ou de gel capillaires des peignes et brosses.

poils. Pour ce faire, mettez-la à tremper dans un verre d'eau avec 1 cuillerée à café de bicarbonate de soude.

- N'attendez pas que ses poils s'ébouriffent pour la changer, mais ne la jetez pas pour autant : elle peut encore vous rendre bien des services ! (Voir encadré ci-dessus.)

Peignes et brosses à cheveux

- Un bon réflexe consiste à retirer les cheveux résiduels après chaque usage. Pour une brosse, vous pouvez utiliser un peigne.
- Concernant le nettoyage proprement dit, peignes et brosses en plastique peuvent être lavés avec de l'eau savonneuse ou de l'eau additionnée d'un peu de shampooing ; on les frottera avec une vieille brosse à dents.
- Si vous mettez de la laque ou du gel capillaires, il est préférable de nettoyer vos peigne et brosse avec de l'eau additionnée de 2 cuillerées à soupe de bicarbonate de soude. Grâce à son pouvoir abrasif, le bicarbonate permet d'éliminer les résidus de produits capillaires collés.
- La plupart des brosses et peignes en plastique peuvent aussi passer au lave-linge, à condition d'être protégés dans une poche ou une chaussette nouée.
- En revanche, les accessoires de coiffage en corne ou en écaille ne doivent pas tremper dans l'eau. Mieux vaut les nettoyer à l'aide d'une lavette légèrement imbibée d'eau savonneuse.
- De même, si le manche de la brosse est en bois, on veillera d'une part à ne pas la laisser tremper longtemps et, d'autre part, à bien la sécher ensuite.
- Les brosses en poils de soie n'aiment pas non plus le contact de l'eau, qui nuit à leur bonne tenue. Un dépoussiérage leur suffit. ▪

Batterie de cuisine et vaisselle

Qui n'a jamais laissé brûler une casserole, pesté après une poêle qui accroche, déploré des traces de tartre sur de beaux verres en cristal ? Au-delà de l'aspect purement esthétique, l'entretien de la vaisselle et des ustensiles de cuisine est essentiel à leur longévité. Vous trouverez ici de précieux conseils pour leur apporter des soins appropriés.

> *Nos grands-mères faisaient*
>
> **Pour redonner du brillant à un cul de casserole noirci**
>
> ▪ Nos aïeules utilisaient volontiers un mélange de bicarbonate de soude et de cendres pour réaliser une pâte aux effets polissants. Pourquoi ne pas suivre leur expérience ? Pensez seulement à rincer la casserole ensuite.

Cocottes, plats et casseroles : fonds brûlés

- En cuisine, il arrive qu'une crème ou une sauce attache, soit qu'on ait omis de remuer, soit qu'on ait été retenu au téléphone… Dans ce cas, il est important d'agir vite.
- Si le fond du récipient n'est pas trop brûlé, vous pouvez le recouvrir avec une bonne dose de gros sel et laisser agir au moins 1 heure, avant de frotter. Les résidus calcinés devraient se décrocher facilement.
- Autre astuce : remplir le fond du récipient avec un mélange de vinaigre blanc et de sel (sans eau). Laissez également agir, puis frottez avec une éponge.

- Si le fond du récipient a particulièrement noirci, avec des dépôts épais et adhérents, faites-y bouillir de l'eau additionnée de 2 cuillerées à soupe de bicarbonate de soude ou de vinaigre blanc pendant 10 minutes. Les résidus calcinés se décolleront et vous n'aurez plus qu'à passer une éponge et rincer.

Poêles qui accrochent

- Pour peu que vous les nettoyiez dans les règles de l'art, vos poêles ne devraient plus accrocher. Tout est affaire de revêtement, mais aussi de rangement.
- Quel que soit le type de poêles que vous utilisez, sachez que toutes gagnent à être lavées quand elles ont un peu refroidi, tout choc thermique pouvant altérer leur revêtement. De même, lorsque vous les empilez pour les ranger, pensez à glisser une feuille de papier absorbant dans chacune d'elles, ce qui les protégera.
- Les poêles en fonte ne supportent que l'eau claire, aussi faut-il éviter l'usage de liquide vaisselle ou autre détergent. Renoncez également au torchon pour les essuyer, car il noircirait : laissez sécher tel quel, sur un égouttoir. Pour les nettoyer, employez une brosse à vaisselle ou une éponge abrasive. Vous pouvez aussi faire comme nos aînées, qui les récuraient avec du gros sel à l'aide de papier journal. Enfin, à titre d'entretien, il est recommandé de graisser leur fond avec de l'huile alimentaire après chaque utilisation.
- Les poêles, qu'elles soient recouvertes d'un matériau antiadhésif ou en céramique, se nettoient plus facilement. Si vous les lavez

CAFÉ
THÉ

à la main, prenez soin d'utiliser une éponge douce ou une éponge abrasive spéciale revêtement antiadhérent (les modèles classiques ont une face récurante trop agressive). Si vous les passez au lave-vaisselle, sachez que les parties en aluminium (culs et fixations des poignées) en ressortent parfois ternies.

- Pour plus d'informations sur les poêles et leurs revêtements, voir p. 124.

Les bons gestes

Une bonne théière ne se nettoie pas, mais se «culotte»

- Les théières en matériaux poreux (terre cuite, grès, argile...) tendent naturellement à absorber les tanins contenus dans le thé : on parle de culottage. Si on ne les nettoie pas, elles fixent l'empreinte et les arômes de tous les thés qu'elles ont infusés pour ainsi en révéler les saveurs profondes.
- Ce procédé de culottage fait partie de l'art même du thé et c'est la raison pour laquelle on recommande de ne pas infuser des thés différents dans la même théière, l'idéal étant d'en posséder une pour chaque grande famille de thés.

Service à thé taché

- Le gros sel est souverain pour détacher toutes les théières, qu'elles soient en porcelaine, en faïence, en terre cuite, en verre ou en céramique. Pour éliminer des marques de tanin récentes, il suffit donc de les frictionner avec une poignée de gros sel humide (si nécessaire avec un goupillon). Son pouvoir légèrement abrasif agit comme un peeling.
- Toutefois, l'entretien de votre théière n'est pas indispensable, car il est d'usage de ne pas la nettoyer (voir encadré ci-contre).

Carafe à vin

- Si du tanin s'est déposé dans le fond, il est préférable de ne pas attendre pour l'enlever : versez du gros sel et de l'eau froide dans la carafe, puis frottez bien avec un goupillon, en insistant – l'opération peut être un peu longue.
- Le vinaigre blanc est également efficace et agit plus vite, mais la carafe doit alors être rincée à plusieurs reprises sous peine de ruiner le vin

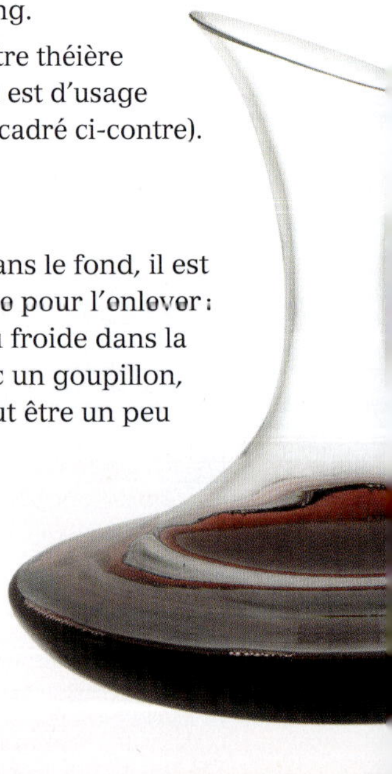

C'est malin !

Décoincer des verres humides

▪ La corvée de vaisselle peut parfois se doubler de mauvaises surprises… Ainsi, alors que vous venez de rincer vos verres et en avez empilé deux pour les faire sécher, voilà qu'il est impossible de les désolidariser. Pas de panique ! Il suffit de plonger le verre extérieur dans de l'eau chaude, sur toute sa hauteur, et de remplir l'autre d'eau froide. Les deux verres, alors, se sépareront.

suivant… Or, vider une carafe prend du temps ! On peut toutefois accélérer le processus en la retournant et en lui imprimant des mouvements circulaires, pour entraîner l'eau.

Verres entartrés

Pour effacer les traces de calcaire sur des verres, deux méthodes simples et peu coûteuses ont fait leurs preuves. La première consiste à les plonger dans un bain de vinaigre blanc chaud, un quart d'heure environ, puis à passer l'éponge et rincer. Dans la seconde méthode, on frotte les verres avec du gros sel imprégné de jus de citron, mais il faut parfois répéter l'opération pour venir à bout des dépôts les plus tenaces. Dans un cas comme dans l'autre, il convient d'essuyer les verres avec un torchon qui ne peluche pas, sinon gare aux traces ! Prenez une lavette en microfibre ou un torchon en lin ou en métis, comme le faisaient nos grand-mères.

Vaisselle en porcelaine

La nature délicate de la porcelaine ne supporte pas le lave-vaisselle, trop agressif pour elle. On doit donc la laver à la main, mais là encore, des précautions sont à prendre. Il est préférable de poser la vaisselle non pas directement dans l'évier mais dans une cuvette d'eau savonneuse tiède, pour prévenir tout risque de choc. De même, on évitera l'alternance d'eau chaude et froide, le choc thermique pouvant entraîner une cassure de la porcelaine.

Si votre vaisselle est tachée, frottez-la délicatement avec du bicarbonate de soude, en utilisant une éponge humide, puis rincez et séchez.

Couverts en argent

Seul un lavage à la main, avec de l'eau chaude et du liquide vaisselle, leur convient. S'ils sont très sales, vous pouvez les frictionner avec un peu de blanc de Meudon, puis les rincer. S'ils sont piqués de taches noires, deux solutions sont possibles. On peut les faire tremper un quart d'heure dans du vinaigre blanc chaud, mais en ne mouillant que la lame s'il s'agit de couteaux avec manche en bois ou en os. On peut aussi les frotter, au choix, avec du sel, de la pulpe de citron ou une pomme de terre cuite à l'eau (voir aussi encadré p. 44). Une autre option consiste à les nettoyer par électrolyse (voir encadré p. 93).

Idée reçue

Le papier journal protège-t-il vraiment l'argenterie ?

▪ Emballer des couverts ou tout autre objet en argent dans du papier journal ne les empêche nullement de s'oxyder, car certains papiers journaux peuvent encore contenir des impuretés soufrées. Or, l'argent s'avère très sensible au soufre et c'est principalement pour cette raison qu'il ternit. En revanche, vous pouvez protéger votre argenterie en l'enveloppant dans du papier de soie ou de la feutrine, le tout rangé dans une boîte fermée, à l'abri de l'air et de la lumière.

Nos grands-mères faisaient

Pour bichonner les couverts en argent

- Jadis, lorsque leurs couverts en argent avaient perdu de leur brillant, les ménagères les nettoyaient avec de la cendre ou du jus de citron (parfois les deux), puis elles les rinçaient.
- Certaines, également, les lavaient avec l'eau de cuisson des pommes de terre et utilisaient les épluchures pour frictionner leur argenterie.

Ustensiles en bois

- Il est déconseillé de les laisser tremper, car le bois peut se déformer. On les lavera donc rapidement à l'eau chaude (pas au lave-vaisselle), puis on les séchera aussitôt.
- S'il en émane une odeur désagréable, il suffit de les frictionner avec un demi-citron saupoudré de sel ou d'un peu de bicarbonate de soude.

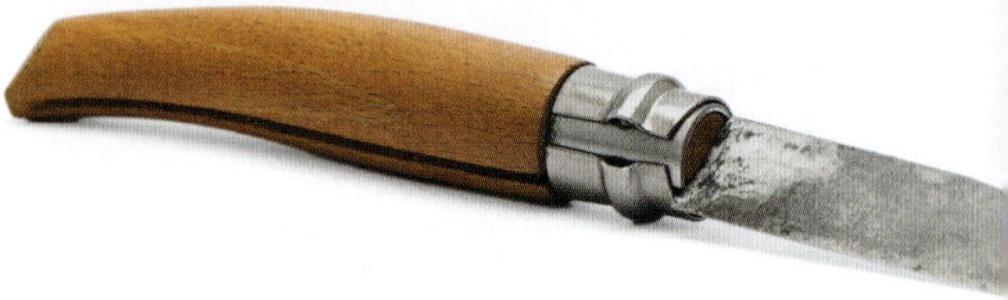

Couteaux et ciseaux rouillés

- Pour éviter que les lames des couteaux et ciseaux de cuisine ne rouillent, il faut toujours les sécher et les ranger pointe en l'air.
- Si vous constatez des piqûres de rouille, frottez la lame avec du citron, saupoudrez le tout de sel fin et laissez agir une demi-heure. Frottez de nouveau énergiquement avec une éponge humide et les taches devraient avoir disparu.
- Nos grand-mères utilisaient également de l'oignon et du sucre en poudre.

Râpes et passoires en métal

- Elles ont la fâcheuse manie de retenir des débris d'aliments dans leurs petits trous ! La parade consiste à les rincer aussitôt après usage, pour éviter que les résidus ne durcissent et ne s'y incrustent, quitte à les déloger avec une brosse à dents ou un goupillon.
- Pour la râpe d'un robot ménager, l'astuce est d'utiliser… du pain ! Introduisez de la mie de pain dans l'appareil et faites-le tourner : la mie étant molle, la vitesse de rotation va la propulser à travers les trous de la râpe et, ainsi, entraîner les quelques morceaux d'aliments coincés.

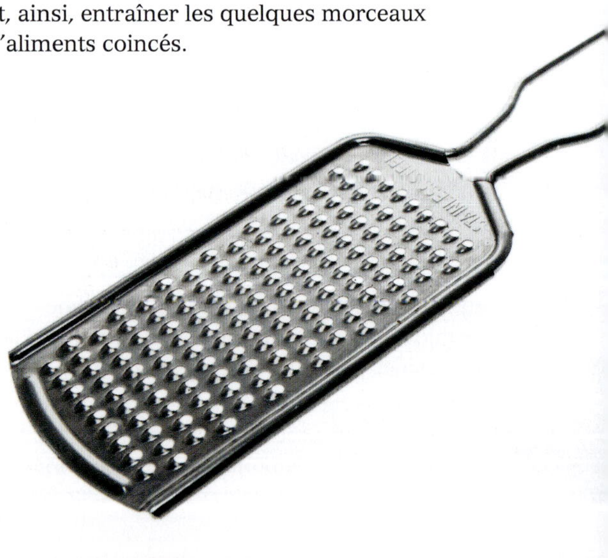

Récipients en plastique

Les aliments colorés, comme la tomate (sauce surtout) et les betteraves, ont tendance à marquer les contenants en plastique où on les conserve en cas de restes. Vous parviendrez à effacer ces taches en les frottant avec de l'huile végétale ; il est parfois nécessaire de répéter l'opération.

Si une odeur désagréable imprègne vos récipients, remplissez-les avec un mélange d'eau et de bicarbonate (ou de jus de citron). Comptez 3 cuillerées à soupe de bicarbonate de soude (ou 3 cuillerées à soupe de jus de citron) pour 1/2 litre d'eau. Laissez agir plusieurs heures avant de rincer.

Thermos

Qu'il s'agisse d'une boîte ou d'une bouteille, un Thermos doit être nettoyé rapidement après usage. Si une odeur persiste, vous l'éliminerez en remplissant le récipient d'eau additionnée de bicarbonate de soude ou de jus de citron (3 cuillerées à soupe pour 1/2 litre d'eau). Une fois que vous avez bien rincé et séché votre Thermos, prenez soin de le ranger sans le fermer pour éviter la formation d'odeurs.

Planches à découper

Leur propreté doit être irréprochable, ne serait-ce que pour éliminer les bactéries éventuellement présentes dans les viandes crues que l'on aurait découpées dessus (voir la question des salmonelles p. 28). Il importe par conséquent de les nettoyer après chaque utilisation, mais aussi de bien les sécher.

C'est malin !

Un liquide vaisselle fait maison

Pourquoi ne pas fabriquer vous-même votre produit vaisselle ? La recette est simple ! Dans une bouteille de 1 litre de contenance, versez 2 cuillerées à café de bicarbonate de soude et environ 500 ml de savon neutre liquide (vous le trouverez notamment dans les magasins bio et sur Internet). Secouez doucement et complétez avec de l'eau.

Les bons gestes

Vaisselle : laver dans le bon ordre

Tout le monde sait faire la vaisselle, mais pas toujours dans le bon ordre… Commencez par nettoyer les verres, qui exigent une eau savonneuse très propre, continuez avec les couverts (sans oublier de frotter les manches !) et finissez par les assiettes et les plats.

Si votre planche à découper est en matière plastique, frottez-la avec du liquide vaisselle, puis rincez-la avec de l'eau vinaigrée pour la désinfecter. Il ne reste plus qu'à la passer sous l'eau claire avant de la sécher.

Les planches en bois, elles, ne doivent pas être plongées dans l'eau, qui pourrait les déformer. De même, il est préférable d'utiliser très peu de liquide vaisselle, voire juste une éponge d'eau savonneuse, car l'odeur pourrait imprégner les aliments. Une astuce possible consiste à frotter la planche avec un demi-citron, à ajouter du gros sel, puis à frictionner à nouveau avec l'autre moitié du citron. On rincera ensuite rapidement à l'eau claire avant de laisser bien sécher et ranger. Un conseil pour finir : pensez à badigeonner votre planche d'huile végétale de temps en temps, ce qui rendra le bois moins poreux.

Éliminer les taches

Qui n'a pas pesté en maculant sa belle chemise blanche de sauce tomate?... Mais tout n'est pas perdu! D'une manière générale, tout dépend de la nature de la tache et du support, notamment du textile. On ne détache pas un chemisier comme on détache un canapé. Adopter les bons réflexes et les produits adéquats est essentiel pour obtenir les meilleurs résultats. Voici les bases à connaître pour parer aux petits « accidents » les plus fréquents, surtout si vous êtes un peu maladroit!

La panoplie de détachage

Pour pouvoir traiter un grand nombre de taches, il est conseillé de toujours avoir en réserve un minimum de produits courants: vinaigre blanc (ou d'alcool), bicarbonate de soude, eau oxygénée, alcool à 90°, savon de Marseille, cristaux de soude ou encore terre de Sommières. Même si l'on est parfois obligé de recourir à d'autres produits plus toxiques: alcool à brûler, eau de Javel, essence de térébenthine, white-spirit, acétone, acide oxalique, substitut de trichloréthylène... Ces derniers sont bien sûr à manier avec encore plus de précaution (voir encadré p. 47) et uniquement en cas de nécessité. Rappelons enfin que, tous ces produits étant potentiellement dangereux, ils doivent impérativement être rangés hors de portée des enfants.

Certains détachants avant lavage ou de la lessive en poudre sont également efficaces (voir encadré ci-contre).

Concernant le matériel lui-même, quelques accessoires suffisent: petits chiffons en coton blanc ou en microfibre (pensez à garder les vieux torchons, chemises usées, etc.), éponge (propre, bien sûr), papier absorbant, Coton-Tige, petite brosse à ongles, brosse à dents (une vieille brosse à dents peut convenir), brosse à habits (de préférence en poils de soie), gomme, sans oublier des gants pour se protéger les mains des produits agressifs.

Bon à savoir

Les détachants textiles

- En bombe, en spray, en gel... Au rayon des détachants industriels, le marketing fait rage! Mais pour ce qui est de leur efficacité, elle est très variable... Rappelons aussi qu'ils sont loin d'être dénués de nocivité et qu'ils sont à proscrire pour les taches de sang (voir p. 52).
- On croit souvent, à tort, qu'un détachant peut enlever tous les types de taches (voir p. 48 pour les familles de taches). Au vu des résultats de tests Que Choisir, la lessive en poudre (voir p. 59) constitue un meilleur « détachant polyvalent » que les détachants industriels. Compte tenu des agents de blanchiment qu'elle contient, il est toutefois préférable de l'utiliser sur des vêtements clairs.
- Bien pratiques, certains détachants avant lavage sont efficaces sur certains types de taches ; mais les performances étant très différentes selon les produits, n'hésitez pas à consulter des tests comparatifs. Il est à noter que l'action mécanique d'un embout brosse facilitera la pénétration du produit dans un tissu. En revanche, les détachants double usage (qu'on verse directement dans la machine en plus de la lessive, mais qu'on peut aussi utiliser avant lavage) ne présentent pas grand avantage. Moins nocif que les détachants industriels, le savon de Marseille donne aussi des résultats pour traiter les taches, avec une efficacité cependant moyenne.

Un peu de méthode!

L'essentiel, en matière de taches, est d'agir sans attendre, quelle que soit la nature du support: vêtement, nappe, tissu d'ameublement, tapis, moquette, meuble... Plus vous intervenez rapidement, meilleur est le résultat. Retirez le plus vite possible la substance à l'origine de la tache: tamponnez la zone avec du papier absorbant (ou un chiffon doux) s'il s'agit d'un liquide; retirez délicatement, avec une lame de couteau émoussée, les matières plus consistantes (chocolat, confiture, ketchup, mayonnaise...).

Sur un textile lavable (vêtement, rideau, housse de canapé...), il est important de traiter la tache avant lavage, surtout si celui-ci requiert une température un peu élevée, car la chaleur va alors la fixer. On vérifiera également la nature du textile sur son étiquette, toutes les fibres ne supportant pas les mêmes produits. Ainsi, le coton peut éventuellement être détaché avec de l'eau de Javel (voir encadré p. 49) diluée, à condition qu'il soit blanc, voire « grand teint » ; la soie ou la laine, en revanche, ne supportent pas la Javel.

❁ Par précaution, avant d'appliquer le produit détachant choisi, faites un test sur une zone non visible ou discrète : ourlet pour un vêtement ou un rideau, partie masquée par un meuble pour un tapis ou une moquette. De même, pour limiter les éventuels dégâts à une toute petite surface, il est préférable de se servir d'un Coton-Tige.

❁ Quelle que soit la nature du tissu, un solvant ne doit jamais être versé directement sur une tache : il est recommandé de d'abord placer un chiffon propre sous la zone tachée, du moins quand c'est possible. Tamponnez ensuite le tissu taché avec un autre chiffon imbibé d'un peu de produit détachant, déplacez le chiffon du dessous dès qu'il est imprégné, puis recommencez.

❁ Le détachage est un art qui exige méthode et patience ! Pour certaines taches (encre, par exemple), il faut parfois essayer plusieurs produits avant de trouver le bon, ou au moins celui qui réussira à atténuer la tache – car ce n'est pas non plus une science exacte…

❁ Une fois la tache prétraitée, il ne reste plus qu'à procéder au lavage du textile, à la main ou en machine, avec les précautions d'usage (température, lessive en poudre, en capsules ou liquide…). (Voir pp. 59 et 60.)

Les bons gestes

Règles de sécurité

Lorsque vous êtes appelé à manier un produit potentiellement toxique, il est indispensable de respecter un certain nombre de règles pour votre sécurité comme celle des autres (enfants, notamment).

- Évitez de manipuler des produits dangereux en présence d'un enfant.
- Installez-vous toujours dans un endroit bien aéré, pour limiter l'inhalation des vapeurs du produit.
- Lisez au préalable l'étiquette du produit, afin de prendre connaissance des recommandations et mises en garde indiquées par le fabricant.
- Ne combinez jamais plusieurs produits : certains mélanges peuvent dégager des gaz toxiques.
- Veillez à protéger vos mains avec des gants adaptés au produit que vous comptez utiliser (l'étiquette mentionne le type de gants conseillé).
- Une fois l'opération terminée, nettoyez soigneusement tous les ustensiles que vous avez employés et continuez à bien aérer la pièce (voir encadré p. 141).
- Prenez soin de vous laver les mains après manipulation du produit, même si vous portiez des gants.
- Conservez le produit dans son contenant d'origine, avec son étiquette. Si vous devez changer de contenant, reportez très lisiblement les informations essentielles sur le nouveau contenant.
- Rangez à nouveau le produit hors de portée des enfants.
- En cas d'accident, contactez au plus vite le centre antipoison le plus proche de votre domicile (pensez à enregistrer son numéro dans votre répertoire téléphonique).

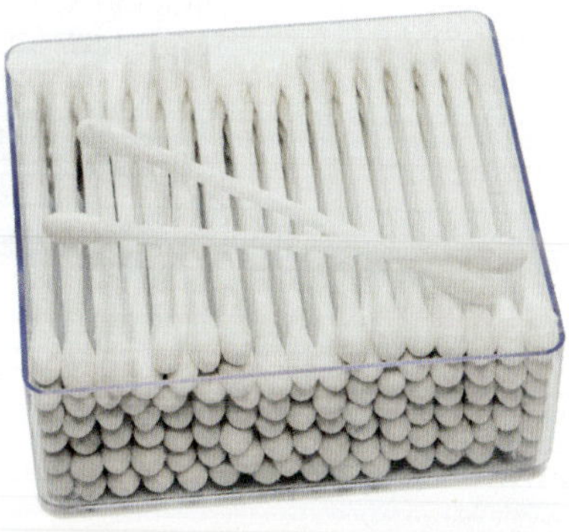

Bon à savoir

Les taches : une affaire de familles

On peut classer les taches en plusieurs grandes familles :

- Les taches oxydables, qui sont colorées (tanniques pour certaines) : café, thé, vin rouge, fruits, jus de fruits, confiture, sauce tomate, ketchup, moutarde… Elles s'éliminent par un mécanisme d'oxydation et par l'action d'agents de blanchiment oxygénés.
- Les taches de graisse d'origine minérale, végétale ou animale : beurre, margarine, huile alimentaire, mayonnaise, sauce de salade, jus de viande, produits de maquillage, crème solaire, goudron, cambouis, cire, cirage, huile de moteur… Elles s'enlèvent à l'aide de tensioactifs.
- Les taches enzymatiques qui comprennent notamment les taches protéiniques (sang, œuf, lait, produits laitiers, carottes, chocolat, herbe…), ainsi que des taches contenant de l'amidon (certaines purées pour bébé, par exemple). Elles ont pour point commun d'être sensibles aux enzymes.
- D'autres types de taches existent également telles que les taches chimiques (encre, feutre…), les taches métalliques (rouille, déodorant…). Certaines sont difficiles à catégoriser (eau de Javel…).
- Ainsi, à chaque catégorie de taches correspondent des principes de traitement généraux – par exemple, il ne faut pas mettre d'eau trop chaude sur une tache protéinique, ce qui la fixerait. Mais il faut aussi tenir compte de la nature du support taché – on ne traite évidemment pas un textile lavable en machine comme une moquette, même si la tache est identique.

Sauce tomate, ketchup…

- Elles ont beau être spectaculaires, les taches de sauce tomate et de ketchup ne sont pas nécessairement les plus redoutables, à condition d'agir vite, en les rinçant tout de suite à l'eau froide.
- Sur les textiles lavables en coton, synthétiques ou artificiels, on arrive en général facilement à les faire disparaître. Il peut suffire de frotter avant lavage le tissu taché (il doit être bien essoré avant que vous frottiez), avec du savon de Marseille, puis de laisser agir environ 1 heure et de rincer (de manière à bien éliminer les pigments et à s'assurer que la tache est bien partie). Le liquide vaisselle est aussi efficace. Si des traces subsistent, vous pouvez appliquer sur la tache un peu d'eau de Javel (voir encadré p. 49) diluée, mais vérifiez auparavant sur l'étiquette que l'usage du chlore n'est pas interdit, car il ne convient qu'aux textiles blancs voire aux tissus « grand teint ».
- Pour la laine et la soie, tamponnez la tache (mais ne frottez pas, ces fibres étant fragiles) avec un mélange d'eau et d'alcool à brûler (à parts égales), puis lavez (avec la lessive adaptée). S'il s'agit d'une cravate en soie, il vaut mieux s'en remettre – rapidement – à un teinturier, en lui précisant bien la nature de la tache.

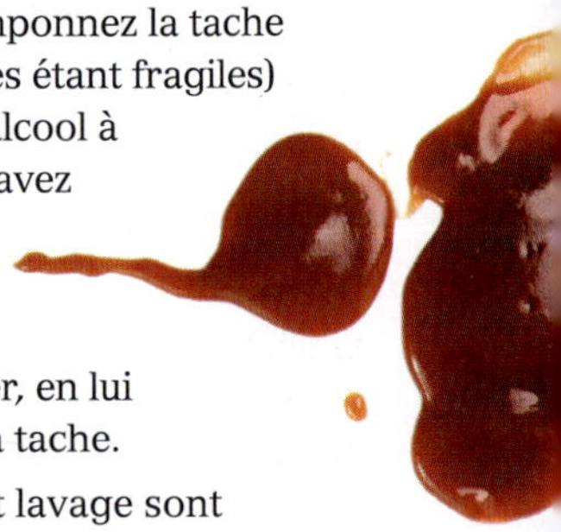

- Certains détachants avant lavage sont efficaces contre ce type de taches (voir encadré p. 46).

Café

- Les taches de café comptent parmi les plus fréquentes, ce breuvage étant fort prisé, mais aussi, malheureusement, parmi les plus tenaces… Voici les remèdes préconisés !
- Sur les textiles lavables en coton, synthétiques ou artificiels, on peut procéder comme pour une tache de sauce tomate, c'est-à-dire essayer avec du savon de Marseille et, éventuellement, de l'eau javellisée en cas de traces persistantes (uniquement s'il s'agit de textiles blancs voire de tissus « grand teint » et si l'usage du chlore est autorisé).
- Pour la laine et la soie, il est conseillé de tamponner délicatement la tache avec de l'eau vinaigrée (environ 2 cuillerées à soupe de vinaigre blanc pour 50 cl d'eau). On laissera agir une

dizaine de minutes avant de procéder au lavage habituel (avec la lessive adaptée).

❁ Certains détachants avant lavage sont efficaces pour enlever de telles taches.

❁ Renverser une tasse de café sur la moquette ou le tapis du salon est vite arrivé… Pas de panique ! Pour éliminer les taches, vous pouvez utiliser de l'eau légèrement savonneuse (à base de savon de Marseille), à l'aide d'une éponge bien essorée. Vous pouvez aussi essayer le vinaigre blanc : versez un peu d'eau gazeuse sur la zone concernée, puis tamponnez-la avec du papier absorbant pour éliminer l'humidité et, enfin, appliquez un peu de vinaigre pur à l'aide d'un chiffon. On peut à la rigueur essayer de l'eau oxygénée (voir encadré p. 56) mais, en raison de ses effets décolorants, il convient de rester prudent sur les revêtements de couleur. (Voir aussi encadré « Détacher une moquette ou un tapis », p. 54.)

Thé

❁ Le thé tache peut-être encore plus que le café… Même le savon de Marseille ne vient pas toujours à bout de ses tanins.

❁ Le jus de citron donne parfois de bons résultats sur les tissus en coton, synthétiques ou artificiels : frottez la tache avec du jus pur ou imbibez-la avec du jus dilué et laissez agir une dizaine de minutes avant de rincer.

❁ Pour la laine et la soie, tamponnez la tache de thé avec de l'eau vinaigrée (environ 2 cuillerées à soupe de vinaigre blanc pour 50 cl d'eau), laissez agir une dizaine de minutes, puis lavez avec votre lessive habituelle.

❁ Là encore, certains détachants avant lavage peuvent vous être utiles.

Café ou thé au lait, chocolat

❁ Un nuage de lait dans son café ou son thé peut être délectable, tout comme la boisson chocolatée qu'il sert à préparer. Mais, en matière de détachage, ne vous y trompez pas ! Il s'agit de taches protéiniques, que vous pouvez traiter comme celles de café ou de thé nature, mais sans utiliser d'eau chaude tant qu'elles n'ont pas disparu : la chaleur risquerait de les fixer définitivement…

Bon à savoir

Eau de Javel : à utiliser avec modération

Il est préférable de limiter son usage pour des raisons écologiques et sanitaires, la Javel étant toxique et corrosive (voir aussi p. 79). On ne l'emploiera donc qu'en cas de taches rebelles et uniquement sur des textiles blancs ou *a priori* sur des tissus « grand teint » (faites d'abord un test sur une zone non visible). Certaines précautions, en outre, sont à respecter.

- Installez-vous dans un endroit bien aéré.
- L'eau de Javel ne doit jamais être associée à du vinaigre blanc ni à de l'ammoniaque : le mélange dégagerait des vapeurs toxiques.
- Son utilisation est contre-indiquée sur la soie, la laine et les fibres artificielles (viscose, acétate). À ce titre, vérifiez toujours ce que mentionne l'étiquette d'entretien. Si, parmi les symboles, figure un triangle simple, c'est que tout type de produits de blanchiment est autorisé, y compris l'eau de Javel donc ; s'il s'agit, en revanche, d'un triangle comportant deux traits obliques ou en croix, c'est que l'usage de Javel est proscrit.
- On prendra soin de la diluer suffisamment, en respectant les indications de dosage données par le fabricant. Pour un détachage, il faut en général compter 1 volume d'eau de Javel pour 6 volumes d'eau, mais le dosage est à ajuster en fonction de la nature du textile (il doit ainsi être diminué pour les textiles synthétiques).
- Surveillez de près tout textile qui trempe dans une eau javellisée, car il est important que le tissu reste totalement immergé – si nécessaire, ajoutez un poids dessus pour bien le maintenir au fond du récipient.
- Enfin, sachez que l'eau de Javel est à éviter sur une trace de rouille : celle-ci deviendrait indélébile.

- Pensez aussi à d'abord racler les éventuels éclats de chocolat, ces traîtres qui « sautent » de la tablette quand on casse un carré pour ensuite se retrouver, fondus, sur notre jupe ou notre pantalon…

Vin rouge

- Un grand classique que le verre de vin renversé sur la nappe en plein dîner ! Si votre table est en bois, prenez la précaution de la recouvrir avec un molleton étanche : il protégera ainsi le bois, mais vous permettra aussi de traiter la nappe posée dessus sans risquer d'abîmer la table.
- Essayez d'intervenir sans trop tarder, pour éviter que le vin ne pénètre profondément dans les fibres : rincez à l'eau chaude, puis opérez exactement comme pour les taches précédentes

(essayez avec du savon de Marseille puis, si nécessaire et si possible, eau de Javel diluée ou eau oxygénée, mais seulement sur les textiles blancs et *a priori* sur les tissus « grand teint »).
- Certains détachants avant lavage peuvent être utiles pour venir à bout de ces taches.

Idée reçue

Le sel, vraiment efficace sur le vin rouge ?

- Quand on renverse un verre de vin, le réflexe est souvent de saisir la salière sur la table. En réalité, le sel ne fait que sécher la tache, ce qui l'atténue certes un peu, mais il est sans grand effet.

C'est malin !

Halte aux auréoles

- Pour ne pas agrandir davantage la surface de la tache, il est recommandé de la tamponner en procédant toujours de l'extérieur vers l'intérieur.
- Lorsque vous traitez avec un solvant une tache grasse sur un tissu, vous préviendrez l'apparition d'auréoles en saupoudrant largement la zone imbibée par le solvant de terre de Sommières (voir encadré p. 87) ; laissez ensuite agir, le temps que la poudre sèche bien, puis éliminez-la à l'aide d'une brosse à habits. Le séchage peut prendre une à plusieurs heures, selon l'humidité ambiante, l'épaisseur de la couche de poudre, etc. Quoi qu'il en soit, l'opération est sans risque et on peut même laisser agir toute une nuit s'il le faut.
- Dans le cas d'un canapé, prenez soin de dépoussiérer le tissu (avec l'embout de l'aspirateur) pour éviter autant que possible que le détachant ne laisse une auréole.

- Autre possibilité : imbiber largement – d'où l'intérêt du molleton ! – la zone tachée d'eau gazeuse ou de vin blanc, si vous avez une bouteille ouverte.
- Le vin a également coulé sur la moquette ou le tapis ? Dans ce cas, si un détachage à l'eau savonneuse ne suffit pas, vous pouvez employer du vinaigre blanc légèrement dilué ou appliquer une pâte au bicarbonate. Pour ce faire, mélangez du bicarbonate de soude avec un peu d'eau, de façon à obtenir une consistance pâteuse. Appliquez, en faisant bien pénétrer dans les fibres, puis laissez agir 1 ou 2 heures avant d'aspirer. N'hésitez pas à renouveler l'opération si toutes les traces n'ont pas disparu. (Voir aussi l'encadré « Détacher une moquette ou un tapis », p. 54.)

Beurre, margarine, huile, sauce de salade, etc.

- Si la fibre du textile taché supporte une température de lavage élevée, un lavage en machine suffit bien souvent à faire disparaître la plupart des taches grasses. Dans le doute, cependant, un détachage préalable est préférable, et même indispensable pour les textiles délicats (lainages, soie…). Car, une fois le textile passé en machine, la tache risque d'être fixée et par conséquent plus difficile

– voire impossible – à éliminer, surtout à température élevée. Ce prédétachage consiste, pour du coton par exemple, à frotter le tissu à peine humidifié avec du savon de Marseille.

- Si la tache est fraîche, commencez par retirer tout résidu graisseux à l'aide d'une lame de couteau non tranchante (couteau à beurre ou à lame ronde, par exemple). Puis saupoudrez la zone avec un produit absorbant du type terre de Sommières (voir encadré p. 87). Laissez sécher 1 ou 2 heures avant de retirer la poudre avec une brosse à habits; si la tache n'a pas complètement disparu, n'hésitez pas à renouveler le traitement. Vous pouvez également saupoudrer un peu de bicarbonate de soude, mais il faudra alors l'humidifier légèrement et laver ensuite.

- Si la tache n'est pas récente, il faut d'abord la tamponner avec un solvant du type substitut de trichloréthylène (voir encadré p. 57) en sachant que le produit sent très fort, puis la recouvrir de terre de Sommières pour éviter l'apparition d'auréoles (voir encadré p. 50).

C'est malin !

Les produits «mangeurs de graisse»

- Que ce soient le talc, la fécule de maïs, le bicarbonate de soude ou, surtout, la terre de Sommières, toutes les poudres fines ont des propriétés absorbantes qui les rendent très précieuses dans le traitement des taches grasses.
- Qui plus est, leur emploi est sans danger et très simple : on saupoudre la zone tachée avec le produit choisi, puis on laisse agir plusieurs heures, enfin on aspire ou on brosse. Et rien n'empêche de recommencer si nécessaire !

- Pour une cravate en soie, à l'entretien délicat, le nettoyage à sec est généralement recommandé, sauf si la tache de graisse est toute fraîche et immédiatement traitée.

- Sur une moquette ou un tapis, la terre de Sommières ou le bicarbonate de soude permettront d'absorber la matière grasse. Dans tous les cas, il faut laisser agir plusieurs heures et ne pas hésiter à renouveler l'opération si nécessaire, une fois la poudre souillée aspirée.

Fruits, jus de fruits, confitures...

- Les taches de fruits sont fréquentes sur les vêtements, tandis que les jus, eux, ont plutôt tendance à souiller les nappes, ainsi que les tapis et moquettes.

- Pour les textiles lavables en coton, synthétiques ou artificiels, on conseille de faire immédiatement tremper le linge ou le vêtement dans de l'eau chaude avant de le laver.

- Si des traces subsistent, on peut appliquer un peu d'eau de Javel diluée, à condition que le textile concerné se prête à l'usage du chlore (à vérifier sur l'étiquette) et qu'il soit blanc voire «grand teint». Lorsqu'il s'agit de fruits rouges, un trempage dans l'eau javellisée peut s'avérer nécessaire.

- Dans le cas d'un textile de couleur ne supportant pas l'eau de Javel, un bain au savon de Marseille peut être essayé. Vous pouvez aussi tamponner la tache avec une solution légèrement ammoniaquée – quelques gouttes d'ammoniaque (voir encadré p. 55 pour les précautions d'emploi) suffisent et, comme le

produit est dilué dans l'eau, il n'y a a priori pas de risque de tacher, mais n'hésitez pas à faire un essai sur une zone non visible du tissu. S'il s'agit d'un textile en laine ou en soie, rincez à l'eau froide, puis essayez de tamponner la tache avec du jus de citron ou du vinaigre blanc. Vous pouvez là aussi utiliser une solution légèrement ammoniaquée.

- Contre ce type de taches, certains détachants avant lavage sont efficaces.
- Sur un tapis ou une moquette, les taches oxydables (tanniques) sont souvent difficiles à nettoyer. Commencez par éponger le liquide avec du papier absorbant ou un chiffon, puis tamponnez la tache avec une solution légèrement ammoniaquée ou de l'eau oxygénée (voir encadré p. 56); dans un cas comme dans l'autre, pratiquez un essai sur une zone discrète ou cachée pour vérifier la résistance des couleurs.

Sang

- Les détachants industriels sont à bannir sur les taches de sang. Nombre d'entre eux ont l'effet inverse de celui escompté : non seulement les taches ne sont pas ôtées, mais elles sont fixées par l'action chimique du produit !
- En revanche, l'efficacité de la lessive en poudre sur les taches de sang est prouvée. Il est toutefois préférable de la réserver aux vêtements clairs.
- Comme pour toutes les taches protéiniques, il importe avant tout d'éviter l'eau chaude.
- Si la tache est toute fraîche, passez-la immédiatement sous l'eau froide, puis frottez le textile bien essoré avec du savon de Marseille ou du liquide vaisselle. Laissez agir (1 heure devrait suffire) et rincez de nouveau à l'eau froide.
- Dans le cas d'une tache plus ancienne, passez-la sous l'eau froide, puis faites tremper le textile pendant 1 heure dans de l'eau froide additionnée soit d'eau de Javel (s'il s'agit d'un tissu blanc voire « grand teint » et qu'il tolère le chlore), soit de percarbonate de sodium (environ 2 cuillerées à soupe pour 1 litre, voir encadré p. 53) en vérifiant sur une partie non visible que cela ne risque pas de décolorer le tissu.

Bon à savoir

Détacher un matelas

- Les taches de sang sur un matelas sont toujours difficiles à éliminer, surtout si elles ne sont pas traitées rapidement.
- On peut ainsi essayer l'eau de Dakin (un antiseptique non colorant vendu en pharmacie) ou le sérum physiologique, voire un produit pour lentilles. L'eau oxygénée donne parfois de bons résultats, mais son effet décolorant demande des précautions.
- En cas d'échec, le recours à une solution ammoniaquée permet bien souvent d'atténuer nettement les marques de sang. Compter 2 ou 3 cuillerées à soupe d'ammoniaque pour 1 litre d'eau. Attention : ce produit étant particulièrement irritant, il importe de mettre des gants appropriés et d'ouvrir en grand la fenêtre de la chambre.
- Dans tous les cas, la procédure est la même : il faut tamponner la tache avec un chiffon légèrement imbibé du produit choisi et en changer dès qu'il est coloré, puis laisser bien sécher.

Bon à savoir

Le percarbonate de sodium : un allié contre les taches tenaces

Cette poudre blanche, obtenue par action de l'eau oxygénée sur le carbonate de sodium, peut se révéler précieuse en cas de taches rebelles, notamment sur les tapis et moquettes : sauce tomate, vin rouge, fruits, chocolat, sang, rouge à lèvres, encre... Vendue en droguerie ou dans certains grands magasins, elle présente l'avantage de ne contenir ni chlore, ni phosphates. Toutefois, sur une surface colorée, mieux vaut faire un essai sur une zone moins visible. Voici comment l'utiliser :

- Faites dissoudre environ 1 cuillerée à soupe de percarbonate de sodium dans 50 cl d'eau chaude.
- À l'aide d'un chiffon, appliquez cette solution sur la zone tachée, en frottant légèrement.
- Rincez le tout en tamponnant avec une éponge.

Sur les tapis et moquettes, épongez d'abord la tache de sang avec du papier absorbant, passez-la à l'eau froide légèrement savonneuse (au savon de Marseille) avec une éponge bien essorée ou tamponnez-la avec un chiffon imbibé de vinaigre blanc pur ; pratiquez un essai sur une zone discrète ou cachée pour vérifier la résistance des couleurs. Autre possibilité : de l'eau oxygénée (voir encadré p. 56), à condition que le revêtement présente, sur son étiquette d'entretien, le triangle simple ou barré de deux traits obliques.

Encre, feutre, etc.

Il existe pour ainsi dire autant de taches d'encre que de stylos... ce qui rend leur traitement souvent difficile, voire impossible, certaines encres étant indélébiles.

S'il s'agit d'une encre liquide, intervenez le plus rapidement possible en l'épongeant avec du papier absorbant.

Dans tous les cas, le plus efficace est de placer un chiffon propre sous le tissu taché et de tamponner la tache avec un autre chiffon imbibé du produit détachant. Attention à ne pas déplacer le chiffon sous la tache, vous risqueriez de tacher un peu plus le tissu.

Sur les tissus en coton et en polyester, l'alcool à 90° ou l'eau oxygénée permettent parfois d'éliminer les taches d'encre de stylo, de feutre ou de stylo à bille. Si vous utilisez de l'eau oxygénée, vérifiez d'abord son impact sur la couleur du tissu sur une zone non visible (envers d'un ourlet, par exemple).

En cas d'échec et si la nature du tissu le permet (sur textiles blancs ou *a priori* sur tissus « grand teint »), vous pouvez insister avec de l'eau javellisée.

Sur du coton, l'application de fécule vinaigrée mérite également d'être tentée. Il faut compter 3 volumes de fécule de maïs pour 2 volumes de

Nos grands-mères faisaient

Du lait bouilli contre l'encre noire

- Sur une tache d'encre noire fraîche, le lait bouilli est une vieille astuce à tester. Dans de nombreux cas, s'il n'enlève pas complètement la tache, il permet de l'atténuer et ce en douceur, sans agresser les fibres. Comme pour toutes les autres solutions, placez un chiffon propre sous le tissu taché et tamponnez la tache avec un autre chiffon imbibé de lait bouilli, en prenant soin de déplacer le chiffon du dessous dès qu'il est imprégné avant de recommencer.

Bon à savoir

Détacher une moquette ou un tapis

Lorsqu'ils sont situés sous la table de la salle à manger ou du salon, tapis et moquettes se trouvent particulièrement exposés aux taches alimentaires.

- Là aussi, plus on agit vite, meilleurs sont les résultats. Le premier réflexe doit être de retirer le maximum de résidus alimentaires.
- Si votre tapis ou moquette comporte une étiquette d'entretien, vérifiez s'il n'y a pas de produits déconseillés. Dans le cas contraire, pratiquez un essai sur une petite zone (coin, par exemple).
- Ensuite, quel que soit le produit employé (eau gazeuse, eau savonneuse, vinaigre blanc, ammoniaque, etc.), tamponnez la zone avec des chiffons propres pour absorber peu à peu la tache, mais humidifiez le moins possible, surtout s'il s'agit d'une moquette sur thibaude ou d'une fibre naturelle comme le sisal ou le jute). Sauf cas particulier, il faut éviter de frotter afin de ne pas faire pénétrer la tache dans les fibres.
- En cas de doute, notamment pour un revêtement neuf ou un tapis de valeur, demandez conseil à un professionnel.

vinaigre blanc. Frottez doucement le tissu avec la pâte obtenue, puis laissez sécher et, enfin, brossez pour éliminer la fécule. Lavez ensuite le tissu.

❁ Pour les fibres plus fragiles, la prudence est requise : sur la soie, n'utilisez que de l'alcool à 90° ; sur les fibres synthétiques, employez plutôt du jus de citron ou de l'eau vinaigrée.

Rouge à lèvres, fond de teint…

❁ Les produits cosmétiques et de maquillage occasionnent souvent des taches au moment de leur application : un raccord impromptu et le rouge à lèvres a vite fait de maculer le chemisier ! Les crèmes peu teintées peuvent en général être éliminées comme les taches de matières grasses (voir p. 50), mais les produits colorés posent parfois davantage de problèmes.

❁ Le bicarbonate de soude permet souvent de bien éliminer ces taches. Appliquez sur la zone concernée du bicarbonate humidifié (1 volume d'eau pour 1 volume de poudre), laissez agir pendant environ 1 heure, puis brossez avant de procéder au lavage habituel. Attention : ce traitement ne convient ni à la laine, ni à la soie.

❁ Les taches ou traces de fond de teint peuvent être tamponnées avec de l'alcool à 90° : laissez agir une dizaine de minutes et rincez.

❁ Pour le rouge à lèvres, il est préconisé de frotter doucement la tache avec un mélange d'eau et de vinaigre blanc (à parts égales). Les taches de maquillage faisant partie des taches de graisse, on peut obtenir des résultats avec le savon de Marseille.

❁ Sinon, pour rester dans le registre cosmétique, pourquoi ne pas exploiter le pouvoir fixatif de la laque à des fins détachantes ? Pulvérisez de la laque capillaire sur la zone tachée, laissez agir quelques instants, puis frottez doucement pour éliminer la laque : avec un peu de chance, elle aura retenu les pigments du rouge à lèvres. Un procédé astucieux, mais à éviter sur tissu fragile !

Transpiration, déodorant

❁ La transpiration et les produits déodorants laissent parfois des auréoles d'autant plus disgracieuses qu'elles sont souvent difficiles à éliminer au lavage, surtout pour les fibres artificielles (acétate, viscose) et la soie.

❁ Pour les faire disparaître, ou au moins les atténuer, traitez-les avant lavage en tamponnant toute la zone avec de l'eau vinaigrée (1 volume de vinaigre blanc pour 4 volumes d'eau). Laissez agir 5 à 10 minutes, puis procédez au lavage habituel.

Bon à savoir

L'essence de térébenthine

- Bien connue pour l'entretien du bois, cette essence n'est pas destinée à l'entretien du linge, mais c'est un solvant qui permet d'éliminer les taches de résine. Il s'agit d'un liquide très odorant, volatil et inflammable, que l'on doit donc manier avec précaution, en portant des gants et en opérant dans un endroit bien aéré.

Bon à savoir

L'acide oxalique

- Appelée aussi «sel d'oseille», cette poudre cristalline, incolore et inodore, peut être efficace sur les taches de rouille. Dissolvez-en une bonne pincée dans un peu d'eau, puis tamponnez la zone tachée avec cette solution, à l'aide d'un chiffon.

Herbe, résine de conifères

❁ Les taches d'herbe et de résine sont souvent le fait des sorties en plein air, avec pique-nique sur l'herbe ou balade en forêt... Elles gâchent un peu la promenade, même si l'on porte rarement de la soie dans ces occasions... Comme il s'agit en général de textiles assez robustes, le détachage est souvent relativement simple.

❁ Si la tache est toute fraîche, le mieux est de frotter le tissu légèrement humidifié avec du savon de Marseille.

❁ Si la tache ne part pas, sur un coton blanc, elle sera vite éliminée avec un trempage dans de l'eau javellisée avant lavage.

❁ Sur les autres textiles, vous pouvez tamponner la tache avec de l'alcool à 90° ou du vinaigre blanc. Si le tissu est très coloré, mieux vaut pratiquer un essai sur un ourlet ou une zone peu visible.

❁ En ce qui concerne la résine, c'est l'essence de térébenthine (voir encadré p. 51) qui donne les meilleurs résultats, à la condition préalable de bien éliminer tout surplus en raclant le tissu ; pour ce faire, on veillera à utiliser une lame de couteau émoussée, afin de ne pas abîmer les fibres.

Rouille

❁ Les taches de rouille comptent parmi les plus retorses.

❁ Si le tissu n'est pas trop fragile (coton, par exemple) et la tache pas trop étendue, on peut l'atténuer en tamponnant la zone avec du jus de citron ou du vinaigre blanc, le tout recouvert de sel. Laissez agir environ 12 heures, puis procédez au lavage habituel. Vous pouvez aussi essayer l'acide oxalique (voir encadré ci-contre).

❁ Sur un tissu blanc, une exposition au soleil après application de la solution renforce l'action de blanchiment.

Taches de cirage et de cambouis

❁ Le beurre a la réputation d'être efficace sur les taches de cirage et de cambouis, et ce pour beaucoup de tissus. Il doit cette efficacité à son pouvoir absorbant. Mettez du beurre sur la tache, raclez l'excédent avec une lame de couteau émoussée, puis lavez au savon.

❁ Il en va de même pour le white-spirit. Là encore, après traitement, lavez la tache au savon. On restera toutefois prudent avec ce produit, les effets pouvant varier selon la nature des textiles.

❁ Vous pouvez par ailleurs essayer du substitut de trichloréthylène (voir p. 57).

Taches d'eau de Javel

❁ Dès lors qu'elle n'est pas maniée avec précaution, l'eau de Javel peut elle-même tacher, car c'est un produit puissant ! Quelques

Bon à savoir

L'ammoniaque : un détachant irritant

- Souvent efficace sur de nombreuses taches (sang, urine, encre), l'ammoniaque est aussi un produit agressif et très irritant, tant pour les voies respiratoires que pour la peau. Son emploi doit donc rester exceptionnel, en dernier recours, lorsque les autres méthodes ont échoué. On veillera par ailleurs à toujours bien la diluer et à opérer dans un endroit aéré, en respectant scrupuleusement les consignes indiquées sur l'étiquette. Sans oublier le port de gants pour protéger les mains. Il faut également savoir que l'ammoniaque ne doit jamais être mélangée à de l'eau de Javel, au risque de dégager des vapeurs toxiques.
- L'ammoniaque est vendue en bouteille de 1 litre, dans les drogueries et magasins de bricolage.

gouttes suffisent… Toutes les situations, certes, ne sont pas désespérées, mais les remèdes ne sont pas garantis.

- Pour le coton, la laine ou la soie, vous pouvez essayer de tamponner la zone avec de l'ammoniaque diluée (ce qui la rend peu agressive) avant de procéder au lavage habituel. Si le tissu est très décoloré, la seule solution est de le teindre.
- Sur des textiles artificiels, la tache s'atténuera sans doute avec le lavage, mais persistera malgré tout.

Cire sur une nappe

- Les petites bougies étant très en vogue sur les tables de fête, il n'est pas rare que de la cire soit renversée sur la nappe.
- Ici, contrairement à ce qui est préconisé ailleurs, il ne faut pas intervenir tout de suite. Au contraire, laissez bien durcir la cire, si besoin en appliquant un glaçon, ce qui est souvent nécessaire avec les bougies de médiocre qualité – leur consistance tend à rester molle à température ambiante.
- Une fois la cire solidifiée, raclez-la au mieux avec une lame de couteau émoussée.
- Puis disposez une feuille de papier absorbant ou de papier de soie au-dessus et en dessous de la coulure. Passez alors le fer à repasser très chaud : repère ••• (sans vapeur), c'est-à-dire sur « lin ». Les feuilles vont absorber la cire liquéfiée sous l'effet de la chaleur. Si, après le premier passage, le papier est saturé de cire mais qu'il en subsiste sur le tissu, recommencez l'opération avec de nouvelles feuilles de papier jusqu'à absorption complète de la cire.

Bon à savoir

L'eau oxygénée

- L'eau oxygénée est un agent de blanchiment du bois et des fibres textiles qui peut aussi servir de détachant sur les tissus blancs (encre, vin, fruits rouges). La plus puissante (en vente pour les particuliers) est celle à 130 volumes, que l'on trouve dans les drogueries et magasins de bricolage, conditionnée en bouteilles de 1 litre. Sinon, il existe l'eau oxygénée à 10 volumes disponible en pharmacie, généralement en flacon (125 ou 250 ml), mais un peu moins efficace.
- Dans tous les cas, son utilisation doit rester limitée et respecter scrupuleusement les recommandations figurant sur l'étiquette. Le port de gants est indispensable.

❁ Pour une bougie de couleur, il se peut que le tissu reste légèrement coloré après élimination de la cire. Dans ce cas, utilisez de l'eau de Javel diluée, mais uniquement s'il s'agit d'un tissu blanc ou *a priori* s'il s'agit d'un tissu « grand teint » et tolérant l'usage du chlore.

Taches sur le bois

❁ Particulièrement fragile s'il est brut ou juste ciré, le mobilier en bois est celui qui prend le plus les marques de verres ou les taches de graisse.

❁ Pour une tache grasse, on procédera comme sur un tissu, en appliquant un solvant, du substitut de trichloréthylène par exemple, puis de la terre de Sommières. Laissez agir plusieurs heures, puis retirez la poudre.

❁ Pour les traces d'eau, tout dépend si le bois est ciré ou verni. Dans le premier cas, si les taches ne sont pas trop marquées, vous pourrez les atténuer en les frottant simplement avec un bouchon de liège. Sur du bois verni, en revanche, il est nécessaire de frotter la tache à l'aide d'un tampon de laine d'acier fine, puis de faire une retouche de vernis teinté. Pour plus de détails, voir p. 303.

❁ Vous pouvez éclaircir les taches sombres (encre, vin, brûlé superficiel…) en les tamponnant avec un peu d'eau oxygénée ou d'acide oxalique (« sel d'oseille », voir encadré p. 55). Mais n'utilisez ni acétone, ni ammoniaque, ni eau de Javel pour ne pas abîmer le bois.

Bon à savoir

Le substitut de trichloréthylène

- Ce produit est utilisé, comme son nom l'indique, en remplacement du trichloréthylène, un puissant dégraissant, cancérogène avéré pour l'homme d'après le Circ (Centre international de recherche sur le cancer), interdit de vente aux particuliers dans l'Union européenne.
- Il est efficace sur les taches de graisse, de cambouis et sur certaines tâches d'encre. Soyez cependant prudent, et essayez-le d'abord à un endroit peu apparent afin de voir comment réagit le support.
- L'usage de ce détachant nécessite, outre le port de gants, des précautions particulières – conformez-vous aux recommandations figurant sur l'étiquette.
- Une fois la tache traitée, il faut bien laisser le produit s'évaporer avant de laver. De même, la pièce doit être aérée en grand afin d'évacuer toutes les émanations.

Taches sur le cuir

❁ Chaussures et sacs en cuir seront mieux protégés des taches s'ils sont régulièrement imperméabilisés et cirés (voir p. 84).

❁ Quant aux canapés et fauteuils en cuir, ils sont certes traités par une couche protectrice au moment de la fabrication, mais celle-ci ne les préserve pas, par exemple, des taches d'encre, de vin ou de fruits, qui risquent d'être indélébiles. Ils doivent donc faire l'objet de beaucoup de précautions : attention notamment au plateau télé ! Dans tous les cas, on veillera surtout à ne pas utiliser de produits détergents, car ils pourraient abîmer la couche protectrice et la teinture du cuir.

❁ Le substitut de trichloréthylène (voir encadré ci-dessus) est parfois conseillé pour traiter les taches d'encre, mais par précaution, il vaut mieux pratiquer d'abord un essai sur une zone non visible.

❁ Les taches de graisse peuvent quant à elles être éliminées avec de la terre de Sommières, à condition d'opérer vite. Commencez par éponger délicatement le corps gras avec du papier absorbant ou un chiffon bien propre, puis étalez une couche de poudre sur la zone tachée et laissez sécher. Aspirez alors la poudre (avec l'embout de l'aspirateur) et renouvelez l'opération si nécessaire. ■

Linge, textiles et vêtements

Entretien du linge

Comme il est loin le temps des lavoirs et des lavandières ! Aujourd'hui, le lavage en machine permet d'entretenir facilement son linge.
Il convient toutefois de respecter certaines règles de base, notamment pour bien trier les affaires, choisir la bonne température de lavage ou encore doser correctement la lessive.

Avant la lessive, les bons réflexes

- Prenez soin de mettre de côté les affaires délicates, comme les vêtements en soie et la lingerie fragile (voir p. 80).
- Triez soigneusement le linge sale par couleur et par matière. Le but est bien sûr d'éviter que du linge très coloré ne déteigne sur du linge blanc ou clair. Mais il importe aussi de choisir la bonne lessive, poudre, liquide ou en capsules (voir p. 59), et d'adapter la température de lavage à la nature des textiles à laver et/ou à leur degré de salissure. Si vous devez mélanger différents textiles, par exemple pour remplir suffisamment votre machine, il vaut mieux choisir le programme qui convient au plus fragile.

C'est malin !

Vérifier si un tissu risque de dégorger

- Si vous craignez qu'un tissu de couleur ne déteigne, placez-le sur un chiffon blanc humide et repassez le tout : si le linge blanc n'a pris aucune trace de couleur, c'est que votre tissu est grand teint, donc qu'il ne dégorgera pas au lavage, même à haute température. Vous pouvez, par conséquent, le passer en machine.

- Avant de mettre le linge dans le tambour de la machine, secouez-le par la fenêtre pour éliminer poussières et phanères (cheveux, poils, peaux mortes…).
- Lorsqu'un textile est taché, il est préférable de traiter au préalable la tache en la frottant avec du savon de Marseille, par exemple, ou par une autre méthode (voir pp. 46 et suivantes). Cette précaution est surtout recommandée si l'on utilise une lessive liquide. Dans tous les cas, on veillera à intervenir rapidement, pour éviter que la tache ne s'incruste dans les fibres.
- Pour que le lavage soit efficace, évitez de surcharger votre machine afin que le linge puisse être bien brassé pendant toute la durée du cycle.

Des précautions pour le linge neuf

- Avant le premier lavage, il est conseillé de faire tremper le linge neuf dans de l'eau tiède pendant plusieurs heures. Ce bain permet d'éliminer l'apprêt et les éventuels résidus de teinture, qui pourraient sinon déteindre à la lessive et tacher les autres textiles.
- Pour ne pas risquer un rétrécissement au premier lavage, évitez de programmer un cycle à la température maximale indiquée sur l'étiquette.

Quelle lessive : poudre, liquide ou en capsules ?

L'ampleur tant de l'éventail proposé que des messages publicitaires ne facilite guère le choix d'une lessive.

Rappelons d'abord que, pour limiter son impact sur la santé, il est toujours préférable d'acheter une lessive sans allergènes (parfums et conservateurs, voir encadré ci-dessous).

Ensuite, si l'on s'en tient aux stricts critères d'efficacité, une distinction s'opère entre poudre, liquide et capsules.

✓ La lessive en poudre est clairement la plus efficace, car elle enlève mieux les taches que les autres types de lessive. En outre, par les agents de blanchiment qu'elle contient, elle est particulièrement adaptée au linge de couleur claire, qui ainsi ne « grisaille » pas.

✓ La lessive liquide est beaucoup moins efficace pour éliminer les tâches et est généralement particulièrement chargée en allergènes. De plus, elle intègre des conservateurs, souvent problématiques (voir encadré ci-dessous). Mais, elle ne comporte pas d'agents de blanchiment et respecte donc les couleurs, notamment lorsqu'elles sont foncées ou intenses (noir, bleu marine, violet, vert foncé, rouge vif).

✓ Généralement, les capsules respectent mieux les couleurs que les poudres et lavent plus efficacement que les liquides (tout en maintenant mieux l'éclat du blanc). Mais elles contiennent aussi des allergènes. Par ailleurs, soyez prudent, tenez-les hors de portée des enfants, car de nombreux cas d'intoxication ont été recensés.

✓ Une solution consiste à acheter une lessive en poudre et une lessive liquide pour adapter leur usage en fonction du linge lavé. Les capsules peuvent constituer un compromis acceptable, si on ne craint pas les allergènes.

Lessive faite maison

Pour éviter les ingrédients indésirables, vous pouvez fabriquer votre propre lessive (qui sera cependant moins efficace qu'une lessive du commerce). Utilisez soit des copeaux de savon de Marseille (en vente dans les grands magasins ou en magasins bio, par exemple), soit un bloc, que vous râperez vous-même. Dans les deux cas, vérifiez que la composition du savon est exempte de glycérine, pour une meilleure dilution dans l'eau – sinon, vos serviettes de toilette, notamment, risquent de moins bien éponger.

Bon à savoir

Attention aux parfums et conservateurs !

- Les lessives, surtout en conditionnement liquide et en capsules, peuvent être très chargées en parfums, nombre d'entre eux étant allergisants. Les fabricants de lessive sont tenus d'indiquer la présence de 26 substances allergisantes dans la liste des ingrédients dès lors que leurs doses sont supérieures à 100 mg/kg. Il est donc conseillé, particulièrement si l'on est sensible, de bien lire les étiquettes et de privilégier les lessives qui ne mentionnent aucun parfum.
- Mais même en deçà de 100 mg/kg, ces substances, qui alors ne seront pas indiquées sur les étiquettes, peuvent entraîner des réactions allergiques chez certaines personnes. N'hésitez pas, par conséquent, à consulter des tests comparatifs qui traquent les 26 parfums allergènes, quel que soit leur seuil.
- Certains conservateurs (que l'on retrouve dans nombre de lessives liquides), sont aussi très allergènes. Il s'agit surtout de la MIT, pour méthylisothiazolinone, devenue l'ennemi public numéro un des dermatologues et des allergologues. La BIT, pour benzisothiazolinone, est également utilisée, seule ou en mélange avec la MIT.

Voici comment procéder :

✓ Récupérez un grand bidon de lessive (3 litres) et rincez-le soigneusement.

✓ Versez en pluie environ 100 g de copeaux de savon de Marseille et 2 ou 3 cuillerées à soupe de bicarbonate de soude dans une bassine contenant 2 litres d'eau bouillante.

✓ Remuez bien pour faire dissoudre les copeaux.

✓ Laissez reposer quelques heures, pour permettre la dissolution complète du savon. Remuez alors de nouveau, puis filtrez le mélange en vue d'éliminer les ultimes résidus de copeaux et, ainsi, éviter qu'ils n'obstruent les tuyaux de votre machine.

✓ Transvasez le mélange obtenu dans le bidon. Votre lessive maison est prête !

✓ Avant toute utilisation, agitez vigoureusement le bidon. Comptez l'équivalent d'un bouchon pour une dose normale de lessive : ne dépassez pas 15 cl, car la mousse risque d'être trop abondante, surtout si votre eau est douce (voir encadré p. 61).

La bonne dose de lessive

Le dosage à respecter dépend avant tout du poids du linge à laver, soit de la capacité de votre machine (3, 5, 7 ou 9 kg et plus), mais aussi du degré de salissure du linge. La dureté de l'eau est également un critère important, une eau très calcaire demandant une plus grande quantité de lessive (voir encadré p. 61). Il est inutile de mettre plus de produit que nécessaire.

La bonne température

Grâce aux progrès réalisés par les fabricants, les lave-linge et les lessives sont aujourd'hui efficaces dès 40 °C, voire 30 °C. Il est donc inutile de choisir des programmes de lavage à 60 °C et plus, sauf bien sûr pour le linge de toilette, l'hygiène primant, ou pour le linge extrêmement sale.

Nos grands-mères faisaient

Du linge plus blanc grâce à du bleu !

- C'est à Jean-Baptiste Guimet, un industriel lyonnais, que l'on doit l'invention du bleu d'outremer artificiel, en 1826. Et son fils lui-même, Émile, fondera le célèbre musée du même nom à Paris. Si ce bleu vibrant séduisit d'emblée les peintres, il fut aussi très vite utilisé pour l'azurage du linge blanc. Grâce à un effet d'optique, le bleu augmente la luminosité du linge blanc.
- Les blanchisseuses se mirent ainsi à ajouter les précieux grains de bleu Guimet, enveloppés d'une délicate mousseline, dans la dernière eau de rinçage du linge blanc. Celui-ci n'était pas plus propre, mais paraissait plus éclatant…
- Les lessiviers du XXe siècle ont eu tôt fait de reprendre cet ingénieux procédé à leur compte, en ajoutant des azurants optiques dans leurs poudres à laver.
- Si vous voulez essayer par vous-même, le principe est simple. Pour azurer une serviette de toilette blanche, par exemple, il suffit de la laver en même temps qu'un vêtement bleu. Pour faire cette expérience, évitez quand même de laver une belle serviette blanche avec un jean tout neuf !

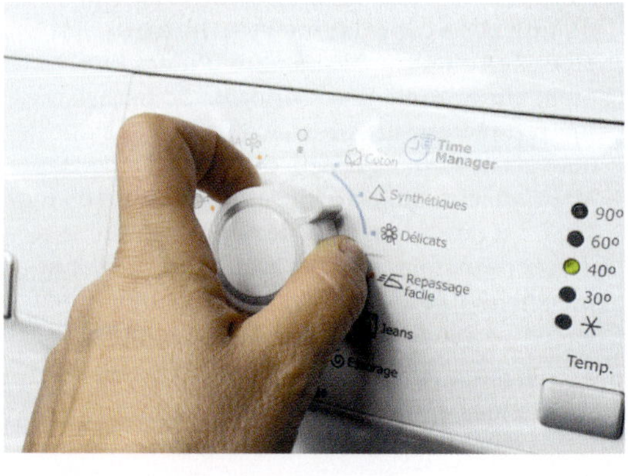

Bon à savoir

Connaître la dureté de son eau

La dureté de l'eau est liée principalement à la présence d'ions calcium et magnésium : plus ils sont nombreux, plus l'eau est « dure ». Or, ces ions empêchent les agents de surface des détergents de jouer pleinement leur rôle.

Pour savoir si l'eau qui sort de son robinet est plutôt dure ou douce, il suffit de se laver les mains ! Quand l'eau est douce, le savon mousse beaucoup et il est même difficile de se rincer.

Pour connaître plus précisément le taux de dureté de votre eau, il faut vous renseigner auprès de votre mairie ou de votre distributeur. Sinon, il existe aussi des bandelettes de test que l'on peut se procurer en pharmacie, dans les magasins d'aquariophilie ou sur Internet, mais il vous en coûtera davantage… Le principe est simple : vous trempez la bandelette dans un verre d'eau, puis vous interprétez le résultat en fonction des indications fournies par le fabricant.

La dureté est exprimée en degrés français (°f), 1 degré français équivalant à 4 mg de calcium et 2,4 mg de magnésium par litre. On considère ainsi que :

- de 0 à 7 °f, une eau est très douce ;
- entre 7 et 15 °f, elle est douce ;
- entre 15 et 25 °f, elle est moyennement dure ;
- au-dessus de 25 °f, elle est dure ;
- au-delà de 40 °f, elle est très dure.

Même pour du linge taché, un programme à 60 °C ou plus ne s'avère pas indispensable. Il est plus économique et efficace de traiter préalablement les taches (voir pp. 46 et suivantes) avant de laver le linge en machine à 40 °C.

Blancheur du linge

Halte aux cols jaunis ! Au fil du temps et des lessives, il arrive que le linge blanc en coton (serviettes, tee-shirts, chemises, etc.) jaunisse.

L'eau de Javel, contrairement à un usage répandu, n'est pas indiquée en raison, notamment, de son action néfaste d'un point de vue sanitaire et environnemental (voir encadré p. 79).

Misez plutôt sur le pouvoir blanchissant du citron, un produit 100 % naturel ! Pour ce faire, vous pouvez soit ajouter le jus de 1 ou 2 citrons dans le compartiment lessive de votre lave-linge, soit déposer directement dans la machine quelques tranches de citron enfermées dans un petit filet ou un bas noué.

Enfin, un séchage au soleil contribuera à parfaire la blancheur de votre linge et c'est là encore un procédé entièrement naturel !

Adoucissant ou non ?

Rappelons avant tout qu'il est inutile d'utiliser un adoucissant si l'eau de votre commune est douce. D'où l'intérêt de vous renseigner sur son taux de dureté auprès des organismes concernés (voir encadré ci-dessus). Par ailleurs, un adoucissant ne sert pas à grand-chose sur les synthétiques qui n'ont pas besoin d'être adoucis.

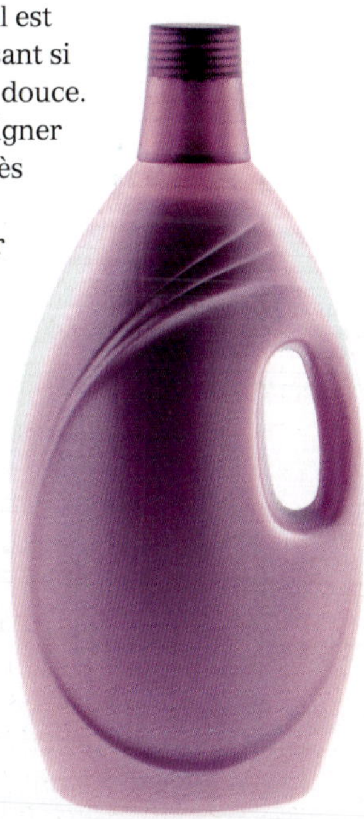

Comme pour la lessive, on a souvent tendance à vouloir en mettre plus que nécessaire. Il est pourtant essentiel de bien respecter les dosages recommandés par le fabricant, surtout si vous utilisez un adoucissant concentré.

L'usage d'adoucissant requiert une vigilance particulière chez les personnes sensibles, enfants et adultes allergiques ou asthmatiques.

Bon à savoir

Adoucissants : attention aux allergies

▪ La majorité des adoucissants du commerce comporte des substances allergènes (parfois jusqu'à 5 ou 6 différentes !) en quantité non négligeable, comme le montrent régulièrement les tests menés par Que Choisir. Et les indications du type «peaux sensibles», « sous contrôle dermatologique» ou «testé dermatologiquement» ne présentent aucune garantie quant à l'absence d'ingrédients allergisants. Nous déconseillons donc l'usage de ces produits (d'autant qu'ils n'assouplissent que dans certains cas, voir p. 61). Si vous en utilisez, pour choisir un adoucissant peu allergène, n'hésitez pas à consulter des tests comparatifs.

En effet, leur peau étant en contact direct avec les vêtements ou le linge (toilette, lit), elle peut développer une réaction aux substances allergènes éventuellement présentes dans le produit (voir encadré ci-dessus).

Adoucissant fait maison

❁ Pour minimiser les risques d'allergie, vous pouvez réaliser votre propre adoucissant.

✓ Récupérez un bidon de lessive liquide (bien rincé) ou une grande bouteille d'eau en plastique.

✓ Versez dans une bassine 50 cl d'eau tiède, 25 cl de vinaigre blanc et 2 grosses cuillerées à soupe de bicarbonate de soude. Ne vous inquiétez pas si le mélange devient effervescent : il s'agit d'une réaction chimique normale. Lorsque l'effervescence cesse, transvasez le mélange dans le récipient choisi.

✓ Fermez celui-ci et, pour éviter toute confusion, inscrivez dessus son contenu, à l'aide d'une étiquette si nécessaire.

✓ Prenez soin de ranger ce récipient hors de portée des enfants.

✓ Comptez environ 10 cl (soit 1 petit bouchon ou 1 petite tasse à café) de ce mélange pour une lessive, à verser, bien sûr, dans le bac à adoucissant de votre lave-linge.

❁ Attention : n'utilisez pas cet adoucissant maison pour les draps-housses à élastique, le vinaigre pouvant détériorer le caoutchouc des élastiques. Ce conseil vaut également pour les pantalons ou jupes à taille élastiquée et les sous-vêtements.

Adoucissant : concentré ou dilué ?

❁ Les adoucissants dilués sont vendus en bidons de 3 litres environ, tandis que les concentrés se présentent en flacons de 75 cl à 1,5 litre, voire 2 litres, ou en berlingots de 25 cl. Lorsqu'on manque de place pour ranger, la tentation est grande de choisir un adoucissant concentré. Dans ce cas, attention à ne pas surdoser le produit.

Un linge qui sent bon

❁ Pour parfumer naturellement le linge de maison, le traditionnel petit sachet de lavande, que vous placerez dans votre armoire ou placard, n'a rien perdu de son charme ni de son efficacité.

❁ Pourquoi ne pas innover, sinon, en suspendant au-dessus du linge une orange piquée de quelques clous de girofle ?

❁ Vous pouvez aussi parfumer votre linge au moment du lavage, en ajoutant dans le bac à adoucissant quelques gouttes d'huile essentielle (au choix, citron, lavande, lavandin, pamplemousse, thym, verveine...) avec un peu de vinaigre blanc (10 cl environ). L'astuce vaut également pour le séchage : versez quelques gouttes d'huile essentielle sur un mouchoir (ou un gant de toilette), puis mettez celui-ci dans le sèche-linge en même temps que la tournée à faire sécher. Mais, attention, ces huiles essentielles peuvent provoquer des réactions allergiques, aussi vaut-il mieux les éviter chez les personnes sensibles. Dans tous les cas, n'hésitez pas à faire des essais avant de parfumer tout votre linge avec de telles essences.

lav nde

Le séchage

- Veillez à sortir le linge essoré aussitôt après la fin du cycle. Sinon, programmez un « arrêt cuve pleine » (arrêt avant le cycle d'essorage, le linge restant dans la dernière eau de rinçage), pour peu que votre machine dispose de cette fonction. C'est une option bien pratique quand on sait que l'on ne va pas pouvoir étendre son linge tout de suite. Une autre solution, si votre machine le permet, consiste à utiliser le départ différé pour pouvoir sortir votre linge dès que la machine a fini de tourner.

- Secouez le linge essoré et étirez-le bien avant de l'étendre. Il vaut mieux ne pas trop le plier, les plis risquant de marquer le tissu – pensez au repassage !

- Sur le plan tant économique qu'écologique, le meilleur moyen de faire sécher le linge est de le suspendre à l'air libre. Qui plus est, l'usage du sèche-linge est déconseillé pour le linge délicat (laine, soie, lingerie fragile, notamment), car il peut user les fibres et déformer les tissus. Mais si vous êtes allergique au pollen, évitez le séchage à l'air libre en période de pollinisation.

- Si vous avez la possibilité d'étendre votre linge dehors, sachez que le laisser en plein soleil présente un inconvénient : un linge qui sèche trop vite est, là encore, plus difficile à repasser, sans compter que les couleurs risquent, à la longue, de ternir. Préférez donc un séchage à l'ombre, en espérant qu'une brise légère viendra sécher le linge plus vite… Attention aux pinces à linge, qui peuvent laisser des marques disgracieuses, voire déformer le linge quand on le suspend avec juste deux pinces aux extrémités – c'est particulièrement vrai pour les pièces lourdes. Pour faire sécher les chemises et chemisiers, l'idéal est de les mettre sur cintres.

- Si vous êtes obligé d'utiliser un sèche-linge, programmez-le pour que la température de séchage ne soit pas trop élevée, surtout si votre appareil ne comporte pas de cycle de refroidissement-défroissage. Votre repassage en sera ainsi facilité. Attention, vérifiez, avant chargement, qu'aucun des textiles ne présente de contre-indication au séchage en sèche-linge (collant, soie, laine, etc.).

- Lorsque le séchage est terminé, sortez rapidement le linge, secouez-le, étirez-le et pliez-le soigneusement.

Bon à savoir

Noix et boules de lavage : des produits à la noix ?...

▪ Noix et boules de lavage sont présentées comme des alternatives écologiques aux lessives industrielles. Les noix de lavage sont composées des coques séchées d'un arbre fruitier du Cachemire *(Sapindus mukorossi)*, lesquelles ont la particularité de renfermer de la saponine, un détergent naturel. Quant aux boules, elles contiennent des billes de céramique qui, lorsqu'elles sont agitées, provoqueraient une réaction chimique et une modification du pH de l'eau favorables, toutes les deux, à une action détergente.

▪ Des tests Que Choisir ont montré que les performances de ces méthodes de lavage alternatives sont, pour le moins, décevantes. Les salissures grasses ne sont pas mieux éliminées qu'avec un lavage à l'eau seule. Les résultats s'avèrent un peu plus probants sur les taches protéiniques, mais restent comparables à ceux d'un lavage à l'eau. Sur les taches oxydables, les performances sont meilleures qu'avec l'eau, mais toujours très en deçà de celles des lessives. Autre point négatif : les tests de « grisaillement » et de blancheur, où les résultats se révèlent particulièrement médiocres. Ce qui n'est guère étonnant dans la mesure où ces alternatives ne contiennent ni azurants optiques ni agents de blanchiment. De fait, pour la blancheur, les résultats sont encore plus mauvais qu'avec de l'eau seule... En revanche, noix comme boules respectent plutôt bien les couleurs.

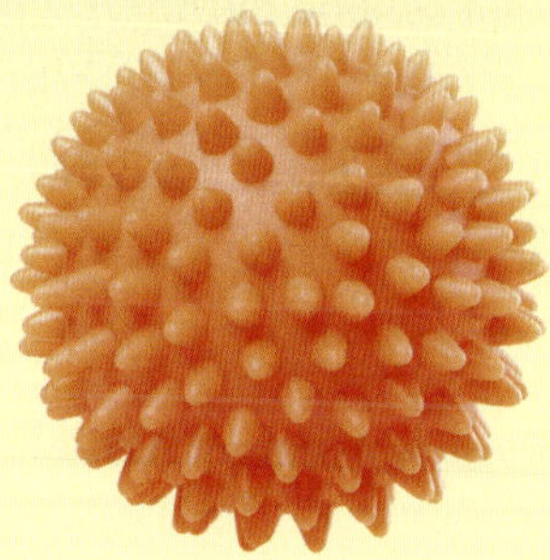

Le repassage

Qu'il s'agisse des fers à repasser, des centrales à vapeur ou des tables à repasser, l'équipement dévolu au repassage a sensiblement évolué et amélioré cette corvée, même s'il faut encore y passer du temps... Quelques petits conseils pour vous faciliter la tâche.

- Repassez votre linge de préférence quand il est encore un peu humide et sur l'envers.
- Triez le linge avant de commencer, pour grouper les textiles qui peuvent être repassés à la même température. Ce tri vous évitera de devoir chercher dans la panière pendant que le fer chauffe et consomme de l'électricité...
- Repassez toujours dans le sens du droit-fil (sens de la trame), afin de ne pas déformer le tissu. ▪

Draps et compagnie

L'équipement de la chambre a sensiblement évolué ces dernières décennies, notamment avec l'engouement pour la mode scandinave de la couette, qui répond à un désir, partagé par beaucoup, de simplicité et de naturel. Toutefois, si la couette fait de nombreux émules, le lit bordé a encore ses inconditionnels, qui restent attachés au duo couverture en laine et draps en coton, voire en lin comme autrefois. Quelles que soient les préférences de chacun, l'entretien de tout ce qui fait un beau couchage mérite une attention particulière !

Bon à savoir

La saison du blanc : en profiter !

- Acheter une couette, un protège-matelas et même des draps représente toujours un budget assez important. Pour réduire vos dépenses, pensez à planifier ces achats pendant le « mois du blanc » ! Grâce à cette tradition qui vise à soutenir le commerce pendant le mois de janvier, vous trouverez de nombreux articles de linge de maison à des prix attractifs, qu'ils soient blancs ou non, d'ailleurs... Mais attention aux fausses promotions (n'hésitez pas à faire un repérage avant).

Draps tout beaux, tout propres

Pour ne jamais être pris de court au moment de changer le linge de lit, l'idéal est de disposer de trois jeux complets pour chaque lit régulièrement occupé de la maisonnée : un jeu en service, un jeu en passe d'être lavé ou repassé et un jeu en réserve, dans l'armoire.

Cependant, il arrive que certains draps servent peu, auquel cas il vaut mieux effectuer un roulement pour éviter l'apparition de traces jaunâtres au niveau des plis. De même, si vous possédez une maison de campagne, n'hésitez pas à envelopper vos parures de lit dans un vieux drap qui ne sert plus : le linge sera, de la sorte, protégé pendant qu'il reste au placard.

❁ Il ne suffit pas de changer régulièrement ses draps, il faut aussi bien aérer sa chambre chaque matin. Ce geste quotidien permet d'éliminer l'humidité corporelle qui imprègne la literie et, ainsi, de limiter la prolifération des acariens qui s'y nichent (voir aussi p. 68). Au moment de refaire le lit, on prendra également soin de secouer draps et oreillers pour ôter poussières et phanères (cheveux, poils…).

❁ Le linge de lit neuf, qu'il s'agisse des draps, des housses de couette ou des taies, comporte très souvent un apprêt qu'il est préférable d'éliminer avant utilisation. Si l'apprêt possède un léger pouvoir déperlant, il ne protège pas des taches et doit, par conséquent, être retiré, sans quoi ces dernières risquent, ensuite, de s'incruster durablement dans les fibres du tissu.

Les bons gestes

Enfiler facilement une housse de couette

Changer une housse de couette de grandes dimensions peut vite mettre les nerfs à rude épreuve si l'on s'y prend de travers !

- La méthode la plus simple est de la mettre sur l'envers, de bien positionner les deux angles côté tête (éventuellement maintenus avec deux pinces à linge), puis de faire glisser la housse sur la couette pour l'enfiler. Une fois que la housse est entièrement sur l'endroit, attrapez les deux angles côté pied de lit et secouez légèrement l'ensemble sur le lit pour que la couette se répartisse bien dans la housse. Fermez la housse et bordez le pied si elle comporte un rabat prévu à cet effet.
- Dans tous les cas, le résultat ne sera vraiment impeccable que si vous avez une housse parfaitement adaptée au format de votre couette. Si elle est trop petite, la couette va « gondoler » dans la housse et si elle est trop grande, les côtés de la housse « flotteront » autour de la couette… Il n'y a pas de mystère !
- Il existe aussi des housses zippées, qui facilitent grandement l'enfilage : elles comportent soit deux ouvertures latérales zippées, soit une ouverture zippée en T. Dans les deux cas, il suffit de bien positionner la housse sur le lit, d'ouvrir le zip, d'étaler la couette sur l'une des faces, puis de refermer l'autre face par-dessus. La prochaine fois que vous achetez une housse de couette, pensez-y !

Afin d'éliminer l'apprêt, il suffit de passer le linge en machine à 30 °C, sans lessive.

❁ Le lavage du linge de lit ne requiert pas de précaution particulière, sauf s'il est taché. Dans ce cas, il convient de traiter les taches au préalable (voir pp. 46 et suivantes). Sinon, un lavage à 60 °C (voire à 40 °C) suffit même pour le linge de coton blanc.

❁ Si vos parures sont de couleur vive ou foncée, il est conseillé de retourner les housses de couette et les taies d'oreiller sur l'envers avant de les mettre en machine, pour préserver les couleurs.

❁ L'étendage des draps est un peu plus délicat, mais essentiel : l'idéal est d'opérer à deux pour pouvoir les plier et les étirer, en biais puis dans le sens de la longueur. Si vous les mettez ensuite à cheval sur une corde à linge bien tendue (ou un étendoir), leur repassage sera superflu. Attention cependant au fil qui, s'il est mal tendu, risque de déformer le drap.

❁ Si vous avez renoncé au repassage, un simple petit coup de fer sur la partie supérieure du drap du dessus permettra de faire un plus joli revers sur la couverture.

Protéger son matelas

❁ Un drap du dessous, même changé régulièrement, ne suffit pas à protéger un matelas de la transpiration et des taches. Et si un bon protège-matelas (ou molleton) s'avère certes un peu onéreux, il l'est toujours moins qu'un matelas, en principe conçu pour durer de nombreuses années !

Bon à savoir

Attention au nettoyage à sec !

▪ Si vous êtes obligé d'avoir recours au nettoyage à sec pour une couette en duvet ou en laine, un boutis matelassé ou une couverture en laine, pensez à les laisser s'aérer ensuite au moins une journée en plein air ou dans un endroit bien ventilé. En effet, les pressings utilisent des solvants qui peuvent relarguer des composés organiques volatils néfastes pour la santé (COV, voir p. 141). Si le perchloréthylène, particulièrement nocif, a été petit à petit abandonné (il sera définitivement interdit d'ici au 1er janvier 2022), d'autres solvants ont pris sa place et il est donc préférable d'aérer le linge avant utilisation.

L'idéal est de se procurer un molleton en pur coton, de forme drap-housse, pour bien envelopper tout le matelas. Les modèles qui recouvrent juste le dessus, dits plateaux, ne sont pas suffisamment maintenus et forment très vite des plis inconfortables.

Chasse aux acariens

Invisibles à l'œil nu, ces petits arthropodes raffolent de la poussière de textile et des peaux mortes : ils élisent domicile dans toute la literie, même si la maison est parfaitement tenue.

Pour lutter contre leur prolifération, l'hygiène et l'entretien constituent un moyen de base. On veillera ainsi à bien aérer la chambre chaque jour, idéalement une demi-heure, mais aussi à ne pas trop la chauffer (19 °C au maximum) – les acariens n'aiment pas le froid. Pour ce qui est de la literie elle-même, il est conseillé de changer et secouer souvent les draps, tout comme de laver fréquemment oreillers et couettes. Le matelas, quant à lui, doit être retourné et aspiré tous les 3 à 6 mois environ. Enfin, il faut bien sûr faire régulièrement le ménage et avec soin – attention aux moutons sous le lit, ils adorent !

Si vous ou l'un de vos proches êtes allergique et faites, notamment, de l'asthme, d'autres mesures sont recommandées :

✓ privilégier un sommier à lattes ;

✓ choisir une couette et des oreillers garnis de matières synthétiques, plutôt que de laine ou duvet ;

✓ préférer des draps, housses et taies qui puissent se laver à au moins 60 °C.

En ce qui concerne les traitements antiacariens des matelas et de la literie, aucune étude fiable n'a prouvé leur efficacité.

Les bombes acaricides, pour leur part, sont à proscrire, car là encore, elles n'ont pas d'efficacité avérée et peuvent même déclencher des crises chez les asthmatiques.

Bon à savoir

Les couettes en duvet d'oie ou de canard

▪ Si le choix d'une couette n'est pas chose aisée, c'est que de nombreux paramètres entrent en ligne de compte : dimensions, type de garnissage, grammage, prix, entretien.

▪ Si vous voulez une couette chaude, moelleuse et pour longtemps, le mieux est de prendre un garnissage naturel en duvet. En sachant toutefois que, pour une plus grande légèreté et un meilleur gonflant, il faut plus de duvet (70 à 90 %) que de plumes et plumettes. En effet, à pouvoir thermique égal, les modèles plus riches en plumes et plumettes sont plus lourds et, par conséquent, favorisent la transpiration. Mais plus le pourcentage de duvet est élevé, plus la couette, aussi, est chère… le duvet d'oie s'avérant encore plus onéreux que le duvet de canard – exception faite du canard eider, une espèce sauvage protégée, dont le duvet est principalement recueilli dans les nids (rassurez-vous, après le départ des oisillons !).

▪ Dernier critère et non des moindres : laver soi-même une couette en duvet n'est possible que si celui-ci a été traité à cet effet. Sinon, la seule solution est le pressing.

Couettes et oreillers bien propres

❁ Il convient avant tout de préciser que tous les oreillers et couettes ne se lavent pas en machine, ce qui implique de consulter au préalable les symboles d'entretien figurant sur l'étiquette.

❁ Une couette en synthétique peut être lavée en machine, à 40 °C, mais l'opération est souvent rendue difficile par le volume qu'elle prend en se gorgeant d'eau. La capacité du tambour est donc déterminante. Ainsi, pour une couette de 140 x 200 (lit simple), un lave-linge de 5 kg suffit en général. Pour une couette de 200 x 200 (petit lit double), mais pas trop épaisse, il faut un lave-linge de 7 ou 8 kg. Pour les couettes plus grandes, qui nécessitent un tambour de capacité supérieure, vous devrez recourir à une laverie automatique ou au pressing.

❁ Une couette en duvet ne doit pas être lavée, sauf si celui-ci a subi un traitement spécifique, ce que mentionne alors l'étiquette. Quoi qu'il en soit, elle sera très longue à faire sécher, surtout dans un appartement, sans compter le risque de tassement du duvet.

❁ Les oreillers en fibres synthétiques ou en duvet traité sont un peu plus faciles à laver soi-même, mais ils s'avèrent également assez lents à sécher. Pour limiter les lavages, prenez soin de les envelopper d'une sous-taie en coton blanc, que vous changerez régulièrement – cette protection est très utile, car sinon, la transpiration tend à laisser des auréoles disgracieuses sur l'enveloppe de l'oreiller.

❁ Dans tous les cas, il vaut mieux programmer un essorage modéré pour ne pas risquer d'endommager l'enveloppe de votre couette ou de vos oreillers, laquelle protège le garnissage.

Couettes et oreillers bien secs et bien gonflés

❁ Pour les pièces toujours longues à sécher comme les couettes et oreillers, le sèche-linge est évidemment idéal.

❁ Pour que votre couette ou votre oreiller ressortent bien gonflés, mettez quelques vieilles balles de tennis (propres, bien sûr !) dans le tambour du lave-linge et, le cas échéant, dans

Les bons gestes

Se débarrasser des poils de chats et de chiens

Rappelons d'abord que, pour des raisons d'hygiène, il vaudrait mieux dissuader votre animal de compagnie d'occuper votre lit, mais si monsieur (ou madame) a pris cette fâcheuse et paresseuse habitude, il ne vous reste plus qu'à tenter d'éliminer ses poils… pour un temps, du moins, car eux aussi ont tendance à revenir ! Passez sur la zone incriminée, au choix :

- une brosse adhésive ou, à défaut, une bande de gros ruban adhésif enroulée autour de vos doigts, côté adhésif à l'extérieur ;
- une éponge abrasive légèrement humide ;
- un gant à vaisselle en caoutchouc légèrement humide.

Certains se débarrassent des poils de chiens et de chats en passant la pièce de linge concernée dans le sèche-linge. Il faut ensuite penser à retirer les poils qui se sont accumulés dans le filtre.

La prévention, ici aussi, a du bon : brossez régulièrement votre animal, surtout aux changements de saison.

le sèche-linge : par leur mouvement, elles empêcheront que le garnissage ne soit tassé contre les parois du tambour.

À défaut de sèche-linge, étendez votre couette si possible en plein air et sur deux cordes à linge parallèles, de façon que l'air puisse circuler au centre. Quant aux oreillers, pour qu'ils sèchent plus vite et que leur garnissage ne reste pas tassé d'un côté, mettez-les de préférence bien à plat sur un étendoir – veillez à les retourner fréquemment, en les tapotant pour leur redonner du gonflant.

Laver et faire sécher une couverture

Avant de laver une couverture, qu'elle soit en fibres synthétiques, en pure laine ou en laine mélangée, vérifiez avec soin les instructions de nettoyage qui figurent sur l'étiquette.

Cela étant, même si le lavage en machine est autorisé, il faut que votre lave-linge ait une capacité suffisante, comme pour une couette. Par ailleurs, il est préférable de disposer d'un sèche-linge, surtout si votre couverture est épaisse, car elle mettra très longtemps à sécher.

Le lavage d'une couverture en laine est particulièrement délicat, celle-ci risquant d'en ressortir feutrée. Il vaut mieux avoir recours aux services d'un pressing.

Couverture qui peluche

Les couvertures en laine mélangée et en acrylique ont souvent tendance à pelucher, surtout au niveau des zones de frottement. Pour tenter d'éliminer ces bouloches disgracieuses, plusieurs accessoires s'offrent à vous : brosse adhésive, papier de verre

Les bons gestes

Attention aux mites

- Si, au printemps, vous avez l'habitude de troquer votre grosse couverture en laine bien chaude contre une autre plus légère, n'oubliez pas de la ranger avec un produit antimites, de préférence dans une housse hermétique. Sans oublier bien sûr de la faire nettoyer au préalable, car ces petites bêtes adorent l'odeur humaine. (Voir aussi p. 24.)

à grain très fin (n° 240), éponge à vaisselle (côté abrasif) ou encore peigne à poux. Faites d'abord un essai dans un coin de la couverture qui est habituellement caché sous le matelas et, si le test est concluant, continuez, toujours en procédant dans le même sens.

Reprendre un drap usé

❁ Sur un drap, c'est généralement la partie centrale qui s'use le plus, en raison du frottement. Si vous avez ainsi un drap usé (mais pas encore déchiré) et que vous souhaitiez lui donner une seconde vie, voici comment les maîtresses de maison procédaient autrefois – une grande table est indispensable !

✓ Découpez votre drap par le milieu, dans le sens de la longueur.

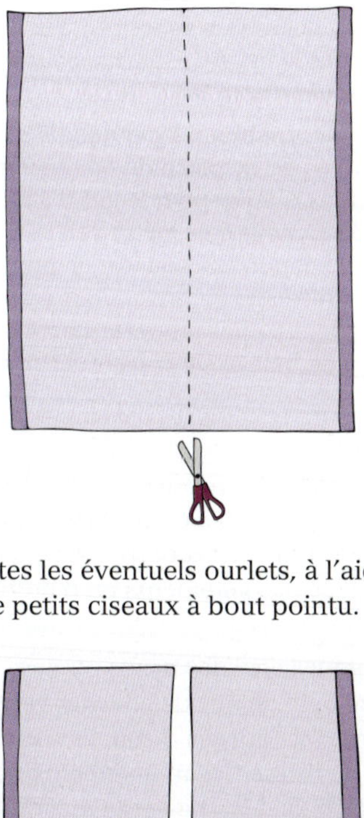

✓ Défaites les éventuels ourlets, à l'aide d'une paire de petits ciseaux à bout pointu.

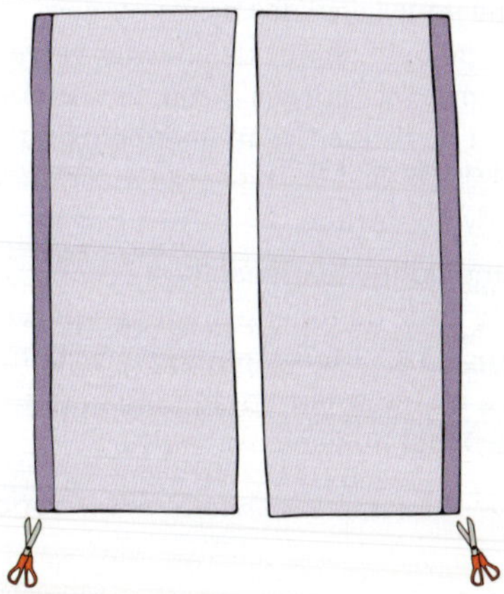

Idée récup

Avec de vieux draps

- Ne jetez pas vos vieux draps ! Ils peuvent servir à envelopper des meubles lors d'un déménagement ou de travaux dans la maison, mais aussi à protéger la banquette arrière de votre voiture si vous devez transporter des choses salissantes.
- Quant aux taies d'oreiller en coton usagées, elles font de bons chiffons pour le bricolage et le ménage. Pensez à récupérer les petits boutons si elles en sont munies. (Voir également p. 322.)

✓ Puis recousez les deux lés en raboutant au centre les deux anciens bords extérieurs. Si vous avez une machine à coudre, utilisez un point de surjet pour que la couture centrale soit suffisamment solide.

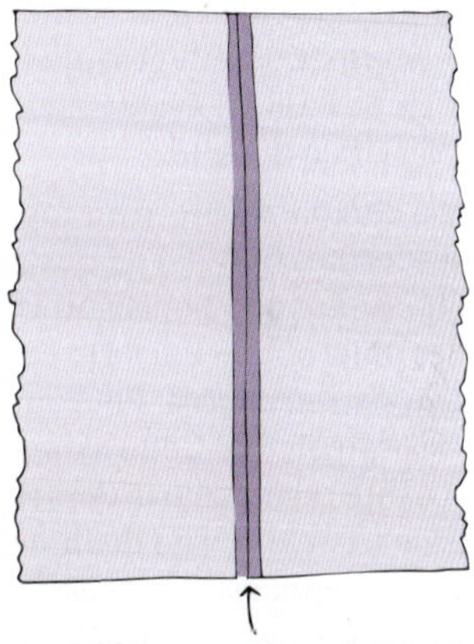

✓ Enfin, faites un ourlet de chaque côté de votre « nouveau » drap, pour prévenir l'effilochage. ■

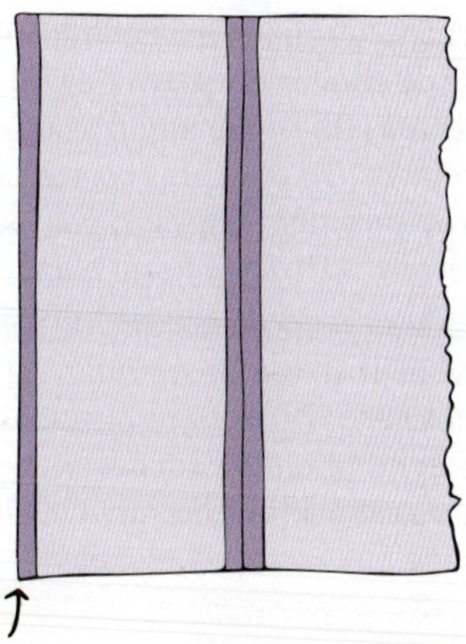

Linge de bain

Que ce soit pour des questions d'hygiène ou pour le plaisir de la toilette, l'entretien du linge de bain se doit d'être soigné. Quoi de plus déplaisant, en effet, que de se laver avec un gant malodorant ou de s'essuyer avec une serviette toute rêche ? Rien de tel pour commencer la journée du mauvais pied… Car, en la matière, il n'y a pas de secret : pour rester agréables, serviettes et gants de toilette, draps de bain et peignoirs doivent être changés souvent et lavés correctement, c'est-à-dire avec les précautions d'usage.

Organisation soignée, propreté assurée !

- Pour le confort de chacun, n'hésitez pas à décliner le linge de toilette : essuie-mains, serviette, drap de bain et, éventuellement, peignoir et serviette d'invité.
- Attribuez à chaque membre du foyer des couleurs, des formes (motifs) ou des matières différentes (tissu-éponge bouclé ou velours, nid-d'abeilles, microfibre, etc.). De cette façon, chacun s'y retrouvera. Pourquoi ne pas composer des camaïeux ? Cette astuce permet d'avoir une teinte distincte par personne, mais facilite aussi le tri et le lavage du linge. Et, sur le plan esthétique, l'effet est très réussi !
- Pour caler une fréquence de lavage, vous pouvez fixer un jour de la semaine où vous changerez systématiquement tout le linge de toilette. Libre à vous, ensuite, d'adapter cette fréquence au gré de vos activités et de vos besoins.
- Concernant le roulement du linge, il est préférable de choisir les serviettes qui se trouvent en bas de la pile afin d'assurer un bon renouvellement. En effet, des serviettes qui servent trop rarement finissent par jaunir au niveau des plis, surtout le linge blanc.
- Veillez à bien secouer le linge de toilette avant de le mettre dans le tambour de la machine à laver, car il retient plus facilement la poussière et les phanères (cheveux, poils, peaux mortes…). C'est particulièrement vrai pour le tissu-éponge.

C'est malin !

Nid-d'abeilles et microfibre : de nombreux atouts

- Le tissu nid-d'abeilles doit son nom au réseau de petites alvéoles obtenu par le tissage et rappelant celles qui recueillent le miel dans une ruche. Longtemps réservé aux torchons et essuie-mains, ce tissu en relief est de plus en plus utilisé dans le linge de toilette en raison de ses propriétés absorbantes (pour la maille 100 % coton), de sa légèreté et de sa solidité.
- La microfibre est une fibre textile en polyester, polyamide ou acrylique, dont l'extrême finesse (1 g pour 10 km de fil !) lui confère des qualités particulières : douceur, souplesse, longévité, rapidité de séchage. D'abord employés pour la fabrication de vêtements de sport et le nettoyage automobile, les tissus en microfibre se sont également peu à peu imposés dans le linge de toilette, pour les globe-trotteurs comme pour les sédentaires !
- Si vous êtes nombreux à partager la salle de bains et avez peu de place de rangement, il peut être judicieux d'opter pour le nid-d'abeilles ou la microfibre, car ils sont moins volumineux. Ces matières ont cependant souvent un pouvoir moins absorbant que celui de la classique serviette-éponge (mais tout dépend des modèles, ne renouvelez pas votre linge de bain avant d'avoir fait un essai !).

- Le tri du linge (voir p. 58) est essentiel si vous ne voulez pas qu'une belle serviette blanche ressorte grise, rose ou verdâtre parce qu'elle a été lavée avec des vêtements ou d'autres serviettes très colorés…
- Lorsque vous lavez des draps ou des peignoirs de bain, évitez de charger votre machine : une fois gorgés d'eau, ils sont lourds et risquent de freiner les mouvements du tambour, voire de déstabiliser la machine au moment de l'essorage.
- Pour une bonne hygiène, il est recommandé de laver le linge de toilette à une température d'au moins 60 °C. Mais attention à certaines serviettes, en microfibre notamment, qui supportent mal de dépasser les 40 °C.

Bon à savoir

Qui dit doux, dit moins absorbant

- Ce qui est doux est aussi moins absorbant ! Les fabricants omettent volontairement de le préciser, mais le linge de toilette lavé avec un adoucissant tend à moins bien éponger l'eau… Pour le linge en microfibre, l'adoucissant est même à proscrire, car il nuit au pouvoir absorbant du tissu.

Pour un linge plus moelleux

- Pour préserver le gonflant et la souplesse du tissu-éponge, il suffit de bien secouer le linge de bain à la sortie de la machine à laver comme du sèche-linge. Pour rappel, la qualité d'une serviette-éponge se mesure à son poids au mètre carré : plus ce grammage est élevé – au moins 500 g/m² –, meilleur est le gonflant.
- Les fabricants de lessive n'ont de cesse de vanter les mérites de leurs adoucissants pour garder nos serviettes de toilette aussi douces et moelleuses que lorsque nous les avons achetées… Il s'agit là d'un argument publicitaire à visée essentiellement commerciale, car ces produits peuvent s'avérer inutiles, voire potentiellement allergènes (voir p. 62).
- Pour éviter ce type de risque, préparez plutôt vous-même votre adoucissant hypoallergénique et économique à base de bicarbonate de soude (voir p. 62).

Odeurs de moisi

- Faites la chasse aux serviettes mouillées laissées en boule dans un coin de la salle de bains… Le linge de toilette qui vient d'être utilisé ne doit pas rester humide trop longtemps, sinon gare aux mauvaises odeurs ! Prévoyez suffisamment de porte-serviettes, au sol ou au

Bon à savoir

Le confort d'un radiateur sèche-serviettes

- Si vous n'avez pas la chance d'avoir un jardin ou une buanderie pour étendre facilement votre linge de toilette humide, il existe une solution : le radiateur sèche-serviettes, à installer dans votre salle de bains donc. Il en existe aujourd'hui de toutes les tailles et de différents types, à eau chaude, électriques ou mixtes, avec soufflerie ou non… Faites votre choix en fonction de votre budget et de l'espace dont vous disposez.

mur, voire un radiateur sèche-serviettes (voir encadré p. 74), surtout si votre salle de bains ne dispose pas de fenêtre permettant d'aérer la pièce. Enfin, le cas échéant, rappelez gentiment aux membres de la maisonnée de toujours étendre leur linge personnel.

- Pour les mêmes raisons, il est déconseillé de mettre du linge humide dans le panier à linge sale.
- Lorsque le cycle essorage de votre lessive est terminé, n'attendez pas pour sortir le linge de la machine : il prend très vite les odeurs comme les plis !
- Après le repassage, évitez d'empiler et de ranger les serviettes de toilette lorsqu'elles sont encore chaudes et légèrement humides.

En cas de problème de peau contagieux

- Si l'un des membres de votre famille souffre d'un problème de peau contagieux (mycose ou verrues, par exemple), il faut impérativement prévoir une serviette pour chacun tant que les manifestations n'ont pas complètement disparu. Dans ce cas de figure, on ne partage pas son linge de toilette, même avec son conjoint ! Et, pour que le linge de toilette soit parfaitement désinfecté à chaque lavage, choisissez de préférence des serviettes et des gants qui supportent de hautes températures (90 °C). Contre les mycoses, vous pouvez aussi ajouter dans le bac à lessive 3 ou 4 cuillerées à soupe de bicarbonate de soude, qui rééquilibre le pH de la peau et limite ainsi la prolifération des micro-organismes – comme il assouplit également le linge, vous ferez d'une pierre deux coups.

Après la plage ou la piscine

- Les serviettes de bain utilisées à la plage ou à la piscine nécessitent d'être lavées très régulièrement. En premier lieu, il faut les secouer avec vigueur, pour en déloger le sable, puis les faire sécher. Ensuite et seulement, on les passera en machine afin d'éliminer les ultimes résidus de sable, traces de crème solaire et odeurs de chlore. Là encore, quelques précautions s'imposent. En effet, comme ces serviettes sont souvent très colorées, si vous voulez qu'elles le restent, privilégiez une lessive sans agents de blanchiment et sans azurants optiques (voir p. 59). ■

Idée récup

Vieux gants de toilette : bons pour le ménage !

- Gardez vos vieux gants de toilette pour réaliser certains nettoyages et dépoussiérages : ils permettent d'atteindre des endroits difficilement accessibles (rails de baies vitrées, par exemple) tout en protégeant les mains.

Linge de table

Si, dès l'Antiquité, la nappe recouvre la table des banquets, ce n'est qu'au XXe siècle que son usage quotidien se démocratise. Nappes, serviettes, sets et chemins de table font aujourd'hui partie de la décoration de notre intérieur et, même si nous en changeons au gré des modes, nous aimons aussi en prendre soin pour les garder longtemps. Voici quelques conseils pour un linge de table plus beau, plus propre !

Apprêt

- Afin de conserver une belle tenue, le linge de table neuf comporte souvent un apprêt, lequel possède un léger pouvoir déperlant mais ne protège pas des taches. Il est par conséquent indispensable d'éliminer cet apprêt pour éviter que les taches ne s'incrustent ensuite durablement dans les fibres du tissu. L'apprêt diminue aussi la capacité d'absorption des torchons : pour vous en convaincre, essayez d'essuyer des verres avec un torchon tout neuf ! Avant la première utilisation, il vous faut donc les passer en machine à 30 °C et sans lessive.
- Autre solution plus économique : faire tremper votre linge de table pendant plusieurs heures dans de l'eau tiède, sans détergent, avant de l'étendre directement sans l'avoir essoré, si vous avez un séchoir ou un fil à linge extérieur, sinon après l'avoir essoré.

Nappe tachée

- Au cours d'un repas, il n'est pas rare qu'une nappe soit souillée par du vin, de la sauce, du chocolat... Intervenez aussitôt en humidifiant avec de l'eau la zone concernée et lavez la nappe dès que possible pour que la tache n'ait pas le temps d'imprégner les fibres – agissez au besoin sur la tache avec un produit approprié (voir pp. 46 et suivantes) avant de mettre le tout au lave-linge.

Tissu enduit

- Nappes et sets de table en tissu enduit peuvent constituer une alternative intéressante à la traditionnelle toile cirée, bien plus rigide. Agréables au toucher, souples et colorés, ils peuvent être utilisés aussi bien sur une table de cuisine que sur une table de salle à manger.
- Leur entretien est simple et aisé : il suffit de passer un coup d'éponge mouillée avec de l'eau tiède après le repas pour qu'ils soient impeccables. Attention, pour préserver le

Bon à savoir

Traitement antitache et repassage

- Si vous avez dû laver votre nappe ou vos sets en tissu enduit, c'est l'occasion d'en profiter pour renforcer le traitement antitache au repassage. Procédez toujours sur l'envers, avec un fer bien chaud (position coton) et de la vapeur. La chaleur va réactiver les résines qui gainent les fils et rendent le tissu hydrophobe (les liquides ne peuvent alors plus pénétrer).

traitement antitache (enduction), n'utilisez ni éponge abrasive, ni liquide vaisselle. Le mieux est de réserver une éponge à cet usage : vous la mouillerez tout simplement avec de l'eau chaude.

Ces précautions d'usage n'excluent pas le lavage en machine et vous pouvez très bien, de temps en temps, nettoyer votre nappe en tissu enduit. Sélectionnez alors un cycle sans essorage, à pas plus de 40 °C. Mettez juste une petite dose de lessive et n'ajoutez ni assouplissant, ni chlore (si l'idée vous en prenait) – ils risqueraient, là encore, d'endommager le traitement des fibres.

Repassage plus facile

Une nappe et des serviettes bien repassées font tout de suite bel effet sur une table de fête. Or, l'opération peut être un peu délicate lorsqu'il s'agit de fibres naturelles comme le coton, le lin ou un mélange des deux (métis).

Pour que le repassage soit plus facile, l'utilisation d'un sèche-linge est déconseillée ; s'il vous est indispensable, réglez-le sur une température modérée.

L'idéal est de repasser le linge de table quand il est encore légèrement humide ou, sinon, de le réhumidifier au préalable. Dans ce cas, utilisez un pulvérisateur pour bien répartir les gouttelettes d'eau sur toute la surface de la nappe, puis pliez celle-ci en la roulant et laissez-la ainsi pendant au moins un quart d'heure, le temps que l'eau pénètre dans les fibres.

Les grandes nappes doivent être pliées pour être repassées par pans, mais il faut veiller à ne pas écraser les plis. Autre solution, placer la table à repasser contre une grande table qui vous servira de support.

Attention, ne passez jamais le fer sur les taches qui n'auraient pas disparu au lavage : elles seraient définitivement fixées par la chaleur !

Prévenir le jaunissement

Vous possédez sûrement une magnifique nappe blanche, que vous ne sortez que lors des grandes occasions. Pour éviter qu'elle ne jaunisse une fois rangée, enveloppez-la soigneusement dans un vieux drap usagé et placez-la à l'abri de la lumière – et de la poussière ! Certains vont jusqu'à utiliser du papier opaque ou du papier aluminium, mais c'est plus cher ! Recycler le linge vieilli ne coûte rien… ■

Les bons gestes

L'empesage : la touche beauté du linge

Certaines matières comme le lin ont une meilleure tenue et un plus beau tombé lorsqu'on les amidonne pour les empeser. Les nappes, notamment, se prêtent particulièrement à ce traitement.

- Vous pouvez pour cela vaporiser de l'amidon à diluer sur le linge à l'aide d'un spray juste avant le repassage. Le dosage dépend du résultat que vous souhaitez obtenir (entre 10 et 30 g par litre). Lisez les recommandations figurant sur l'emballage du produit.
- Il existe aussi de l'amidon prêt à l'emploi vendu en vaporisateur, à diffuser directement sur le linge.

Vêtements

Que l'on soit coquet ou peu soucieux de sa mise, laver, repasser, ranger ses vêtements sont des tâches ordinaires qui nous concernent tous, même si elles confinent parfois à la corvée ! L'entretien des vêtements, dans l'ensemble, ne pose pas de problèmes, pourvu que l'on utilise correctement son lave-linge et respecte les consignes de lavage. Les articles plus délicats requièrent d'avantage de précautions.

Quelques gestes préalables

- Une fois le linge trié (voir p. 58) et les éventuelles taches traitées (voir pp. 46 et suivantes), quelques gestes vous éviteront de mauvaises surprises.
- Si vous constatez un accroc ou un ourlet défait sur un vêtement, n'attendez pas pour les recoudre ! Un passage en machine risque de vous donner encore plus de travail.
- Prenez soin de vider toutes les poches : les mouchoirs en papier se parsèment volontiers sur tout le linge… et les pièces de monnaie, elles, peuvent faire payer le tambour !

- Les poches et revers des pantalons sont des nids à poussière. Pensez à les retourner régulièrement et frottez-les à l'aide d'une petite brosse à ongles. Vous pouvez faire de même avec les petites poches de chemises, surtout des chemises blanches, où la poussière finit par former un liseré grisâtre au bas des poches – un petit détail qui fait tache.

- N'hésitez pas à frotter les cols et poignets des chemises, toujours plus marqués, avec du savon de Marseille avant de mettre le tout dans la machine (inutile de rincer).
- Il vaut toujours mieux laver à l'envers les vêtements (tee-shirts, pulls, pantalons…), ce qui évite les frottements sur l'endroit et permet de les garder plus longtemps.
- Tous les petits articles qui craignent les frottements (collants, soutiens-gorge…) méritent d'être placés dans un filet spécial (ou, à défaut, dans une taie d'oreiller munie de boutons, pour la fermer).
- N'oubliez pas de fermer les fermetures à glissière, les boutons-pression et les Velcro, qui risquent sinon d'abîmer le reste du linge comme le tambour.

Fixer la couleur d'un tissu neuf

- Tous les vêtements que nous achetons sont loin d'être des tissus « grand teint », en sorte que certains peuvent dégorger au premier lavage (voir encadré p. 58).
- Si vous voulez éviter que toute votre lessive ne pâtisse, ainsi, d'un vêtement qui déteint, vous pouvez tenter de fixer sa couleur au préalable, surtout s'il s'agit d'une teinte foncée ou soutenue (noir, vert foncé, bleu marine, marron, violet, rouge vif, fuchsia, etc.). Pour ce faire, procédez comme suit :

✓ Mettez le vêtement à tremper toute une nuit dans une grande quantité d'eau froide additionnée de vinaigre blanc (environ 1 litre de vinaigre pour 10 litres d'eau) et de 100 g de gros sel.

✓ Le lendemain, rincez à l'eau tiède et vérifiez si la couleur dégorge encore. Si tel est le cas, faites de nouveau tremper le vêtement.

Bon à savoir

Eau de Javel : à proscrire ?

- Pour des raisons sanitaires et écologiques, l'usage de Javel doit rester le plus modéré possible, cette solution étant potentiellement toxique et corrosive (voir aussi encadré p. 31).
- Si vous souhaitez toutefois l'utiliser pour blanchir du linge de coton ou encore enlever une tache sur un tee-shirt blanc, prenez garde à la diluer suffisamment : référez-vous ainsi aux indications données par le fabricant. Il faut aussi savoir que l'eau de Javel abîme les élastiques des vêtements : pensez-y pour le petit linge de corps.
- La Javel étant très puissante, elle est déconseillée pour les fibres fragiles : soie, laine et fibres artificielles (viscose, acétate).
- Elle ne doit jamais être associée à du vinaigre blanc : le mélange dégagerait des vapeurs toxiques.
- On prendra bien sûr soin de toujours mettre des gants en la manipulant, mais aussi de bien aérer après l'avoir utilisée.

Si cette astuce ne fonctionne pas, c'est sans doute que les pigments de la teinture sont de mauvaise qualité. Il vous faudra, alors, toujours laver ce vêtement à part.

Lainages : un lavage à froid

Vous avez acheté récemment un beau pull et souhaitez le laver ? Vérifiez au préalable les consignes d'entretien figurant sur son étiquette : certains lainages doivent être nettoyés à sec.

La laine, dans tous les cas, reste une matière assez délicate à laver, car elle s'avère très sensible aux variations de température. Ainsi, si vous lavez (en machine ou à la main) un pull à 30 °C puis le rincez à l'eau froide, il y a de fortes chances pour qu'il ressorte un peu feutré…

Que vous choisissiez de laver vos lainages à la main ou en machine, il vaut donc mieux éviter toute variation de température durant l'opération. La plupart des lave-linge disposent, à cet égard, d'une option « lavage à froid » compatible avec le cycle « lainage ».

Prenez soin de mettre le lainage sur l'envers pour éviter les frottements, qui ont tendance à faire boulocher les fibres.

Si vous optez pour un lavage en machine, groupez quelques lainages (pulls, écharpes, chaussettes…), sans pour autant charger le tambour (pas plus de 1,5 kg pour un lave-linge de 5 kg), et utilisez le programme « lainage à froid » ou « lainage » en réglant la température sur « froid » (selon le tableau de programmation de votre lave-linge). Pensez aussi à régler l'essorage au minimum, pour ne pas compresser les fibres.

Si vous lavez votre lainage à la main, il faut éviter de le laisser tremper : contentez-vous de le brasser quelques minutes entre vos mains, sans frotter, puis rincez-le abondamment.

Ici non plus, pas d'essorage ! Pour éliminer le plus gros de l'eau, roulez le lainage entre deux serviettes-éponges, sans le tordre – la laine aime la délicatesse.

Pour que votre lainage ne se déforme pas en séchant, étendez-le bien à plat sur une serviette sèche, que vous retirerez lorsqu'elle sera trop humide. Surtout pas de sèche-linge !

Si un repassage vous semble nécessaire, il doit lui aussi rester délicat : faites juste glisser le fer réglé à température douce, en intercalant une pattemouille entre la semelle et le lainage. Mieux vaut repasser le linge à l'envers.

Pull qui bouloche

Les pulls, ont souvent tendance à se couvrir de petites peluches au niveau des zones de frottement, notamment le dessous des manches. Pour éliminer ces bouloches, vous pouvez essayer plusieurs accessoires, le tout étant de bien tendre (sur un ballon, par exemple) la zone pelucheuse à araser. Passez alors délicatement, toujours dans le même sens, au choix :

✓ un morceau de papier de verre à grain très fin (240) ;

✓ un rasoir manuel à trois lames, avec des lames usagées ;

✓ un peigne à poux ;

✓ une éponge à récurer, du côté abrasif.

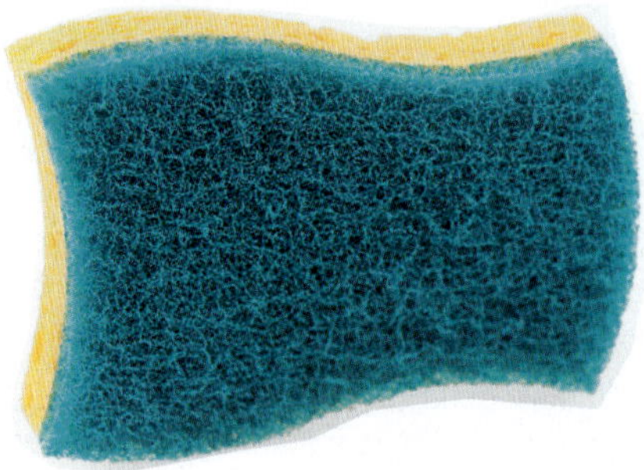

Enlever des poils ou poussières sur un vêtement foncé

Les vêtements sombres, qu'il s'agisse d'un jean noir ou d'un pantalon en velours foncé, ont le chic pour attirer les poussières, poils et autres particules… Pour les déloger, utilisez une brosse adhésive ou, à défaut, une bande de rouleau adhésif que vous enroulerez autour de votre main.

Défeutrer un lainage

Fichu pour fichu : si vous désespérez parce que votre pull fétiche est tout feutré, pourquoi ne pas essayer une de ces astuces pour lui redonner un peu de souplesse ?

✓ s'il ne s'agit pas d'un trop gros pull, on peut le faire tremper dans l'eau de cuisson de haricots blancs, riche en amidon (une fois refroidie) ;

✓ sinon, on peut le mettre à tremper dans une grande bassine d'eau froide additionnée de glycérine (en pharmacie ou grande surface) à raison de 1 cuillerée à soupe de glycérine pour 1 litre d'eau.

Précisons toutefois qu'il existe tellement de sortes de lainages que l'on ne peut malheureusement pas garantir à 100 % la réussite de ces astuces, chaque lainage réagissant différemment…

> *Bon à savoir*
>
> **Ni bicarbonate de soude, ni vinaigre blanc**
>
> ▪ Le bicarbonate de soude est souvent vanté pour ses vertus détachantes, désodorisantes et adoucissantes. Il est en revanche tout à fait déconseillé de l'utiliser pour la soie et la laine, car il abîme ces fibres.
>
> ▪ Quant au vinaigre blanc, il peut, à la longue, détériorer les élastiques des sous-vêtements, aussi est-il préférable de l'éviter.

Lingerie fine, bas, soieries : à traiter avec délicatesse

Les sous-vêtements qui ne sont pas tout en coton, surtout s'ils comportent des dentelles, doivent être lavés à faible température, de préférence à la main et avec une lessive spéciale pour linge délicat. Sinon, le savon de Marseille, en paillettes ou copeaux, est également bien adapté. On notera toutefois qu'un lavage à faible température n'est pas suffisant en cas de mycoses.

Les mêmes recommandations valent pour les soieries (chemisier, foulard, cravate…).

Si vous utilisez votre lave-linge, veillez à le programmer sur un cycle « linge délicat » et prenez également soin de mettre les pièces à dentelle, bas et collants dans un filet spécial. Vous pouvez éventuellement compléter avec du linge normal, mais en évitant les jeans ou le linge trop sale.

Sauf mention contraire sur l'étiquette, vous pouvez laver une cravate en soie, mais son repassage risque d'être délicat, surtout si elle est doublée. En cas de taches, il est nettement préférable de la confier à un pressing, même si la prestation s'avère un peu onéreuse.

Laver un jean

- Au premier lavage, un jean dégorge généralement beaucoup. Aussi conseille-t-on de le faire tremper au préalable dans de l'eau vinaigrée, pour améliorer la fixation de la teinture (voir p. 78).
- Pour les lavages suivants, on veillera à trier très soigneusement le linge.
- Il est préférable de toujours laver le jean sur l'envers, de manière à éviter les frottements du tissu sur l'endroit.
- Il vaut également mieux employer une lessive liquide, les agents de blanchiment des poudres risquant de laisser des traînées blanches.
- Pour éviter qu'il ne se délave, il est conseillé de le laver à 30 °C, avec un essorage modéré. Le repassage n'est pas indispensable et doit le cas échéant être très rapide.

Laver une doudoune

- Il importe tout d'abord de vérifier sur l'étiquette que la doudoune peut bien être lavée en machine. Si tel est le cas, fermez la glissière ou les boutons-pression, puis procédez comme pour un oreiller (voir p. 69), en mettant quelques balles de tennis dans le tambour du lave-linge et, le cas échéant, dans le sèche-linge : votre doudoune gardera ainsi tout son gonflant. La durée du séchage est toujours très longue.

Cuir, daim, costumes, tailleurs, etc.

- Pour les vêtements en cuir ou en daim, le nettoyage à sec est obligatoire. Entre deux nettoyages, on peut juste essayer d'atténuer les traces sur le col, les poignets et le tour des poches en les frottant délicatement avec une gomme blanche, parfaitement propre.
- Lorsque vous confiez un costume ou un tailleur au pressing, pensez à toujours apporter les deux pièces (veste et pantalon ou jupe), pour que leur aspect reste identique. Un seul nettoyage séparé supplémentaire pour l'une peut générer des différences de couleur, voire de texture, assez visibles.

C'est malin !

Défroisser une veste

- Si vous avez essuyé une averse avec votre veste et dû, malheureusement, la garder humide sur vous, elle sera sans doute froissée, notamment au niveau des manches. L'affaire n'est pas pliée ! Vous pouvez sûrement éliminer ou nettement atténuer les plis en la suspendant à un cintre et en passant verticalement, à quelques centimètres du tissu, le fer réglé sur le débit de vapeur maximal. Laissez-la ensuite bien sécher avant de la porter à nouveau.

❁ Après avoir rapporté vos vêtements du pressing, prenez soin de les laissez aérer au moins une journée en plein air ou dans un endroit bien ventilé : vous éliminerez ainsi les vapeurs de solvant (voir encadré p. 68).

Chaussettes grisâtres, cols et poignets jaunis par le temps...

❁ Le citron, dit-on, pourrait aider à raviver le blanc des chaussettes de sport, à condition de les faire tremper une demi-journée dans de l'eau bouillante et fortement citronnée (prévoir le jus de 2 citrons pour 1 litre d'eau). Si vous êtes très sportif, pourquoi ne pas essayer ? Ce petit agrume est paré de nombreuses vertus.

❁ Pour éliminer les traces persistantes sur le col et les poignets d'une chemise, vous pouvez là encore tester le pouvoir du citron (voir p. 61). Vous pouvez aussi essayer la recette suivante : faites-les tremper dans une bassine d'eau tiède additionnée de 3 ou 4 cuillerées à soupe de bicarbonate de soude. Laissez agir une vingtaine de minutes avant de mettre la chemise dans le lave-linge, avec votre lessive habituelle.

Chewing-gum collé sur un vêtement

❁ Si le vêtement souillé par le chewing-gum n'est pas trop volumineux, mettez-le dans un sac en plastique et placez-le dans votre congélateur pendant 1 ou 2 heures.

❁ S'il est trop volumineux, posez un sac en plastique rempli de glaçons sur le chewing-gum.

❁ Une fois que celui-ci aura bien durci, vous pourrez l'enlever en raclant délicatement avec une cuillère ou une lame de couteau peu coupante (sans dents, pour ne pas abîmer le tissu).

Les bons gestes

Aérer ses vêtements

▪ Lorsque vous quittez vos vêtements à la fin de la journée, certains doivent être lavés, mais d'autres peuvent être à nouveau portés au moins une ou deux fois. Dans ce cas, évitez de les ranger directement dans le placard : il vaut mieux laisser votre pantalon et votre veste s'aérer, de préférence posés sur un cintre et toute la nuit.

❁ Pour éliminer les dernières traces, couvrez-les d'un chiffon propre ou d'une feuille de papier absorbant et passez un fer tiède. Vous pouvez aussi frotter doucement la zone tachée avec du savon de Marseille. Pour finir, lavez le vêtement avec votre lessive habituelle.

Repasser un pantalon

❁ Si un pantalon sans pli ne pose pas de problème particulier, repasser un pantalon dont le pli est marqué n'est pas toujours chose aisée, surtout si la coupe laisse à désirer.

❁ Réglez votre fer à la température conseillée sur l'étiquette, avec un bon débit de vapeur. Préparez une pattemouille qui vous aidera à marquer les plis sans lustrer le tissu. Pour ce faire, vous pouvez utiliser un torchon assez fin ou un grand mouchoir en coton.

❁ Mettez le pantalon sur l'envers. Commencez par donner un coup de fer sur les poches si elles sont froissées.

❁ Enfilez le haut du pantalon sur la pointe de la table à repasser et repassez-le morceau par morceau, en le faisant tourner autour de la table. Évitez d'appuyer le fer au niveau des coutures des poches, pour ne pas marquer le tissu.

❁ Mettez le pantalon à la verticale, comme pour le ranger sur un cintre, et placez les jambes de telle sorte que les coutures intérieures et extérieures se superposent parfaitement au niveau du bas des jambes (côté ourlets). Maintenez-les dans cette position tout en étalant le pantalon sur la table.

❁ Repliez la jambe qui se trouve sur le dessus jusqu'au niveau de l'entrejambe, de façon à pouvoir repasser l'intérieur de la jambe du dessous en écrasant bien

la couture, mais sans marquer les plis. Retournez alors le pantalon et procédez de même avec l'autre jambe.

- Une fois les deux jambes réunies, repassez le côté extérieur de chaque jambe, toujours en veillant à ne pas marquer les plis.
- Remettez le pantalon sur l'endroit et étalez-le sur la table en repositionnant les jambes avec les coutures bien en vis-à-vis. Repassez les quatre faces des jambes, en intercalant la pattemouille humidifiée entre la semelle du fer et le tissu et en insistant bien, cette fois, pour marquer les plis.
- Votre pantalon est prêt ! Suspendez-le sur un cintre et laissez-le refroidir avant de le porter.

C'est malin !

Décoincer une fermeture à glissière

▪ La fermeture à glissière de votre pantalon (ou jupe) se coince régulièrement ? C'est fâcheux. Pour y remédier, frottez-la tout simplement avec un morceau de savon bien sec, quel qu'il soit – elle ne devrait plus vous ennuyer…

Repasser une chemise

- Comme les pantalons, les chemises et chemisiers sont des pièces un peu délicates à repasser quand on n'en a pas l'habitude. Pour que le tombé des manches soit plus élégant, l'idéal est d'utiliser une jeannette, à savoir une petite planche à repasser montée sur un pied, dévolue notamment au repassage des manches.
- Réglez votre fer à la température conseillée sur l'étiquette, avec un bon débit de vapeur, surtout pour une chemise en coton ou en lin.
- Commencez par le col, en le repassant des deux côtés et en évitant d'insister sur les pointes, pour ne pas les lustrer – en particulier s'il s'agit d'une chemise de couleur sombre.
- Continuez par l'empiècement situé au niveau des épaules, en le plaçant à cheval sur la pointe de la table à repasser.
- Repassez ensuite les manches, de préférence donc avec une jeannette. Insistez bien sur l'endroit et l'envers des manchettes.
- Poursuivez par le dos et terminez par les deux pans de devant.
- Suspendez la chemise sur un cintre pour la laisser refroidir, avant de la plier le cas échéant. ▪

Accessoires et objets déco

Chaussures, sacs, bijoux, accessoires vestimentaires

Les accessoires n'ont rien d'accessoire… Qu'il s'agisse du sac à main, des bijoux ou des chaussures que nous portons, ils constituent ces petites touches qui viennent compléter et parfaire notre tenue vestimentaire. Encore faut-il qu'ils soient soignés : une paire de chaussures mal cirées dépare tout de suite avec un beau costume. Mais l'entretien de ces précieux accessoires n'est pas qu'une affaire d'esthétique : une paire de bottes qui ne connaîtrait ni le cirage ni la brosse à lustrer serait vite bottée en touche !

Le cuir : imperméabiliser pour protéger

- Chaussures, sacs à main, sacoches, cartables, bracelets… tous les accessoires en cuir gagnent à être imperméabilisés, ce traitement les protégeant non seulement des éléments extérieurs (pluie, neige, etc.), mais aussi des taches.

- Lors de l'application du produit imperméabilisant, quelques précautions sont à respecter.

✓ Il est préférable d'opérer dans un endroit bien aéré : la plupart des imperméabilisants étant conditionnés sous forme d'aérosol, ils dégagent des vapeurs potentiellement toxiques pour les voies respiratoires.

Nos grands-mères faisaient

La graisse de phoque : un imperméabilisant efficace

- Autrefois vendue sous forme de crème ou d'huile, la graisse de phoque était efficace pour nourrir et protéger les cuirs gras (épais). La vente des produits dérivés du phoque étant désormais interdite au sein de l'Union européenne, on trouve des produits qui évoquent le phoque (dessin sur l'emballage), mais qui en réalité contiennent de l'huile de poissons. Si vous utilisez ce type de produits sur des chaussures de marche, insistez sur les coutures pour renforcer l'imperméabilisation. Pensez à bien laisser sécher la graisse avant de remettre vos chaussures.

> ### *Idée récup*
> **Détournement d'objets**
> - Une brosse à dents usagée sera bien pratique pour appliquer le cirage sur les côtés de la semelle de vos chaussures, surtout lorsqu'ils comportent une couture apparente (couture de la trépointe).
> - Une vieille chaussette en laine sera quant à elle parfaite pour lustrer le cuir. Glissez-y la main et le tour est joué !
> - Un vieux couteau, enfin, vous aidera à retirer des semelles les chewing-gums qui ne manquent pas de jalonner les trottoirs en ville !

✓ Veillez à ce que le cuir soit parfaitement dépoussiéré, pour une pénétration optimale.

✓ Prenez soin de masquer les parties qui ne sont pas en cuir et qui pourraient être endommagées par le produit.

✓ Vaporisez l'aérosol en tenant compte des indications du fabricant, soit, généralement, à 20 ou 30 cm de l'accessoire.

✓ Laissez sécher au moins une demi-journée avant de réutiliser l'accessoire.

Imperméabilisant fait maison

❁ Il est tout à fait possible de fabriquer soi-même son imperméabilisant, surtout si vous aimez beaucoup les chaussures en cuir. Voici une recette que vous pouvez tester :

✓ Procurez-vous de l'huile de lin (50 cl), de l'essence de térébenthine (30 cl), de la graisse de mouton (50 g), du saindoux (30 g) et de la cire d'antiquaire (30 g). On trouve le saindoux en supermarché ou chez son boucher. Les autres produits sont des classiques de la droguerie ou des magasins de bricolage.

✓ Installez-vous dans un endroit bien aéré, à cause des vapeurs dégagées par l'essence de térébenthine (voir aussi p. 54).

✓ Faites chauffer doucement tous les produits dans une casserole, en remuant de temps en temps.

✓ Ôtez du feu et laissez tiédir la préparation obtenue.

✓ Par précaution, faites un essai préalable sur une partie non visible du cuir.

✓ Procédez à l'application elle-même, en étalant le mélange à l'aide d'un pinceau à poils relativement souples.

✓ Laissez sécher avant de passer une seconde couche.

✓ Conservez le reste de votre imperméabilisant dans un bocal en verre parfaitement hermétique.

Le cuir : à nourrir régulièrement

❁ Le cirage nécessite également un peu de vigilance, de soin et… d'huile de coude ! Frotter est un art.

❁ Pour un sac à main, un cartable ou une sacoche :

✓ Commencez bien sûr par vider l'intégralité du contenu.

✓ Retirez la poussière accumulée dans les poches, en utilisant au besoin l'aspirateur : utilisez un petit suceur, idéal pour atteindre tous les recoins, et réglez l'aspiration au plus bas, pour n'abîmer ni le cuir, ni le tissu.

✓ Dépoussiérez avec soin l'extérieur.

✓ Appliquez une crème nourrissante pour cuir ou un cirage, incolore de préférence, pour ne pas tacher vos vêtements ; une noisette de cirage suffit, sinon le cuir risque d'être « brûlé ».

Nos grands-mères faisaient

Plus de cirage ? Produits de dépannage !

- Peau de banane, huile d'olive, huile pour bébé… si vous n'avez pas de cirage sous la main (en voyage, par exemple), pourquoi ne pas essayer ?

- L'intérieur d'une peau de banane permet ainsi de donner un coup de brillant aux chaussures en cuir.
- Et pour nourrir le cuir lui-même, utilisez un chiffon imbibé de quelques gouttes d'huile pour bébé ou d'huile d'olive, avant de lustrer avec un autre chiffon bien sec.

✓ Laissez sécher, puis frottez énergiquement avec une brosse à lustrer ou un chiffon doux : la qualité du geste fait le brillant !

❁ Pour des chaussures ou des bottes en cuir :

✓ Retirez les éventuels lacets et dépoussiérez le cuir avec une brosse ou un chiffon.

✓ N'hésitez pas à passer une éponge savonneuse sur les parties les plus sales, y compris la semelle. L'utilisation d'un savon spécial pour cuir n'est pas indispensable ; du savon de Marseille par exemple, conviendra très bien.

✓ Laissez bien sécher avant d'appliquer le cirage.

✓ Utilisez de préférence une crème nourrissante pour cuir (ou un cirage) de la couleur du cuir, surtout sur les parties qui sont décolorées. Mais si vous souhaitez pouvoir porter un pantalon blanc ou beige, par exemple, il vaut mieux choisir un cirage incolore pour éviter de le tacher ; dans tous les cas, veillez à mettre très peu de cirage.

✓ Laissez bien sécher le cirage avant de frotter vigoureusement le cuir, avec une brosse à lustrer ou un chiffon doux.

❁ L'entretien des ceintures ne pose en général pas de problèmes, car le cuir s'avère moins exposé aux frottements, sauf, bien sûr, au niveau de la boucle et de l'ardillon. Il convient néanmoins de les cirer de temps en temps avec une crème nourrissante incolore pour cuir. Petite astuce en plus : si la boucle est métallique mais non chromée, vous pouvez la recouvrir d'une couche de vernis à ongles, également incolore, pour éviter qu'elle ne s'oxyde.

Les chaussures en cuir au quotidien

❁ Pour augmenter la longévité de vos chaussures en cuir, il est conseillé de ne pas les porter 2 jours de suite : elles auront ainsi tout loisir de s'aérer et de perdre l'humidité que le cuir retient naturellement.

❁ Si vous avez pris la pluie, mettez des embauchoirs (ou, à défaut, du papier journal) dans vos chaussures dès que vous les retirez. Le réflexe qui consiste à les placer près du radiateur (ou au soleil) pour les faire sécher est fâcheux pour le cuir : il l'endurcit ! À éviter.

❁ La pluie, le sel et les produits de voierie utilisés pour faire fondre la neige laissent souvent des traînées blanchâtres sur le cuir. Pour faire disparaître ces taches tenaces, vous pouvez essayer d'appliquer un peu de vinaigre blanc légèrement dilué, en frottant les traces avec un chiffon humidifié.

❁ Une fois que vos chaussures sont parfaitement sèches, cirez-les en procédant comme indiqué p. 86 ; il est préférable de garder alors les embauchoirs, pour un bon maintien du cuir.

C'est malin !

Contre les lacets effilochés

▪ Le vernis à ongles est une bonne parade contre l'effilochage des lacets qui ont perdu leur petit embout en plastique ou en métal ; pour ce faire, trempez les extrémités directement dans le vernis et laissez sécher. Vernis, les lacets !

▪ La cire fait aussi bien. Allumez une petite bougie chauffe-plat et, une fois la cire fondue, trempez-y le bout du lacet. Attendez quelques secondes, puis façonnez l'extrémité entre vos doigts pour qu'elle soit bien régulière. Laissez complètement refroidir avant de faire passer le lacet dans les œillets. Si la cire ne tient pas, c'est qu'elle comporte trop de stéarine, auquel cas réessayez avec une bougie de meilleure qualité (ou de la paraffine).

Nos grands-mères faisaient

La terre de Sommières, un détachant efficace

La terre de Sommières, du nom d'une petite ville du Gard, est une poudre d'argile très fine dont les propriétés absorbantes sont utilisées pour le traitement des taches grasses (beurre, huile, produits de toilette ou de maquillage, etc.). Son emploi est très simple.

▪ Retirez d'abord le maximum de graisse en tamponnant la tache avec un chiffon bien propre ou une feuille de papier absorbant. Plus vite on agit, meilleur est le résultat, même si l'on peut toujours intervenir plusieurs heures après.

▪ Saupoudrez la zone tachée avec de la terre de Sommières et laissez agir plusieurs heures.

▪ Secouez pour éliminer le surplus de poudre, puis aspirez ou brossez.

Chaussures de tennis, baskets, etc.

❁ Autrefois réservées aux jeunes ou aux sportifs, les baskets sont désormais courantes au pied et pas seulement pendant le week-end. Raison de plus pour leur accorder un minimum de soin.

❁ Lorsqu'elles sont en toile ou en matière synthétique, vous pouvez les nettoyer avec une brosse à poils souples et de l'eau savonneuse, mais sans les laisser tremper. Une fois que vous les avez bien rincées, bourrez-les de papier pour qu'elles ne se déforment pas en séchant.

> *C'est malin !*
>
> **Bijoux fantaisie : éviter les marques noires**
>
> ▪ Bagues et bracelets en métal argenté ont une fâcheuse tendance à noircir la peau. Pour prévenir ces marques disgracieuses, il suffit de passer une couche de vernis incolore sur les parties du bijou en contact avec l'épiderme.

Le papier journal est à éviter car, en prenant l'humidité, il risque de laisser des traces d'encre sur l'intérieur de la chaussure.

- Le pourtour de ces chaussures prend facilement les marques : pour les enlever, essayez de les frotter avec une brosse à dents et de la pâte dentifrice, puis essuyez. Le résultat n'est certes pas garanti (tout dépend du type de taches), mais cela ne coûte rien d'essayer !
- Certaines baskets en toile ou en synthétique supportent un lavage en machine. Prenez alors soin de les enfermer dans un filet (ou une taie d'oreiller).
- Les baskets en cuir requièrent les mêmes soins que les chaussures en cuir (voir p. 86). Quand elles sont blanches, il est possible d'atténuer les éraflures en appliquant dessus un peu de correcteur blanc liquide – malin !

Coup de neuf sur le daim et le nubuck

- Quel que soit l'aspect du cuir, chaussures et bottes doivent toujours être imperméabilisées : pensez donc à le faire aussi pour le daim et le nubuck.
- Pour lisser ces derniers et leur redonner ce velouté qui vous a tant séduit, le plus simple est d'utiliser quotidiennement une petite brosse spéciale en crêpe. Lissez alors en tous sens.

- Le nettoyage des taches s'avère plus délicat. Si la tache n'est pas trop marquée, l'usage d'une gomme spéciale pour daim peut suffire. En cas de tache grasse, le talc ou la terre de Sommières (voir encadré p. 87) devraient pouvoir en venir à bout. Sinon, il faudra utiliser un produit nettoyant spécifique.

Gants, écharpes, bonnets, chapeaux...

- Tout le monde n'en porte pas et il est vrai qu'on a tendance à les égarer, mais ce n'est pas une raison pour les négliger…
- Le lavage des gants, bonnets et écharpes en laine nécessite les mêmes précautions que celui des pulls (voir p. 79).

- En revanche, l'entretien des gants en cuir exige davantage d'attentions. Il est indispensable de les imperméabiliser (voir aussi p. 84) et de les enduire régulièrement d'une crème nourrissante incolore. Pensez aussi à les retirer dès que vous manipulez des objets qui peuvent être souillés, comme lorsque vous faites le marché ou vos courses.
- Quant aux chapeaux en feutre, ils sont en principe insensibles à la pluie et demandent juste à être époussetés régulièrement avec une brosse à habits. On les rangera également à l'abri de la poussière et des mites (voir p. 24) quand ils ne servent pas.

Bijoux

Si précieux soient-ils, de nombreux bijoux se contentent d'un nettoyage à l'eau savonneuse, puis d'un rinçage à l'eau tiède. C'est le cas pour l'or, le diamant, l'améthyste, le rubis, le saphir ou encore les perles de culture.

En revanche, les pierres d'opale et de turquoise ne supportent pas l'eau savonneuse. Passez juste un chiffon humide dessus et séchez immédiatement.

Concernant les émeraudes, quelques précautions s'imposent. Particulièrement tendre, cette pierre n'est pas à l'abri des entailles, parfois minuscules, que l'on ne remarque pas immédiatement. Par prudence, il vaut mieux ne pas la passer sous l'eau, qui pourrait s'infiltrer à l'intérieur de la pierre et la tacher. On la polira tout simplement avec un chiffon doux ou une lavette en microfibre sèche.

Pour les perles de culture, il est préférable d'éviter tout contact avec du parfum ou de la laque. Ces produits peuvent là aussi pénétrer à l'intérieur des perles percées et montées, en les détériorant. Et surtout, usez de coquetterie et portez-les ! Ces perles n'aiment rien tant que l'eau et l'humidité de la peau, qui rehaussent leur éclat. Si vous les oubliez au fond d'un tiroir, elles risquent de devenir mates, voire de mourir… Comme elles sont fragiles, ayez la délicatesse de les ranger à part – les autres bijoux pourraient les rayer.

Les bijoux avec diamant(s) doivent eux aussi être rangés séparément, sous peine d'occasionner des rayures à leurs voisins. Le diamant coupe ! La preuve, on l'utilise à cette fin.

Enfin, pour l'argent, il existe des astuces spécifiques (voir p. 93).

Les bons gestes

Préserver les verres de ses lunettes

Buée, mouchoir en papier… certains réflexes tendent à mettre vos lunettes sur le carreau ! Voici les principales mauvaises habitudes à corriger pour y voir bien clair…

- Évitez de nettoyer les verres de vos lunettes à sec avec une serviette, un coin de vêtement, du papier absorbant ou un mouchoir en papier : vous risquez de les rayer.
- Il vaut mieux également ne pas projeter de la buée en expirant sur les verres. À la longue, certains composants de la salive peuvent altérer le traitement appliqué aux verres.
- De même, les projections de laque ou de parfum en vaporisateur peuvent détériorer le revêtement des verres. Pensez à retirer vos lunettes avant.

Lunettes

Pour nettoyer ses lunettes, il existe une alternative toute simple aux sprays et lingettes du commerce : de l'eau et du savon ! Aussi efficace, plus sain et moins coûteux… Ainsi, si les verres de vos lunettes sont graisseux ou maculés de traces de doigts, épongez-les avec un peu d'eau savonneuse et rincez-les à l'eau tiède – l'eau chaude est à éviter, car elle pourrait abîmer le revêtement antireflets si vos verres en sont dotés. Essuyez-les ensuite soigneusement avec un chiffon spécial lunettes ou une lavette en microfibre.

N'oubliez pas les montures, souvent négligées. Pour ce faire, vous pouvez utiliser une brosse à dents à poils souples, que vous aurez, là aussi, préalablement trempée dans un mélange d'eau savonneuse.

Rideaux, voilages et canapés

Coton, soierie, velours, taffetas, madras... rideaux, coussins et housses de fauteuils conjuguent toutes les matières et tous les styles pour rendre nos intérieurs aussi douillets et confortables que possible. Car ces accessoires se doivent d'allier l'utile à l'agréable : nous aimons pouvoir nous sentir bien dans le canapé de notre salon, les fenêtres protégées d'un délicat voilage, en été, ou d'épaisses tentures, en hiver. Il importe donc d'en prendre soin régulièrement, de manière à faciliter leur entretien.

Des voilages et rideaux bien propres

Le moins que l'on puisse attendre d'un voilage, c'est qu'il ne fasse pas grise mine ! Un rideau poussiéreux fait également peine à voir… Et, pour peu que vous habitiez en ville, la pollution extérieure a tôt fait d'imprimer sa saleté.

Les voilages, surtout s'ils sont blancs, doivent être lavés souvent. Lorsqu'ils sont en polyester, la tâche est aisée, car un simple passage en machine, à 30 °C, suffit. Leur séchage étant très rapide, vous pourrez les réinstaller dans la journée même. Pour éviter, toutefois, qu'ils ne se froissent, programmez un essorage léger et raccrochez-les quand ils sont encore humides. Les voilages en coton exigent davantage de précautions, car ils peuvent rétrécir et doivent, en outre, être repassés. Avant tout lavage, vérifiez par conséquent les indications figurant sur l'étiquette, notamment pour la température.

Il en va de même pour les rideaux et doubles-rideaux, car certains tissus nécessitent un nettoyage à sec, comme le velours ou le satin. Il est généralement possible de laver en machine les rideaux en coton tout simples, non doublés, l'essentiel étant de respecter les recommandations habituelles pour le choix de la lessive selon la couleur (voir p. 59). En revanche, s'ils sont doublés, il y a un risque que les fibres de la doublure supportent moins bien le même traitement que le tissu principal.

Pour éviter des lavages ou des nettoyages à sec trop fréquents, le mieux est de dépoussiérer régulièrement vos rideaux et doubles-rideaux : décrochez-les et secouez-les alors avec vigueur ! S'ils sont assez épais, une bonne solution est de passer l'aspirateur 1 ou 2 fois par an, sur les deux faces. Pour ce faire, utilisez le petit suceur large et plat, en réglant l'aspiration au minimum, et procédez de haut en bas, en tendant le tissu (l'idéal est d'être deux). Pour dépoussiérer les parties supérieures (fronces et cantonnière) ainsi que les embrasses, munissez vous de l'embout équipé d'une petite brosse.

Idée récup

Recycler ses rideaux

- Après un déménagement, il est possible que vos rideaux ne conviennent plus au style et aux dimensions de vos nouvelles fenêtres. Dans ce cas, s'ils ne sont pas trop usés, pourquoi ne pas recycler leur tissu ? Vous pouvez ainsi créer des coussins ou des galettes de chaises pour le jardin ou le balcon. Dans un grand rideau, il y a aussi matière à habiller la petite fenêtre d'une chambre, d'une salle de bains, etc. Ce faisant, vous garderez une petite trace nostalgique de votre ancien domicile.

Les bugades de printemps, devenues des fêtes provençales, perpétuent la tradition de la lessive au lavoir

Un canapé toujours accueillant

Un canapé est grandement sollicité et mérite donc des petites attentions tous les jours : aérez le salon et tapotez les coussins avant de les replacer. Vous traquerez ainsi la poussière et éviterez la prolifération des acariens (voir aussi p. 68).

L'idéal est d'avoir un canapé recouvert d'une housse amovible et lavable en machine, mais n'attendez pas non plus trop longtemps pour la nettoyer… et vérifiez bien les indications portées sur l'étiquette. Dans tous les cas, il est préférable de traiter les taches avant le lavage (voir pp. 46 et suivantes).

Si votre canapé est recouvert d'une housse amovible mais que celle-ci ne peut être nettoyée qu'à sec, prenez alors soin de la dépoussiérer régulièrement, avec l'aspirateur muni du petit suceur large et plat (à puissance modérée). Si elle est tachée, il est conseillé de l'apporter au plus vite au pressing : n'essayez pas d'enlever la tache par vous-même.

C'est malin !

Quand Minou (ou Médor) a jeté son dévolu sur votre canapé…

- Ne l'en délogez pas : lui aussi aime prendre ses aises ! Mais protégez une partie du canapé avec un tissu moelleux, comme un lainage ou une couverture en polaire : votre animal en fera vite son petit coin attitré. Quant à vous, vous aurez juste à secouer régulièrement le tissu par la fenêtre pour éliminer ses poils. Un arrangement vraiment au poil !
- Vous pouvez aussi opter pour un jeté de lit que vous étendrez là où monsieur (ou madame) s'installe. Choisissez-le de telle sorte qu'il s'harmonise bien avec le tissu de votre canapé et se lave facilement (soit du 100 % coton ou du coton mélangé à du polyester).

Plus délicat encore est l'entretien d'un canapé qui ne peut être « déhoussé ». Il importe ici aussi d'agir très vite en cas de taches et de dépoussiérer régulièrement votre canapé. Pour un nettoyage plus en profondeur, il convient d'appliquer un shampooing spécifique, adapté à la matière de votre canapé, et de respecter scrupuleusement le mode d'emploi indiqué par le fabricant. Ainsi, les garnitures en plumes ne doivent pas être humidifiées, tandis que les mousses en latex, par exemple, ne supportent pas les solvants. Par précaution, faites un test sur une zone non visible.

L'entretien des coussins du canapé est à peu près équivalent : s'ils sont déhoussables, les housses pourront être soit lavées, soit nettoyées à sec, et les coussins eux-mêmes seront traités comme les oreillers (voir p. 69).

Un canapé en cuir doit être entretenu avec beaucoup de précautions, en suivant les recommandations indiquées par le fabricant. Il faut notamment éviter tout solvant qui attaquerait la couche protectrice appliquée sur le revêtement. En entretien courant, il suffit de le dépoussiérer régulièrement, à l'aide d'un chiffon doux. Une ou deux fois par an, vous pouvez appliquer un peu de crème incolore spéciale cuir sur toute la surface. Laissez sécher, puis frottez légèrement, toujours avec un chiffon doux. ▪

Objets divers

Bibelots, vases, argenterie... ces précieux objets font le charme d'un intérieur, encore faut-il qu'ils soient entretenus avec art ! La plus grande délicatesse s'impose, bien sûr, mais elle ne suffit pas car chaque matière a ses exigences et précautions d'entretien. On ne traite pas la porcelaine comme on traite l'étain...

Argent

❁ Pour nettoyer vos objets en argent (chandeliers, carafes...), utilisez tout simplement de l'eau chaude et du produit vaisselle. Veillez seulement à essuyer aussitôt, avec un chiffon doux, afin que l'eau ne laisse pas de traces.

❁ Concernant le lustrage, on trouve dans le commerce de nombreux produits efficaces, enrichis en antioxydants, l'argent ayant tendance à noircir avec le temps. Prenez soin toutefois non seulement de mettre des gants quand vous les utilisez, mais aussi d'aérer pendant et après l'opération.

❁ Pour une alternative naturelle, vous pouvez mélanger un peu de blanc de Meudon avec un peu d'eau.

❁ Pour les couverts en argent, voir p. 43.

Cristal

❁ Le cristal mérite un nettoyage délicat, surtout s'il s'agit d'un lustre ! Votre luminaire, hier si miroitant, s'est terni ? Il est temps d'intervenir. On utilise traditionnellement de l'alcool à brûler, mais ce nettoyant agressif peut aisément être remplacé par des produits plus doux.

✓ Avant toute chose, coupez l'électricité.

✓ Prenez un escabeau et, à l'aide d'un plumeau, dépoussiérez votre lustre.

✓ Décrochez les pampilles, ce qui facilitera ensuite l'accès aux autres parties du luminaire. Lavez-les alors avec une éponge humide sur laquelle vous aurez versé un peu de liquide vaisselle ou de nettoyant multiusages (voir recette maison p. 26). On peut ajouter un filet de vinaigre blanc dans l'eau de rinçage pour les faire briller. Vous prendrez soin ensuite de les sécher avec une lavette en microfibre.

✓ Pour le corps du lustre, vous pouvez utiliser le même nettoyant (liquide vaisselle ou produit multiusages). Vaporisez le produit nettoyant sur un gant de toilette et frottez chaque élément du lustre. Enfin, remettez les pampilles, sèches, en place.

> *C'est malin !*
>
> **Entretien de l'argent : quelques ustensiles et astuces**
>
> ▪ Pour redonner du lustre à un objet en argent, rien de tel que la peau de chamois ! Quant à l'argent ciselé, une brosse à dents à poils souples, un Coton-Tige ou, tout simplement, un bâtonnet entouré de coton permettront de bien nettoyer chaque ciselure.
>
> ▪ Certains préconisent un bain désoxydant pour l'argenterie. Pourquoi ne pas tenter ? Tapissez une bassine en plastique de papier aluminium (côté brillant vers le haut), puis remplissez-la d'eau très chaude (mais pas bouillante) et faites-y dissoudre 1 poignée de gros sel ou de bicarbonate de soude. Plongez alors votre argenterie dans ce bain et laissez agir. Par électrolyse, l'oxyde de l'argent se déposera sur l'aluminium. Veillez ensuite à nettoyer et sécher le tout, avant de faire briller avec un chiffon doux.

Étain

- Qu'il s'agisse d'étain ancien, le plus souvent brillant, ou d'un objet contemporain en étain mat, le nettoyage reste le même : employez un chiffon ou une lavette en microfibre humides, que vous imbiberez de bicarbonate de soude ou de blanc de Meudon. Rincez et essuyez avec un chiffon doux.
- Pour obtenir un brillant patiné à l'ancienne, d'aucuns préconisent de frotter l'objet avec un bouchon de liège.

Livres

- Si vous possédez des vieux livres auxquels vous tenez, le plaisir de les feuilleter ne doit pas faire oublier les soins à leur prodiguer. La délicatesse du papier les rend particulièrement fragiles.
- Il arrive que des moisissures se développent sur les livres. Dans ce cas, raclez-les prudemment avec la lame d'un rasoir.
- Les vieux livres prennent aussi facilement une odeur de renfermé. Placez alors votre ouvrage ouvert face à un ventilateur : le souffle de l'appareil va faire tourner les pages et, ainsi, les aérer. Autant en emporte le vent !

C'est malin !

Décorner les pages d'un livre

- Insérez 2 feuilles de papier buvard ou 1 feuille de carton sous la page cornée, puis repassez-la avec un fer tiède, voire un peu chaud. Elle sera défroissée.

> ### *C'est malin !*
> **Pour laver un bibelot fragile**
>
> ▪ Certains bibelots, notamment s'ils sont en cristal ou en porcelaine, demandent beaucoup de précautions quand on les nettoie à l'eau savonneuse. C'est qu'ils ont vite fait de casser ! Prenez donc soin de placer une serviette ou un torchon au fond de l'évier pour amortir les chocs éventuels.

❁ Si vous tachez malencontreusement une page avec de la graisse, saupoudrez-la de terre de Sommière (voir encadré p. 87) ou de talc, puis essuyez avec du papier absorbant. Plusieurs pages du livre sont collées ? Faites bouillir de l'eau dans une casserole, maintenez l'ouvrage au-dessus de la vapeur, puis séparez les pages avec la lame d'un couteau ou d'un coupe-papier.

Marbre

❁ Première règle d'or : ne pas employer de produit acide (citron ou vinaigre, par exemple) ou trop abrasif (éponges abrasives, produits à récurer) sur le marbre. En entretien courant, on se contentera de passer une éponge imbibée d'eau et d'un peu de savon de Marseille ou de savon noir. Le blanc de Meudon peut être utile en cas de taches ou de saletés incrustées.

❁ Dans tous les cas, il importe de rincer et sécher au plus vite, pour éviter l'apparition de traces indésirables.

> ### *C'est malin !*
> **Marbre clair : colmater une fissure ou une rayure**
>
> ▪ Après avoir nettoyé le marbre, passez délicatement dessus un peu de bicarbonate de soude ou de sel fin, aux effets abrasifs doux, à l'aide d'une éponge ou d'une lavette en microfibre.
>
> ▪ Faites ensuite couler de la cire de bougie blanche sur la fissure, puis enlevez le surplus à l'aide d'une lame de rasoir et laissez durcir. Polissez légèrement la surface avec du papier de verre à gros grain par exemple et faites briller avec de la cire incolore. Ce procédé permet de masquer l'entaille sans risque, puisqu'il est réversible.

Porcelaine et faïence

❁ L'une et l'autre se lavent bien dans un bain d'eau savonneuse tiède – on veillera à éviter l'eau chaude ou froide, le choc thermique pouvant entraîner une cassure de la porcelaine ou de la faïence.

❁ Autre solution plus efficace : le bicarbonate de soude car, outre son action nettoyante, il permet d'effacer la majorité des taches. Utilisez une éponge humide ou une brosse à dents (si l'objet est ouvragé) trempées dans cette poudre. Sans oublier de rincer, puis sécher.

❁ Attention : si vos objets comportent des armatures métalliques, ce qui est parfois le cas des porcelaines anciennes, il faut éviter de les mouiller en raison du risque de rouille.

❁ Pour nettoyer de la vaisselle en porcelaine, voir p. 43. ▪

Entretien de l'équipement

Électroménager

Réfrigérateurs et congélateurs

Le réfrigérateur – tout comme son associé, le congélateur – représente un élément clé dans l'équipement de la cuisine. Aussi se doit-il d'être performant et correctement utilisé. Une fois son choix arrêté, reste à adopter les bons gestes pour tirer le meilleur parti de son appareil !

À l'heure du choix

- Il faut savoir que la production de froid représente la première source de consommation électrique d'un ménage (hors chauffage et eau chaude). Le réfrigérateur et le congélateur, en effet, sont des appareils qui fonctionnent en permanence dans la maison, ce qui les rend très gourmands en énergie… D'autant que plus leur capacité est grande, plus ils consomment ! Le volume de l'appareil, par conséquent, prime avant tout : veillez à ce qu'il soit adapté à la taille de votre foyer et à vos besoins.
- Lisez attentivement l'étiquette énergie de l'appareil, qui vous renseigne sur sa consommation électrique et permet de sélectionner des modèles moins énergivores (voir encadré ci-dessous).

Bien installer son équipement

- Chaud et froid ne font pas bon ménage dans une cuisine…
- Placez toujours votre appareil loin d'une source de chaleur (four, radiateur…), sinon il

Bon à savoir

L'étiquette énergie

- Dans le domaine de l'équipement de la maison, l'étiquetage énergétique est obligatoire pour les produits suivants : réfrigérateurs, congélateurs, combinés, lave-linge, sèche-linge, lave-vaisselle, fours, hottes de cuisine, téléviseurs, aspirateurs, mais aussi lampes, luminaires, caves à vin et climatiseurs.

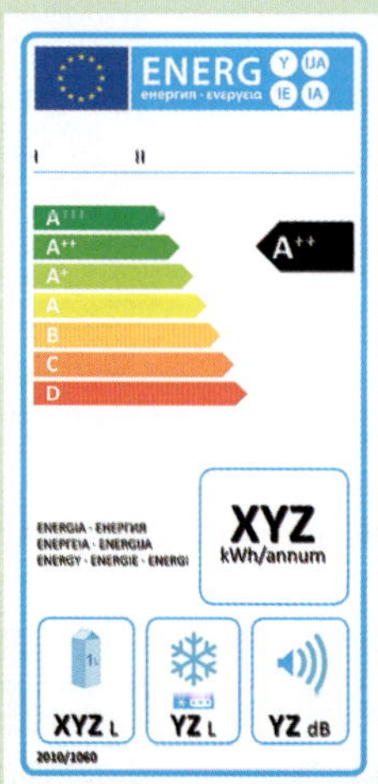

Source Ademe

- Cette étiquette doit indiquer la classe énergétique de l'appareil concerné (par exemple de A+++ pour les moins énergivores à D pour les plus énergivores) et sa consommation d'énergie annuelle, exprimée en kilowatt-heure, ou kWh. En bas de la fiche doivent figurer des informations spécifiques à chaque type d'équipement : ainsi, pour les appareils de froid, on y trouve la capacité (en litres, symbole l ou L) des compartiments de stockage et de congélation, ainsi que le niveau de bruit (en décibels, ou dB).
- Concernant les réfrigérateurs, les congélateurs et les combinés, seuls des appareils classés de A+ à A+++ peuvent être mis en vente (des progrès en matière de performance énergétiques ayant été faits). Il en va de même pour les lave-vaisselle et lave-linge (sauf ceux de petites dimensions). Ainsi, la vigilance est de mise puisqu'un A+ ne signifie pas que l'appareil soit économe, c'est au contraire la classe la plus énergivore ! Si l'on veut un équipement réellement sobre, il est préférable d'opter pour un A+++, les modèles les plus performants consomment deux fois moins d'électricité que les moins performants.
- Face à ce manque de clarté pour le consommateur, dénoncé depuis longtemps par l'UFC-Que Choisir, un nouvel étiquetage est enfin prévu en mars 2021, pour revenir à une échelle de A à G sur les réfrigérateurs, les congélateurs, les lave-linge, les lave-vaisselle, les téléviseurs ainsi que les lampes et les luminaires.

Bon à savoir

Froid statique, brassé ou ventilé ?

- Dans les appareils à froid statique, l'air circule librement : la température n'est donc pas homogène entre le haut et le bas, une zone étant plus froide que l'autre. Dans certains réfrigérateurs, un ventilateur brasse l'air froid ce qui assure une température plus homogène. Enfin, sur les modèles à « froid ventilé » (*no frost*), les plus perfectionnés, un ventilateur propulse un air froid non humide de manière uniforme dans l'ensemble du réfrigérateur, ce qui évite la formation de givre.
- Dans les deux premiers cas, lisez la notice de votre appareil pour savoir où se situe la zone la plus froide, et rangez ensuite les aliments en fonction de leur nature, les plus périssables (viande, poisson…) devant toujours être placés dans cette zone (0 à 2 °C).

risque de chauffer et donc de consommer plus pour maintenir la bonne température. Si votre cuisine est petite, installez une plaque isolante entre l'appareil de froid et la source de chaleur. Laissez au moins 10 cm de distance autour et au-dessus de l'appareil pour permettre la circulation de l'air à l'arrière et, ainsi, faciliter le refroidissement du condenseur (grille en métal dans laquelle transite le fluide frigorigène). Certains modèles disposent de cales d'espacement prévues à cet effet.

La bonne température

- La température intérieure du réfrigérateur doit être comprise entre 0 et 4 °C et celle du congélateur doit être inférieure à –18 °C. Le maintien de ces seuils est essentiel pour préserver la qualité des denrées stockées et éviter le développement des bactéries (pour la question des salmonelles, voir p. 28).
- Certains modèles ont un indicateur de température, pensez à le regarder régulièrement pour vous assurer qu'elle n'est pas trop élevée. Vous pouvez aussi placer un thermomètre dans la porte, qui est l'endroit le plus « chaud » de l'appareil. Dans les deux cas, si la température n'est pas satisfaisante, modifiez le réglage du thermostat en conséquence. Toutefois, vérifiez

C'est malin !

Des glaçons à portée de main

▪ Si votre moule à glaçons reste systématiquement collé par le givre dans le congélateur, voici une petite astuce : avant de le remplir et de le déposer, frottez le dessous et les côtés avec une bougie. La prochaine fois, vous pourrez le sortir plus facilement !

au moins une deuxième fois, car la température interne suit des cycles : par exemple, juste avant le déclenchement du compresseur (élément qui contribue au système de refroidissement), elle est plus élevée.

Utiliser correctement et organiser efficacement

❁ Avant de ranger vos produits alimentaires, prenez soin de retirer les emballages superflus afin d'éviter qu'ils ne fassent barrière au froid et ne contaminent les aliments eux-mêmes par les micro-organismes qu'ils véhiculent.

❁ À l'inverse, les aliments qui n'ont pas du tout d'emballage (viande, poisson, fromage, pâtisseries, plats entamés...) doivent être stockés dans des boîtes fermées ou enveloppés de film alimentaire pour être protégés des odeurs et des bactéries.

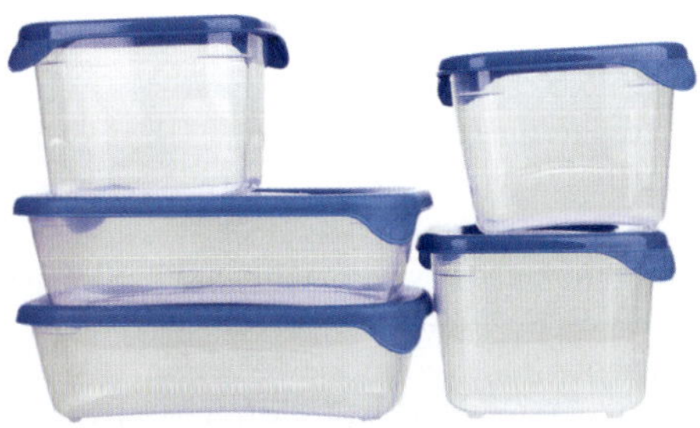

❁ Veillez à garder de l'espace entre les produits : toute surcharge nuit à une bonne répartition du froid.

❁ N'ouvrez pas la porte inutilement et ne la laissez pas non plus ouverte trop longtemps : l'air qui rentre réchauffe immanquablement l'intérieur et votre appareil consomme alors plus d'électricité pour retrouver la bonne température. Pour la même raison, ne placez jamais d'aliments encore trop chauds dans le réfrigérateur – attendez qu'ils aient refroidi à température ambiante.

Un nettoyage nécessaire

❁ Même s'il vous paraît propre, votre réfrigérateur doit être nettoyé au moins une fois par mois. Pour éradiquer les bactéries dont on ne soupçonne pas forcément la présence (pour la question des salmonelles, voir p. 28), l'eau chaude vinaigrée peut être utile. Assurez-vous simplement de la propreté de l'éponge que vous utilisez.

❁ Nettoyez l'intérieur, les différentes parties amovibles (bacs, grilles...), sans oublier les joints de portes. Ne rincez pas mais séchez soigneusement chaque élément avec un chiffon propre.

❁ Mieux encore, utilisez une solution composée de 1 volume de vinaigre blanc et 1 volume de jus de citron pour 3 volumes d'eau. Ainsi, votre réfrigérateur sera à la fois propre et désodorisé.

❁ Pensez aussi, 2 à 3 fois par an, à laver l'extérieur de l'appareil à l'eau savonneuse.

Un entretien régulier

❁ Le dégivrage est loin d'être une affaire de détail, puisque 3 petits millimètres de givre accumulés à l'intérieur de votre appareil augmentent de 30 % sa consommation électrique !

❁ Beaucoup de nouveaux modèles offrent sur ce point des fonctionnalités intéressantes : certains sont ainsi équipés d'un dégivrage automatique (voir encadré p. 101). D'autres disposent d'une technologie de « froid ventilé »

Les bons gestes

Attention à la chaîne du froid

▪ Que vous souhaitiez nettoyer ou dégivrer vos appareils, le respect de la chaîne du froid est essentiel pour ne pas contaminer la nourriture. Il faut donc savoir choisir le bon moment. Ne vous lancez pas dans une telle opération par temps trop chaud (sauf si vous pouvez stocker les aliments dans un autre appareil ou un endroit très frais).

(ou *no frost*) qui empêche la formation du givre sur les parois et ne nécessite donc pas de dégivrage (voir encadré p. 99).

Il est conseillé de dégivrer environ tous les 3 mois réfrigérateur et congélateur.

✓ Pour ce faire, débranchez l'appareil, laissez la porte ouverte et attendez quelques heures. On peut accélérer le processus en disposant un grand bol d'eau chaude à l'intérieur ou en passant un linge trempé dans de l'eau chaude. Ne mettez pas d'eau directement, ce qui pourrait abîmer le circuit de refroidissement. Pensez à vous munir d'une serpillière et/ou d'une bassine pour récupérer l'eau qui aura fondu.

✓ Grattez ensuite les parois à l'aide de la raclette en plastique prévue à cet effet – n'utilisez jamais de couteau ni autre instrument en métal, car ils endommageraient irrémédiablement le revêtement.

✓ Épongez l'eau au maximum et séchez les parois avec un chiffon avant de rebrancher.

Profitez de ce que l'appareil est débranché pour nettoyer également la grille arrière, souvent négligée… à tort ! En effet, lorsque celle-ci est encrassée, la chaleur s'évacue mal, ce qui crée une surchauffe entraînant une consommation accrue d'énergie. Dans ce cas, passez sur la grille un chiffon sec ou alors l'aspirateur, s'il y a beaucoup de poussières et de moutons.

Les joints d'étanchéité de la porte sont aussi essentiels au maintien d'une bonne température. Usés, ils favorisent la formation de givre et donc une surconsommation électrique. Par conséquent, pensez à les vérifier et, le cas échéant, les changer. Faites ce petit test tout simple : glissez une feuille de papier avant de fermer la porte ; si vous pouvez l'enlever sans ouvrir, c'est qu'il est temps de les remplacer !

C'est malin !

Le dégivrage automatique

- Certains appareils sont équipés d'un système de dégivrage automatique. Dès qu'une couche de givre se forme et qu'une certaine température est atteinte, l'appareil se dégivre automatiquement par l'intermédiaire d'une résistance intégrée. L'eau résiduelle est acheminée par l'arrière jusque dans le bas, où elle va ensuite s'évaporer.
- Si vous devez changer d'équipement, choisissez si possible un modèle à dégivrage automatique avec des clayettes en verre Securit, pour une meilleure stabilité des récipients et un entretien plus aisé.

Lave-vaisselle

Comme le lave-linge, son grand frère, le lave-vaisselle est aujourd'hui un équipement courant de la maison. Ainsi, plus de la moitié des ménages français en possèdent un. Il est vrai que cet ingénieux appareil nous épargne une des principales corvées de la cuisine. Pour autant, on veillera à sa consommation d'eau et d'électricité, car monsieur est gourmand, tout comme à son entretien régulier, gage de longévité !

Les bons gestes

Le bon programme

▪ Le choix du programme, en matière de lave-vaisselle, est loin d'être une question de détail : 80 % de l'énergie qu'il consomme sert à chauffer l'eau. D'où l'importance des programmes « Éco », qui lavent à température plus basse (en général 50 °C), même s'ils sont un peu plus longs. Pour une vaisselle normalement sale, vous avez donc tout intérêt à utiliser ce programme économique.

Laver sans gaspiller

Les fabricants ont notoirement amélioré la consommation d'eau et d'électricité des lave-vaisselle, qui péchaient beaucoup sur ce plan, et tous les modèles affichent désormais une étiquette énergie, obligatoire (voir encadré p. 98). Cette étiquette fournit des informations clés à l'acheteur : consommation annuelle d'énergie (en kilowattheures, ou kWh) et d'eau (en litres, symbole l ou L), mais aussi efficacité de séchage, capacité en nombre de couverts et niveau de bruit (en décibels, ou dB). Prenez donc le temps d'évaluer tous ces critères avant de faire votre achat, en sachant toutefois que seuls les appareils classés A+, A++ ou A+++ peuvent être mis en vente (sauf pour ceux de petites dimensions). Donc attention : un A+ équivalant à la classe la plus énergivore, la vigilance est de mise (voir encadré p. 98).

Si votre fournisseur d'électricité vous facture des heures pleines et des heures creuses, faites tourner votre machine pendant les heures creuses (généralement la nuit). Certains fabricants en tiennent compte et proposent des modèles disposant d'une fonction « départ différé », qui permet ainsi de programmer le lancement du lave-vaisselle pendant ces heures où l'électricité est moins chère. Certains modèles sont également équipés d'une fonction « séchage prolongé », qui permet de mieux évacuer la vapeur d'eau, mais consomme plus de kilowatts… Pour limiter ce surcroît de consommation, n'hésitez pas à déprogrammer cette fonction et laissez tout simplement la porte de la machine ouverte pour que la vaisselle sèche à l'air libre – il ne vous en coûtera rien.

Faire tourner un lave-vaisselle qui n'est pas plein engendre un gaspillage d'eau, d'électricité et de détergent. Attendez donc qu'il soit rempli avant de lancer un cycle de lavage. Vous pouvez aussi utiliser la fonction « demi-charge » (voir encadré p. 105).

Préserver l'efficacité de la machine

Pour garantir l'efficacité de lavage, un lave-vaisselle s'utilise avec trois types de produit : un détergent, qui nettoie les saletés, un liquide de rinçage, qui facilite l'écoulement de l'eau, évitant ainsi traces et auréoles, et un sel régénérant, qui limite les dépôts de calcaire. Cependant, le gros du marché est maintenant occupé par les produits « tout en un ». Il s'agit principalement de tablettes, mais des gels ont récemment fait leur apparition. Pour ces « tout en un », il n'est plus nécessaire d'ajouter

du liquide de rinçage et du sel régénérant, même si un voyant s'allume sur votre machine. En effet, les fabricants n'ont pas configuré leurs lave-vaisselle pour qu'ils reconnaissent automatiquement les détergents multifonctions (sauf sur les modèles récents), donc le voyant se déclenche inutilement.

- Ces détergents peuvent rejeter un certain nombre d'ingrédients indésirables qui vont polluer les ressources en eau. N'hésitez pas à consulter des tests comparatifs pour choisir les plus vertueux. Vous pouvez aussi sélectionner un produit portant l'écolabel européen, soumis à un seuil de biodégradabilité élevé.
- Pour éviter d'encrasser la machine, retirez les résidus des plats à l'aide d'une fourchette ou d'une éponge humide, mais ne rincez pas sous l'eau du robinet. Ce geste est superflu : il consomme inutilement de l'eau et coûte cher, car il revient à pratiquer un double lavage !
- Lorsque vous remplissez votre lave-vaisselle, faites en sorte de laisser de l'espace entre les assiettes, les verres et les plats afin de faciliter l'écoulement de l'eau. Il est également important de respecter les modules de rangement, soit les assiettes et plats en bas, les verres et tasses en haut, les couverts dans le range-couverts. Un lave-vaisselle trop rempli ou mal chargé lave moins bien, ce qui oblige souvent à relaver derrière, donc à consommer un surplus d'eau et d'électricité…
- Vérifiez enfin que rien n'entrave non seulement l'arrivée d'eau des gicleurs, mais aussi le mouvement des deux bras de lavage (inférieur et supérieur). Les bras doivent pouvoir pivoter librement. Si une grosse casserole les gêne, par exemple, ils ne pourront nettoyer tous les éléments.

Bien entretenir son appareil

- Il ne suffit pas de charger et vider votre lave-vaisselle ! Un entretien soigneux est indispensable si vous voulez préserver son bon fonctionnement et éviter les pannes aussi impromptues que dispendieuses… voire un renouvellement prématuré. Sans compter, bien sûr, les mauvaises odeurs.
- Pour l'entretien courant de l'appareil, il est conseillé de juste passer une lavette en microfibre humidifiée à l'extérieur comme à l'intérieur. Vous pouvez mouiller la lavette avec une eau vinaigrée chaude pour assainir la cuve et éliminer les éventuelles moisissures sur le joint d'étanchéité.
- Si les paniers sont encrassés, retirez-les et passez-les sous la douche pour enlever les saletés qui restent accrochées lavage après lavage – étant donné leur taille, il est plus aisé de les laver ainsi que dans l'évier.

Bon à savoir

La touche demi-charge

- Présente sur la plupart des modèles récents, la fonction « demi-charge » est adaptée quand vous voulez lancer votre lave-vaisselle alors qu'il n'est pas plein (il est dans ce cas conseillé de mettre un peu moins de détergent).
- Toutefois, des tests menés par Que Choisir ont montré que ce programme, certes moins gourmand en eau et électricité, ne divise pas pour autant les consommations par deux.
- Pour des raisons d'efficacité énergétique, il vaut donc toujours mieux remplir entièrement la machine avant de la faire tourner.

L'huile, le gras et les résidus alimentaires peuvent, à terme, boucher et encrasser le filtre situé dans le fond de la cuve. L'idéal est de le nettoyer après chaque lavage : dévissez-le, retirez les restes d'aliments et passez-le sous l'eau.

On prendra également soin, une fois par mois par exemple, de vérifier que les bras de lavage sont propres et non obstrués au niveau des gicleurs. Pour ce faire, dévissez-les (sans oublier de débrancher le lave-vaisselle) et retirez les résidus à l'aide d'une brosse à dents, d'un cure-dents ou d'une aiguille. La présence de saletés, en effet, perturbe l'arrivée d'eau et nuit donc à l'efficacité de lavage.

Contrôlez aussi régulièrement que les tuyaux d'arrivée et de sortie d'eau (vidange) ne sont pas bouchés ni pliés. Sinon, le fonctionnement du lave-vaisselle s'en trouve compromis, avec des cycles plus longs et une mauvaise évacuation de l'eau. L'appareil peut même ne plus laver du tout, l'arrivée d'eau étant bloquée.

Si votre machine est particulièrement encrassée, vous pouvez utiliser un produit d'entretien spécial « nettoyant lave-vaisselle ». Dans ce cas, faites tourner la machine à vide, en sélectionnant un programme à haute température. Ces produits permettent de détartrer l'ensemble des circuits et de dégraisser en profondeur. En cas de problème, notamment si le lave-vaisselle se bloque pendant le cycle de lavage, essayez ce nettoyage intégral avant d'appeler un réparateur.

Lutter contre le tartre

Le tartre est l'ennemi sournois des machines à laver, que ce soient le lave-linge ou le lave-vaisselle. Si la machine est entartrée, elle a plus de difficultés à chauffer l'eau, ce qui augmente sa consommation d'énergie. Il convient donc de la détartrer régulièrement, avec un produit qui va éliminer les dépôts. Deux fois par an, faites un cycle à vide avec du vinaigre blanc, très efficace en la matière. Son acidité lui permet en effet de détartrer le lave-vaisselle, mais aussi de détruire microbes et bactéries, tout en le désodorisant. Versez ainsi 1 litre de vinaigre blanc au fond de la cuve et faites un cycle normal à vide. Vous pouvez y ajouter 150 g de bicarbonate de soude. Votre appareil sera à la fois protégé du calcaire, dégraissé et désodorisé. Si vous avez une eau très calcaire, le mieux est de répéter cette opération tous les mois. ■

Lave-linge et sèche-linge

De nos jours, aucune maison, ou presque, ne peut se concevoir sans un lave-linge. Il est loin le temps des lavoirs... Et de la première machine à laver, dans les années 1850, aux prototypes actuels, que de progrès accomplis ! On peut à présent s'équiper avec des appareils très performants, tant en termes de consommation énergétique que d'efficacité de lavage. Avec le confort du sèche-linge en plus. Cependant, un choix éclairé et une utilisation judicieuse sont essentiels pour optimiser leur fonctionnement et réduire leur coût.

Choisir une machine économe

- Avant d'acheter, lisez attentivement l'étiquette énergie (voir aussi encadré p. 98), obligatoire pour tous les modèles de lave-linge et de sèche-linge.
- Actuellement, pour les lave-linge, seuls des appareils classés de A+++ à A+ sont mis en vente (sauf pour les lave-linge de petites dimensions). L'étiquette énergie indique notamment leur consommation électrique ainsi que la consommation d'eau. Mais ne vous y trompez pas, le A+ ne signifie pas pour autant que l'appareil soit sobre en consommation énergétique (voir encadré p. 98).

- Quant aux sèche-linge, il existe de grandes disparités entre les différents appareils proposés sur le marché, dont le classement énergétique va, lui, de A+++ à D. Là encore, décryptez avec soin l'étiquette énergie avant de faire votre choix. En sachant aussi que les modèles équipés d'une pompe à chaleur sont plus économiques que les autres.

Bon à savoir

Lave-linge : les différents modèles

- Le choix d'un modèle à ouverture frontale (dit « à hublot ») ou par le dessus (dit « top ») dépend de l'espace imparti et de la quantité de linge à charger. Avec leur ouverture sur le dessus, les « top » occupent moins de volume en largeur (de 40 à 46 cm) mais nécessitent de l'espace en hauteur, alors que les lave-linge à hublot classiques, plus larges, s'intègrent aisément sous un plan de travail. De même, si la capacité des modèles « top » varie de 5 à 8 kg de linge, les modèles à hublot, eux, peuvent recevoir jusqu'à 12 kg, voire plus. Parmi les modèles à hublot moins encombrants, on trouve des « slims », moins profonds, d'une capacité de 4 à 6 kg et des « compacts », moins larges, d'une capacité de 5 kg. Pesez donc bien les différents critères avant d'arrêter votre choix.

La bonne température

- En matière de température de lavage, beaucoup d'idées reçues circulent... Or, un mauvais choix peut notablement alourdir votre facture d'électricité! En effet, les deux tiers de l'électricité consommée par un lave-linge servent à chauffer l'eau. Pour un linge normalement sale, vous avez donc tout intérêt à sélectionner un programme à 40 °C (voire à 30 °C), qui utilise 2 fois moins d'énergie qu'un lavage à 90 °C. D'autant que plus la

Lessive

température est élevée, plus les dépôts calcaires s'accumulent : en diminuant la température, vous freinez aussi le processus d'entartrage. Par ailleurs mieux vaut laver le linge sans attendre : plus il stagne dans la panière, plus les taches s'incrustent dans le tissu (voir aussi pp. 46 et suivantes).

Des cycles à pleine charge

- Il est utile de remplir le tambour à chaque machine, afin de rentabiliser au maximum l'eau et l'électricité nécessaires au cycle et réduire les consommations par kilo de linge lavé. Attention, toutefois, à ne pas tasser le linge, car celui-ci risquerait d'être mal lavé. Certains appareils possèdent une touche « demi-charge », qui est adaptée à une petite quantité de linge et diminue généralement les consommations d'eau. Un lavage à pleine charge, cependant, reste toujours plus économe que deux demi-charges. Cette option tend d'ailleurs à disparaître sur les nouvelles machines.

Nettoyer son lave-linge

- Un lave-linge sale ou malodorant : ce serait un comble !
- Sa carrosserie se satisfait d'un coup de lavette en microfibre une fois par semaine.
- C'est surtout le tambour, cœur de la machine et réceptacle du linge, qui mérite un soin particulier. Pour bien l'assainir, tous les mois si possible, effectuez un cycle de lavage court à 60 °C minimum (idéalement 90 °C), avec votre lessive habituelle. Procédez à vide ou profitez de l'occasion pour garnir la cuve de serpillières, torchons et chiffons souillés. Vous pouvez ajouter 150 g de bicarbonate de soude dans la machine pour prévenir la formation de mauvaises odeurs.
- Filtre, tuyaux d'évacuation et joints peuvent aussi donner des odeurs : on n'oubliera pas de les nettoyer (voir la rubrique Prolonger la durée de vie).

Le détartrage

- Un détartrage régulier est utile si vous voulez que votre machine conserve toutes ses performances de lavage ! Surtout si l'eau de votre commune est très calcaire.
- Pour lutter contre le tartre, rien de tel que le vinaigre blanc : une fois par mois, versez-en 1 litre dans le tambour et effectuez un cycle à vide à 90 °C. L'action conjuguée de la chaleur et du vinaigre, aux propriétés détartrantes et antiseptiques, nettoiera et assainira votre appareil, en plus de le détartrer. Un programme très complet et bien plus utile qu'un certain anticalcaire de renom !
- Le tiroir à lessive n'est pas en reste. Tous les mois également, pensez à le nettoyer pour éliminer les dépôts de lessive et de calcaire, susceptibles d'augmenter le risque d'entartrage. Le tiroir est généralement amovible : retirez-le et effectuez un rinçage à l'eau tiède savonneuse ou à l'aide d'une éponge imbibée de vinaigre blanc. Puis essuyez-le avant de le replacer.

Prolonger la durée de vie

- Les lave-linge n'ont pas la vie facile ! De fait, ils font partie des appareils ménagers les plus fragiles. Après plusieurs années d'utilisation, certains problèmes (usure des pièces,

C'est malin !

Le départ différé

▪ De nombreux modèles de lave-linge offrent la fonction « départ différé », qui permet de décaler et de programmer le départ du cycle à l'heure désirée. Une commodité fort appréciable quand on doit s'absenter toute la journée et qu'on ne veut pas laisser son linge mouillé dans la machine jusqu'au soir. Une fonction également économique, puisqu'il est possible de faire tourner sa machine pendant les heures creuses, ce qui allège la facture d'électricité si l'on bénéficie d'une telle option auprès de son fournisseur.

entartrage...) peuvent survenir qui entraînent des dysfonctionnements. Quelques précautions d'usage et gestes d'entretien permettent d'y parer au mieux.

❁ Avant chaque lavage ou séchage, prenez soin de vider toutes les poches des vêtements pour éviter que des petits objets ne viennent se glisser dans le tambour, les tuyaux ou le filtre, risquant de les endommager. Pensez également à fermer les fermetures à glissière qui, autrement, abîment la paroi du tambour.

❁ Respectez les dosages de produits : surdoser ne lavera pas mieux vore linge, mais encrassera la machine.

❁ Entre deux lavages, veillez à laisser la porte ouverte afin que l'humidité s'évapore. Une bonne aération prévient la formation de moisissures et permet aux joints de sécher – ils se fissureront moins vite et dureront plus longtemps.

❁ Le joint de la porte doit être contrôlé régulièrement, car des saletés s'y logent souvent. Éliminez les éventuelles poussières et moisissures avec une lingette en microfibre humide, imprégnée de vinaigre ou de jus de citron, puis séchez soigneusement. Si votre joint est particulièrement sale, décollez-le délicatement, pour ne pas l'endommager, et frottez-le avec une vieille brosse à dents souple ; là encore, séchez-le bien avant de le remettre en place. Si le joint est moisi ou usé, n'hésitez pas à le changer.

❁ Le filtre à impuretés de la machine mérite aussi un entretien régulier : il peut être obstrué par des fibres, des dépôts de calcaire, des traces de détergent, des petits objets... qui s'accumulent lavage après lavage. Ce filtre est généralement situé en bas de l'appareil, sur le devant ou l'un des côtés. Munissez-vous alors d'une cuvette et d'une serpillière, puis enlevez-le progressivement : l'eau stagnante s'écoulera, non sans mauvaises odeurs souvent. Retirez complètement le filtre pour le nettoyer à l'eau savonneuse, avec une brosse à dents, et enlever les débris qu'il peut contenir. Rincez-le sous l'eau avant de le replacer. Terminez en passant un goupillon dans le logement où, parfois, échouent quelques boutons et pièces de monnaie.

❁ Profitez aussi de cette opération pour inspecter les tuyaux d'arrivée d'eau et de vidange qui, s'ils sont écrasés ou pliés, risquent de s'user plus vite et de se percer. En cas de fissures ou de traces manifestes d'usure, remplacez-les.

❁ Dans la mesure du possible, évitez de placer la machine dans une pièce humide (cave, etc.),

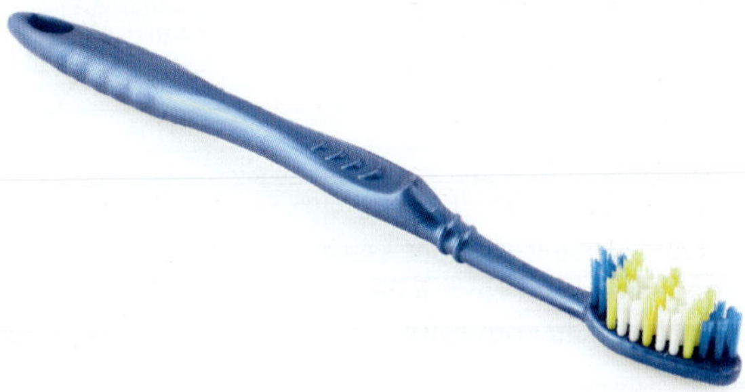

car à terme, l'humidité peut endommager ses pièces électroniques et mécaniques. Il vaut mieux un endroit sec et aéré.

Pour préserver le bon fonctionnement des amortisseurs et des roulements de la machine, il importe que celle-ci soit toujours bien calée, sur un sol plat et stable. Une bonne assise de l'appareil permet aussi de réduire les vibrations et le bruit, surtout en phase d'essorage. Si vous constatez le moindre déséquilibre au niveau des pieds, rééquilibrez-les soit en les vissant (ou en les dévissant, selon leur position) si cela est possible sur votre lave-linge, soit en plaçant une petite cale (en bois, par exemple) dessous, afin qu'ils soient au même niveau.

Le sèche-linge : vraiment utile ?

Les sèche-linge sont assez gourmands en électricité (même si les nouveaux modèles avec pompe à chaleur sont plus vertueux). Sur le plan tant économique qu'écologique, le meilleur moyen de faire sécher le linge est de le suspendre à l'air libre.

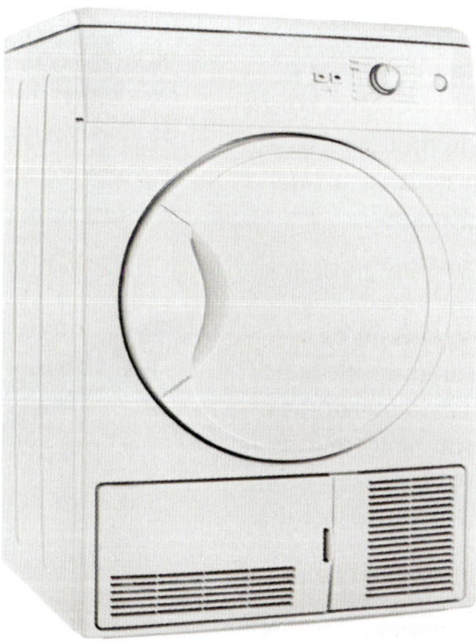

Si vous utilisez malgré tout un sèche-linge, veillez à ce que le linge soit au préalable bien essoré par le lave-linge, en utilisant un programme de 1200 tours/minute au moins – sauf pour les textiles fragiles (laine, viscose, dentelle…) qui, eux, doivent être essorés à la vitesse minimale (600 tours/minute, en général), pour ne pas s'abîmer. Un bon essorage réduit d'autant le temps de séchage et donc la consommation d'énergie, mais aussi le taux de pannes, souvent élevé avec ces appareils. Il est par conséquent déconseillé d'y mettre du linge plein d'eau. On veillera également à suivre les consignes d'entretien préconisées sur la notice d'utilisation.

Appareils de cuisson

Que l'on cuisine au gaz ou à l'électricité, les appareils de cuisson (fours, plaques, hottes...) peuvent être utilisés de manière à éviter tout gaspillage et risque de brûlure. Quant au nettoyage du four, l'inévitable corvée, il est possible de le simplifier grâce à quelques astuces aussi économiques que naturelles. Décapants et dégraissants sont trop toxiques... Enfin, si l'on est adepte du micro-ondes, il convient là encore d'adopter certains réflexes utiles !

La sécurité avant tout

- Les appareils de cuisson, de par la chaleur qu'ils véhiculent, comptent parmi les principaux responsables des accidents domestiques, surtout chez les jeunes enfants. C'est dire si la sécurité prime dans l'usage qui leur est attaché.
- Il faut savoir que la porte d'un four peut atteindre des températures élevées, c'est-à-dire supérieures à 60 °C. Certains modèles, à cet égard, possèdent des portes dites « froides », qui garantissent une véritable protection contre les brûlures de contact, mais les parois, elles, restent toujours chaudes.
- Les mini-fours et rôtissoires sont les appareils qui présentent les risques de brûlure les plus élevés : des tests menés par Que Choisir ont montré que tant la façade que les côtés et le dessus affichent des températures excessives, donc critiques. Il vaut mieux, par conséquent, opter pour un four encastrable ou une cuisinière électrique à induction, dont les températures sont moindres. Quoi qu'il en soit, la vigilance reste de mise, en particulier avec les enfants.
- C'est une très mauvaise habitude que celle de placer le torchon sur la poignée du four... risque d'incendie ! Tout tissu, en effet, peut s'enflammer au contact de la chaleur.
- Lorsque vous utilisez les plaques de cuisson, veillez à éloigner du bord les queues de vos poêles et casseroles et à les tourner vers l'intérieur, pour éviter que celles-ci ne se renversent ou ne chutent : le moindre faux mouvement ou accrochage peut être fatal. Les projections ou les chocs sont susceptibles d'occasionner des brûlures sérieuses.

Les bons gestes

Mini-fours et rôtissoires en tôle brute

▪ Ces appareils de cuisson possèdent un revêtement intérieur en tôle brute qui supporte très mal les produits abrasifs : il ne faut utiliser ni éponges abrasives ni décapants du commerce. L'idéal est de les nettoyer après chaque utilisation, en passant juste un coup d'éponge imprégnée de liquide vaisselle, avant de rincer et sécher.

Utilisez de préférence les plaques du fond, qui demeurent hors d'atteinte des enfants, notamment.

❁ Pensez à verrouiller la table de cuisson en utilisant la fonction « sécurité » (symbolisée par un cadenas ou une clé), si votre appareil en dispose. Ce verrouillage préviendra toute mise en route involontaire en cas de fausse manipulation (nettoyage, par exemple).

L'art de nettoyer son four

❁ Qu'il soit encastrable ou intégré dans une cuisinière, à gaz ou électrique, un four s'encrasse vite du fait, surtout, des éclaboussures de nourriture et des taches de graisse. Or, en s'accumulant, ces résidus deviennent potentiellement dangereux, car sous l'effet de la carbonisation, ils peuvent dégager des fumées toxiques, voire s'enflammer. Un entretien régulier est donc essentiel, surtout si vous l'utilisez beaucoup.

❁ Pour nettoyer manuellement votre four, il est préférable d'éviter les décapants du commerce : même s'ils sont tentants, ils peuvent s'avérer particulièrement polluants, corrosifs et irritants (voir aussi encadré p. 26).

❁ Passer un coup d'éponge imprégnée de liquide vaisselle ou de bicarbonate de soude est suffisant, en général, à condition de le faire après chaque cuisson, quand le four est encore tiède – une tache « fraîche » est plus facile à enlever qu'une tache sèche.

❁ Si, malgré tout, vous relâchez un peu l'entretien et que l'état de votre four s'en ressent, parois et plaque étant alors couvertes de graisses et résidus calcinés, un décapage s'impose. Vous pouvez employer un mélange de bicarbonate de soude, légèrement abrasif, et de

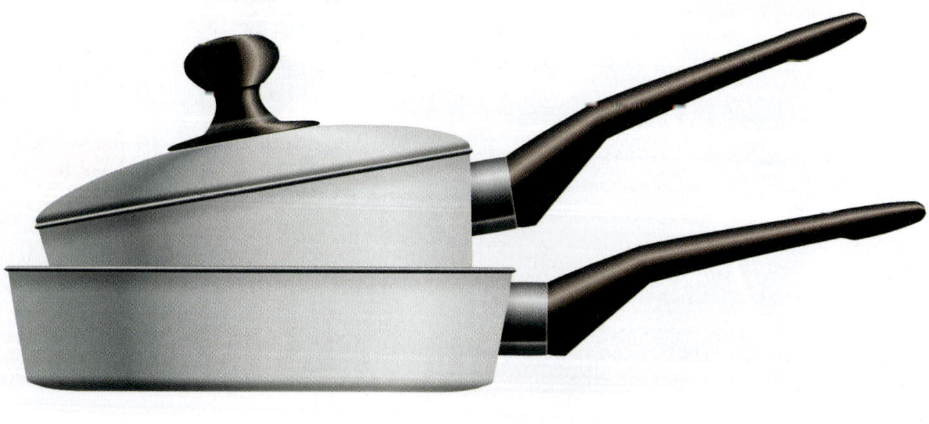

savon noir, très dégraissant, sans oublier l'huile de coude ! Si besoin, laissez agir quelques heures, voire toute une nuit, puis rincez bien en épongeant à l'eau tiède.

Pour la plaque du four, le savon noir est tout à fait efficace. Laissez agir quelques heures. Grattez ensuite les saletés à l'aide d'une spatule, en bois ou en plastique, rincez soigneusement et essuyez.

Si vous utilisez cependant des produits décapants du commerce, le mieux est de les appliquer quand le four est encore chaud, que ce soit sur les parois, les grilles ou les plaques. Leur action sera plus rapide. Veillez à vous protéger avec des gants en caoutchouc, ces produits étant corrosifs pour la peau. Et pensez à bien aérer la cuisine pendant et après l'application.

La pyrolyse

Les fabricants d'appareils de cuisson sont attentifs à nous épargner les tâches ingrates. C'est ainsi que de nombreux fours possèdent aujourd'hui une fonction autonettoyante, appelée pyrolyse (ils représentent maintenant les 2/3 du marché). Son principe est simple : elle consiste à faire chauffer le four à très haute température (jusqu'à 500 °C), pendant 2 ou 3 heures, en sorte que les déchets sont réduits en cendres. Il n'y a plus qu'à passer un coup d'éponge. Toutefois, les gros résidus (graisses et autres) pouvant s'enflammer au cours de l'opération, pensez à les enlever avant d'activer la pyrolyse. Veillez aussi à retirer tous les accessoires et grilles, pour éviter qu'ils ne se déforment sous l'effet de la chaleur. Ce nettoyage automatique est certes très pratique et efficace, mais il est aussi très coûteux en énergie ! On gagnera plutôt à nettoyer régulièrement à la main et à n'utiliser cette fonction qu'une à deux fois par an, pour faciliter le travail.

Les bons gestes

Si votre four est particulièrement encrassé...

- Si un nettoyage à base de savon noir ne suffit pas, passez au stade supérieur en préparant un mélange composé de 2/3 de bicarbonate de soude et 1/3 de cristaux de soude dissous dans un peu d'eau. Attention, cependant : les cristaux de soude pouvant s'avérer irritants pour les peaux sensibles, ils doivent impérativement être manipulés avec des gants. Pour les mêmes raisons, prenez soin de bien rincer ensuite.

Nettoyer sa table de cuisson

Les tables de cuisson, qu'elles soient électriques ou à gaz, se nettoient tout simplement avec du bicarbonate de soude ou du savon noir dilués dans un peu d'eau, le mieux étant de nettoyer régulièrement.

Pour la vitrocéramique, plus fragile, il est nécessaire de respecter quelques précautions afin de ne pas l'endommager. Nettoyez si possible la table après chaque utilisation, à l'aide d'une lavette humidifiée. En cas de débordement, il est préférable de retirer tout de suite les aliments, toujours à la lavette. On doit en effet éviter l'usage de grattoirs (éponge abrasive ou tampon en paille métallique) et de détergents agressifs : la table risquerait d'être rayée et les sérigraphies de s'effacer.

Bichonner ses brûleurs

- Une gazinière nécessite un entretien régulier en raison des brûleurs, où les projections de graisse peuvent s'incruster et altérer la qualité de la flamme. Il est ainsi conseillé de les nettoyer une fois par semaine, avec une éponge imbibée de savon ou de produit dégraissant, sans oublier de bien les sécher. S'ils sont très encrassés, on les plongera quelques heures dans un bain d'eau chaude savonneuse, additionnée de 1 tasse de vinaigre blanc. Il n'y aura alors plus qu'à frotter, puis rincer et sécher, toujours avec soin.

Du bon usage de la hotte

- Une hotte fonctionne avec deux types de filtre : à graisse et à charbon. Regardez attentivement le mode d'emploi de la vôtre pour savoir quels filtres elle utilise et veillez à ce qu'ils ne soient pas encrassés, sans quoi son pouvoir d'évacuation des odeurs et fumées sera bien moindre.
- En ce qui concerne le filtre à graisse, celui-ci est lavable : passez-le une fois par mois au lave-vaisselle ou nettoyez-le avec une éponge imbibée de liquide vaisselle. S'il est très sale, mettez-le à tremper quelques heures dans une solution composée de savon noir dilué dans de l'eau tiède, auquel vous ajouterez un peu de cristaux de soude. Faites-le soigneusement sécher avant de le replacer.
- Si votre hotte est équipée d'un filtre à charbon, il n'est généralement pas lavable : il faut alors le changer tous les 3 à 6 mois, selon les modèles.
- La hotte elle-même se dégraisse avec une éponge imbibée de savon noir et d'un peu de bicarbonate de soude.
- Selon les aliments cuisinés et les modes de cuisson utilisés, les hottes disposent en général de trois vitesses d'évacuation : une vitesse lente pour les plats mijotés, une vitesse moyenne pour les cuissons qui dégagent plus de graisses (grillades) ou de vapeur (riz, pâtes…)

C'est malin !

Savoir quand nettoyer sa hotte aspirante

- Certaines hottes sont équipées d'un indicateur d'encrassement. Si ce n'est pas le cas de la vôtre, voici une astuce : allumez la hotte et placez une feuille de papier absorbant contre elle. La feuille reste collée par la force de l'aspiration ? C'est que la hotte fonctionne convenablement. La feuille tombe ? Il est grand temps de nettoyer votre appareil !

Les bons gestes

Cuisiner sans gaspiller

- Éteignez les plaques de cuisson électriques (sauf celles à induction) 10 minutes avant la fin de la cuisson, car elles continuent de chauffer même après l'arrêt.
- Optez pour des casseroles et poêles adaptées au diamètre de la plaque ou du brûleur, afin de ne pas consommer plus d'énergie que nécessaire.
- Couvrez les récipients pour conserver la chaleur : vous pourrez ainsi économiser jusqu'à 25 % de l'énergie nécessaire à la cuisson.
- Utilisez l'éclairage du four pour contrôler la cuisson plutôt que d'ouvrir fréquemment la porte, geste qui génère des déperditions de chaleur.
- Vérifiez l'étanchéité des joints du four. En cas d'usure, ils entraînent une surconsommation pouvant atteindre 30 % !
- N'hésitez pas à employer la fonction « recettes préprogrammées » si votre four en est doté : elle permet d'adapter automatiquement la température, la durée de cuisson et la source de chaleur aux mets enfournés, ce qui évite toute consommation inutile de gaz ou électricité.

et une vitesse puissante pour les cuissons très odorantes (poisson) ou à fortes émanations de graisses (fritures). Veillez par conséquent à adapter la vitesse d'évacuation en fonction des mets que vous préparez : il est inutile de faire fonctionner la hotte à pleine puissance si vous faites revenir un simple steak.

Les fumées et odeurs qui se dégagent de la plaque ne disparaissent pas instantanément lorsqu'on l'éteint. Aussi, pour une évacuation efficace, il est conseillé de laisser la hotte en marche une dizaine de minutes après la fin de la cuisson. Certains modèles, à cet égard, possèdent une fonction « arrêt différé » : l'appareil continue ainsi de fonctionner durant 5 à 15 minutes avant de s'éteindre automatiquement. Bien pratique !

Un micro-ondes propre et sain

Ce petit appareil est devenu, avec les années, quasiment incontournable dans nos cuisines, au même titre que le réfrigérateur ou le lave-linge. Il se doit donc d'être entretenu avec un soin égal.

Pour prévenir les éclaboussures et limiter le dessèchement des aliments, il est nécessaire de les couvrir avec une cloche ou un couvercle spécial.

Prenez toujours la précaution de débrancher votre four à micro-ondes avant de le nettoyer.

Évitez absolument les produits abrasifs, qui endommageraient irrémédiablement la cavité. Utilisez une éponge imbibée de liquide vaisselle ou de savon noir pour la porte, les parois et le plateau, puis rincez et séchez.

Une recette pour éliminer les mauvaises odeurs de votre micro-ondes : mélangez dans un bol 2 verres d'eau avec 1 verre de jus de citron, faites bouillir le tout 3 minutes dans votre four, puis laissez entièrement refroidir, toujours dans le micro-ondes. L'action conjuguée de la chaleur et des principes du citron contribue à faire disparaître les odeurs persistantes (brûlé, poisson, fromage, etc.). Vous n'avez plus qu'à passer une éponge humide sur la porte et les parois, puis sécher avec un chiffon sec. ■

Petit électroménager

En matière d'électroménager, certains appareils ont beau être de taille modeste, ils n'en rendent pas moins de grands services à la maison ! Et ce n'est pas non plus parce qu'ils sont petits que nous ne devons pas en prendre soin. Ils requièrent autant de précautions que les appareils plus imposants, car ce ne sont en aucun cas des objets « jetables ».

Un aspirateur performant

- Le moins qu'on puisse demander à un aspirateur, c'est d'être propre… Il en va de son efficacité même tant cet appareil s'avère sollicité pour le ménage. Quelques conseils pour en faire le meilleur usage.
- Tant pour le bon fonctionnement de votre appareil que pour réduire la pollution intérieure (voir aussi p. 14), il est important de nettoyer régulièrement ses filtres, soit tous les 3 à 6 mois environ. Le plus souvent, deux filtres équipent les aspirateurs : un à l'avant du moteur, pour le protéger des micropoussières, et un autre à l'arrière, en sortie, pour filtrer l'air renvoyé dans la pièce. La qualité de filtration de l'air dépend donc de l'état des filtres, qui doivent être propres pour rester efficaces. Lisez bien la notice de votre appareil avant de les nettoyer car, selon les modèles, ils peuvent être jetables (à changer, par exemple, tous les cinq sacs) ou permanents et lavables (à l'eau tiède savonneuse).
- Pour les mêmes raisons, on veillera à changer les sacs des aspirateurs classiques ou à vider les réservoirs des aspirateurs sans sac quand ceux-ci sont pleins. De nombreux modèles possèdent des témoins de remplissage, qui évitent ainsi d'ouvrir le réservoir de l'appareil et de respirer inutilement de la poussière.

Bon à savoir

Aspirateurs : l'affaire est-elle dans le sac ?…

- Les aspirateurs sans sac ont tout pour plaire, à première vue, et les fabricants n'ont de cesse de vanter leur simplicité d'utilisation. Mais les tests réalisés par Que Choisir tendent à montrer que les modèles classiques aspirent mieux, quels que soient le sol ou la saleté à éliminer. Autre avantage de taille, ils sont plus hygiéniques. En effet, une fois plein, un sac peut être simplement jeté, alors qu'un réservoir demande à être nettoyé, ce qui expose l'utilisateur à respirer de la poussière.

- Il est également recommandé d'éviter d'aspirer l'eau bien sûr (sauf si votre modèle est doté de cette fonction spécifique), mais aussi les substances ultrafines telles que plâtre, ciment, cendres (ramassez d'abord le plus gros avec un balai), tout comme les débris tranchants (verre), qui pourraient abîmer l'appareil.

❁ Brosses et tuyau d'aspiration ne seront pas oubliés, pour ne rien perdre en efficacité ! Après chaque passage, enlevez à l'aspirateur fibres, cheveux et poils qui restent accrochés aux brosses. Vérifiez aussi que le tuyau n'est pas obstrué : si tel est le cas, utilisez un bâton fin pour retirer les éléments perturbateurs.

❁ En cas d'utilisation prolongée, il est bon de laisser reposer l'appareil de temps en temps : une surchauffe peut entraîner des dommages. Éteignez-le quelques minutes, le temps de changer de pièce par exemple, pour refroidir le moteur et les composants.

Du bon usage du nettoyeur vapeur

❁ Cet appareil astucieux a conquis de nombreux ménages, car il peut aussi bien détacher tapis, moquette et carrelage que faire briller les vitres. Mais son usage requiert tout de même certaines précautions, tant pour l'efficacité que pour la sécurité.

❁ Conseils d'entretien : comme pour tout appareil utilisant de l'eau chauffée, le nettoyeur vapeur s'entartre et cette formation de calcaire peut l'empêcher de chauffer efficacement l'eau. Il est donc important de le détartrer régulièrement à l'aide de produits spéciaux ou, tout simplement, de vinaigre blanc (voir encadré p. 118). Dans tous les cas, le produit doit être versé dans la cuve.

❁ Précautions d'emploi : il est déconseillé de nettoyer un équipement électrique, quel qu'il soit, avec cet appareil, la vapeur pouvant s'introduire dans les composants et les endommager. Si le bouchon de sécurité est bloqué, ne le forcez pas – attendez que la pression et la température à l'intérieur de la cuve soient redescendues et laissez le réservoir refroidir avant de le remplir à nouveau. Pour laver les vitres, l'air de dehors ne doit pas être trop froid, car l'écart de température entre la vapeur et l'extérieur peut soumettre le verre à un choc thermique, avec risque d'éclat.

Repasser son linge en toute sécurité

❁ Pour alléger un tant soit peu la corvée du repassage, il convient d'avoir un équipement adapté. Une semelle qui glisse avec aisance facilite grandement la tâche ! C'est aussi une

question de sécurité, un fer chaud pouvant occasionner des brûlures.

❁ Équipez-vous d'une table à repasser : un modèle bien stable permet d'éviter les risques de chute du fer et d'accidents, aussi n'hésitez pas à investir dans cet équipement. Le réglage de la hauteur est également important pour prévenir les mauvaises postures.

❁ Le calcaire de l'eau utilisée tend à obstruer les conduits et le réservoir des fers et centrales vapeur. Les appareils, dès lors, ne peuvent plus chauffer correctement et s'usent prématurément. Il faut donc les détartrer, une fois par mois environ, avec du vinaigre blanc (voir encadré ci-contre).

❁ Pour éviter le détartrage du fer, on peut remplacer l'eau du robinet par de l'eau déminéralisée (disponible en grande surface). Celle-ci a en effet été débarrassée de ses minéraux, responsables du tartre. Mais attention, son usage est déconseillé pour certains modèles : vérifiez au préalable le mode d'emploi de votre appareil.

C'est malin !

Remplacer les produits détartrants par du vinaigre blanc

▪ Le vinaigre blanc (ou vinaigre d'alcool) est un produit très efficace pour venir à bout du tartre. Ainsi, pour détartrer naturellement et à moindres frais le nettoyeur vapeur, le fer à repasser ou la centrale vapeur, remplissez la cuve ou le réservoir avec de l'eau additionnée de 1 verre de vinaigre blanc. Allumez l'appareil jusqu'à ce que l'eau soit en ébullition, puis faites sortir un jet de vapeur pour nettoyer tous les conduits. Pour les fers et centrales vapeur, videz la cuve en repassant de vieux chiffons de façon à éliminer le tartre de la semelle. Pour les nettoyeurs, éteignez l'appareil après le premier jet de vapeur, mais laissez le mélange agir dans la cuve pendant quelques heures ; rincez ensuite cette dernière plusieurs fois à l'eau claire.

❁ Pour limiter l'entartrage, on prendra également soin de vider l'eau du réservoir ou de la cuve après chaque repassage.

❁ Si la semelle du fer ne glisse pas bien, c'est généralement qu'elle est encrassée, que ce soit par des résidus de lessive ou des fibres de tissu. Dans ce cas, nettoyez-la – toujours à froid – avec de l'eau savonneuse tiède et une éponge non abrasive ou un chiffon qui ne peluche pas. Ce sera également l'occasion de nettoyer les petits trous de la semelle, avec un Coton-Tige imbibé de vinaigre blanc.

❁ Si la semelle est très encrassée, il faut mettre la main à la pâte ! Mélangez du bicarbonate de soude à quelques gouttes d'eau et appliquez cette pâte épaisse sur la semelle – toujours à froid. Laissez agir et frottez avec un chiffon doux avant d'ôter la pâte ; insistez sur les petits trous, en les frottant avec un Coton-Tige.

❁ Si la semelle a tendance à coller, c'est probablement que des tissus y ont adhéré (Nylon, plastique, etc.) : repassez alors une feuille de papier à très forte température – la chaleur va décoller les fibres, qui se déposeront sur le papier.

Sèche-cheveux : pour une utilisation optimale

La plupart des modèles de sèche-cheveux possèdent des variateurs de température et de puissance (vitesse de ventilation). Mais il est déconseillé de les utiliser à pleine puissance et à la température la plus élevée, ce qui risque d'agresser le cheveu, voire de brûler le cuir chevelu. N'hésitez pas à régler l'appareil sur air froid, si le modèle le permet, pour sécher la chevelure en douceur. Sans compter que plus la puissance et la chaleur sont élevées, plus la consommation électrique est grande !

Pour prévenir toute surchauffe de l'appareil, il est également conseillé de vérifier régulièrement la grille arrière, qui peut être obstruée par des cheveux et autres poussières. Dans ce cas, débranchez le sèche-cheveux, puis retirez la grille (souvent amovible). Ôtez alors les résidus et nettoyez la grille avec un chiffon. Séchez-la bien avant de la remettre en place.

Enfin, attention à la sécurité : n'utilisez pas le sèche-cheveux pieds nus sur un sol mouillé, en raison du risque d'électrocution, et débranchez-le systématiquement après usage.

Des robots ménagers sans danger

Les robots rendent de grands services à la cuisine, encore faut-il les utiliser correctement et en toute sécurité.

Pour râper ou émincer, veillez à toujours employer les poussoirs fournis à cet effet, qui permettent de faire progresser les fruits et légumes dans la goulotte. Autant que possible, n'y mettez pas d'ustensile métallique (fourchette, cuillère, couteau) et surtout pas vos doigts, afin d'éviter tout dysfonctionnement ou accident.

Pour limiter l'usure du robot et préserver son moteur, il est conseillé de respecter les vitesses préconisées dans le mode d'emploi selon les différents accessoires et préparations : par exemple, une vitesse lente pour malaxer les pâtes dures (pâte à pain, pâte à pizza…), une vitesse élevée pour mixer les légumes. Usez du mode turbo avec modération, celui-ci sollicitant beaucoup le moteur – par petites touches, seulement.

Nettoyez les accessoires et le bol avec une éponge et du liquide vaisselle, avant rinçage et séchage. Si vous les passez au lave-vaisselle, enduisez-les ensuite d'une fine couche d'huile alimentaire, qui aidera à les protéger de la rouille. L'emploi de grattoirs ou produits abrasifs est déconseillé pour le revêtement. Si certains accessoires sont fixes, nettoyez-les avec une brosse à dents imbibée de savon noir, en prenant soin de débrancher le robot, puis épongez bien et essuyez avec un chiffon doux.

C'est malin !

Que faire de son vieil électroménager ?

- Ne jetez pas vos vieux appareils à la poubelle. En effet, les appareils électroménagers et électroniques ne doivent pas être éliminés avec les ordures ménagères et encore moins déposés sauvagement dans la nature ou au coin de la rue – ils font partie des DEEE (déchets d'équipements électriques et électroniques), qui relèvent d'un traitement spécifique.
- Si votre appareil ne fonctionne plus et que vous souhaitez le renouveler, apportez-le en magasin, car pour tout achat d'un appareil neuf, les vendeurs d'électroménager sont tenus de reprendre l'ancien gratuitement (même en cas de vente à distance) et de s'occuper de son retraitement (règle dite du « 1 pour 1 »). De plus, tous les magasins disposant d'une surface de 400 m^2 destinés à la vente d'équipements électriques sont tenus de reprendre les appareils électriques et électroniques de petite taille (inférieurs à 25 cm de diamètre, règle du « 1 pour 0 »).
- Mieux encore : si vous voulez remplacer vos anciens appareils, donnez-les à des associations ou organismes qui œuvrent à les remettre en état. Parmi eux, les réseaux locaux d'Emmaüs ou le réseau Envie (http://www.envie.org) récupèrent les équipements électriques usagés pour les réparer et les revendre à prix modique, ou les recycler dans le respect de l'environnement. Ces acteurs de la récupération travaillent la plupart du temps avec des personnes en réinsertion professionnelle : donner ainsi à ces structures le petit électroménager cassé permet donc de diminuer son impact global sur l'environnement tout en créant de l'emploi. Ces structures possèdent des antennes dans toute la France, en sorte que l'on peut déposer ses petits appareils sur place, voire, pour les plus volumineux, les faire enlever à domicile gratuitement. Citons également le réseau Ecosystem, qui comporte plus de 12 000 points de collecte partout en France où l'on peut déposer ses appareils électriques et électroniques afin qu'ils soient recyclés (www.ecosystem.eco).

Une friteuse électrique propre et utilisée à bon escient

- Rien de plus craquant que des frites maison ! Surtout si vous avez des enfants ou des petits-enfants. Un régal qui ne doit pas faire oublier l'entretien, parfois laborieux mais indispensable, de la friteuse elle-même. En effet, le procédé même du bain d'huile provoque l'encrassement de l'appareil.
- Après chaque friture, prenez soin de filtrer l'huile pour extraire les résidus qui, sinon, pourraient s'enflammer au prochain bain. Stockez l'huile dans une bouteille au réfrigérateur, pour éviter la prolifération de microbes, et ne l'employez pas plus de 8 à 10 fois, afin de garder une bonne hygiène alimentaire mais aussi de préserver le goût des fritures. Une huile qui brunit, qui devient visqueuse ou qui fume doit être changée. On évitera surtout de la verser dans l'évier ou les toilettes, pour ne pas polluer ; en petite quantité, elle peut à la rigueur être jetée à la poubelle mais, en grande quantité, le mieux est de la recycler (voir encadré « Bon à savoir » p. 121).
- Après plusieurs utilisations, des résidus gras tendent à se former à l'intérieur de l'appareil. Pour qu'ils ne contaminent pas les fritures ultérieures, pensez à nettoyer la friteuse après chaque usage, en la débranchant au préalable. Pour ce faire, lavez le panier à l'eau chaude

Bon à savoir

Pas d'huile de friture dans l'évier !

- Lorsque vous changez l'huile de la friteuse, ne la jetez surtout pas dans l'évier ni les toilettes : elle n'est pas toxique en elle-même, mais pollue les ressources en eau – tous les corps gras flottent en surface et contribuent donc à l'asphyxie des écosystèmes aquatiques. Apportez-la dans une déchetterie ou renseignez-vous auprès de votre mairie pour savoir où se trouve le centre de recyclage le plus proche. Sachez aussi que l'on peut désormais se procurer des « kits » qui permettent de solidifier l'huile et, ainsi, de la jeter à la poubelle.

avec du liquide vaisselle ou passez-le au lave-vaisselle si possible. Séchez-le soigneusement. Nettoyez ensuite l'intérieur de la friteuse : remplissez également la cuve d'eau très chaude, avec du liquide vaisselle. Laissez tremper si nécessaire, puis frottez avec une éponge non abrasive. Rincez abondamment tout en faisant attention à ne pas projeter d'eau sur les parties électriques. Certaines cuves sont amovibles, ce qui facilite grandement le nettoyage, surtout pour celles qui peuvent passer au lave-vaisselle (à vérifier dans le manuel d'utilisation).

- Autre astuce : rouler la graisse dans la farine ! Saupoudrez les parois de la friteuse de farine. Attendez quelques minutes que cette dernière s'imbibe bien de la graisse, puis ôtez les résidus formés avec du papier absorbant. Il n'y a plus qu'à nettoyer avec une éponge savonneuse à l'eau tiède, puis à rincer, cette fois avec une éponge à l'eau claire, et enfin à sécher avec un chiffon doux.
- Le couvercle d'une friteuse est équipé d'un filtre qui retient la vapeur et la graisse. Pour lui permettre d'absorber efficacement les odeurs, il faut nettoyer ce filtre ou le changer régulièrement, selon les cas (reportez-vous au mode d'emploi). S'il est métallique et permanent, démontez-le et lavez-le à l'eau savonneuse à intervalles réguliers (en fonction de vos fritures). Sinon, renouvelez-le selon la fréquence indiquée par le fabricant.
- Le filtre antiodeurs n'empêche pas que des effluves s'échappent lorsque l'on plonge le panier dans l'huile puis qu'on l'en ressort.

Les bons gestes

Prudence avec les friteuses !

- Pour prévenir les risques de feu ou brûlure, quelques précautions s'imposent. Plongez toujours progressivement les frites dans l'huile, surtout si elles sont surgelées, et retirez le panier si le bain bouillonne trop. Tenez les enfants éloignés lors de ces opérations ; veillez à ce que l'appareil soit stable et à ce que le fil ne traîne pas, pour ne pas renverser la friteuse accidentellement ; évitez également de poser la friteuse en marche à proximité d'un point d'eau (évier). Et, bien sûr, pensez à la débrancher dès qu'elle ne sert plus.
- Si, par mégarde, la friteuse vient à prendre feu, ne versez jamais d'eau sur l'huile, car celle-ci ne se mélange pas aux graisses : vous risqueriez de recevoir des projections d'huile bouillante et, plus grave encore, de provoquer une explosion. Débranchez tout de suite l'appareil et étouffez le feu avec le couvercle, un linge humide (bien essoré) ou une couverture antifeu, en recouvrant bien le récipient. Attendez que le feu s'épuise par manque d'oxygène. Pensez à vous protéger le visage et les mains avec des chiffons mouillés : l'huile enflammée crée des projections dangereuses, avec d'importants risques de brûlure.

Il est donc préférable d'installer la friteuse dans une pièce bien aérée, de manière à faciliter l'évacuation des odeurs. De même, n'hésitez pas à faire fonctionner la hotte de la cuisine pendant la friture.

Pas de miettes dans le grille-pain !

On a souvent tendance à oublier les miettes au fond du toasteur. Si vous ne voulez pas que vos tartines grillées se transforment en tartines brûlées, prenez les devants !

Les bons gestes

Réparer son électroménager

- Un sèche-cheveux qui ne chauffe plus, une machine à expresso qui fuit, un aspirateur en panne… Avant de les mettre au rebut et d'en acheter d'autres, essayez de les réparer par vous-même, car dans bien des cas, on peut identifier la panne et essayer d'y trouver une solution – il suffit parfois de changer le cordon d'alimentation, la batterie ou une simple pièce de l'appareil. Alors, pourquoi ne pas vous y mettre ?
- Commencez par débrancher l'appareil, puis lisez le chapitre du manuel d'utilisation concernant les pannes afin de diagnostiquer votre problème. Si le manuel est perdu, sachez qu'on peut la plupart du temps le retrouver sur Internet et le télécharger, à partir de la référence du modèle. Si la solution n'est pas dans le manuel, vous pouvez là aussi faire une recherche sur Internet, en indiquant bien la référence de votre appareil : de nombreux forums dédiés à la réparation proposent des solutions. À défaut, il ne vous reste plus qu'à ouvrir l'appareil avec un tournevis pour voir si vous pouvez trouver la pièce qui pose problème. Il faudra ensuite la commander chez un vendeur de pièces détachées, en prenant soin de noter le numéro de série de l'appareil (souvent à l'arrière ou dans une porte). Toutefois, les fabricants conçoivent de plus en plus d'appareils avec des vis de formes spéciales, indémontables par un amateur, et les pièces détachées elles-mêmes s'avèrent souvent difficiles à trouver. Enfin, l'omniprésence de l'électronique rend parfois les réparations maison encore plus complexes, voire impossibles.

L'accumulation de miettes à l'intérieur du grille-pain n'est pas anodine, en raison des risques d'incendie : il faut donc régulièrement vider le tiroir ramasse-miettes, après avoir débranché l'appareil. Si votre modèle n'en possède pas, il faudra le retourner pour récupérer les miettes tombées au fond. Profitez de cette opération pour brosser les débris de pain grillé collés à l'intérieur des parois ou dans les parties inaccessibles : pour ce faire, employez une brosse à dents ou un pinceau à poils longs.

Si une tartine reste coincée dans le grille-pain, n'essayez jamais de la sortir avec un couteau ni tout autre objet métallique (conducteur) : risque d'électrocution ! Débranchez l'appareil, laissez-le refroidir, puis retirez la tartine à la main. Pour éviter ce désagrément, veillez à ce que les tranches ne soient pas trop épaisses et ne bourrez pas votre grille-pain.

Une machine expresso bien propre et détartrée

De par leur fonctionnement, les machines à café sont très sensibles au tartre, qui entrave leur bonne marche.

Un détartrage régulier est indispensable pour assurer le bon écoulement de l'eau et prévenir toute usure prématurée de la machine. La présence de dépôts calcaires tend à obstruer les tuyaux et à provoquer des pannes. La fréquence varie selon les fabricants : de 1 à 6 mois selon

Idée reçue

Filtrer son eau : meilleur pour la santé ?

En France, l'eau du robinet est généralement de bonne qualité, car elle subit des traitements lourds et onéreux, à la fois physiques, chimiques et biologiques. Les critères sanitaires s'avèrent, en la matière, très stricts. De surcroît, elle est contrôlée tout au long de son parcours. Sauf exception locale, l'eau courante que nous buvons est donc parfaitement potable, apte à la consommation, et ne nécessite pas d'être filtrée.

Cependant, si vous utilisez une carafe filtrante, sachez que celle-ci demande une hygiène irréprochable. En effet, des tests menés par Que Choisir ont montré que ces carafes donnent une eau impeccable en laboratoire mais, une fois à la maison, l'eau filtrée est dégradée (pleine de bactéries) car la carafe n'est plus installée en milieu protégé. Pour réduire les risques de prolifération bactérienne, quelques gestes doivent être respectés :

- Lavez-vous les mains avant de remplir la carafe et de changer la cartouche. Veillez à ce que personne ne tousse à proximité, ce qui peut suffire à la contaminer.
- Placez la carafe au réfrigérateur après l'avoir remplie ou utilisée : à température ambiante, les microbes se développent plus vite que lorsqu'il fait froid.
- Changez l'eau de la carafe tous les jours et rincez-la chaque fois que vous la remplissez pour éviter toute contamination d'une eau à l'autre.
- La carafe fonctionne grâce à un filtre à charbon actif, qui filtre l'eau du robinet : changez cette cartouche chaque mois, sinon la carafe devient inutile et favorise le risque bactérien.

les marques. Vous pouvez opter pour des produits spéciaux (vendus par la marque de l'appareil) ou du vinaigre blanc. Prenez toutefois la précaution de lire le mode d'emploi avant, certains constructeurs de machines déconseillant le vinaigre.

- Retirez la dosette ou la capsule après chaque utilisation et nettoyez régulièrement le porte-filtre avec une éponge non savonneuse, car le marc de café qui s'y dépose peut, au fil du temps, affecter la qualité du café.

Une bouilloire économe et sans calcaire

- Par souci d'économie, pensez à ne chauffer que la quantité d'eau nécessaire : moins la bouilloire est remplie, plus vite l'eau chauffe et moins l'appareil consomme d'énergie.
- Si votre bouilloire est envahie par des dépôts de calcaire, tant sur la résistance que sur les parois intérieures, elle perd de son efficacité et chauffe mal. D'où une consommation accrue d'énergie ! Mais l'eau elle-même peut être contaminée par le tartre et prendre un goût métallique. Il convient donc, là aussi, de détartrer régulièrement : remplissez votre bouilloire d'un mélange de 4/5 d'eau et 1/5 de vinaigre blanc, faites bouillir, puis rincez une fois à l'eau claire, toujours en faisant bouillir l'eau dans la bouilloire. La chaleur augmente le pouvoir de détartrage du vinaigre. Si l'appareil est sérieusement entartré, faites bouillir une quantité égale d'eau et de vinaigre. Renouvelez l'opération si nécessaire. Puis rincez 2 fois à l'eau claire, également en faisant bouillir. ■

Matériel et équipements divers

Ustensiles de cuisine

Des poêles aux couteaux en passant par les bocaux, la cuisine fourmille d'ustensiles pratiques tous bien utiles pour préparer les repas. Encore faut-il faire les bons choix. Vous trouverez ici des conseils afin de vous équiper au mieux, sans oublier des petites astuces d'emploi !

Bien choisir et utiliser ses poêles et casseroles

- Les matériaux employés pour la fabrication des poêles et casseroles sont larges : Inox (acier inoxydable), fonte, cuivre... En outre, ils sont souvent recouverts d'un revêtement antiadhésif visant à empêcher les aliments de coller et à simplifier le nettoyage.
- Avant de renouveler votre batterie de cuisine, vérifiez que le matériau des poêles, casseroles et cocottes que vous comptez acheter convient à votre cuisinière, surtout s'il s'agit d'une plaque à induction (voir encadré ci-contre). Lisez attentivement les étiquettes : les logos vous renseignent sur le mode de chaleur compatible.
- Quelques gestes simples permettent de cuisiner sans gaspiller l'énergie : choisir des contenants de bonne dimension, adaptés à la taille de vos feux, couvrir une casserole ou arrêter la cuisson avant la fin (voir encadré p. 115).

Des ustensiles sains, qui durent longtemps

- Pour prolonger la durée de vie de vos poêles et casseroles, ne remuez pas les préparations avec des ustensiles en métal (fourchettes, couteaux...), qui risquent de les rayer, voire d'abîmer le revêtement antiadhésif. Servez-vous d'ustensiles en bois.

- Les chocs thermiques sont également préjudiciables au revêtement : attendez quelques minutes avant de passer une casserole brûlante sous l'eau froide.
- Toutes les poêles et casseroles ne se nettoient pas de la même manière : certains matériaux, plus fragiles, supportent difficilement les détergents et les éponges abrasives ou ne passent pas au lave-vaisselle (voir p. 40). Là encore, consultez le mode d'emploi, car certains revêtements peuvent être endommagés par des produits inadaptés.

> *C'est malin !*
>
> **Tester la compatibilité de ses ustensiles avec une plaque à induction**
>
> ▪ Si les gazinières acceptent toutes les batteries de cuisine sans distinction, les plaques à induction requièrent des ustensiles spécifiques. Le fond doit être bien plat et en matériau ferromagnétique (fonte, Inox spécial, acier émaillé...). Verre, céramique, terre et cuivre ne conviennent pas. Le logo « induction » présent sur l'étiquette fournit toutes les indications utiles. Mais avant de jeter poêles et casseroles, testez leur compatibilité avec l'induction en plaçant un aimant sur le fond : si celui-ci est attiré, cela signifie que l'ustensile peut être utilisé sur une plaque à induction, car il contient du fer – malin !

Des couteaux bien tranchants

Des couteaux qui ne coupent plus perdent leur utilité et, surtout, peuvent provoquer des accidents, car on est alors tenté de forcer, avec le risque de se blesser… Les aiguiser régulièrement permet ainsi de leur redonner tout leur tranchant. Ce n'est pas pour rien que les aiguiseurs de couteaux passaient autrefois dans les maisons ! Sachez toutefois que les couteaux à lame dentelée ne s'aiguisent pas ou très difficilement (par un professionnel, donc).

Les bons gestes

Aluminium et revêtements antiadhésifs

- Ces dernières années, l'aluminium a généré un certain nombre d'inquiétudes, sa toxicité à forte dose (en cas d'exposition professionnelle) étant avérée. Que Choisir a effectué plusieurs tests avec du papier aluminium de cuisson pour mesurer le passage possible de l'aluminium à l'aliment. Certains essais ont ainsi montré qu'il pouvait y avoir « contamination », en présence d'aliments acides comme le citron et en cas de cuisson, mais à faible dose. Quoi qu'il en soit, en application du principe de précaution, vous pouvez utiliser du papier cuisson pour les plats en papillote et éviter les casseroles et poêles en aluminium.
- Autres matériaux qui font débat : les revêtements antiadhésifs. Jusqu'au début des années 2010, une grande majorité d'entre eux – notamment le Teflon – étaient à base d'acide perfluoroctanoïque (PFOA), cancérogène et perturbateur endocrinien, et qui est maintenant interdit. La question qui se pose est de savoir si les produits qui l'ont remplacé sont, eux, dépourvus de toxicité… Cela étant, quand Que Choisir avait testé des poêles avec revêtement comprenant du PFOA, aucune n'en avait relargué dans les aliments, même après avoir été usée et chauffée longuement.

Pour savoir si la lame est bien aiguisée, il suffit de regarder le fil (partie coupante) à la lumière : le tranchant ne doit pas briller. Si tel est le cas, cela veut dire qu'il est plat et que le couteau, par conséquent, doit être aiguisé.

Pour ce faire, utilisez un fusil à couteau, tige cylindrique à bout rond en acier, fixée sur un manche. Commencez par aiguiser la lame en la faisant glisser une dizaine de fois sur la longueur du fusil, tantôt dessus tantôt dessous, et en exerçant une légère pression. Si vos couteaux sont longs (type couteau à jambon) ou lourds (type couteau à trancher), il vous faudra aiguiser la pointe séparément : tenez alors le fusil fermement et faites glisser la pointe du

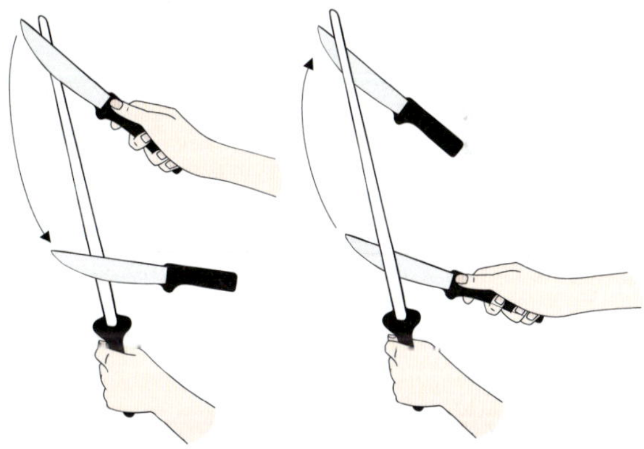

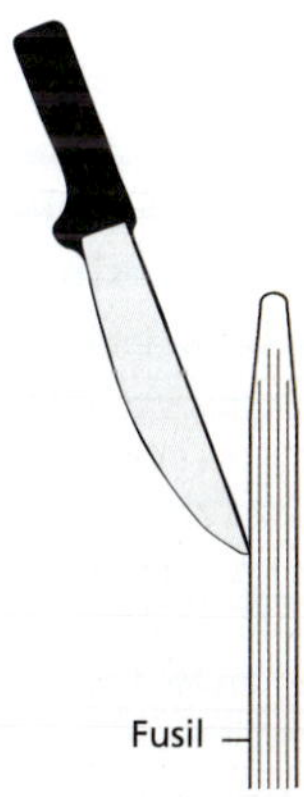

couteau vers vous, sur l'extrémité du fusil. Si vous prenez l'habitude de passer vos couteaux au fusil avant chaque utilisation, ceux-ci conserveront longtemps leur fil tranchant – un ou deux allers-retours suffisent, dans ce cas. Un fusil à couteau s'achète en général chez un quincaillier ou un coutelier, moyennant une trentaine d'euros, et se garde des années.

Ouvrir des bocaux sans effort

Les bocaux sont souvent difficiles à ouvrir, en raison du vide d'air qui vise à protéger les aliments qu'ils contiennent.

Pour ouvrir sans forcer les bocaux vendus dans le commerce, commencez par retourner le bocal et tapez d'un coup sec, plusieurs fois, avec le plat de la main : la surpression créée à l'intérieur contribue à faciliter l'ouverture. Si l'astuce ne fonctionne pas, essayez cet autre procédé : retournez le bocal et plongez le couvercle dans de l'eau bouillante quelques minutes, de manière qu'il se dilate. Enroulez ensuite un torchon autour du couvercle, pour avoir une meilleure prise, et ouvrez ce dernier – il devrait normalement céder. Vous pouvez aussi glisser le manche d'une petite cuillère en métal ou la lame d'un petit tournevis plat entre le couvercle et le pas de vis pour faire rentrer de l'air dans le bocal et faciliter ainsi l'ouverture. Pour des raisons évidentes de sécurité, il est déconseillé d'utiliser la lame d'un couteau.

Autre ustensile utilisable : la pierre à eau ou à huile, que l'on peut, là encore, se procurer chez un quincaillier ou coutelier. Humectez la pierre (avec de l'huile ou de l'eau, selon le modèle), puis faites-la glisser sur toute la longueur de la lame, en allant du manche vers la pointe et en appliquant une pression constante. Répétez cette opération 3 ou 4 fois.

C'est malin !

Aiguiser ses ciseaux avec du papier de verre ou du papier aluminium

Avant de jeter vos vieux ciseaux, essayez de les aiguiser pour leur redonner une nouvelle vie. Commencez par vérifier que la vis est bien fixée, car celle-ci a tendance à se desserrer au fil du temps, ce qui réduit d'autant l'efficacité de coupe. Au besoin, resserrez-la avec un tournevis. Si les lames ne coupent toujours pas, pliez quelques feuilles de papier de verre ou papier aluminium en quatre, puis coupez-les en de multiples morceaux avec les ciseaux pour les aiguiser.

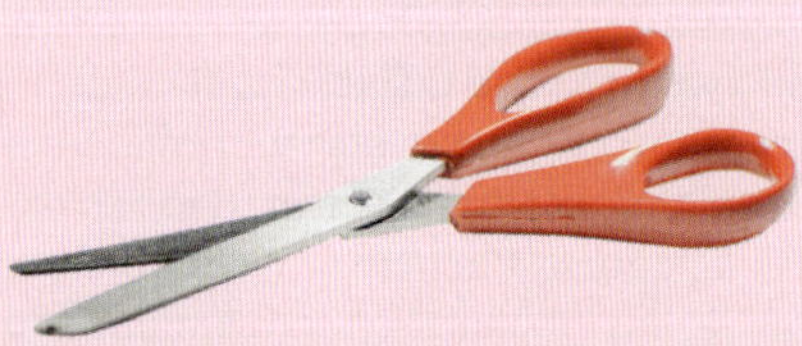

Pour ouvrir les bocaux stérilisés sans casser la languette du joint, glissez là encore le manche d'une cuillère ou la lame d'un petit tournevis entre l'attache du couvercle et celle du pot : faites levier avec le manche pour ouvrir le couvercle. On peut également plonger le bocal dans de l'eau bouillante quelques minutes. Entourez ensuite le bocal d'un torchon, puis ouvrez-le en tirant sur la languette.

Éclairage

S'il est impossible de se passer d'éclairage artificiel, il est toutefois bon d'adopter certaines habitudes pour réduire sa facture énergétique. Les ampoules basse consommation ont désormais remplacé les ampoules classiques, ce qui ne veut pas dire que toutes se valent, loin s'en faut – il convient de bien les choisir pour garder un éclairage confortable, aussi agréable qu'esthétique.

Valoriser la lumière naturelle

- La lumière du jour s'offre gratuitement à nous, aussi mérite-t-elle d'être pleinement exploitée : elle permet de réduire le recours à l'éclairage artificiel en journée, donc la facture d'électricité. D'autant qu'elle est meilleure pour l'œil humain.
- N'hésitez pas, par conséquent, à organiser votre espace intérieur en fonction de la lumière naturelle. Pourquoi ne pas installer sous une fenêtre le bureau, le plan de travail, le coin lecture ou encore l'évier de la cuisine ? Faites en sorte d'orienter les meubles de façon à éviter les ombres portées, gênantes dans ces espaces où l'on a besoin de lumière.
- Pour la même raison, renoncez aux rideaux ou doubles rideaux, qui interceptent une partie de la lumière, et préférez les voilages ou brise-bise.
- Si vous comptez repeindre votre intérieur, optez pour des couleurs claires aux murs et au plafond, afin de bien réverbérer la lumière.

Quelques bonnes habitudes à prendre

- Pensez à éteindre toutes les lumières quand vous quittez une pièce, à la maison comme au bureau. Un petit réflexe qui fait grandement baisser sa consommation d'électricité. Inculquée aux enfants dès le plus jeune âge, cette bonne habitude leur restera toute la vie : on ne naît pas écocitoyen, on le devient !
- Pensez également – ce qu'on oublie souvent… – à nettoyer régulièrement les ampoules, les

Les bons gestes

Ne jetez pas vos ampoules fluocompactes et LED à la poubelle

- Les ampoules fluocompactes sont constituées d'un mélange de vapeurs de mercure et de gaz rares. Le mercure, bien que reconnu comme toxique, ne présente cependant pas de risques pour la santé lorsqu'il est présent sous cette forme. En revanche, en cas de casse, ce métal lourd comporte un risque sanitaire et de pollution : ramassez les débris avec un balai (et non un aspirateur, car celui-ci rejetterait du mercure dans l'air), aérez largement pour renouveler l'air, mettez les débris dans un sac fermé et portez-les à la déchetterie.
- Les ampoules LED ne contiennent que 0,005 % de mercure mélangé au gaz inerte renfermé dans le tube (certains modèles sont même équipés d'un système de récupération), mais prenez les mêmes précautions.
- Ces ampoules basse consommation sont considérées comme des déchets dangereux et exigent un traitement spécial. Lorsqu'elles sont usagées, il ne faut pas les jeter à la poubelle mais les apporter en magasin (ou grande surface), afin qu'elles soient recyclées. La reprise est gratuite et obligatoire dans les points de collecte prévus à cet effet.

abat-jour et tous les luminaires, pour optimiser leur performance. À puissance égale, un appareil lumineux sale et poussiéreux produit un flux lumineux nettement moins efficace qu'un appareil propre. Ce petit geste, là aussi, fait beaucoup.

- Mieux vaut par ailleurs éviter les abat-jour sombres ou épais, qui filtrent trop la lumière et éclairent donc mal.

Bien choisir ses ampoules

- Les traditionnelles ampoules à incandescence ont à présent disparu du marché.
- Les ampoules fluocompactes qui les ont d'abord remplacées ont le grand avantage de consommer beaucoup moins (environ 5 fois moins). Mais elles ont tendance à redouter le froid et certaines peuvent s'allumer lentement.
- Les LED (diodes électroluminescentes) sont de loin les plus économes : elles consomment environ 2 fois moins que les fluocompactes (10 fois moins, donc, que les anciennes ampoules à incandescence). Même si elles restent plus chères que les fluocompactes, leurs prix ont fortement chuté et elles ont une durée de vie plus longue. Elles sont aujourd'hui majoritaires sur le marché. Les « retrofit » consomment encore moins que les LED « classiques », 4 W/h au lieu de 6 W/h pour le même flux lumineux.
- Cependant, certaines LED présentent des risques pour la vue, car elles projettent une lumière bleue phototoxique pour l'œil. Que Choisir les déconseille donc sous forme de spots. Par ailleurs, le risque est particulièrement élevé pour les enfants. Quand les LED n'ont ni diodes apparentes ni faisceau de lumière directif, elles ne présentent pas de risque pour les yeux (n'hésitez pas à consulter des tests comparatifs.). Sur les modèles « retrofit » (en

Bon à savoir

Des lumens à la place des watts

- Avec les ampoules basse consommation, la puissance en watts n'est plus une unité représentative pour mesurer le flux de lumière émis par l'ampoule. Il faut se référer au flux lumineux, exprimé en lumens, car il donne une indication précise de la quantité de lumière émise par l'ampoule. Celui-ci est indiqué sur l'emballage.
- Voici des correspondances watts/lumens :
- 249 lm pour une ampoule de 25 W
- 470 lm pour une 40 W
- 806 lm pour une 60 W
- 1 055 lm pour une 75 W
- 1 521 lm pour une ampoule de 100 W

verre transparent à filaments), la couche de phosphore joue un rôle protecteur.

❁ Avant d'acheter, sachez que la puissance en watts n'est plus significative : c'est désormais le flux lumineux, exprimé en lumens par watt, qui permet de comparer les lampes entre elles (voir encadré p. 128). Ainsi, vérifiez bien sur l'emballage le nombre de lumens, obligatoirement indiqué.

❁ Les ampoules, comme d'autres biens de consommation, sont dotées d'une étiquette énergie : celle-ci indique la classe d'efficacité énergétique ainsi que la consommation d'énergie annuelle en kWh pour 1 000 h.

❁ À savoir : Les éclairages avec variateur ne sont pas compatibles avec toutes les ampoules, notamment certaines LED. Un logo sur le packaging indique si le produit fonctionne ou non sur les variateurs.

Idée reçue

Les ampoules basse consommation : une lumière blafarde ?

- On a longtemps reproché aux ampoules basse consommation de diffuser une lumière blafarde, froide, mais les progrès sont réels et elles peuvent maintenant produire une lumière chaude identique à celle de l'incandescence ou au contraire un blanc froid.
- On parle de lumière chaude entre 2 700 et 3 200 kelvins, de lumière froide au-delà de 4 000 kelvins.
- Il faut donc se référer à la température de couleur indiquée sur l'emballage, selon l'une des mentions suivantes :
  - le nombre de kelvins (K),
  - la couleur (jaune pour le chaud, bleu pour le froid),
  - les mots « warm », « warm white » ou « warm light » pour le chaud, « cool white » pour le froid.

Un meilleur confort visuel

❁ Adaptez la puissance de vos ampoules en fonction de leur usage afin de ne pas gaspiller inutilement d'énergie ni, à l'inverse, fatiguer vos yeux par un éclairage insuffisant. Ainsi, pour regarder la télévision ou créer une ambiance tamisée dans un salon, optez pour une ampoule de 220 lumens environ. Pour lire ou travailler, choisissez une puissance plus importante, d'au moins 400, voire 700 lumens. ■

Matelas et sommiers

S'il n'est pas toujours aisé de choisir matelas et sommiers, il est toutefois simple de les entretenir pour pouvoir les garder longtemps. En bichonnant votre literie, vous contribuerez aussi à améliorer votre sommeil, l'une et l'autre étant étroitement liés. Il ne s'agit pas pour autant de trop faire durer, car en la matière, on fait rarement du neuf avec du vieux… Un matelas en fin de vie doit être changé.

Choisir le bon matelas

- Le choix d'un matelas dépend de la façon dont on dort, de sa morphologie, de ses préférences… Chaque matelas a ainsi ses caractéristiques et pour savoir quel est celui qui vous convient le mieux, le meilleur moyen est de le tester ! Prenez donc le temps, en magasin, de vous allonger dessus, en adoptant vos positions favorites pour dormir. En vente à distance, de nombreux professionnels vous proposent de « l'essayer » (jusqu'à plusieurs mois). Trois repères principaux permettent d'apprécier le confort de couchage : quand vous êtes couché sur le dos, il ne doit pas y avoir d'espace entre les lombaires et le matelas (matelas trop dur), quand vous changez de position, ça ne doit pas être laborieux (matelas trop mou ou mémoire de forme trop intense), après avoir enfoncé votre coude, le creux ne doit pas rester marqué (matelas trop mou).

Pas de matelas sans sommier !

- Il est déconseillé de poser un matelas directement sur le sol : le sommier joue un rôle d'amortisseur et renforce la suspension du matelas.
- C'est aussi une question d'hygiène : en étant surélevé, le matelas évacue mieux l'humidité que nous perdons la nuit et, partant, s'aère plus facilement.

Faire durer sa literie

- Tous les 3 à 6 mois, passez l'aspirateur sur le matelas et le sommier pour retirer les particules, poussières ou acariens qui peuvent s'accumuler en surface. Aspirez longuement sur chaque face et sur les côtés. Sans oublier, ensuite, d'ouvrir les fenêtres pour aérer la literie – les acariens n'aiment ni le froid, ni la lumière.
- Veillez également à retourner votre matelas 3 à 4 fois par an : inversez le sens (tête/pied), pour mieux répartir les pressions, ainsi que les faces, pour mieux aérer le matelas.
- Si votre sommier est très usé, n'hésitez pas à le changer, car le matelas se dégradera plus vite s'il est associé à un sommier qui ne remplit plus ses fonctions.
- Enfin, prenez soin de protéger le matelas avec une alèse ou un protège-matelas (voir aussi p. 67).

Quand changer de matelas et de sommier ?

- Observez votre matelas : si l'empreinte du corps reste marquée, si un affaissement est visible ou si vous avez de plus en plus de mal à trouver une position de sommeil confortable, c'est que l'heure est venue de le changer.
- Pour le sommier, appuyez sur une partie très sollicitée (au niveau des fesses ou des épaules), puis sur une partie peu soumise aux pressions (pieds) : si la différence de souplesse est sensible, un renouvellement est à envisager. ■

Idée reçue

Les matelas antiacariens : vraiment efficaces ?

- Des tests Que Choisir ont montré que les matelas antiacariens n'empêchaient nullement leur prolifération. Si l'on est allergique, la prévention et l'éviction reposent davantage sur un entretien régulier, le choix d'un sommier à lattes non recouvert (plus aéré) ou, encore, l'adoption de matières synthétiques pour les couettes et oreillers (voir aussi p. 68).

Télé, hi-fi, informatique

Téléviseur, équipement audio, ordinateur, console de jeux, lecteur DVD... les appareils audiovisuels et électroniques ont pris une place grandissante dans nos foyers, aidés en cela par une technologie toujours plus poussée. Ce qui peut aussi pousser à la consommation... et faire grimper la facture énergétique ! De plus, ces appareils sont parfois fragiles et demandent un entretien soigneux. Quelques précautions vous permettront d'en faire un usage aussi agréable qu'économe.

Traquer la poussière

- Les écrans (téléviseur, ordinateur...) et la poussière ne font pas bon ménage, car ils se chargent d'électricité statique lorsqu'ils sont en fonctionnement et, par conséquent, attirent les microparticules, qui s'accumulent rapidement. D'où une moins bonne lisibilité de l'écran, pouvant même provoquer une fatigue oculaire. Pour y remédier, on nettoiera régulièrement les écrans avec une lavette en microfibre, idéale pour capter la poussière (elle fait mieux qu'un chiffon normal). Il est important que l'écran soit éteint et froid avant l'opération. On procédera de haut en bas, sans oublier les contours de l'écran. Le geste doit rester doux, en surface, pour ne pas rayer ni endommager le matériau. L'usage de produits ménagers est déconseillé. Il existe des lingettes spécifiques et des produits antistatiques pour nettoyer les écrans de télévision (plasma, LCD) ou d'ordinateur, mais ils sont plus onéreux et peu écologiques.

- Il est également important de dépoussiérer l'extérieur des appareils, surtout les grilles arrière, les dépôts de poussière tendant à entraver leur système de ventilation. Il est donc recommandé de passer un chiffon sec et non pelucheux régulièrement.

- Les ordinateurs méritent un soin particulier : en se déposant à l'intérieur de l'unité centrale (grilles d'aération, ventilateurs des processeurs...), la poussière peut générer des dysfonctionnements et gêner le refroidissement de l'appareil. Partant, l'ordinateur va chauffer anormalement et marcher au ralenti. Pour limiter les infiltrations de poussière, il est préférable d'installer l'unité centrale non pas au sol, mais sur un bureau ou une table. Les magasins d'informatique proposent des protections spéciales (en plastique) pour couvrir l'unité centrale, le clavier et l'écran lorsqu'on ne les utilise pas. Mais un torchon (sec) peut aussi faire l'affaire.

Éliminer traces et taches

- Quand les écrans sont éteints, ils révèlent souvent des traces de doigts, voire des taches tenaces. Là aussi, la lavette en microfibre est parfaite pour les éliminer. On l'humidifiera très légèrement (quelques gouttes d'eau) avant de nettoyer délicatement la trace ou la tache, par petits mouvements circulaires sans appuyer. Il faut bien sûr attendre que la surface soit parfaitement sèche pour rallumer l'appareil.

- Le clavier et la souris des ordinateurs doivent aussi être nettoyés régulièrement : ce sont de vrais nids à microbes, car ils sont en contact permanent avec les mains. S'ils sont sales ou poussiéreux, leur fonctionnement peut s'en ressentir : la souris devient difficile à manier, les touches se font « dures » à activer... de quoi « gripper » l'utilisateur !

Deux ennemis : l'humidité et la chaleur

- Lorsque vous installez un équipement audiovisuel ou électronique, il est préférable de placer vos appareils loin de toute arrivée

Les bons gestes

Pause café, clavier arrosé…

▪ Si votre café a malencontreusement fini sur votre clavier d'ordinateur, commencez par éteindre ce dernier, car s'il est allumé, le liquide risque de s'infiltrer et de provoquer un court-circuit. Épongez ensuite rapidement, puis retournez le clavier pour éviter que le liquide ne s'infiltre sous les touches. S'il s'agit d'un ordinateur portable, gardez le clapet ouvert et posez le clavier à plat, à l'envers, de manière que le liquide puisse s'évacuer plus facilement. Laissez-le ainsi à l'envers pendant toute une journée, pour permettre au liquide de bien s'évaporer. Si, de surcroît, votre café était sucré, vous n'avez plus qu'à essayer d'ôter les taches collantes sur les touches avec un Coton-Tige : passez-le délicatement entre les touches car, sinon, après séchage, celles-ci risquent d'être inutilisables. Attendez au moins 24 heures avant de rallumer l'ordinateur, le clavier devant impérativement être sec pour éviter tout court-circuit. Il est toutefois possible que votre ordinateur ne remarche pas malgré ces soins (tout dépend du degré d'infiltration du liquide), auquel cas il faudra l'apporter chez un réparateur. Conclusion : à la pause café, il vaut mieux lâcher la souris…

d'eau (évier, lavabo, baignoire…). De même, on évitera de poser un vase ou tout autre récipient contenant du liquide à proximité des téléviseurs, ordinateurs, tablettes, consoles de jeux… Un accident est vite arrivé ! Or, l'humidité et l'électronique ne font pas bon ménage, même si certains éléments peuvent, parfois, être sauvés (voir encadré ci-dessus).

❁ Il vaut mieux, également, ne pas installer le matériel informatique et audiovisuel près d'une source de chaleur (radiateur, cheminée…) ni derrière une vitre en plein soleil. Les appareils risquent de surchauffer et, donc, de court-circuiter.

Bichonner son ordinateur portable

❁ De par sa conception même, un ordinateur portable est plus fragile et demande plus d'attention qu'un ordinateur fixe.

❁ La première cause de pannes, toutes marques confondues, d'après une enquête Que Choisir auprès des utilisateurs, est la batterie. Pour prolonger sa durée de vie, éloignez votre ordinateur des sources de chaleur. Par ailleurs, au-delà de 45 °C, la batterie, sous pression, devient dangereuse : ne laissez jamais votre portable en plein soleil (à l'extérieur comme à l'intérieur, derrière une vitre), même éteint. À savoir : vous n'êtes pas obligé de charger votre batterie à 100 % pour l'utiliser ni de la décharger complètement avant de la remettre en charge, au contraire.

❁ La deuxième cause de pannes est le disque dur. Pensez donc à en faire régulièrement une sauvegarde, pour ne pas prendre le risque de tout perdre. Il existe des disques durs externes très utiles pour ce type de manipulation.

❁ On veillera à fermer son ordinateur portable après chaque utilisation, car son clavier est beaucoup plus fragile que les claviers classiques, tant à l'égard de la poussière que des chocs. Une astuce pour le préserver : récupérez l'ancien clavier d'un ordinateur fixe et utilisez ce dernier en le branchant sur le portable *via* le port USB (ils sont généralement compatibles). Cette astuce vaut surtout quand l'ordinateur portable est utilisé comme station fixe de travail, particulièrement pour ceux qui ont tendance à taper frénétiquement sur leur clavier !

❁ Si vous êtes appelé à souvent utiliser votre portable en extérieur, il convient d'être vigilant

> *C'est malin !*
>
> **Choisir du matériel économe**
>
> Si vous comptez renouveler votre équipement multimédia, pensez à vous renseigner sur le niveau de consommation électrique des appareils.
>
> ▪ Pour les téléviseurs, l'étiquette énergie est obligatoire : elle vous renseigne notamment sur leur consommation annuelle d'électricité (en fonctionnement mais aussi en mode veille) et va de A+++ à D.
>
> ▪ Les autres appareils ne possèdent pas cet étiquetage énergétique, mais regardez attentivement leurs caractéristiques techniques : celles-ci doivent indiquer la consommation totale et la consommation en veille.

par temps humide (pluie, neige, brouillard…), l'humidité favorisant les dysfonctionnements. Il en va de même à l'intérieur, où les pièces humides et chaudes (salle de bains, etc.) sont à éviter. La chaleur s'avère tout aussi néfaste aux composants internes de l'ordinateur : ne laissez jamais votre portable en plein soleil, même éteint.

❁ Enfin, il est déconseillé de le poser trop longtemps sur les genoux ou sur des matériaux mous (lit, par exemple), la ventilation de l'appareil étant essentielle pour prévenir toute surchauffe.

Éteindre systématiquement ses appareils

❁ Pris individuellement, les appareils de l'équipement informatique (ordinateur, imprimante…) et audiovisuel (téléviseur, chaîne hi-fi, lecteur DVD…) consomment moins que leurs confrères dévolus au lavage ou au froid. Mais, tout cumulé (consommations individuelles et nombre d'appareils en fonction), force est de constater que leur part dans la facture énergétique des foyers est de plus en plus importante, l'attrait qu'ils suscitent allant grandissant.

❁ On prendra donc l'habitude d'éteindre tous les appareils après les avoir utilisés, pour éviter qu'ils ne restent allumés inutilement. Sans oublier de débrancher les chargeurs (ordinateurs portables, téléphones, MP3, appareil photo…) dès que les appareils sont rechargés – sinon, eux aussi continuent de consommer de l'électricité, même si la charge est terminée ou l'appareil déconnecté.

❁ Attention, également, de bien les éteindre avec le bouton marche/arrêt et non avec la télécommande quand ils en sont pourvus, sans quoi ils restent en veille et continuent donc d'utiliser un nombre non négligeable de watts – leur repos est trompeur pour le porte-monnaie…

Utiliser une multiprise à interrupteur

❁ Bien qu'éteints avec le bouton marche/arrêt, certains appareils électroniques (ordinateur, téléviseur, chaîne hi-fi…) qui restent branchés continuent de consommer : c'est ce qu'on appelle les « veilles cachées ». Pour couper court à ces consommations secrètes, on peut bien sûr débrancher chaque appareil après usage, mais ces débranchements risquent, à terme, d'endommager tant les prises que les appareils. Le mieux est de s'équiper de multiprises à interrupteur, d'autant qu'elles ne coûtent pas plus d'une dizaine d'euros dans la plupart des magasins (bricolage ou grande surface). Ce type de prise permet d'éteindre entièrement (en même temps) tous les appareils

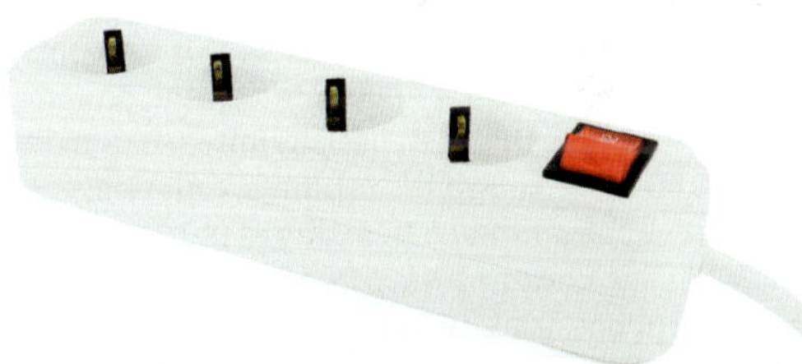

qui lui sont connectés grâce à l'interrupteur, ce qui empêche les veilles cachées tout en préservant le matériel. N'hésitez donc pas à brancher plusieurs appareils ensemble sur la multiprise (sans la surcharger cependant) : vous pourrez ainsi créer un « poste » image et son (téléviseur, lecteur DVD, chaîne hi-fi…), un « poste » informatique (ordinateur, imprimante….). Lorsque vous souhaitez éteindre un poste, commencez par éteindre chaque appareil avec son propre interrupteur, puis coupez l'alimentation avec l'interrupteur de la multiprise : ce procédé prévient les surtensions, néfastes pour les appareils. Il suffit d'opérer dans l'ordre inverse pour l'allumage. ▪

Confort et sécurité

Améliorer le confort de sa maison

Vivre dans une maison confortable participe de notre bien-être. Et de nombreux éléments contribuent à ce confort : la qualité du chauffage et de l'isolation, d'un point de vue global, mais aussi, par exemple, la température de l'eau, entre autres détails qui comptent au quotidien. Être bien installé ne veut pas dire pour autant investir dans des équipements coûteux : de multiples astuces permettent de gagner en confort sans se ruiner.

Bon à savoir

Surveillez les fuites d'eau !

- Une fuite d'eau dans la maison c'est de l'eau traitée pour devenir potable qui est gâchée. Un robinet qui goutte, ce sont 100 litres d'eau perdus chaque jour et une chasse d'eau qui fuit peut représenter une perte quotidienne allant jusqu'à 1 000 litres d'eau, ce qui finit par coûter cher ! Pour éviter les fuites, il convient par conséquent de surveiller robinets, toilettes, cumulus et canalisations : à la moindre faiblesse, intervenez sans tarder ! Il vaut mieux une petite réparation qu'une grande fuite…
- Une astuce pour vous aider à repérer les fuites : notez le chiffre indiqué sur le compteur d'eau avant d'aller vous coucher, en veillant à ce que plus personne n'utilise d'eau après dans la maison. Le lendemain matin, avant toute utilisation, relevez de nouveau le compteur : si le chiffre est différent de celui que vous avez noté (sous réserve, donc, que personne n'ait fait couler d'eau entre-temps), cela signifie qu'il y a une fuite quelque part. Ouvrez alors l'œil !

L'eau à la salle de bains

- Il faut savoir qu'un robinet ouvert débite aux alentours de 12 litres d'eau à la minute : pour freiner ses ardeurs, pensez donc à le fermer lorsque vous vous brossez les dents, lavez les mains ou, pour ces messieurs, quand vous vous rasez. Pour les dents, le mieux est encore d'utiliser un gobelet.
- Pour les mêmes raisons, préférez les douches aux bains, qui engloutissent pas moins de 150 à 200 litres d'eau, sachant qu'une petite douche de 4 à 5 minutes, elle, en consomme 60 litres… Et si l'on diminue le temps passé sous la douche d'une minute, c'est là encore 12 à 15 litres d'économisés. À la salle de bains, le temps, c'est de l'argent !
- N'hésitez pas à adopter des robinets mitigeurs, que ce soit pour le lavabo, la douche ou la baignoire, car ils permettent de régler le débit et la température souhaités : ainsi, lorsque vous coupez l'eau, pour vous savonner par exemple, celle-ci reste calée sur la même température. En limitant le temps pris pour trouver la bonne température, les mitigeurs réduisent tant la consommation d'eau (de 10 à 30 %) que l'énergie nécessaire à son chauffage. Et, sur le plan du confort, vous y gagnez. Pour un apport optimal, privilégiez les mitigeurs thermostatiques munis de deux poignées (l'une pour la température et l'autre pour le

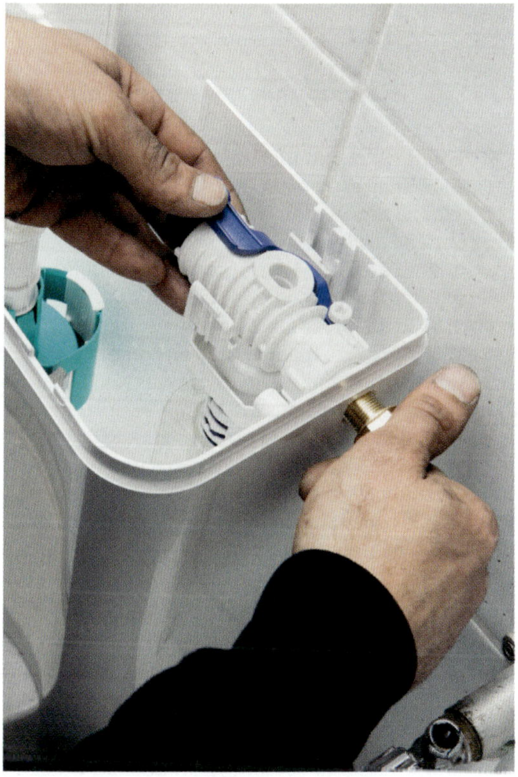

débit) : plus précis, ils assurent non seulement de meilleures économies d'eau, mais aussi un plus grand confort d'utilisation que les mitigeurs simples.

Des toilettes économes

- En équipant votre chasse d'eau d'un mécanisme double débit, vous pouvez réduire substantiellement la consommation d'eau de vos toilettes : au lieu des 10 litres requis pour une chasse d'eau classique, un tel dispositif vous permet d'utiliser seulement 3 à 6 litres d'eau (selon les modèles). Ce qui limite beaucoup le gaspillage d'eau sans affecter le fonctionnement des toilettes.
- Autre astuce : si vous ne souhaitez pas changer le mécanisme des toilettes, placez dans le réservoir 1 à 2 bouteilles d'eau (pleines et fermées), qui vont ainsi réduire d'autant son volume – à chaque tirage, vous économisez ni plus ni moins que le volume de la bouteille, soit 1,5 litre ou 3 litres s'il y en a deux. Il faut juste veiller à ne pas placer les bouteilles au niveau du mécanisme de la chasse, pour ne pas le gêner.

L'eau à la cuisine

- Si vous faites la vaisselle à la main, vous gagnerez à ne pas laisser l'eau couler pendant le lavage. L'idéal est de disposer d'un évier équipé de deux bacs dévolus l'un au lavage et l'autre au rinçage. Si le vôtre ne possède qu'un bac, ajoutez une bassine. Procéder ainsi, dans les règles de l'art en somme, vous permettra de consommer entre 10 et 15 litres d'eau, au lieu de 40 litres – et plus ! – sous le jet du robinet. Pensez que si l'eau coule, votre facture coule aussi…
- Vous gagnerez également à installer un récipient sous les robinets pour récupérer la première eau, comme lorsqu'on se sert un verre d'eau. L'eau recueillie vous servira à laver les légumes, par exemple, ou à faire la vaisselle. Astucieux !

Idée reçue

Filtrer son eau : vraiment utile ?

- Si vous songez à investir dans un dispositif de traitement de l'eau, sachez que des tests effectués par Que Choisir n'ont pas été concluants. En effet, les outils proposés (carafes filtrantes, osmoseurs, adoucisseurs ou filtres à fixer sur le robinet) n'améliorent pas significativement la qualité de l'eau et présentent même de nombreux inconvénients (développement de microbes, suppression de certains minéraux essentiels…). Qui plus est, ils sont souvent assez onéreux. Par conséquent, il vaut mieux y réfléchir à deux fois (voir aussi encadré p. 123).

L'eau au jardin : à optimiser

❁ L'eau de lavage des légumes peut servir à arroser les plantes. N'hésitez pas à la récupérer.

❁ Laver sa voiture au tuyau d'arrosage consomme pas moins de 200 litres d'eau, contre 60 litres dans une station de lavage. Il est bien de bichonner son auto, mais au bon endroit !

❁ Si ce n'est déjà fait, vous pouvez étudier l'installation d'un système simple de récupération des eaux de pluie (voir encadré p. 351).

De l'eau de qualité

❁ L'eau du robinet a parfois une odeur et un goût de chlore. Pour éliminer ce désagrément, il suffit de la placer une heure au réfrigérateur dans une carafe : ce procédé va lui permettre de s'aérer, ce qui la rendra bien plus agréable à consommer.

❁ Si vos tuyaux sont en plomb, il est préférable de ne pas boire la première eau du matin, car après y avoir stagné pendant la nuit, elle peut en contenir. Or ce métal lourd est très toxique et peut s'avérer néfaste pour la santé, même à faible dose : l'intoxication au plomb donne une maladie connue sous le nom de saturnisme, qui engendre des troubles neurologiques et digestifs. Commencez donc par faire couler l'eau dans la salle de bains, en prenant par exemple une douche, ce qui aura pour effet de purger les conduites. Si la colonne de la cuisine est indépendante, avant de consommer l'eau, faites-la couler quelques instants et récupérez ce premier jet dans un récipient, pour des usages non alimentaires – pas de gaspillage !

Bon à savoir

Travaux en vue, isolation bienvenue

▪ Si vous prévoyez des travaux de rénovation, pensez à inclure un poste budgétaire pour isoler correctement votre habitat, et ce dans le neuf comme dans l'ancien. L'isolation représente certes un investissement important, mais vous y gagnerez au final, car elle permettra de rendre votre logement à la fois économe en énergie, sain et confortable. Elle doit viser en priorité le toit et les murs extérieurs, toutes zones froides qui, parce qu'elles sont en contact direct avec l'extérieur, génèrent les plus grosses pertes de chaleur si elles sont mal isolées. De même, remplacer de vieilles fenêtres par des doubles vitrages contribue à limiter tant les déperditions thermiques que la condensation sur les vitres. Sachez également que les travaux d'isolation peuvent ouvrir droit à des aides financières. Dernier point : une maison bien isolée doit aussi être bien ventilée, ce qui implique de prévoir, en sus, un système de ventilation performant (voir p. 140).

❁ Pour limiter l'entartrage dû à une eau trop calcaire, il est conseillé de régler la température du chauffe-eau à 60 °C au maximum : au-delà, la formation des dépôts de calcaire est plus importante.

Chauffer à la bonne température

❁ Pour le confort comme pour les économies, l'idéal est de maintenir une température moyenne de 19 °C pendant la journée (16 à 17 °C la nuit dans les chambres). En effet, augmenter la température de 1 °C majore la consommation de 7 %. Ainsi, si votre logement demeure inoccupé la journée, n'hésitez pas à baisser la température de quelques degrés. Il est inutile et coûteux de chauffer pour rien.

Une bonne isolation : plus de confort, moins de coût

❁ Une bonne isolation s'avère indispensable pour optimiser votre chauffage, car elle limite les pertes de chaleur. Avant de vous lancer dans des travaux d'isolation, voici quelques gestes et conseils à suivre pour limiter les déperditions thermiques.

❁ En hiver, veillez à fermer les portes des pièces chauffées (l'air froid pénètre très vite !) et à tirer les volets et rideaux dès la tombée de la nuit (la

température extérieure baisse rapidement elle aussi). Ces gestes ont le mérite de prévenir les fuites d'air et les pertes de chaleur au niveau des portes et des fenêtres, et évitent de chauffer inutilement des pièces qui n'ont pas besoin de l'être (couloirs, etc.). Si vous n'avez pas de volets, n'hésitez pas à installer des rideaux épais aux fenêtres des pièces chauffées et à utiliser des rideaux pour isoler les espaces qui ne nécessitent pas d'être chauffés (couloirs, escaliers...).

❁ À l'inverse, en journée, pensez à ouvrir volets et rideaux pour laisser entrer la chaleur du soleil.

❁ Si votre chauffe-eau ou votre chaudière sont situés loin des points d'utilisation (dans une cave, par exemple) ou dans un espace non chauffé, vous pouvez calfeutrer les conduites de chauffage et d'eau pour éviter leur refroidissement et ne pas gaspiller l'énergie. Il est ainsi possible d'utiliser des manchons souples vendus en magasins de bricolage : découpés dans des matériaux isolants, ces grands tubes s'insèrent facilement autour des tuyaux à isoler, grâce à une fente spéciale (il suffit ensuite de les refermer). Il existe également des bandes adhésives isolantes pour tuyaux, que vous pouvez donc enrouler autour des conduites : plus souples que les manchons, elles sont bien adaptées pour protéger les endroits difficiles tels que les raccords et les courbes de plomberie.

❁ Éviter les déperditions de chaleur sous-entend aussi une isolation efficace, qu'il s'agisse des murs, du toit ou des fenêtres : pensez-y si vous envisagez des travaux de rénovation (voir encadré p. 138).

Petites astuces pour bruits intempestifs

❁ S'il faut bien souvent s'accommoder du brouhaha extérieur (rue, voisinage, etc.), sauf à se lancer dans des travaux d'isolation relativement lourds, on peut, en revanche, limiter les petits bruits désagréables à l'intérieur de la maison.

❁ Pour ne plus entendre les chaises grincer, il suffit de coller des morceaux de feutre adhésif (quelques euros) sous leurs pieds, ce qui protégera le parquet par la même occasion. L'astuce vaut, bien sûr, pour n'importe quel autre meuble.

❁ Pour réduire les bruits de canalisations, il existe des colliers en mousse antivibratile,

à placer autour des tuyaux trop bavards. Le caoutchouc souple qui garnit la mousse empêche les vibrations. Malin pour brider les « glouglous » !

- Si c'est le lave-linge qui fait des siennes, surtout quand il essore, on placera des patins antivibrations sous chaque pied de la machine (voir p. 110).

Pour un air intérieur sain

- Bien aérer est essentiel pour renouveler l'air intérieur de votre logement et évacuer vers l'extérieur la poussière, l'humidité et les polluants (voir encadré p. 141). Tous les jours, ouvrez donc vos fenêtres en grand, idéalement pendant une demi-heure, de manière à assurer une ventilation optimale. L'hiver, prenez naturellement la précaution d'éteindre les radiateurs, pour éviter le gaspillage d'énergie.

- Outre ce petit geste quotidien, il importe que votre logement lui-même soit correctement ventilé pour que l'air s'y renouvelle au mieux. Ce qui veut dire ne pas boucher les grilles d'aération, d'une part, et les nettoyer régulièrement, d'autre part. Tous les 3 mois environ, dévissez les grilles et dépoussiérez-les avant de les laver à l'eau chaude savonneuse. Séchez-les soigneusement avant de les remettre en place. Vous avez ainsi toute garantie qu'elles fonctionnent bien.

- Si vous envisagez des travaux d'isolation, pensez à installer une ventilation mécanique contrôlée (dite VMC), qui permet de ventiler efficacement la maison.

C'est malin !

Fermez le jour, ouvrez la nuit !

- S'il vaut mieux fermer les fenêtres la journée, lorsqu'il fait chaud, il est préférable, en revanche, de les ouvrir en grand la nuit pour faire circuler l'air. N'hésitez pas à créer des courants d'air en ouvrant sur les façades opposées. Si le logement possède plusieurs niveaux, ouvrir les fenêtres à tous les étages permettra de favoriser l'évacuation de l'air chaud par le haut. Cette ventilation naturelle contribue à créer une sensation de fraîcheur, et aide aussi à évacuer la chaleur emmagasinée par les murs et le toit durant la journée.

Les bons gestes

Pourquoi faut-il aérer ?

Aérer tous les jours est un geste santé, l'air intérieur étant vicié par de nombreuses substances toxiques ou allergisantes. Les plus fréquemment retrouvées sont les suivantes :

- **Les composés organiques volatiles (ou COV)** sont des polluants chimiques qui se propagent dans l'air intérieur à partir de divers produits ou matériaux dans lesquels ils sont présents : produits courants de la maison (nettoyants ménagers, parfums d'intérieur, produits d'entretien, peintures, solvants, colles, vernis...), mais aussi certains matériaux utilisés pour la construction, l'ameublement ou la décoration (mousses isolantes, meubles et bois agglomérés et contreplaqués...). Leur volatilité et leur toxicité contribuent à polluer l'air intérieur et peuvent provoquer, ou aggraver, des allergies respiratoires, de l'asthme, des irritations diverses... L'un des COV les plus toxiques est le formaldéhyde, reconnu cancérogène et employé notamment dans la fabrication de certains meubles, colles, désodorisants...
- **Le tabac** figure en bonne place dans les polluants d'intérieur, avec ses milliers de composés chimiques que l'on retrouve dans la fumée rejetée (tabagisme dit passif). Souvent incriminé dans les décès par cancer, il aggrave aussi l'asthme et les allergies.
- **Les acariens** sont des petits parasites, invisibles à l'œil nu, qui infestent donc nos intérieurs malgré nous. Or, ils peuvent provoquer asthme et allergies respiratoires. On les trouve dans les endroits poussiéreux, chauds et humides (matelas, tapis, canapé, rideaux, etc.). Un bon coup d'air froid contribue donc à limiter leur prolifération, surtout en hiver.
- **Les moisissures** se développent volontiers dans les endroits humides, notamment en l'absence de ventilation (cuisine, salle de bains, etc.). Elles produisent des spores que l'on retrouve dans l'air ambiant, également responsables d'allergies et de troubles respiratoires.

En cas de forte chaleur

- Dès que la température extérieure dépasse celle de votre logement, ayez le réflexe de fermer les fenêtres et volets, pour ne les rouvrir que quand il fait plus frais dehors. Ce simple geste empêche efficacement la chaleur de pénétrer à l'intérieur. Si vous n'avez pas de

volets, installez des stores extérieurs opaques, qui réduiront les apports de chaleur. En l'absence de volets et de stores, une solution est de coller un film solaire sur les vitres, pour filtrer le soleil et ainsi éviter que la chaleur n'entre. Il ne faut pas hésiter, bien sûr, à tirer les rideaux. Pour connaître les températures, placez un thermomètre à l'intérieur et un second à l'extérieur de votre logement : de cette façon, vous saurez précisément quand ouvrir et fermer les fenêtres et volets.
- Pour rafraîchir une pièce, vous pouvez suspendre un drap ou une grande serviette-éponge mouillés devant un ventilateur. La nuit, une fois la chaleur dissipée, tendez-les devant la fenêtre. La circulation de l'air va tout simplement provoquer une évaporation rapide de l'eau et donc une sensation de rafraîchissement. Une astuce similaire consiste à passer une serpillière mouillée sur le sol.
- Pensez aussi à éviter la production de chaleur : certains appareils électroménagers, à cet égard, en dégagent une quantité non négligeable, tels le four, le sèche-linge, le fer à repasser ou le sèche-cheveux. Il est préférable, dans ce cas, de limiter leur usage.

Lutter contre l'humidité

- Une trop forte humidité dans le logement entraîne la prolifération de moisissures qui peuvent nuire, à terme, non seulement au bâti, mais aussi à l'air que vous respirez. Ainsi, pour réduire la production de vapeur d'eau, on peut commencer par adopter quelques gestes préventifs.

- Faites sécher le linge à l'extérieur ou dans un local bien ventilé.
- Tâchez de réduire la durée et la température de la douche si vous la prenez très chaude.
- Veillez à ouvrir les fenêtres en grand après chaque douche ou cuisson un peu longue, de façon à permettre l'évacuation de la vapeur d'eau.
- Pensez à couvrir les casseroles et à utiliser la hotte de cuisine, afin qu'elle aspire les vapeurs.

Petits conseils pour éloigner les voleurs

- N'hésitez pas à vous enfermer à l'intérieur. En effet, la majeure partie des portes, quand elles ne sont pas fermées à clé, peuvent être ouvertes très facilement de l'extérieur, même quand elles n'ont pas de poignée côté extérieur.
- Pour une absence, même de courte durée, veillez à toujours fermer vos fenêtres et portes, particulièrement celles qui se trouvent à l'arrière de la maison ou sur le toit – enjamber une gouttière ou se laisser glisser d'un arbre est à la portée du premier voleur venu ! N'oubliez pas non plus les lucarnes et les soupiraux des caves, si vous en possédez une. En cas d'absence prolongée, soit plus d'une nuit, il est plus prudent de fermer tous les volets. Si vos fenêtres du rez-de-chaussée ne sont pas équipées de volets, le plus sûr est de poser des barreaux, qui empêcheront ainsi tout passage.

- Il est bon de rappeler que les assureurs imposent certaines normes en cas de cambriolage : veillez à ce que celles-ci soient respectées, sans quoi vous aurez du mal à être remboursé si, par exemple, votre porte n'est pas équipée d'une serrure de sécurité ou encore si vous avez laissé une fenêtre ouverte. Lisez attentivement votre contrat pour connaître les clauses exactes sur ce chapitre. On n'est jamais trop prudent !
- N'hésitez pas à utiliser des systèmes de dissuasion destinés à faire croire aux cambrioleurs que votre maison est bien protégée. Vous pouvez, par exemple, coller des autocollants d'alarme ou de vidéosurveillance sur le portail ou la boîte aux lettres, voire installer des caméras factices (vraies caméras sans système d'enregistrement) et des fausses sirènes d'alarme placées à l'extérieur. Ces petits leurres ne vous mettent pas totalement à l'abri d'un cambriolage, mais ils peuvent freiner les velléités de certains voleurs. ■

Idée reçue

Le gros sel : vraiment efficace pour absorber l'humidité ?

▪ On utilise parfois encore ce « truc de grand-mère » qui consiste à fabriquer un absorbeur d'humidité en plaçant du gros sel dans une bouteille d'eau coupée en deux et emboîtée comme pour un piège à guêpes. Que Choisir a testé l'efficacité des absorbeurs d'humidité (industriels), ainsi que cette méthode artisanale. Il s'avère en réalité que le gros sel est nettement moins efficace qu'un produit industriel. Autant donc les réserver pour la cuisine…

Prévenir les risques domestiques

Brûlures, incendies, chutes, intoxications... les accidents de la vie courante sont souvent dus à des comportements imprudents, mais pas seulement ! Les appareils et équipements de la maison s'avèrent potentiellement dangereux si l'on n'est pas vigilant, d'autant qu'ils sont de plus en plus nombreux... Il convient donc de les utiliser avec précaution. Quelques outils et gestes simples permettent de prévenir au mieux les risques.

Surveiller son installation électrique

- Rappelons qu'en France, 1 incendie sur 4 est dû à une installation électrique défectueuse. C'est dire l'importance d'y prêter attention. Ainsi, si l'installation de votre logement est très ancienne, avec des éléments en mauvais état (prises, fils...), veillez à la faire mettre aux normes par un électricien pour limiter les risques d'incendie.
- La multiplication des appareils, tant électroménagers qu'électroniques, dans les maisons entraîne souvent la multiplication des blocs multiprises. Si ces derniers se révèlent très utiles quand ils sont pourvus d'un interrupteur (voir p. 135), il faut toutefois éviter de les surcharger et, surtout, de les brancher en cascade – la surchauffe créée peut provoquer un incendie.

Réduire les risques d'incendie

- Le feu peut s'avérer dévastateur, aussi convient-il de se montrer vigilant dans toute la maison, même si certaines pièces, comme la cuisine, présentent plus de risques, en raison notamment des appareils de cuisson.
- Dans la cuisine : lorsque vous cuisinez au gaz, ne laissez jamais un feu sans surveillance et prenez garde à retirer les objets inflammables qui pourraient se trouver à proximité. Soyez également prudent quand vous chauffez de l'huile, celle-ci pouvant s'enflammer instantanément au contact d'une plaque ou d'un brûleur. Les friteuses électriques demandent beaucoup de précautions, car elles sont souvent la cause d'incendies et de brûlures graves (voir encadré p. 121).
- Dans les chambres et pièces à vivre : les textiles (rideaux, draps, couvertures...) s'embrasant rapidement, ils doivent être tenus à l'écart de toute source de chaleur (halogène, bougie, cheminée, cigarette...). Si vous disposez d'une cheminée avec foyer ouvert, prenez la précaution d'installer un pare-feu afin de circonscrire et sécuriser la flambée ; veillez également à ce qu'il n'y ait aucun matériau inflammable (fauteuil, tapis...) trop près du feu.
- Dans la salle de bains : il est fréquent que les serviettes soient étendues sur le radiateur électrique, quand ce n'est pas du linge... Or, au contact de la forte chaleur du chauffage, tout tissu peut prendre feu. Si vous devez faire sécher des affaires en urgence, posez-les sur une chaise ou un étendoir à quelques mètres du radiateur – jamais dessus, donc.

Attention au monoxyde de carbone

- Le monoxyde de carbone est un gaz dangereux car, bien qu'inodore, invisible et non irritant, il peut s'avérer mortel pour l'homme. En effet, une fois inhalé, ce gaz passe dans la circulation sanguine, où il prend la place de l'oxygène, ce qui est susceptible d'entraîner le coma en quelques minutes, voire le décès dans les cas les plus graves.
- Le monoxyde de carbone provient essentiellement du mauvais fonctionnement d'un appareil utilisant une énergie combustible (bois, charbon, gaz, essence, fioul, éthanol...).
- Par conséquent, prenez la précaution de faire vérifier et entretenir votre équipement par un professionnel, qu'il s'agisse d'une chaudière, d'un chauffe-eau ou autre (cheminée, insert, poêle, chauffage d'appoint...). Faites ramoner les conduits de fumée avant l'hiver, car s'ils sont encrassés, les produits de combustion ne peuvent pas s'évacuer correctement vers l'extérieur et risquent, dans ce cas, d'être refoulés à l'intérieur du logement. Sachez qu'il est obligatoire de faire ramoner une fois par an tous les conduits d'évacuation au gaz, bois, fioul et charbon. Certains arrêtés municipaux et certaines assurances imposent même un second ramonage annuel, notamment pour les installations au bois, fioul ou charbon. N'hésitez donc pas à consulter votre mairie et votre assurance : en cas de sinistre, vous pourriez ne pas être couvert si les conditions imposées n'ont pas été respectées. Pensez toujours à garder précieusement le certificat de ramonage, car il vous sera demandé après un incendie.
- Vérifiez que votre système de ventilation fonctionne correctement et que les grilles d'aération ne sont pas bouchées, surtout pendant la période de chauffage. Il est également important d'aérer tous les jours :

Les bons gestes

Noël : pour que la fête ne parte pas en fumée...

- De manière générale, le sapin sera placé loin de toute source de chaleur, que ce soient un radiateur, une cheminée ou des bougies, alors si festives. Pour le cas où vous choisissez un sapin artificiel, vérifiez qu'il est bien fabriqué dans un matériau ignifuge. Si vous préférez un sapin naturel, n'hésitez pas à humidifier régulièrement la souche et les branches, en vous servant d'un brumisateur.
- On veillera, d'une part, à ne jamais laisser brûler les bougies sans surveillance et, d'autre part, à les éloigner des décorations inflammables (nappes, rubans...) comme du sapin, donc.
- Pour vos guirlandes électriques, privilégiez la marque NF, pour réduire les risques de surchauffe et d'incendie. Avant d'allumer les guirlandes, assurez-vous également que les fils ne sont pas abîmés et qu'aucune ampoule n'est dévissée ; enfin, même si l'ambiance est festive, ne les laissez pas allumées en permanence – quelques heures d'affilée au plus et seulement si vous êtes présent. Il ne s'agit pas que les pompiers viennent jouer les trouble-fête et détrôner le père Noël...

Bon à savoir

Les accidents de la vie courante

- Les accidents de la vie courante se répartissent entre les accidents domestiques, les accidents survenant à l'extérieur (magasin, trottoir, sortie scolaire...), les accidents de sports et les accidents de vacances et loisirs. Ils sont à l'origine, chaque année de 11 millions de blessures (dont 5 millions de recours aux urgences et plusieurs centaines de milliers d'hospitalisations) et de plus de 20 000 décès.
- Les chutes, les suffocations, les noyades, les intoxications et les brûlures sont les principaux mécanismes déclencheurs. Les jeunes enfants sont particulièrement exposés : chez les moins de 14 ans, les accidents de la vie courante sont la première cause de décès. Les personnes âgées sont ensuite les plus vulnérables : dans 80 % des cas, il s'agit de chutes, dont le risque peut être limité, notamment en sécurisant le lieu de vie (voir p. 147).
- Mais toutes les tranches d'âges sont concernées et chacun est susceptible d'être impliqué dans un accident banal du quotidien. Or, la plupart sont évitables. Soyez donc vigilant, ce n'est pas une fatalité.

une mauvaise ventilation dans le logement, surtout dans la pièce où est installé l'appareil, augmente le risque d'intoxication.

- Si vous utilisez des chauffages d'appoint à combustion, comme un poêle à pétrole ou à gaz (propane ou butane), évitez de les faire fonctionner en continu. Ces appareils ne possédant pas de raccord extérieur, les émanations de gaz ne peuvent être évacuées. Utilisez-les seulement par intermittence (pas plus de quelques heures) et dans des locaux bien ventilés (pourvus d'ouvertures).

Bon à savoir

Les détecteurs de monoxyde de carbone 664

- Il est possible d'installer chez soi un détecteur de monoxyde de carbone, lequel alerte, par un signal sonore, si un appareil à combustion (chauffage d'appoint, poêle, insert, chaudière…) refoule du monoxyde de carbone au-delà des niveaux acceptables.
- Pour une efficacité maximale, un tel dispositif doit être installé à proximité de l'appareil à combustion. Si l'alarme se met en route, aérez en ouvrant portes et fenêtres, puis arrêtez les appareils à combustion et évacuez le logement avant d'appeler les secours, car si ce système permet d'alerter, il n'évite pas pour autant les intoxications.
- Cependant, tous ne sont pas efficaces. Pour limiter les risques, ne choisissez qu'un détecteur bénéficiant d'un marquage NF 292.

Électrocution

- Une personne est électrisée lorsqu'un courant électrique la traverse et provoque des atteintes plus ou moins graves. On parle d'électrocution quand ce même courant foudroie mortellement la personne.
- L'eau favorise le risque d'électrocution. N'utilisez donc jamais un appareil électrique (même le téléphone) lorsque vous avez les mains mouillées ou les pieds dans l'eau, encore moins quand vous prenez un bain. Si vous devez travailler sur un sol mouillé avec un appareil électrique, prenez soin de mettre des bottes en caoutchouc.

- Tout appareillage ou matériel électrique endommagé (prise de courant, interrupteur, fil dénudé…) doit impérativement être changé : les cas d'électrocution sont souvent le fait d'un contact avec une installation défectueuse. De même, on fera attention de toujours débrancher les appareils avant de les nettoyer ou de les réparer. Si vous intervenez sur une installation électrique, coupez systématiquement le courant au disjoncteur général.

Brûlures

- La plupart des brûlures se produisent dans la cuisine, lieu à hauts risques : soyez donc vigilant dans cette pièce, particulièrement avec les enfants.
- Pensez à toujours tourner le manche de la casserole vers l'intérieur de la cuisinière pour éviter un geste malencontreux qui la ferait tomber, renversant son contenu chaud sur vous ou un enfant. Les liquides bouillants occasionnent souvent des brûlures graves.
- Lorsque vous flambez des aliments dans une poêle, attendez d'avoir versé l'alcool avant de craquer l'allumette et ne reversez jamais de liquide en cours de flambée : les flammes redoubleraient d'intensité et risqueraient de vous brûler.
- Il ne faut pas ouvrir les appareils à vapeur (autocuiseur, etc.) lorsqu'ils sont encore sous pression, sous peine d'être brûlé par la vapeur d'eau.
- Attention aux huiles de friture dans une friteuse ou une poêle : les projections peuvent engendrer de graves brûlures.
- Méfiez-vous enfin des fours en marche : la chaleur de la porte ou des côtés du four peut atteindre des températures supérieures à 60 °C.

Chutes

- Elles figurent parmi les accidents les plus fréquents de la vie courante et touchent généralement les personnes les plus âgées, à l'équilibre naturellement plus fragile. De nombreux facteurs interviennent, qu'ils tiennent à l'état de santé ou à l'alimentation, mais l'habitat (ergonomie des lieux) est un critère important et des aménagements bien ciblés permettent de réduire sensiblement les risques (voir pp. 147 et suivantes). ■

Bon à savoir

Détecteurs de fumée : c'est obligatoire !

- Depuis le 8 mars 2015, les détecteurs de fumée sont obligatoires à l'intérieur des logements.
- Il est important de bien placer son détecteur de fumée : fixez-le de préférence à proximité des chambres (couloir, escalier), de façon qu'il soit clairement audible quand vous ou vos proches êtes couchés ; si votre logement comporte plusieurs niveaux, posez-en un à chaque étage : si le feu prend au rez-de-chaussée alors que le détecteur se situe au premier ou au second étage, vous risquez de vous retrouver piégé par les fumées ou les flammes avant que le détecteur ne se déclenche ; enfin, pour éviter les déclenchements intempestifs, il vaut mieux ne pas le placer à côté d'une chaudière, d'une cheminée ou d'une bouche de ventilation.
- Des tests Que Choisir ont montré que certains détecteurs mis en vente ne sont pas fiables et donc dangereux. Pour vous équiper d'un appareil efficace, la marque NF constitue une garantie sérieuse.

Réduire les risques de chutes

Carpette glissante ou baignoire savonnette, escalier mal éclairé ou chausson mal rangé... les occasions de tomber ne manquent pas dans une maison ! Une seconde d'inattention et c'est la chute. Or, quelques aménagements simples permettent de sécuriser son lieu de vie et, ainsi, de limiter les risques.

Un espace désencombré

- Ne laissez pas d'objets (chaussures, sac...) trainer au sol (et encore moins près d'un escalier), pour éviter de trébucher.
- Fixez au mur les câbles et fils électriques (du téléphone, des lampes, de l'ordinateur...), qui sont de véritables pièges, ou utilisez des range-fils.
- Déplacez les meubles qui gênent le passage.

Un éclairage efficace

- Bien éclairer son logement permet d'éviter les zones d'ombre, qui représentent un risque potentiel de chutes, surtout dans les escaliers.
- Commencez par augmenter les points lumineux dans les couloirs, vestibules et escaliers : les plafonniers sont ici nettement préférables aux lampes sur table, qui encombreraient l'espace. Il est important que ces lieux de passage offrent une circulation libre et aisée.
- Veillez de surcroît à équiper vos plafonniers d'ampoules de puissance suffisante, pour une visibilité optimale. Sans oublier un nombre suffisant d'interrupteurs car, à défaut, on a tendance à ne pas allumer !
- N'hésitez donc pas à revoir un peu votre installation, en faisant ajouter des interrupteurs là où il en manque et en privilégiant des systèmes de va-et-vient dans les endroits qui disposent de deux entrées. Les interrupteurs phosphorescents sont pratiques lorsqu'on se lève souvent la nuit, car ils se repèrent tout de suite ; mais vous pouvez aussi, tout simplement, poser de l'adhésif phosphorescent sur vos interrupteurs.
- Vous pouvez faciliter les déplacements nocturnes par des chemins lumineux (bandeaux de LED) ou des veilleuses.

Un escalier sûr

- Les escaliers sont probablement, dans une maison, la zone qui présente le plus de risques en termes de chutes. Ils doivent par conséquent être bien éclairés (voir ci-contre), sans tapis ni obstacles – on évitera notamment d'y laisser des objets, que ce soient des chaussures ou un sac, car ils peuvent gêner la montée ou la descente des marches.
- Faites bon usage de la rampe d'escalier si celui-ci en possède une : elle permet de maintenir son équilibre et de se relever en cas de chute. S'il n'y en a pas, n'hésitez pas à installer des mains courantes qui, comme leur nom l'indique, sont des rampes courant tout le long de l'escalier et sur lesquelles la main prend appui. Placez-en deux, une de chaque côté, pour en avoir toujours une quand vous montez ou descendez.
- Pour que le bord des marches soit bien visible, vous pouvez installer ce qu'on appelle des nez de marche (partie saillante située à l'avant d'une marche). Vous pouvez tout simplement poser des bandes adhésives à la fois antidérapantes et fluorescentes.

le risque de se prendre les pieds dedans. Il est ainsi plus prudent de retirer petits tapis et carpettes dans des endroits stratégiques comme le bas des escaliers ou le pied du lit.

- Pour le reste, on n'hésitera pas à les fixer au sol afin de prévenir toute glissade malencontreuse. Vous pouvez utiliser à cette fin du ruban adhésif double face ou des bandes collantes. Le plus sûr est de fixer tous les côtés du tapis, en insistant bien sur les coins pour qu'ils ne rebiquent pas, mais il devient alors plus difficile de faire le ménage dessous – c'est la pirouette ou la poussière !

Attention : tapis glissant

- S'ils ne sont pas fixés au sol, les tapis, carpettes et descentes de lit se font « peaux de banane » ! D'autant que leurs coins ont souvent tendance à se relever, ce qui augmente encore

C'est malin !

Plusieurs téléphones dans la maison

- Il n'y a pas mieux, pour tomber, que de devoir se précipiter pour répondre au téléphone… D'où l'utilité de faire installer une seconde prise téléphonique dans la maison, à l'étage ou dans la chambre par exemple, sur laquelle vous connecterez un autre appareil.
- Sinon, il reste la solution du téléphone sans fil avec plusieurs récepteurs. Certains modèles permettent ainsi d'associer plusieurs combinés sur une même base : on peut dès lors installer des récepteurs à différents endroits de la maison.

Éviter les chutes dans la salle de bains

- Entrer ou sortir de la douche ou de la baignoire est parfois chose périlleuse, car le carrelage ou la faïence mouillés deviennent vite glissants. Plusieurs solutions s'offrent à vous.
- Pour empêcher les chutes, le mieux est de poser au fond de la baignoire ou du bac à douche un tapis à ventouses ou des pastilles autocollantes : ils accrochent le pied et permettent ainsi de garder l'équilibre. De même, devant la douche ou la baignoire, on installera un tapis à ventouses ou une descente de bain antiglisse. Ce faisant, le périmètre critique sera sécurisé.
- Un marche-pied antidérapant peut vous aider à accéder à votre baignoire plus facilement.

Bon à savoir

Les fausses bonnes idées

- La baignoire à porte : ce type de baignoire possède une porte étanche qui permet d'y entrer plus facilement et sans risque, car on n'a plus besoin d'enjamber le rebord. Mais son coût est élevé, sans compter un inconvénient majeur : le temps de remplissage et d'évacuation de l'eau. Il faut en effet y entrer avant qu'elle ne se remplisse et attendre que toute l'eau soit évacuée pour pouvoir en sortir. Avec, chaque fois, le désagrément d'avoir froid… Un tel investissement ne s'avère pas justifié : si vous souhaitez renouveler votre équipement de salle de bains, préférez l'installation d'une douche.
- Le monte-escalier : cet appareil permet de se déplacer d'un étage à l'autre sans avoir à monter les marches. Il est cependant très encombrant, souvent compliqué à installer et pas toujours simple d'utilisation !
- Le parcours lumineux : il repose sur un ensemble de capteurs disposés au pied du lit et dans le couloir, lesquels s'allument lorsqu'on se lève la nuit, notamment pour aller aux toilettes. Un équipement très onéreux, qui peut avantageusement être remplacé (voir p. 147).

- Il est également très utile de disposer d'un appui pour entrer ou sortir de son bain ou de sa douche, pour se relever quand on est dans sa baignoire. N'hésitez donc pas à poser des barres d'appui murales. Au préalable, observez à quels endroits vous prenez appui pour entrer et sortir : c'est là qui faudra solidement fixer le matériel (choisissez des barres qui offrent une bonne prise en main, les doigts mouillés glissant plus facilement).
- Un tabouret de douche, muni de ventouses, évite aussi de rester trop longtemps debout, donc de glisser. Mieux, vous pouvez installer un siège au mur.
- Pour aller encore plus loin, vous pouvez envisager de remplacer la baignoire par une douche. L'investissement est certes conséquent, mais la conception même des baignoires – il faut enjamber chaque fois le rebord pour y accéder – les rend dangereuses, avec un risque élevé de chutes. La sécurité, dans ce cas, prime sur le coût.

Des placards bien organisés

- Monter sur un tabouret pour attraper un plat dont on se sert tous les jours expose immanquablement aux chutes… Alors qu'il suffit d'organiser un peu ses placards, que ce soit dans la cuisine, la chambre ou la salle de bains. La règle : plus un objet est utilisé et lourd, plus il se doit d'être accessible.
- Et plutôt qu'un tabouret, souvent bancal, ayez sous la main un petit escabeau bien stable, muni de pieds antidérapants.

Préserver son équipement automobile

La voiture est devenue un équipement clé pour de nombreux foyers. Il importe donc qu'elle tienne la route, notamment en hiver, quand le gel fait des siennes, ou en été, la chaleur incitant à pousser la « clim ». Vous trouverez ici des conseils pour préserver la bonne marche de votre véhicule.

Contre le gel

- Si le gel hivernal a bloqué vos serrures, la parade consiste à chauffer la clé avec un briquet, puis à l'insérer doucement dans la serrure, jusqu'à parvenir à l'enfoncer. Au besoin, répétez l'opération plusieurs fois. La chaleur de la clé va réchauffer et dégeler progressivement la serrure, qui devrait alors s'ouvrir. Le mieux est encore d'anticiper : collez chaque soir un morceau de ruban adhésif sur la serrure, en veillant à ce qu'il soit suffisamment long pour vous permettre de le retirer sans difficulté.

- Quand il gèle, une portière qui refuse de s'ouvrir signifie généralement que le joint de caoutchouc qui l'entoure est collé contre le métal de la carrosserie à cause du froid.

✓ Dans ce cas, pas de brusquerie, mais de la chaleur ! Réchauffez la portière en pulvérisant de l'eau chaude additionnée d'alcool à 90° : attrapez doucement son coin supérieur et pulvérisez de haut en bas au niveau des joints gelés. Les propriétés antigel de l'alcool à 90°, conjuguées à la chaleur de l'eau, vont ainsi réchauffer les joints et libérer la portière.

✓ Vous pouvez aussi utiliser un sèche-cheveux (à l'aide d'une rallonge) et le passer devant l'interstice : le souffle d'air chaud fera dégeler le joint.

✓ En prévention, pour empêcher les joints de geler, saupoudrez-les de talc qui, en absorbant l'humidité, les gardera secs et

les préservera ainsi du gel. Étalez la poudre à la main ou avec un chiffon sec, pour bien la répartir et la faire adhérer aux joints. N'hésitez pas à renouveler ce geste préventif, notamment en période de grand froid.

Les bons gestes

Réduire sa consommation de carburant

- Avec les nouvelles voitures, il n'est plus nécessaire de démarrer en trombe. Commencez tranquillement et roulez à vitesse réduite sur les cinq premiers kilomètres, sans trop pousser les rapports.
- N'hésitez pas à réduire votre vitesse de 10 km/h sur l'autoroute : vous consommerez moins de carburant. En effet, passer de 130 km/h à 120 km/h sur 100 km permet d'économiser presque 1 litre, pour 4 petites minutes de perdues. Vous gagnez donc grandement à lever le pied de l'accélérateur !
- Ce n'est pas parce qu'il fait chaud que l'on doit avoir le réflexe de mettre la climatisation. En effet, comme tout appareil électrique alimenté par la voiture, elle augmente la consommation de carburant : à titre d'exemple, en ville, mettre la climatisation à 20 °C quand il fait 25 °C dehors, c'est 8 % de carburant en plus. Quand vous rentrez dans une voiture surchauffée, le mieux est de commencer par ouvrir en grand les fenêtres pour évacuer la chaleur en roulant, sans enclencher la climatisation. Dans tous les cas, il est préférable de ne pas dépasser un écart de 4 ou 5 degrés entre l'extérieur et l'intérieur de la voiture.
- Lorsque vous attendez quelqu'un, évitez de laisser tourner le moteur. Arrêter et redémarrer consomme moins que de rester en marche plus de 30 secondes. Un réflexe à la fois écologique et économique, qui contribue à limiter l'émission de gaz à effet de serre tout en réduisant votre consommation de carburant. Pensez-y aussi quand vous êtes pris dans de gros embouteillages.

Buée sur le pare-brise

- Il est fréquent, lorsqu'il pleut ou qu'il neige, que de la buée se forme sur le pare-brise du véhicule, gênant alors la visibilité.
- Pour prévenir ce désagrément, il suffit d'entrouvrir les fenêtres lors des premiers kilomètres, ce qui permet de limiter l'écart de température entre l'extérieur et l'intérieur de l'habitacle et évite la formation de vapeur.
- Autre solution : nettoyez 1 à 2 fois par semaine le pare-brise, ainsi que les vitres, avec un chiffon doux imbibé d'alcool à 90°. Ce dernier asséchera le verre et empêchera la buée de s'y accrocher grâce à ses propriétés dites hygroscopiques, qui lui font absorber l'humidité de l'air. Veillez à passer le chiffon à l'extérieur comme à l'intérieur du pare-brise, en sachant que plus il est propre, moins la buée a de prise sur lui.
- Si l'odeur de l'alcool à 90° vous incommode dans l'habitacle, frottez l'intérieur du pare-brise et les vitres avec un chiffon imprégné d'un peu de shampooing – sa texture lisse va tout simplement faire glisser la buée !

Contre le givre

- Dès que le baromètre descend au-dessous de 0 °C, le givre est au rendez-vous le matin, y compris sur les voitures ! Pour protéger votre pare-brise, le soir, recouvrez-le d'un morceau de carton découpé à ses dimensions et maintenez-le à l'aide des essuie-glaces.
- Autre astuce : chaque veille de grand froid, imbibez un chiffon sec d'alcool à 90° et frottez-en soigneusement votre pare-brise. L'alcool, de par sa composition chimique, ne gèle qu'à très basse température (autour de –100 °C) et prévient ainsi la formation de givre sur le verre. ■

Cuisine

Bien choisir et bien conserver ses produits

Acheter malin

Bien acheter ne veut pas nécessairement dire se ruiner, et dès lors qu'on privilégie les produits de saison, la qualité est souvent au rendez-vous, tant sur le plan gustatif que nutritionnel. Il importe également d'acheter la juste quantité, pour limiter le gaspillage aussi bien que les excès ! La grande distribution, à cet égard, sait se montrer très persuasive. Voici quelques conseils pour un achat éclairé et raisonnable.

Légumes

- Vous avez tout intérêt à privilégier les légumes de saison, car ils sont concentrés en micronutriments et offrent des prix plus avantageux. Le mieux est de les choisir à maturité.
- Soyez attentif à leur aspect comme à leur odeur : un légume frais et sain présente une peau lisse, sans tache, et dégage un parfum caractéristique, mais léger (une odeur forte peut signifier qu'il est en train de s'abîmer).
- En dehors des circuits de distribution classiques, les petits producteurs (jardiniers indépendants, exploitants agricoles) proposent des produits récoltés le jour même. Pensez aussi aux Marchés des producteurs de pays, réguliers ou saisonniers, encadrés par les chambres d'agriculture. Vous pouvez également, si vous le souhaitez, adhérer à une AMAP. Ces « associations pour le maintien d'une agriculture paysanne » proposent un système de réservation de panier souvent hebdomadaire – un bon moyen de consommer régulièrement des légumes !
- S'il est bon de varier ses choix et de privilégier la qualité, reste que les légumes les plus simples (carottes, poireaux, pommes de terre) sont souvent les moins chers et peuvent s'accommoder de mille façons.

Bon à savoir

La saisonnalité : un critère de choix pour les fruits et légumes

Bien que l'on trouve des légumes et fruits à l'étalage toute l'année, il est préférable de consommer des produits de saison, pour le goût, bien sûr, mais aussi pour des raisons économiques et écologiques. Voici des indications sur les périodes de leur pleine saison (saison indicative de leur récolte).

LÉGUMES

- Asperge : avril à juillet
- Aubergine : mai à septembre
- Brocolis : juillet à novembre
- Chou-fleur : mai à novembre
- Concombre : mai à octobre
- Courgette : mai à octobre
- Endive : décembre à avril
- Épinard : avril à novembre
- Haricot vert : juin à octobre
- Laitue : avril à octobre
- Petit pois : juin, juillet
- Poireau : juin à décembre
- Radis : avril à octobre
- Tomate : juin à octobre

FRUITS

- Abricot : juillet, août
- Cerise : juin à août
- Clémentine, mandarine : novembre à février
- Coing : octobre, novembre
- Fraise : juin à août
- Kiwi : janvier à mars
- Melon, pastèque : juin à août
- Orange : novembre à avril
- Pêche, nectarine : juillet à septembre
- Prune : juillet, août
- Raisin : août, septembre
- Rhubarbe : avril, mai

En hiver, quand il devient plus difficile de remplir son panier de légumes frais, pensez aux légumes nature surgelés et en conserve (haricots verts, petits pois, tomates pelées, champignons, maïs…) : ils font de bons substituts, disponibles toute l'année et simples d'utilisation (ni lavage, ni épluchage !). D'un point de vue nutritionnel, la surgélation préserve en grande partie les vitamines et minéraux essentiels, ce qui est moins le cas pour les légumes en conserve, qui perdent une partie de leurs nutriments et peuvent contenir du sel ajouté (vérifiez la liste des ingrédients).

Fruits

Comme pour les légumes, il est préférable d'acheter des fruits de saison : ils seront parfumés, plus riches en éléments nutritifs et moins chers. Vous y gagnerez sur tous les plans. Assurez-vous de leur maturité.

Le fruit doit présenter une chair tendre et dégager un parfum. Sa peau ne doit pas être abîmée (traces de choc, blessures) ni flétrie.

Là encore, les fruits surgelés permettent d'apporter de la diversité aux menus d'hiver, d'autant que, comme ils sont surgelés dès leur récolte, leur valeur nutritionnelle est très proche de celle des fruits frais.

Viandes

Dans tous les cas, fiez-vous à l'aspect de la viande (couleur, texture, odeur agréable) et privilégiez la qualité à la quantité en achetant de la viande dont vous connaissez l'origine. Certains labels peuvent être utiles pour guider votre choix (voir encadré p. 156). Concernant les viandes préemballées vendues en grandes surfaces, vous trouverez comme indications : une dénomination générique (bourguignon, pot-au-feu, steak…), le mode d'emploi (à rôtir, à braiser, à mijoter…) ainsi que, dans certains cas, la qualité (de une à trois étoiles).

Bon à savoir

Les labels alimentaires

Les labels sont des critères de choix pour les consommateurs, mais ils relèvent de cahiers des charges plus ou moins exigeants. Quelques éléments de repère pour vous y retrouver.

- **AB (agriculture biologique) :** le label bio européen est accordé aux produits d'agriculture et d'élevage respectant un cahier des charges biologique précis et dont au moins 95 % des ingrédients sont issus de l'agriculture biologique. Concernant le cahier des charges pour l'agriculture, l'exploitant doit notamment respecter la rotation des cultures, ne pas employer de pesticides chimiques ni d'engrais de synthèse, de même que des OGM (interdits en dehors de traces inférieures à 0,9 % par ingrédient dans le cas d'une contamination fortuite). Dans le cas de l'élevage, il faut notamment une alimentation biologique, des techniques d'élevage extensives et un recours aux médicaments limité.
- **AOC (appellation d'origine contrôlée) et AOP (appellation d'origine protégée) :** l'AOC et son équivalent européen, l'AOP, garantissent l'origine d'un produit (pays, région, terroir), ses qualités et ses caractéristiques, fruit du savoir-faire et du climat régional d'origine.
- **IGP (indication géographique protégée) :** ce sigle de qualité européen, légèrement moins contraignant que l'AOC ou l'AOP, garantit cependant le lien entre un produit et son terroir d'origine et atteste le savoir-faire d'une région.
- **Label rouge :** ce label certifie qu'un produit possède des caractéristiques spécifiques garantissant un niveau de qualité supérieur à celui d'un produit équivalent sur le marché (des tests sensoriels sont obligatoires).
- **STG (spécialité traditionnelle garantie) :** cette certification se base uniquement sur le savoir-faire qui est mis en œuvre (et non sur la qualité des ingrédients ou l'assurance d'une zone de production). Elle apporte la garantie d'une composition ou d'un mode de production original.
- Il ne faut pas confondre ces labels, contrôlés, avec des mentions « valorisantes » du type « saveur de l'année », qui relèvent quant à elles de démarches purement marketing.

- Bœuf : entrecôte, filet, faux-filet, rumsteck… sont les morceaux dits de première catégorie, particulièrement prisés des amateurs de viande, qui ne nécessitent qu'une cuisson courte.
- Mais n'hésitez pas à découvrir ou redécouvrir gîte, macreuse, plat de côtes, jumeau, joue de bœuf… tous morceaux de deuxième ou troisième catégorie, qui eux demandent une cuisson longue et douce. Ces morceaux ont l'avantage d'être peu chers, tout en se montrant très savoureux. Excellents à braiser, ils peuvent ainsi être cuisinés en sauce légère, sans farine, avec quelques échalotes fondues dans un peu de matière grasse, 1 cube de bouillon de bœuf ou de légumes, 1/2 verre d'eau, 1 pincée de sel et 1 tour de moulin à poivre. Un simple apprêt pour un vrai régal !

- Veau : cette viande tendre et délicate s'accommode de multiples façons, de l'escalope juste poêlée au rôti mijoté avec de petits légumes. Sa chair doit afficher une jolie couleur rose, avec un gras blanc nacré.
- Agneau : fondant et goûteux, l'agneau mérite d'intégrer les menus autrement qu'à Pâques. Gigot et épaule sont plus maigres que côtelettes, collier et poitrine, qui gagnent à être dégraissés avant cuisson. Les viandes les plus réputées sont l'agneau de lait, ainsi dénommé car il n'a pas brouté, l'agneau dit de pré-salé, élevé dans les herbages côtiers recouverts à

marée haute, et le Label rouge, qui bénéficie d'un élevage traditionnel.

- Porc : il est réputé, à tort, pour être une viande grasse. Le travers et l'échine sont effectivement chargés en matières grasses, de sorte qu'il convient de les dégraisser avant cuisson. Mais le filet, le filet mignon, l'escalope ou encore la palette sont des morceaux relativement maigres. Dans tous les cas, n'hésitez pas à privilégier un sigle de qualité (porc fermier Label rouge, porc avec indication géographique protégée, ou IGP).
- Volaille : souvent plus économique que les autres viandes, offrant de nombreux apprêts, la volaille a la cote. Sa qualité gustative, toutefois, est très variable : préférez les volailles Label rouge, AOC (volaille de Bresse) ou bio et vérifiez l'aspect de la peau, qui ne doit pas être sèche, ni marbrée ou meurtrie. En outre, l'odeur doit être agréable et la texture, ferme.
- Il est à noter que les volailles standards ou premiers prix semblent plus impactées par l'antibiorésistance (capacité d'une bactérie à résister à l'action d'un antibiotique) que les volailles biologiques.

Charcuterie

- Les produits charcutiers, principalement à base de porc, méritent une attention particulière.
- Si vous achetez de la charcuterie préemballée, veillez à choisir des produits contenant le moins d'additifs possible et à teneur réduite en sel (regardez la liste des ingrédients).
- Si vous achetez de la charcuterie à la coupe, que ce soit chez votre boucher-charcutier ou en grande surface, assurez-vous que les règles d'hygiène sont bien respectées. Les produits doivent être, d'une part, maintenus dans un rayon réfrigéré et, d'autre part, manipulés avec des instruments ne servant qu'à un type de charcuterie.

Poissons

- Si vous vous trouvez à proximité d'un port, profitez du retour de la pêche pour acheter vos poissons, coquillages et crustacés : leur fraîcheur comme leur saveur sont incomparables. De même, à la campagne, pensez aux journées de pêche en rivière ou en étang : elles donnent l'occasion d'acheter des poissons extrafrais à des prix avantageux.
- Si vous êtes loin de la mer ou de toute source d'approvisionnement, la vigilance est de mise concernant le choix d'une poissonnerie. Il est important, pour la qualité du poisson, que l'enseigne ait du débit ; n'hésitez pas à vous renseigner sur les dates d'arrivage de la marchandise.

C'est malin !

Surgelés et conserves de poisson : ils ont du bon !

- À défaut de poisson frais, pourquoi ne pas prendre des filets surgelés nature ? Ils se cuisent très facilement à la vapeur ou même au micro-ondes, en quelques minutes.
- Les conserves de thon, sardine ou maquereau représentent aussi une bonne ressource, les précieux oméga-3 de ces poissons étant bien préservés. Pratiques à cuisiner et souvent bon marché, ces conserves ont pour inconvénient d'être souvent très riches en sel.

La plupart des poissons sont présents sur les étals tout au long de l'année, mais certaines espèces ne sont pêchées que quelques mois par an ou s'avèrent plus courantes à certaines périodes. Par exemple, la sardine, le maquereau et le thon sont fréquents sur les étals au printemps et en été, alors que le merlan et le lieu abondent en plein hiver. Un produit acheté dans sa pleine saison est en principe meilleur marché.

De manière générale, quand vous achetez du poisson, observez bien l'étal. Ce dernier doit être réfrigéré et les poissons eux-mêmes doivent être présentés sur un lit de glace important, sans s'entasser les uns sur les autres.

Soyez également attentif à l'aspect du poisson vendu. Certains signes constituent de bons indices quant à sa fraîcheur :

✓ La couche visqueuse (mucus) qui recouvre la peau du poisson doit être transparente et non jaunâtre.

✓ La peau doit être irisée et brillante.

✓ Les yeux doivent remplir l'orbite et être bombés, avec des pupilles claires (non laiteuses). Les branchies doivent être colorées et brillantes.

✓ Le corps doit être ferme au toucher, jamais flasque : un poisson qui se tord est un poisson bien frais.

✓ Enfin, l'odeur du poisson frais est discrète et iodée, jamais ammoniaquée ni trop forte.

Il est plus difficile d'évaluer la qualité des filets, mais une teinte jaunâtre et une chair molle donnent quelques indications.

Sachez enfin que les préparations à base de poisson cru sont particulièrement fragiles : si les conditions d'hygiène du magasin ne vous paraissent pas parfaites, mieux vaut s'abstenir d'en acheter.

Nos grands-mères faisaient

Cueillette aux herbes

▪ Certaines herbes sauvages sont également comestibles, comme l'ail des ours, la mauve sylvestre ou encore le serpolet, pour ne citer qu'eux. Faites comme nos grand-mères et récoltez-les au détour d'une balade dans la campagne ou les bois, voire dans votre propre jardin. Si vous voulez que les plantes aient bel aspect, il importe que le temps soit sec et non humide. Et, pour une cueillette éclairée, n'hésitez pas à vous munir d'un guide complet et détaillé, avec photos et propriétés des plantes, mais aussi mises en garde et conseils de consommation. De retour à la maison, lavez-les sans tarder et conservez-les comme toutes les autres herbes fraîches, au bas de votre réfrigérateur, emballées dans du papier absorbant (pensez à le changer tous les jours) ou un torchon humide. Vous pouvez également les mettre en bouquet dans un verre d'eau, mais dans ce cas, elles doivent être consommées rapidement.

Coquillages et crustacés

❁ Il est dommage de réserver exclusivement les crustacés aux grandes occasions. En effet, achetés en petites quantités, ils ne sont pas plus coûteux qu'un plat de poisson ou de viande

❁ Coquillages : pour des raisons de sécurité alimentaire, il est toujours préférable de se fournir dans le commerce plutôt que de récolter soi-même ses coquillages. Ceux qui sont vendus à l'étal offrent en principe toutes les garanties de consommation. Les coquillages crus doivent être vivants au moment de l'achat. Vérifiez que les coquilles des bivalves (moules, huîtres, palourdes…) sont bien fermées – ou se ferment au premier contact – et jetez sans hésiter tout coquillage ayant une odeur ou une apparence douteuses.

❁ Crustacés : là encore, la fraîcheur prime. Pour le crabe, le homard, la langouste, la langoustine et l'écrevisse, il est vivement conseillé de les acheter vivants. À défaut, on se fiera à leur apparence et, surtout, à leur odeur, qui doit être franche, légèrement iodée et agréable. Sinon, si vous achetez des crustacés surgelés (crus ou cuits), veillez à respecter les recommandations de préparation indiquées sur le conditionnement, pour obtenir les meilleurs résultats.

Herbes aromatiques

❁ En ce qui concerne les aromates frais, choisissez de préférence des herbes fraîchement cueillies ou mises récemment en rayon. Leurs feuilles doivent être saines, bien vertes et sans traces de pourriture, avec des tiges rigides ; elles doivent dégager le parfum typique de la plante.

❁ Pour les aromates séchés vendus en flacon, il convient de s'assurer que la DDM (date de durabilité minimale, voir p. 162) se situe au moins 4 à 5 mois après l'achat. Même déshydratées, les herbes aromatiques doivent dégager un parfum bien marqué. Les feuilles de thym proposées entières doivent être attachées à leur tige, tout comme les feuilles de laurier doivent se présenter intactes, non émiettées dans le sachet.

❁ On se méfiera des herbes séchées vendues sur certains marchés ou sur Internet, car elles n'offrent pas toujours toutes les garanties : lorsque l'origine des plantes est douteuse, il peut y avoir un risque d'intoxication, parfois grave (mélanges, notamment).

Fromages

❁ S'agissant de produits saisonniers, le mieux est de respecter les périodes propices à leur consommation en tenant compte du délai d'affinage : ils exhaleront alors pleinement leurs arômes et n'en seront donc que meilleurs. Si vous aimez les fromages de caractère, rien de tel que le lait cru pour un produit authentique : il rend la pâte plus moelleuse et lui confère une saveur inimitable. Étant donné la richesse de notre terroir, il ne faut pas hésiter à goûter de

nouvelles variétés de fromage – achetez-les en petites quantités, sans vous arrêter à leur forme irrégulière ou leur odeur prononcée !

- Le fromage est un produit vivant, ce qui signifie qu'il continue d'évoluer après sa mise en vente. Laissez-vous guider par l'aspect et l'odeur. Chaque fromage a son parfum, qui doit être franc et agréable. Une odeur d'ammoniaque, une robe (couleur) non uniforme, une texture trop coulante ou encore la présence inhabituelle de moisissures, tous ces signes indiquent que le fromage est mal conservé ou trop fait (trop mature).

Œufs

- « Œufs datés », « bien de chez nous » : sachez que de telles mentions ne constituent en rien des gages de qualité. Si vous achetez vos œufs en vrac, que ce soit au marché ou sur les étals de supermarché, assurez-vous de leur provenance. Tous les œufs que l'on trouve dans le commerce doivent être étiquetés catégorie A, laquelle garantit qu'ils sont exempts de défauts majeurs (fêlures). Les œufs de catégorie B sont destinés à l'industrie agroalimentaire.

- Pour connaître leur mode d'élevage, déchiffrez les codes imprimés sur la coquille juste devant les lettres FR (FR signifiant France).

– Code 0 : œufs bio – ils proviennent de poules issues de l'agriculture biologique.
– Code 1 : œufs de poules élevées en plein air.
– Code 2 : œufs de poules élevées au sol, dans un bâtiment.
– Code 3 : œufs de poules élevées en batterie.

Produits industriels

- Pour choisir au mieux les produits industriels alimentaires, apprenez à lire les étiquettes.

- La liste des ingrédients doit figurer sur l'emballage. Les composants sont présentés par ordre de poids décroissant (l'ingrédient majoritaire venant en premier) :

✓ Les quantités : elles doivent être précisées en pourcentage du total (en dehors des herbes et épices) pour les ingrédients cités dans la dénomination du produit (par exemple, bœuf et carottes dans un plat cuisiné « émincé de bœuf aux petites carottes de printemps ») et pour les

C'est malin !

Remplacer un produit manquant

En cuisine, de nombreux produits courants peuvent être remplacés quand ils viennent à manquer. En leur substituant d'autres ingrédients, vous obtiendrez certes une saveur et une texture un peu différentes, mais le résultat restera très honorable et vous n'aurez pas à courir au supermarché ! Voici quelques exemples.

- **Chapelure :** placez quelques biscottes entre deux feuilles de papier sulfurisé, puis réduisez le tout en miettes avec un rouleau à pâtisserie.
- **Chocolat :** il peut être remplacé par du cacao en poudre, mélangé à du sucre et du beurre. Pour 100 g de chocolat, comptez 50 g de cacao amer, 25 g de sucre en poudre et 25 g de beurre.
- **Ketchup :** pour 100 g de ketchup, mélangez 100 g de sauce tomate, 1 petite cuillerée à soupe de vinaigre et 1 pincée de sucre en poudre. Goûtez et rectifiez en conséquence.
- **Sucre :** vous pouvez employer du miel, mais celui-ci ayant un pouvoir sucrant légèrement supérieur, mettez-en un peu moins.
- **Vin blanc** (dans une recette) : du jus de pomme ou du cidre offriront des saveurs proches.
- **Vin rouge** (dans une recette) : utilisez un mélange de sucre (1 pincée) et de vinaigre (5 cuillerées à soupe). Du bouillon de viande peut également convenir.

Les bons gestes

La bonne façon de faire ses courses

- Il est recommandé, pour éviter les achats superflus, d'anticiper en prévoyant les menus à l'avance pour la semaine. Prenez donc soin d'établir une liste précise pour les denrées de base (lait, yaourts, œufs, épicerie…), mais en ce qui concerne les produits frais (viande, poisson, légumes et fruits), le mieux est d'adapter votre choix en fonction des opportunités du moment, si le produit souhaité manque de fraîcheur, ou si une promotion intéressante se présente.
- Face aux offres promotionnelles qui fleurissent dans les grandes surfaces, assurez-vous toujours que vous faites une vraie économie. Les calculs sont parfois subtils… Ainsi, certains produits d'appel, ostensiblement mis en avant, peuvent s'avérer plus chers, vendus en lot, qu'à l'unité, malgré les promesses affichées. Ne vous laissez donc pas éblouir : comparez d'abord le prix au kilo ou à l'unité et demandez-vous s'il est indispensable d'acheter autant de marchandises en une seule fois.
- N'oubliez pas que vous payez les marques et la publicité : des produits peu connus et meilleur marché peuvent offrir une qualité nutritionnelle et gustative tout à fait comparable. Pour ce faire, n'hésitez pas à lire les étiquettes (voir p. 160), lesquelles permettent d'apprécier la réalité de la composition du produit, et pensez aussi à comparer les prix. À ce titre, consulter des études et tests comparatifs peut se révéler fort instructif.
- Achetez en quantités raisonnables : prenez un sac plutôt qu'un chariot, où l'on est tenté d'accumuler les produits. De même, sachez vous arrêter quand le sac est plein. Vous éviterez ainsi les achats inutiles et coûteux.
- Enfin, faites toujours vos courses le ventre plein ! La faim pousse à acheter tout et n'importe quoi…

ingrédients mis en avant dans l'argumentaire (« autant qu'un verre de lait ») ou sur les photos (ainsi des noisettes sur l'emballage d'une confiserie).

✓ Les additifs : ils sont classés par catégories et signalés par leur code ou leur nom complet. La présence d'édulcorants doit apparaître avec la dénomination de vente.

✓ Les allergènes : la présence d'allergènes majeurs (arachide, lait, soja, œuf, poisson, crustacés, céréales contenant du gluten, fruits à coque et graines de sésame, sulfites à partir de 10 mg/kg, lupin, mollusques, céleri, moutarde) doit être clairement mentionnée.

✓ Les OGM : la présence d'ingrédients issus d'organismes génétiquement modifiés dans une denrée doit obligatoirement être signalée sur l'emballage (tolérance de 0,9 % d'OGM pour chaque composant, dans le cadre d'une contamination fortuite).

- Le tableau nutritionnel, quant à lui, doit présenter la valeur énergétique (exprimée en kilocalories, ou kcal), ainsi que les teneurs en protéines, glucides (dont les sucres), matières grasses (dont les acides gras saturés) et sel. Il peut également indiquer, selon les aliments concernés, la teneur en fibres, en vitamines et minéraux, etc.

- Fort de ces informations, privilégiez des produits industriels comportant le moins d'additifs et d'allergènes possible. Et méfiez-vous des ingrédients « inconnus », extraits par procédés industriels (amidon, lactose, protéines d'œufs, sirop de fructose-glucose…), qui sont la preuve d'aliments ultratransformés.

- En ce qui concerne les plats cuisinés, plus particulièrement, on veillera aussi à la part d'ingrédients nobles, à savoir viande, poisson et légumes, qui sont souvent réduits à la portion congrue par rapport à la sauce, laquelle apporte surtout du gras et de l'eau, ou aux féculents ; la teneur en sel, également, mérite de l'attention, cet exhausteur de goût masquant efficacement la médiocrité gustative de nombreux plats préparés.

- Le logo Nutri-Score permet d'évaluer, quand il est présent sur les emballages, la qualité nutritionnelle d'une denrée (de A/vert pour les mieux classés à E/rouge). Il peut vous aider à comparer entre eux des articles de même gamme : des plats industriels, des sauces, des desserts lactés, des biscuits, etc. Il n'est malheureusement pas obligatoire, mais il existe plusieurs applications pour smartphones qui permettent de découvrir le Nutri-Score d'un produit en scannant son code-barre. ▪

Bien conserver ses aliments

Pour des raisons d'hygiène comme pour des questions de goût, il importe de savoir comment conserver les aliments. Si les épices peuvent se garder jusqu'à 1 an, bien à l'abri dans un placard, le poisson, lui, ne tolère que le froid et doit être consommé rapidement. Ainsi les modes et durées de conservation varient-ils sensiblement d'un aliment à l'autre. Apprenez à vous y retrouver en suivant les conseils donnés ici.

Beurre

Sachant que le beurre prend facilement la saveur des aliments à forte odeur (fromages, melon...), il est conseillé d'une part d'utiliser un beurrier à couvercle pour le conserver et, d'autre part, de ne pas mettre toute la plaquette dedans. Coupez-en un morceau et gardez le reste emballé. Le beurre peut aussi se congeler, mais pas plus de 1 à 2 mois.

Bon à savoir

La DLC et la DDM

Sur les emballages alimentaires figurent deux types de mentions :

- La mention « à consommer jusqu'au » ou « à consommer avant » : elle correspond à la date limite de consommation ou DLC, qui doit être apposée sur toutes les denrées alimentaires périssables (sauf produits secs et surgelés, donc). Au-delà de cette limite, les denrées peuvent devenir impropres à la consommation. Il existe cependant une tolérance de quelques jours pour certains produits comme les yaourts et fromages à pâte cuite.
- La mention « à consommer de préférence avant... » : elle indique la date de durabilité minimale (DDM). Une fois la DDM passée, le produit peut toujours être consommé sans risque sanitaire s'il a été correctement stocké, même s'il a perdu un peu de ses qualités organoleptiques (altération du goût, de la texture...). Cette indication est notamment visible sur les biscuits, pâtes, conserves, café, surgelés, boissons...

Câpres, cornichons, oignons en condiments

Une fois le conditionnement ouvert, gardez les condiments au réfrigérateur et veillez à ce que le vinaigre les baigne entièrement. Ils doivent être consommés, de préférence, dans les semaines qui suivent l'ouverture.

Chocolat

Il est recommandé de maintenir le chocolat au frais en évitant surtout les changements de température. En effet, ces derniers peuvent le faire blanchir (le beurre de cacao migre en surface), ce qui le rend moins appétissant mais ne nuit en rien à sa saveur !

Épices

- Les épices séchées doivent toujours être rangées à l'abri de l'air, de l'humidité et de la lumière. Sinon, elles s'oxydent et perdent tant leurs arômes que leur couleur. Vous pouvez les mettre dans un placard ou un tiroir, mais jamais au réfrigérateur. Il faut également éviter de les placer sur une étagère en pleine luminosité, si plaisant soit l'effet au mur.

- Pour les mêmes raisons, achetez plutôt vos épices par petites quantités, pour éviter qu'elles ne s'éventent – leur durée de conservation est d'environ 1 an. En outre, on gagne toujours à les prendre, si possible, en graines ou entières (poivre, muscade…) : broyées juste avant utilisation, elles révèlent mieux leurs arômes.
- Les épices fraîches (racine de gingembre, piments…) se conservent, pour leur part, au réfrigérateur, enveloppées séparément dans du papier absorbant et placées dans un récipient hermétique. Elles se gardent ainsi environ 3 semaines.

Fromage

- Conservez vos fromages au frais, dans une boîte en carton hermétique (le carton aide à réguler l'humidité), pour éviter que leur odeur n'imprègne les autres aliments. Si vous les achetez à la coupe, gardez-les dans leur papier d'emballage, sinon enveloppez chacun d'eux dans du film alimentaire, ce qui limitera leur dessèchement. En moyenne, vous pouvez les consommer jusqu'à 1 semaine après l'achat, tout dépendant de leur degré de maturité. L'idéal est de les sortir du réfrigérateur 1 heure avant consommation, car le froid affadit les arômes et durcit les pâtes.

Fruits

- La plupart des fruits continuent de mûrir après récolte : profitez-en pour placer les plus verts dans la corbeille de fruits, à température ambiante, et le reste au réfrigérateur (le froid ralentit le processus). Vous étalerez ainsi leur mûrissement sur la semaine.

❁ Sinon, ils peuvent également se congeler, tels quels (en entiers) ou sous forme de compote ou coulis. N'hésitez pas en pleine saison, surtout si vous possédez un jardin fruitier ! Framboises, abricots, prunes… tous ces fruits se prêtent bien à la congélation.

Légumes

❁ Les légumes frais sont plus fragiles qu'on ne le pense, car étant riches en eau, ils tendent à s'altérer vite, en quelques jours. Ils perdent alors une partie de leurs nutriments. Ôtez éventuellement les parties abîmées (feuilles flétries) ou inutiles (l'extrémité supérieure du vert du poireau, par exemple) avant de les emballer dans un sachet et de les stocker au réfrigérateur.

❁ L'idéal est de consommer les légumes à feuilles dans les 2 à 3 jours qui suivent l'achat, les racines et bulbes pouvant, eux, se garder 5 à 6 jours.

Bon à savoir

Conservation au réfrigérateur : soyez prudent

■ Certains produits frais sont très altérables, aussi convient-il de veiller particulièrement à leur délai de conservation.

Steak haché	Dans les heures qui suivent l'achat
Poisson destiné à être mangé cru	Dans les heures qui suivent l'achat
Coquillages	Dans les heures qui suivent l'achat
Poisson et crustacés	Le jour même ou le lendemain
Pâtisseries à la crème	Dans les 24 heures
Sauces (à base de lait ou de crème, avec de la viande hachée…) et mayonnaise faites maison	Dans les 24 heures
Abats (rognons, foie, etc.)	Dans les 24 heures
Volaille	Dans les 24 à 48 heures
Charcuterie à la coupe ou charcuterie emballée dont l'emballage a été ouvert	Dans les 24 à 48 heures
Autres viandes	Dans les 2 à 3 jours

❁ Pour congeler des légumes, vous devez au préalable les laver, les peler et les blanchir, le cas échéant, puis bien les égoutter. Sachez que les crudités supportent mal la congélation, qui leur fait perdre en croquant, tout comme les feuilles de salade, qui « cuisent » sous l'effet du grand froid.

Glaces et sorbets

❁ Il faut avoir à l'esprit que les bacs entamés s'oxydent vite, même à des températures très basses, et que la saveur des glaces s'altère, surtout si elles sont riches en lipides (rancissement). Évitez par conséquent de les garder plus de 1 mois après ouverture et, comme pour tout produit surgelé, ne recongelez pas une glace un peu fondue.

Les bons gestes

Réaliser des confitures maison

Vous avez trop de fruits? Ou tout simplement envie de confectionner quelques confitures? Rien ne remplace la saveur d'une confiture maison…

- Commencez par préparer les pots à confiture: ébouillantez-les, puis laissez-les bien sécher sur un linge propre.
- Pour le sucre, comptez environ 80 % du poids total des fruits préparés. Comme c'est normalement le sucre qui est le secret de la gélification des confitures, si vous souhaitez réaliser une confiture plus allégée en sucre, n'hésitez pas à ajouter de l'agar-agar (gélifiant végétal extrait d'algues marines) juste avant la fin de la cuisson (voir en fin de recette). Cuisez-les par petites quantités: il faut compter de 1,5 kg à 4 kg de fruits (au maximum) pour une bassine en cuivre (l'idéal) ou une casserole à fond épais (pour éviter que la confiture ne brûle).
- Dès l'ébullition, baissez légèrement le feu et maintenez le bouillon en remuant régulièrement avec une cuillère en bois.
- Laissez cuire de 45 minutes à 1 h 30 selon les confitures: le mélange doit commencer à gélifier sur les bords intérieurs du récipient. Écumez soigneusement. Pour tester la cuisson de la confiture, l'astuce est simple: laissez-en tomber quelques gouttes dans une assiette froide, que vous aurez préalablement placée au congélateur. Si la confiture fige immédiatement, c'est qu'elle est prête à mettre en pots.
- Si votre confiture est encore liquide, poursuivez la cuisson 30 à 45 minutes. Vous pouvez ajouter de l'agar-agar 3 minutes avant la fin de la cuisson. Comptez-en 4 g pour 1 kg de fruits préparés et, pour une bonne dilution, prenez soin de le mélanger à un peu de confiture froide que vous aurez mis de côté.
- Remplissez vos pots et fermez-les alors que la confiture est encore chaude (effet de stérilisation), soit avec leurs couvercles (pots en verre), soit avec de la Cellophane pour confitures humidifiée (bocaux).

Herbes aromatiques

- Les herbes fraîches (persil, basilic, estragon…) se conservent 3 à 4 jours au réfrigérateur, emballées dans un linge humide ou du papier absorbant. Vous pouvez également les émincer et les congeler, en sachant toutefois qu'elles perdront une partie de leurs arômes comme de leurs vitamines.
- Mettez vos herbes sèches (laurier, thym…) dans un sachet en papier bien fermé ou dans une boîte hermétique, mais évitez de les garder trop longtemps, ce qui nuit à leurs qualités aromatiques.

Lait

- Une fois ouverts, les laits stérilisés se conservent au réfrigérateur, comme les laits frais (pasteurisés). Une bouteille entamée est à consommer dans les 48 heures.

Œufs

- Il est important de respecter la date de consommation recommandée, soit 28 jours à partir de la ponte. Pour les usages crus ou

peu cuits, prenez toujours des œufs extrafrais (moins de 9 jours).

❁ Même si les œufs sont transportés et entreposés à température ambiante, il est conseillé de les conserver au réfrigérateur chez soi, dans leur emballage d'origine de préférence, sinon dans les alvéoles prévues à cet effet. En outre, comme ils sont sensibles aux variations de température, veillez à ne pas les sortir si vous ne les consommez pas.

Les bons gestes

Respecter la chaîne du froid

▪ Ne pas rompre la chaîne du froid est essentiel pour prévenir la prolifération des bactéries. Ainsi, si vous achetez des surgelés en magasin, évitez de faire vos courses par grosse chaleur. Prenez-les en dernier, après vos autres produits, et mettez-les dans un sac isotherme ou une glacière. De même, veillez à les ranger dans le congélateur dès votre retour. Rappelons également qu'un produit décongelé ne doit jamais être recongelé, toujours pour éviter le développement bactérien.

Pain

❁ Si une baguette ne se garde guère plus de 24 heures, certains pains, au levain notamment, peuvent se conserver un peu plus longtemps, surtout si l'on a pris soin de les emballer dans un sachet en papier pour qu'ils ne sèchent pas trop vite. Le pain, du reste, se congèle assez bien : il suffit ensuite de le passer au grille-pain ou au four – le micro-ondes est déconseillé, car il ramollit la croûte.

Plats cuisinés maison

❁ N'hésitez pas à prévoir large quand vous confectionnez un bon petit plat (sauté de veau, bœuf bourguignon…) : vous pourrez congeler le reste et ainsi vous régaler à nouveau ! Dans ce cas, laissez bien refroidir au réfrigérateur, puis placez rapidement au congélateur.

Pommes de terre

❁ Les pommes de terre dites de conservation ont l'avantage de pouvoir se garder plusieurs semaines dans un endroit frais, sec et à l'abri de la lumière : bac à légumes du réfrigérateur, cave ou garage.

❁ En revanche, les pommes de terre saisonnières (nouvelles et primeurs) se gardent moins longtemps, 1 semaine environ au réfrigérateur, leurs chair et saveur s'avérant plus délicates.

❁ Il n'est pas recommandé de congeler des pommes de terre cuites à l'eau : leur goût est peu agréable après décongélation. La purée se congèle mieux de par sa richesse en produits laitiers.

Bien congeler

❁ Pour que vos aliments se congèlent bien, la température de votre congélateur doit être inférieure à –18 °C.

❁ Il est important que les produits à congeler soient très frais. En effet, certains sont plus sensibles aux bactéries que d'autres et, si le processus de congélation bloque la prolifération des bactéries, il ne les tue pas – la contamination se réactivera à la décongélation.

❁ De même, les aliments doivent toujours être emballés avec soin, c'est-à-dire à l'abri de l'eau et de l'air, dans des récipients hermétiques ou des sachets en plastique à congélation. Pensez également à bien adapter les dimensions des contenants à l'usage ultérieur. Par exemple, pour une soupe, il faut prévoir un récipient plus grand que le volume occupé, car la congélation provoque une dilatation de l'eau.

❁ Enfin, n'oubliez pas d'étiqueter les emballages, en notant le contenu et la date de congélation, ainsi que l'estimation de la date limite de conservation. Les aliments que l'on congèle soi-même se conservent, en moyenne, 1 an. Pour la viande et les poissons gras, qui ont tendance à s'oxyder, il faut plutôt compter autour de 6 mois. Vous pouvez vous fier à la DDM (date de durabilité minimale, voir p. 162) des produits surgelés industriels pour estimer le temps de conservation de vos propres produits, mais la congélation maison n'étant pas aussi performante, il est préférable de prévoir moins.

❁ Derniers conseils : ne congelez pas trop de produits en même temps et pensez à bien essuyer les emballages, pour éviter qu'ils ne collent les uns aux autres. ▪

Les bons gestes

Décongeler ses aliments au micro-ondes

La décongélation au micro-ondes est souvent la meilleure solution quand on manque de temps pour cuisiner, mais il faut savoir que les aliments peuvent décongeler de manière inégale. Quelques règles sont bonnes à respecter si l'on veut éviter des déconvenues dans l'assiette !

▪ Avant tout, on s'assurera que l'appareil est bien réglé sur le mode « décongélation », sinon l'aliment va commencer à cuire.

▪ Les aliments à décongeler doivent être placés dans un plat adapté et couvert (pour obtenir une cuisson plus homogène et éviter les projections), mais pas hermétiquement, car le couvercle pourrait sauter (risque de surpression).

▪ Il est préférable de décongeler par plages de courte durée, quitte à relancer plusieurs fois la décongélation.

▪ Si l'on dispose de plusieurs heures, les aliments gagneront à être stockés au réfrigérateur, où leur décongélation se fera progressivement. Il est déconseillé de décongeler à température ambiante, car dès 4 °C, les bactéries se développent rapidement.

Cuisiner malin

Maîtriser des tours de main

On reconnaît un bon cuisinier à l'adresse de ses gestes. Maîtriser quelques tours de main vous permettra de cuisiner avec aisance et succès ! De l'épluchage des légumes au dégraissage des sauces, vous trouverez ici de nombreux conseils pour déployer vos talents de cordon-bleu.

Éplucher plus facilement légumes et fruits

- L'épluchage n'a rien de très affriolant… Mais saviez-vous que l'eau chaude peut grandement faciliter la tâche ?

- Ail, tomates : l'astuce consiste à les plonger 1 minute dans une casserole d'eau frémissante, puis à les sortir à l'aide d'une cuillère. Une fois qu'elle est légèrement tiédie, il suffit de presser délicatement la gousse d'ail pour en extraire la pulpe. Quant aux tomates, leur peau s'étant décollée au contact de l'eau chaude, vous pourrez plus aisément la retirer avec un petit couteau.
- Betterave rouge : lorsque les betteraves sont cuites, on les sortira de l'eau bouillante pour aussitôt les plonger dans de l'eau froide. Ce faisant, la peau va se détacher et elles seront plus faciles à éplucher.
- Châtaignes : là aussi, il est important de procéder à chaud, car en refroidissant, leur peau tend à durcir. On les laissera donc tiédir dans leur eau de cuisson avant de les sortir une à une pour les éplucher.
- Pistaches et amandes : un bon bain d'eau chaude, d'une dizaine de minutes, permet de les émonder sans difficulté. Après égouttage, il n'y a plus qu'à les presser entre le pouce et l'index : les fruits devraient sortir tout seuls de leur enveloppe – sinon, usez du couteau !
- Ananas : l'épluchage de ce petit fruit tropical exige un peu de technique. On commencera par couper le plumet et la base de l'ananas, avant de le mettre debout sur une planche. Il faut ensuite détacher la peau bande par bande, en faisant glisser le couteau de haut en bas le long du fruit. On prendra soin de retirer tous les « yeux » (points marron et fibreux) avec la pointe du couteau. Enfin, on taillera le fruit en tranches régulières, sans oublier d'éliminer la partie centrale et dure. Il ne reste plus qu'à se régaler ! Après l'effort, le réconfort…

Les bons gestes

Les bons ustensiles pour couper

Pour bien couper, il importe avant tout d'utiliser une planche à découper et un couteau très bien aiguisé (voir p. 125). Et, pour ne pas se blesser, on veillera à arc-bouter les doigts sur les légumes à trancher – sinon, gare à la lame !

Quelques ustensiles constituent aussi de bons alliés :

- La mandoline est une râpe munie d'une lame lisse et large, qui permet de trancher rapidement les légumes en lamelles plus ou moins fines (on la trouve dans les boutiques d'accessoires de cuisine et sur Internet). Il existe également différents modèles de coupe-légumes qui servent à la fois à découper des bâtonnets et des cubes réguliers.
- Les ciseaux de cuisine s'avèrent quant à eux fort utiles pour couper certains légumes fins ou mous (poireaux, endives…), les herbes aromatiques (persil, coriandre, cerfeuil…), mais aussi les filets de viande ou de poisson. L'opération est précise et permet de gagner du temps. S'ils perdent de leur tranchant, on les aiguisera en coupant un morceau de papier aluminium (plié en quatre) ou une feuille de papier de verre à grain moyen (n° 180).

Avocat, agrumes : il faut d'abord inciser le pourtour des fruits quart par quart, en veillant à ne pas entamer la chair, puis soulever la peau de chaque section, avec la pointe du couteau : elle se détachera facilement.

Couper menu des légumes

Pour que les légumes cuisent de façon homogène et soient joliment présentés, il convient de les tailler finement, le plus régulièrement possible. Il existe différentes techniques.

La paysanne : cette technique consiste à découper les légumes (poireaux, carottes…) en lamelles fines. Taillez-les d'abord en bâtonnets d'environ 1 cm de large, puis en tranches d'environ 1 à 2 mm d'épaisseur. Destinée aux potages ou aux garnitures de viande, la paysanne permet une cuisson rapide. Pour une jardinière de légumes, on fera suer lentement (c'est-à-dire cuire à chaleur douce pour qu'ils perdent leur eau) les légumes dans un peu de matière grasse, jusqu'à ce qu'ils soient tendres à point.

La julienne : elle vise une taille en filaments fins et réguliers (1 à 2 mm de large). Les principaux légumes concernés sont les carottes, poireaux, navets, céleris-raves, courgettes et poivrons, qu'ils soient incorporés à un potage ou servis crus, en vinaigrette. Cette technique peut aussi être utilisée pour découper le jambon, des œufs en gelée ou pour préparer les zestes d'agrumes à confire.

La brunoise : il s'agit d'une coupe en petits cubes (2 à 3 mm de côté). Carottes, tomates, courgettes, poivrons, aubergines… tous doivent être taillés le plus régulièrement possible pour que la cuisson soit parfaitement homogène. La brunoise sert aux garnitures aromatiques ainsi qu'aux potages et consommés.

La macédoine : la méthode est la même, mais avec des cubes plus gros (4 à 5 mm de côté) de légumes variés (comme pour la brunoise). À cuire à l'eau, dans un bouillon ou à la vapeur et à servir en accompagnement de viande.

Ciseler échalotes et oignons

Il s'agit ici de couper les bulbes en cubes très fins. À l'aide d'un couteau bien aiguisé (voir p. 125), il faut d'abord retirer leurs extrémités et les pelures, sans entamer la pulpe, puis couper l'oignon ou l'échalote en deux et les mettre à plat. On les coupe alors à l'horizontale en tranches fines, en les maintenant fermement d'une main, avant de les tourner d'un quart de tour et de recouper à la verticale, une fois dans un sens, une fois dans l'autre. Cette technique permet d'obtenir de tout petits cubes.

Émincer condiments et légumes

❁ Émincer consiste à tailler en tranches très fines.

❁ L'ail se découpe au couteau sur une planche (pensez à ôter le germe). Pour le cas où toutes les gousses émincées ne seraient pas utilisées, il suffit de les saupoudrer de sel et de les écraser : la purée d'ail ainsi obtenue se conserve très bien au frais pendant 3 semaines, dans un récipient hermétique. Vous pouvez aussi la congeler.

❁ Pour émincer des piments, il est préférable d'employer des ciseaux, car le contact direct avec les doigts peut être irritant pour la peau.

❁ Quant aux pommes de terre ou tranches de courgettes destinées à un gratin, l'idéal est d'utiliser une râpe à légumes (mandoline), qui donne des tranches bien régulières.

Hacher ail, oignon et fines herbes

❁ Pour hacher des aromates, que ce soient des bulbes ou des herbes, il existe un ustensile bien pratique : le hachoir à main (voir encadré ci-contre). Pelez les bulbes et préparez les herbes (lavez-les et séchez-les). Procédez ensuite sur une planche à découper, en tenant l'instrument à deux mains et en lui imprimant un mouvement de balancier. Au fur et à mesure du travail, avec l'aide de la lame, rassemblez le hachis d'aromates de manière à continuer le mouvement et à affiner la consistance, selon les besoins.

Nos grands-mères faisaient

Le hachoir à main

▪ Nos grand-mères se servaient de cet accessoire pour hacher en un tour de main ail, oignons, échalotes et fines herbes. Grâce à sa lame courbe et à ses deux poignées, il permet de travailler sans bruit et aussi bien qu'avec un appareil électrique. Le tout pour un coût modique (une vingtaine d'euros).

▪ Les anciens modèles, que l'on peut encore dénicher dans les vide-greniers, possèdent souvent une lame en acier : elle doit être aiguisée régulièrement, avec une pierre à fusil, et huilée, pour éviter qu'elle ne rouille. Les hachoirs à main actuels sont, pour la plupart, en Inox et demandent donc moins d'entretien.

❁ Il est également possible d'utiliser un petit mixeur électrique. Toutefois, pour éviter que le hachis ne se transforme en bouillie, il vaut mieux opérer en plusieurs fois, par courtes pulsions.

Blanchir des légumes

❁ Certains légumes comme les choux (et notamment le chou-fleur et le chou de Bruxelles) gagnent à être plongés 1 à 2 minutes dans de l'eau bouillante avant d'être passés sous l'eau froide, pour arrêter la cuisson. Ainsi blanchis, ils deviennent plus digestes, car cela élimine une partie des composés soufrés volatils. Pour que le chou-fleur conserve sa belle couleur blanche, certains recommandent d'ajouter un peu de lait dans l'eau salée.

Étuver des légumes

❁ L'étuvage est un procédé qui consiste à cuire les légumes dans un récipient pourvu d'un couvercle hermétique (cocotte en fonte, sauteuse à bords hauts ou poêle antiadhésive), afin d'empêcher que le jus de cuisson ne

Les bons gestes

Préparer tomates et écorces confites

Voici deux délicieuses recettes pour accompagner plats et desserts :

■ **Tomates confites** (allongées, de type olivette ou roma) : coupez les tomates en deux, puis épépinez-les avec soin. Retournez-les sur un papier absorbant afin d'éliminer l'excédent de jus. Versez 1 filet d'huile d'olive sur la plaque du four et disposez-y les tomates bien égouttées. Saupoudrez-les de sel, de poivre et de sucre, parsemez-les d'herbes (origan, thym) et arrosez-les de nouveau avec 1 filet d'huile. Enfournez le tout dans le four préchauffé à 180 °C (th. 6) et laissez cuire 2 h 30. Conservez les tomates confites dans un bocal hermétique, recouvertes d'huile d'olive. Elles se conservent presque indéfiniment, l'important est qu'elles soient toujours couvertes d'huile et que celle-ci ne soit pas rance.

■ **Écorces confites** (oranges, citrons, mandarines, bergamotes) : prélevez les écorces (zestes) des fruits au couteau, sans entamer la peau blanche amère (elle doit rester sur le fruit), et taillez-les en bâtonnets. Mettez-les dans une casserole, couvrez d'eau et laissez-les cuire un quart d'heure. Égouttez-les et pesez-les, puis mettez-les de nouveau dans une casserole, avec le même poids de sucre. Couvrez d'eau et laissez cuire jusqu'à ce que tout le liquide se soit évaporé. Laissez refroidir les écorces confites et enrobez-les de sucre en poudre ou plongez-les dans du chocolat noir fondu.

s'évapore. Il permet ainsi de conserver les précieux sucs. Tous les légumes riches en eau se prêtent bien à ce mode de cuisson : endives, courgettes, tomates, aubergines, champignons…

Faire dégorger des légumes

Certains légumes, comme les concombres, mais aussi les tomates ou les champignons, peuvent nécessiter d'être dégorgés afin d'éliminer l'excédent d'eau. Pour ce faire, on les saupoudre de gros sel avant de les laisser rendre leur jus, pendant environ une demi-heure. Ils doivent ensuite être bien égouttés, pressés ou épongés dans du papier absorbant. Il ne reste plus, alors, qu'à les cuisiner ou les assaisonner.

Pocher

Il s'agit de cuire les aliments en les plongeant dans un liquide frémissant (eau, court-bouillon, lait, vin, sirop), sans jamais les faire bouillir (leur texture en pâtirait, c'est là tout l'art !). Cette technique convient aux poissons, à la volaille (ainsi, la fameuse poule

Les bons gestes

Les différents modes de cuisson

Toutes les cuissons ne se valent pas pour limiter l'apport en matières grasses et préserver les qualités nutritionnelles des aliments.

- **Cuisson à l'eau.** Cette cuisson ne nécessite pas de matières grasses, mais elle génère des pertes importantes en vitamines et minéraux, ceux-ci se diluant dans l'eau.
- **Cuisson à la vapeur.** Elle a l'avantage de mieux préserver non seulement les saveurs, mais aussi la valeur nutritionnelle des aliments. Veillez à ne pas cuire les aliments trop longtemps, pour éviter de dégrader les vitamines et minéraux. De ce point de vue, les cuit-vapeur sous pression (Cocotte-Minute) permettent de réduire le temps de cuisson.
- **Cuisson à la poêle ou au wok.** En faisant sauter les aliments dans un peu de matière grasse, on obtient une cuisson rapide, qui limite la perte de vitamines. Veillez à choisir un corps gras adapté (voir p. 197) et réglez la puissance de votre brûleur ou plaque de cuisson de manière que les aliments ne brûlent pas, ce qui dégagerait des composés toxiques. Pour limiter l'absorption d'huile par certains légumes (pommes de terre sautées, aubergines…), il est conseillé de les faire cuire au préalable à la vapeur.
- **Cuisson mijotée.** Cette cuisson longue mais douce permet de jouer avec les saveurs. Si vous faites d'abord revenir les aliments dans de la matière grasse, vous pouvez alléger le plat en jetant la graisse avant d'ajouter, éventuellement, un liquide pour poursuivre la cuisson.
- **Cuisson au four.** Économe en matières grasses, elle présente l'inconvénient d'être longue, ce qui nuit à la qualité nutritionnelle des aliments ainsi apprêtés. Pensez aux papillotes, qui préservent mieux les nutriments.
- **Cuisson au micro-ondes.** On n'y pense pas toujours, mais la cuisson au micro-ondes respecte bien tant les saveurs que les apports nutritionnels. N'hésitez pas, ainsi, à tester la cuisson à la vapeur.

au pot d'Henri IV), aux œufs (jaunes et entiers), aux blancs en neige.

❁ Pocher un œuf demande un peu d'adresse : n'hésitez pas à vous exercer !

✓ Cassez l'œuf dans un bol, approchez celui-ci de la casserole d'eau frémissante et versez-y l'œuf d'un coup.

✓ Laissez coaguler le blanc, puis recouvrez le jaune avec le blanc.

✓ Laissez-le cuire 3 minutes, puis sortez-le avec une écumoire et plongez-le 30 secondes dans de l'eau froide, pour arrêter la cuisson.

✓ Après l'avoir épongé dans du papier absorbant, ôtez les filaments blancs avec des ciseaux.

Braiser

❁ Le braisage est une technique de cuisson longue, au four ou en cocotte, dans un récipient épais fermé et pas trop grand, pour limiter l'évaporation. La fonte est un matériau de choix, car elle permet une bonne conduction et un maintien optimal de la chaleur. On commence par saisir les aliments à braiser sur feu vif, afin qu'ils colorent légèrement, avant d'ajouter un peu d'eau ou de bouillon, puis on laisse mijoter à feu plus doux. La cuisson braisée convient particulièrement à la viande de bœuf et de porc, au poisson (saumon, lotte), mais aussi à certains légumes (chou, fenouil, poireaux, carottes et endives – voir la rubrique « Étuver des légumes » p. 170).

Frire

Lorsqu'on utilise une friteuse électrique, il est bon de se rappeler que la température baisse de 10 °C dès qu'un aliment est plongé dans le bain d'huile. Il faut donc l'ajuster en conséquence. Pour savoir si la friture est à la bonne température, l'astuce consiste à y jeter un morceau de pain. Des bulles doivent se former à la surface. Si le pain brunit, c'est que l'huile est trop chaude. Dans ce cas, on baissera le feu, puis on recommencera le test quelques instants plus tard. Attention: il est déconseillé de saler en cours de cuisson, au risque de provoquer des éclaboussures d'huile et d'occasionner des brûlures. Si l'huile vient à prendre feu, on étouffera les flammes avec un torchon, surtout pas avec de l'eau. En ce qui concerne le choix de l'huile de friture, voir p. 199.

Attention à l'acrylamide, un composé chimique qui se forme lors de la cuisson (supérieure à 120 °C) d'aliments riches en amidon ou en sucres, telle la pomme de terre. Pour minimiser les risques, il est préférable de prendre quelques précautions avant la cuisson: utiliser des pommes de terre de gros calibre conseillées pour la friture; une fois celles-ci découpées, faire tremper les frites dans de l'eau chaude pendant 10 minutes, puis les sécher.

Flamber

Le flambage est non seulement spectaculaire, mais il apporte aussi beaucoup au goût. On fait chauffer un petit verre d'alcool fort (rhum, eau-de-vie, Grand Marnier, cognac) dans une casserole, puis, hors du feu, on l'enflamme avec une allumette avant de le verser sur le plat. L'alcool va s'évaporer et seul son parfum subsistera. Quelques précautions sont requises, l'alcool en flammes pouvant provoquer un incendie. Il est ainsi conseillé de couper l'aspiration de la hotte pendant l'opération et de garder un couvercle à portée de main, pour étouffer la flamme si besoin.

Rôtir une viande

Cette technique très ancienne et fort prisée consiste à cuire une pièce de viande (rôti de bœuf, gigot d'agneau, poulet entier) à feu vif au four. Pour que la viande reste bien tendre, il est recommandé de la sortir du réfrigérateur au moins 1 heure à l'avance, mais aussi de l'arroser régulièrement avec son jus pendant qu'elle rôtit. Pour vérifier que la viande est correctement cuite, on peut employer un thermomètre culinaire, à piquer dedans dès le début de la cuisson, ou simplement y enfiler une longue aiguille métallique (à tricoter) – cette dernière doit ressortir mouillée de jus si la pièce est rosée à cœur, sèche si elle est cuite à point.

Dégraisser une sauce

L'astuce, pour dégraisser une sauce, est de la laisser reposer le temps que la graisse et le jus se séparent: il suffit alors de prélever la graisse remontée en surface à la cuillère pour ne conserver que le meilleur, à savoir les sucs de viande. On obtient ainsi un fond de sauce. On peut également utiliser un morceau de papier absorbant ou passer une tranche de pain à la surface. Autre solution: laisser figer la graisse et retirer la couche solidifiée avec une cuillère. ■

C'est malin !

Des marinades pour la cocotte et le gril

- En matière de marinade, il faut savoir que plus une viande marine longtemps, meilleure elle est! Prévoyez donc de la faire macérer plusieurs heures avant de la cuisiner en cocotte ou au barbecue et de la recouvrir totalement afin qu'elle s'imprègne bien de la marinade.
- Le bœuf cocotte se marie bien avec le vin, sans oublier du thym (1 belle branche), du laurier (1 à 2 feuilles), des carottes (2 à 3, coupées en rondelles) et 1 oignon piqué de clous de girofle. La chair du porc, elle, s'harmonise avec le goût de la bière.
- Pour une cuisson au barbecue, n'hésitez pas à varier les saveurs. Faites ainsi mariner le bœuf dans de l'huile d'olive vierge, très parfumée, avec des herbes de Provence, du basilic, de la moutarde, de l'ail écrasé, du sel et du poivre; attention toutefois, cette cuisson pouvant produire des composés potentiellement cancérogènes, pensez à retirer le gras des viandes et ne mangez pas les parties noircies.
- Pour un poisson, vous pouvez préparer une marinade à base de sauce de soja et d'eau, à parts égales, et ajouter un peu d'huile de sésame, particulièrement aromatique, un jus de citron vert, quelques lamelles de gingembre, de l'ail écrasé, un trait de vinaigre de xérès ou de sirop d'érable. Faites-le cuire de préférence en papillote, pour éviter qu'il n'attache.

Prévenir ou rattraper les ratages culinaires

Vous avez trop salé votre bourguignon ou raté la mayonnaise de vos œufs mimosa ? Pas d'inquiétude ! En cuisine, on peut toujours trouver une solution, ou presque, pour rattraper un geste malheureux ou un accident de préparation. Le mieux étant, bien sûr, d'y parer en adoptant les bons procédés et astuces, ceux-là mêmes qui font la différence dans l'assiette. Les divers conseils donnés ici vont vous permettre de cuisiner en toute facilité… et tranquillité.

Les bons gestes

Ces petits plus qui font la différence

- **Un steak dans l'aloyau ou une entrecôte savoureux sans ajout de matière grasse :** l'astuce consiste à faire fondre la graisse présente sur les bords en tenant la pièce de viande avec une fourchette et en la faisant tourner sur la tranche. Une fois la graisse rendue dans la poêle, vous aurez assez de matière grasse pour faire griller la viande des deux côtés sans ajouter d'huile – malin !
- **Un ragoût onctueux :** pour donner du corps à une sauce, rien de tel qu'un pied de veau ou de porc (plus facile à se procurer et moins cher). La consistance gélatineuse obtenue évite l'usage de farine.
- **De la volaille très tendre :** avant de la cuire, vous gagnerez à la faire mariner dans du lait, avec 1 à 2 cuillerées à soupe de jus de citron, pendant au moins 1 heure. Le procédé vaut notamment pour les escalopes de dinde, souvent un peu sèches.
- **Une poule au pot réussie :** veillez à choisir une poule et non un poulet, qui cuirait trop vite. De même, il est préférable de cuire la viande seule jusqu'à ce qu'elle s'attendrisse, puis d'ajouter les légumes.

Poisson

- Quand on connaît quelques astuces, le poisson n'est pas plus difficile à préparer qu'un plat de viande. Laissez-vous donc tenter, d'autant que sa chair digeste et délicate est très appréciable.
- Dessaler : qu'il s'agisse de morue, haddock ou anchois, il est préconisé de faire dessaler leur chair dans du lait, de préférence, ou de l'eau. Faites-les tremper dans un plat creux, en renouvelant le bain 2 à 3 fois à 4 heures d'intervalle. Pour réduire le coût, vous pouvez commencer par dessaler à l'eau (2 fois), puis terminer par un bain de lait.
- Pour une morue bien blanche : une fois qu'elle est dessalée, vous obtiendrez une chair bien blanche en la pochant non pas à l'eau, mais au lait.

- Éviter que les filets ne se défassent pendant la cuisson : trempez-les dans un mélange d'eau et de citron 5 minutes avant de les faire cuire.
- Éviter que le poisson ne colle au fond de la poêle : pour prévenir cet inconvénient, on conseille généralement de le fariner avant cuisson.

Viande

- Cuisiner la viande est un art si on veut la garder tendre et savoureuse : suivez nos conseils de chef !
- Émincer la viande crue en fines lamelles : certaines recettes (marinades, bouillons, plats asiatiques) demandent de couper la viande très finement. Pour vous faciliter la tâche, placez-la 1 heure au congélateur – sa chair durcie se découpera beaucoup plus aisément.

Le carpaccio : à émincer aussi fin que possible

> ### C'est malin !
> **Des sauces à portée de main**
> ▪ La congélation a du bon : pensez à mettre vos petits restes de sauce dans un bac à glaçons, puis congelez le tout. Vous n'aurez plus qu'à les consommer au gré de vos besoins, sans faire de gâchis !

❁ Bien saisir une viande : il importe d'abord de l'éponger avec soin, à l'aide de papier absorbant, puis de bien faire chauffer l'huile dans la poêle. En effet, l'excès d'humidité dans la viande provoque de la vapeur et l'empêche de griller rapidement.

❁ Garder un rôti moelleux : pour que la viande conserve tout son jus, prenez soin de la laisser reposer sur une planche quelques minutes avant de la découper.

❁ Déguster une viande juteuse : on recommande de toujours saler la viande en fin de cuisson seulement, afin d'éviter qu'elle ne perde son jus et ne durcisse.

Sauces

❁ La sauce est souvent ce qui rend un plat attrayant, pourvu qu'elle soit réussie. Si sa saveur ou sa consistance laissent à désirer, voici quelques parades pour l'accommoder au mieux !

❁ Rattraper une sauce au vin trop forte : dans ce cas, il faut laisser cuire plus longtemps de façon que le vin puisse s'évaporer et moins imprégner la sauce de ses arômes. Vous pouvez aussi biaiser en ajoutant des tomates, ce qui modifiera la saveur finale et, partant, corrigera l'erreur. Cette astuce est valable aussi bien pour les sauces au vin blanc que pour les sauces au vin rouge.

❁ Rattraper une sauce trop salée : avoir la main lourde sur le sel est un défaut courant en cuisine ! Pour rattraper votre sauce, plusieurs astuces s'offrent à vous. Vous pouvez ajouter 1 ou 2 pommes de terre crues qui, en cuisant, vont absorber le sel. À défaut, un quignon de pain rassis ou un oignon coupé en deux conviendront également. Sinon encore, plongez un sachet de riz prêt à cuire dans la sauce, que vous jetterez en fin de cuisson : il aura absorbé une partie du sel. Vous pouvez aussi ajouter un morceau de sucre, ce qui tempérera le goût salé. Autre option plus radicale : passer le plat au tamis, pour éliminer le maximum de sauce, et le remettre à cuire avec un peu de matière grasse et d'eau.

❁ Rattraper une sauce trop liquide : pour lui redonner de la consistance, mélangez 1 cuillerée à soupe de fécule de maïs ou de farine de blé avec un peu d'eau. Incorporez le tout à la sauce et faites bouillir quelques minutes, le temps qu'elle épaississe. Vous pouvez aussi ajouter 1 cuillerée à soupe de purée en flocons à votre sauce, puis remuer pour lier le tout.

Rattraper une sauce trop épicée : la première astuce consiste à l'allonger. Pour ce faire, préparez une sauce équivalente, mais avec très peu d'épices, et mélangez-la petit à petit avec la première jusqu'à obtenir la saveur désirée. Autre possibilité : l'adoucir et changer sa texture en ajoutant, au choix, de la crème fraîche, du lait, du yaourt nature ou du fromage blanc. À défaut de produits laitiers, on peut y incorporer un peu de sucre ou de miel pour atténuer le piquant.

Rattraper une mayonnaise ratée : ne monte pas la mayonnaise qui veut ! Si vous la ratez, mélangez de nouveau 1 jaune d'œuf avec 1 grosse cuillerée à soupe de moutarde et 1 pincée de gros sel, en fouettant. Incorporez le tout à la mayonnaise ratée, petit à petit, en fouettant vivement – surtout, veillez à battre toujours dans le même sens, ce qui évite à l'émulsion de se déliter.

Tempérer l'acidité d'une sauce à la tomate : si votre sauce vous semble trop acide, il suffit d'y ajouter 1 pincée de sucre.

Rattraper un condiment trop vinaigré : que ce soient une vinaigrette ou un ketchup maison, par exemple, vous atténuerez leur acidité en y ajoutant un peu de bicarbonate de soude (1 cuillerée à café).

Légumes

De beaux légumes après cuisson, voilà qui flatte autant l'œil que les papilles. Encore faut-il qu'ils soient cuits à point et savoureux !

Éviter que des légumes crus ne s'oxydent à l'air : prenez soin de les arroser avec du jus de citron au fur et à mesure de l'épluchage, surtout si vous en préparez beaucoup.

Bon à savoir

Vinaigrette : varier les saveurs

- Pour une petite touche d'exotisme, n'hésitez pas à ajouter 1 pincée de curry à votre vinaigrette. Pour un parfum à la fois anisé et zesté, vous pouvez y incorporer de fines lamelles de fenouil cru, que vous couperez à la mandoline (voir encadré p. 169), ainsi que des écorces d'orange émincées en julienne.
- Dans la même correspondance d'arômes, vous pouvez aussi remplacer le vinaigre par le jus d'un demi-pamplemousse. Il n'y a plus qu'à y ajouter un peu d'huile d'olive, du sel et du poivre.
- Un simple trait d'huile d'olive et de vinaigre balsamique suffit à relever la saveur piquante d'une salade de roquette. Quelques grains de gros sel en plus donneront du croquant.

Empêcher que les légumes verts ne perdent leur couleur à la cuisson : il est conseillé de les cuire sans excès dans de l'eau salée. Si vous les servez en salade, une fois cuits, égouttez-les rapidement et plongez-les aussitôt dans de l'eau glacée : ce chaud-froid va bloquer la chlorophylle. Le bicarbonate de soude est également réputé pour préserver tant la couleur que la saveur des légumes verts : n'hésitez pas à en ajouter 1 pincée dans leur eau de cuisson.

Empêcher les aubergines d'absorber l'huile de cuisson : l'aubergine est savoureuse, mais aussi très gourmande en huile ! Pour pallier ce défaut, faites dégorger les lamelles avec du gros sel (le sel contribue à réduire l'absorption d'huile), puis épongez-les dans du papier absorbant et, enfin, cuisez-les à la vapeur avant de les dorer rapidement. Pour ce faire, utilisez une poêle antiadhésive, ce qui limitera l'ajout d'huile, et graissez-la sans excès en utilisant, par exemple, un pinceau (voir aussi p. 198) ou un vaporisateur.

❁ Éviter que les légumes secs (haricots blancs, lentilles…) ne soient durs après cuisson: il est préférable d'ajouter le sel seulement à mi-cuisson, car un salage précoce tend à durcir l'enveloppe des légumes secs. Vous pouvez aussi incorporer en même temps 1 ou 2 tomates, qui donneront du goût et du moelleux à votre plat.

❁ Empêcher les tomates farcies d'éclater: si vous découpez le chapeau du côté opposé au pédoncule, la tomate se tiendra tout de suite mieux pendant la cuisson! Il fallait y penser…

❁ Éplucher facilement les poivrons: ne vous précipitez pas! Mettez vos poivrons au four préchauffé à 220 °C (th. 7-8) pendant une vingtaine de minutes, puis enfermez-les dans du papier absorbant humide et laissez-les tiédir. Ils seront alors très faciles à peler.

❁ Préserver la couleur des artichauts: ajoutez un jus de citron dans l'eau avant cuisson.

❁ Atténuer l'amertume des endives: on préconise d'une part de creuser leur base sur 2 à 3 cm pour ôter le trognon et, d'autre part, d'ajouter un morceau de sucre dans la cocotte. Après cuisson, vous pouvez également tempérer leur saveur avec un peu de jus d'orange.

C'est malin !

Des asperges pleines de goût

▪ Ces dames donneront le meilleur d'elles-mêmes si, après les avoir pelées, vous les enrobez d'un mélange de sucre en poudre et de sel (à parts égales). Laissez-les s'imprégner pendant une dizaine de minutes, puis rincez-les et préparez-les selon la recette choisie. Il est inutile de rajouter du sel à la cuisson.

❁ Rattraper un plat de légumes trop amer: pour la ratatouille ou le tajine citron et olives, par exemple, on peut neutraliser l'amertume en ajoutant 1 pincée de sucre, de cumin, de cannelle ou quelques pistils de safran.

Faire mûrir un avocat pour le consommer rapidement

❁ Ce légume-fruit ne s'apprécie pleinement que mûr à point, ce qui, quand il est vert, demande plusieurs jours.

❁ Pour accélérer le processus, il est recommandé de l'envelopper dans du papier journal et de le conserver dans une pièce tempérée, à au moins 22 °C. Il faut alors compter de 24 à 48 heures pour qu'il mûrisse. On peut également l'enfermer dans un sac en plastique avec une banane ou une pomme (sans le pédoncule) ou le placer dans une corbeille, niché au milieu de ces fruits. Les bananes ont la propriété de dégager naturellement de l'éthylène, un gaz qui active le mûrissement. La pectine des pommes a le même effet.

❁ À défaut de le faire mûrir, vous pouvez l'attendrir! Le procédé demande 24 heures.

Nos grands-mères faisaient

Les secrets du gratin dauphinois

Rien de tel qu'un bon plat traditionnel pour enchanter ses dîners ! Voici la recette du gratin dauphinois comme le préparaient nos aïeules.

- L'idéal est de choisir une variété de pommes de terre à la fois fondantes et de bonne tenue à la cuisson, comme la charlotte ou l'amandine (1 kg pour 4 à 6 personnes). Les roseval, plus fermes, conviennent aussi, mais elles seront plus longues à cuire. Il vaut mieux éviter les pommes de terre à purée, qui risquent de se défaire à la cuisson.
- Coupez-les avec une mandoline (voir encadré p. 169) en rondelles de même épaisseur, de façon à assurer une cuisson homogène.
- Frottez votre plat avec une gousse d'ail : elle parfumera subtilement votre gratin.
- Mélangez 50 cl de crème (liquide ou épaisse) et 50 cl de lait. Choisissez-les entiers pour un gratin moelleux ou demi-écrémés pour un plat plus léger.
- Vous pouvez éventuellement ajouter du fromage râpé (gruyère, comté ou beaufort, 200 g environ) entre les couches de pommes de terre ou simplement sur le dessus. Votre gratin n'en sera que plus gourmand !

La cuisson peut se faire de deux manières, un mode long (classique) et un mode court.

- Pour une cuisson traditionnelle, disposez les rondelles de pommes de terre dans le mélange de lait et crème. Enfournez à 150 °C pendant 1 h 30 à 2 heures. Faites gratiner sous le gril 5 minutes en fin de cuisson.
- Pour gagner du temps, vous pouvez d'abord faire cuire les pommes de terre en cocotte dans le lait, les égoutter et les napper de crème avant de les enfourner. Laissez au four une demi-heure pour qu'elles absorbent la crème. Le gratin sera cependant moins fondant.

Placez l'avocat 20 secondes au micro-ondes à pleine puissance, la pointe dirigée vers le centre de l'appareil. Renouvelez l'opération 2 fois à 8 heures d'intervalle. Entre les deux, laissez l'avocat à température ambiante dans un lieu assez chaud. Vous pourrez ainsi l'utiliser rapidement pour préparer un guacamole, par exemple, mais il conservera sa saveur « verte ». Dans ce cas, n'hésitez pas à ajouter un peu d'épices (cumin, paprika, piment) à la pulpe écrasée, comme le veut, du reste, l'authentique recette mexicaine. Si vous ne pouvez pas attendre, mixez sa chair avec un peu de jus de citron et relevez le tout comme indiqué précédemment.

Salade

- Une bonne salade et c'est un peu de printemps dans votre assiette !
- Empêcher la salade de « cuire » : il faut éviter d'ajouter la vinaigrette longtemps à l'avance et ne mélanger la salade qu'au moment de servir. Des précautions qui valent notamment pour les jeunes pousses, particulièrement tendres.
- Éviter que la salade ne se flétrisse trop vite : prenez soin de la ranger au bas de votre réfrigérateur, emballée dans un sac en papier. De même, il est toujours préférable de la laver au dernier moment, juste avant de l'utiliser. Il en va de sa fraîcheur !

Pommes de terre

- Ce petit tubercule doit sa popularité à son prix modique et aux nombreux apprêts qu'il offre. De fait, c'est un des légumes les plus goûteux quand on sait l'accommoder !
- Une purée bien moelleuse : après avoir égoutté et écrasé les pommes de terre à sec, refaites-les chauffer dans la casserole couverte à feu très doux, pendant 5 minutes. Elles vont ainsi bien sécher et se gorgeront uniquement du lait et du beurre (ou de la crème) que vous leur ajouterez. La purée obtenue sera moelleuse à souhait.

- Des pommes dauphine ou des frites croustillantes : avant de frire les pommes de terre, mettez-les à tremper, crues, dans de l'eau froide pendant au moins une demi-heure.

Ail, oignons, fines herbes et compagnie

- Tous ces petits condiments n'ont pas leur pareil pour sublimer le goût des préparations : usez-en généreusement, mais avec art !
- Éviter que les échalotes poêlées ne deviennent amères : l'échalote n'aime pas le feu vif, qui la fait noircir et lui donne de l'amertume. Aussi, veillez à la faire suer toujours à feu très doux, elle révélera toute sa délicate saveur sucrée.

- Empêcher les herbes de se disperser quand on les hache : si vous saupoudrez votre planche à découper de sel fin, il retiendra les herbes – malin !
- Empêcher l'ail de brunir à la cuisson : il est préférable de le faire fondre émincé plutôt que haché, ce qui lui évite de brunir trop vite.
- Éplucher des oignons sans pleurer : l'oignon a la triste réputation de faire pleurer, à raison, mais les astuces ne manquent pas pour y remédier. Lorsqu'on coupe un bulbe, les sucs s'échappent de la chair et viennent irriter tant les voies respiratoires que les yeux. Pour contrer ce phénomène, placez les oignons un quart d'heure au réfrigérateur avant de les éplucher : le froid réduit l'effet de projection et d'émanation des sucs. Vous pouvez aussi peler et couper vos oignons sous le jet du robinet ou dans une bassine d'eau. Autre astuce : procéder à côté d'une bougie allumée ou sous une hotte de ventilation ; la flamme et l'air ventilé absorberont une partie des sucs irritants. Sinon, mâcher du chewing-gum en ouvrant la bouche ou respirer de façon soutenue, la bouche ouverte, contribueraient également à limiter le phénomène. Les molécules lacrymales se concentreraient sur l'humidité expirée et, partant, n'atteindraient pas les yeux. Dans tous les cas, utilisez un couteau bien aiguisé (voir p. 125).

C'est malin !

Récupérer des pâtes racornies

- Des pâtes racornies sont peu appétissantes… Pour leur redonner de la tenue, versez de l'eau bouillante dessus, attendez un peu qu'elles soient chaudes et aient repris un aspect normal, puis égouttez-les à nouveau. Elles seront prêtes à être dégustées !

Éviter que les pâtes ne collent

- C'est l'amidon contenu dans les pâtes qui les fait coller entre elles.
- Pour éviter ce phénomène, on préconise de verser 1 cuillerée à soupe d'huile d'olive sur les pâtes égouttées et non dans l'eau de cuisson, car l'huile n'étant pas hydrosoluble, elle remonte en surface et n'enrobe donc pas les pâtes.
- Pensez aussi à remuer régulièrement en cours de cuisson. Et pour tester cette dernière, n'hésitez pas à goûter : quand les pâtes deviennent souples et ne présentent qu'une légère résistance à cœur, c'est qu'elles sont al dente. Au-delà de ce point de cuisson, la consistance se fait farineuse et les pâtes, adhérentes. On peut également les cuire 1 minute de moins que le temps indiqué sur le paquet et terminer leur cuisson dans une casserole garnie de sauce (sauce tomate, sauce au pistou, crème…). En enrobant les pâtes, elle les empêchera de coller.

Éviter que le fromage ne s'assèche ou ne prenne l'humidité

- Le mieux est de ranger le fromage dans une boîte en carton (et non en plastique) au bas du réfrigérateur. Le carton régule l'humidité et assure une température optimale. Ce matériau absorbant l'humidité, il faut veiller à changer la boîte régulièrement. À défaut, mettez un morceau de pain rassis ou une feuille de papier absorbant au milieu de vos fromages, qui contribueront à absorber l'humidité. Pour les mêmes raisons, il est conseillé de les garder emballés dans leur papier d'origine. Enfin, si vous possédez une cave, c'est l'endroit idéal pour conserver le fromage.

Œufs

- Cuit à l'eau, poêlé en omelette, incorporé à un gâteau, l'œuf se prête à toutes les préparations ! Quelques conseils pour en faire le meilleur usage.
- Éviter qu'un œuf ne se vide dans l'eau de cuisson : pour parer à toute fuite, on recommande d'ajouter 1 pincée de sel ou 1 trait de vinaigre à l'eau de cuisson. En cas de choc thermique ou de coquille fragile, le blanc coagulera et ne s'échappera pas.
- Savoir reconnaître rapidement la fraîcheur des œufs : on ne voit pas toujours la date de péremption inscrite sur leur coquille. Pour tester leur degré de fraîcheur, il suffit de les plonger dans l'eau. Si l'œuf reste au fond, c'est qu'il est frais. Un œuf qui se met debout n'est plus très frais, mais reste consommable bien cuit. S'il flotte, vous pouvez le jeter sans hésiter. Une autre astuce consiste à écouter le son qu'il produit quand on le remue. Tendez l'oreille ! Un œuf frais ne fait aucun bruit. Vous percevez un léger ballottement ? C'est qu'il a perdu en fraîcheur. En cas de clapotement, l'œuf est totalement gâté et bon à mettre à la poubelle…
- Conserver la fraîcheur des œufs plus longtemps : pour protéger la coquille de l'air, n'hésitez pas à badigeonner vos œufs d'une fine couche d'huile végétale, au pinceau. Ils se garderont ainsi mieux.
- Éviter qu'une omelette n'attache : pensez à ajouter un peu d'huile ou de matière grasse à vos œufs battus.

Crèmes dessert

- Elles ponctuent le repas des plus gourmands. Raison de plus pour ne pas les rater !
- Parfumer rapidement une crème cuite : frottez plusieurs morceaux de sucre directement sur la peau (zeste) d'un citron ou d'une orange

C'est malin !

Bien presser un citron ou une orange

- Pour pouvoir exprimer le maximum de jus, faites d'abord rouler l'agrume sur le plan de travail en le pressant avec votre paume ou passez-le 10 à 15 secondes au micro-ondes, à pleine puissance. Vous pouvez aussi le faire tremper une vingtaine de minutes dans de l'eau bouillante avant pressage.

lavés au préalable jusqu'à ce qu'ils soient sur le point de fondre et s'imbibent de leur parfum. Incorporez ce sucre parfumé dans votre crème.

- Rattraper une crème anglaise qui a tourné : versez-la dans une bouteille en verre, fermez cette dernière et secouez vigoureusement. La crème va reprendre une consistance lisse.

Gâteaux

- Le roi des desserts mérite des attentions particulières si l'on veut qu'il soit délectable à souhait. Voici quelques astuces de pâtisserie pour assurer sa réussite auprès des grands comme des petits !
- Éviter que le fond d'un gâteau ne brûle : intercalez une couche de gros sel entre le moule et la plaque du four. Le sel va faire office de tampon.
- Obtenir un gâteau bien moelleux : remplacez un tiers du sucre par du miel. Vous pouvez aussi ajouter un yaourt nature à votre pâte. Pendant la cuisson, pensez à placer un ramequin d'eau dans le four pour atténuer l'effet desséchant de la chaleur. Enfin, à la sortie du four, n'hésitez pas à arroser votre gâteau (cake ou biscuit) d'un sirop de sucre léger : il lui donnera du brillant tout en le préservant du dessèchement. Pour les mêmes raisons, il est conseillé de l'emballer dans du film alimentaire dès qu'il a refroidi.
- Éviter qu'un gâteau ne retombe à la sortie du four : laissez-le refroidir dans le four entrouvert.
- Empêcher la pâte sablée d'être trop sèche : ajoutez 1 pincée de levure chimique à votre préparation. Cette astuce permet d'attendrir la pâte et de la rendre plus moelleuse.
- Éviter que les fruits secs, confits ou les pépites de chocolat ne tombent au fond d'un gâteau : les pépites de chocolat doivent être bien froides. Quant aux fruits confits ou aux raisins secs, on préconise de les faire macérer dans du jus de fruit ou de l'alcool (rhum, cognac, eau-de-vie), puis de les rouler dans la farine. Amandes et noisettes gagnent quant à elles à être torréfiées : passez-les préalablement au four. Introduisez les différents ingrédients à la fin de la préparation, quand la pâte est prête, et évitez de trop remuer. ■

C'est malin !

Les petits plus pour parfaire ses desserts

- **Dessert aux fraises :** 1 trait de vinaigre balsamique, au goût légèrement sucré, contribue à sublimer leur saveur.
- **Crème Chantilly :** pour une parfaite réussite, utilisez de la crème fluide entière très froide et montez-la également avec des ustensiles très froids – veillez à placer au préalable le récipient et le fouet au réfrigérateur.
- **Caramel :** déposez une couche de sucre en poudre au fond d'une casserole très propre, sans ajouter d'eau. Laissez fondre sans remuer également, pour éviter au sucre de cristalliser. Contentez-vous d'agiter la casserole pour bien répartir le caramel.
- **Meringue bien prise** (4 blancs d'œufs, 100 g de sucre glace) : montez les blancs en neige ferme. Incorporez le sucre glace au dernier moment, quand les blancs commencent à durcir. Continuez à battre le tout jusqu'à ce que le mélange devienne très brillant et « fasse le ruban ». À noter que les blancs en neige n'aiment pas les œufs pondus de la veille. Les œufs qui ont quelques jours conviennent mieux, car ils absorbent plus d'air quand on les fouette et montent donc plus facilement. L'astuce pour un excellent résultat consiste à séparer les blancs des jaunes la veille et à laisser les blancs « reposer » au réfrigérateur dans un bol recouvert de film alimentaire.
- **Crumble irrésistible :** pour une pâte à crumble savoureuse, appliquez le principe du « quatre quarts » : 1/4 de beurre, 1/4 de farine, 1/4 de sucre et… 1/4 de poudre d'amandes. Recouvrez-en les fruits, faites cuire et délectez-vous !

Astuce pour un gâteau moelleux : remplacez un tiers du sucre par du miel

Arts de la table

Côté vin

Comment déboucher facilement une bouteille, savoir s'il faut décanter ou non le vin, lequel choisir pour qu'il s'harmonise à vos plats ? Trouvez les bons accords et réjouissez vos papilles en buvant avec modération ! Sans oublier le champagne qui lui aussi doit être traité avec égard, noblesse oblige !

Bouchon récalcitrant

Mauvaise surprise : vous ne retrouvez plus votre tire-bouchon ou alors, vous avez cassé le bouchon en essayant de le sortir. Il ne vous reste plus qu'à jouer du couteau ! Pour ce faire, prenez un couteau pointu et affûté, que vous enfoncerez progressivement au cœur du bouchon. Pratiquez des petits mouvements d'avant en arrière, d'un côté à l'autre du goulot, de manière à faire pénétrer la lame en profondeur. Puis opérez un mouvement de rotation avec la lame, pour bien la bloquer, et tirez en même temps sur le manche : le bouchon devrait venir avec.

Mise en carafe

Certains vins méritent que leurs arômes s'épanouissent avant le service. Transvasez-les dans une carafe à vin. Il en existe plusieurs modèles, le mieux étant de choisir un fond plat, le plus large possible, afin que le vin puisse bien s'oxygéner.

Les bons accords

Le vin rouge s'harmonise parfaitement avec la viande. Pour un gibier, un gigot d'agneau ou une grillade de bœuf, par exemple, choisissez plutôt un vin puissant, pour soutenir leur généreuse saveur. Les viandes blanches, comme le veau ou la volaille, s'accommodent davantage d'un vin rouge léger. Quant au vin blanc, il est l'allié inconditionnel des poissons, surtout sec ; si vous souhaitez cependant servir un vin rouge avec le poisson, optez pour un vin léger, comme un pinot noir de Bourgogne, servi frais. La charcuterie, enfin, appelle un vin rafraîchissant, qui viendra pallier son goût salé (blanc sec, rouge léger ou rosé).

L'acidité du vinaigre est difficile à concilier avec le vin. Si vous assaisonnez votre salade avec une vinaigrette classique, prévoyez tout simplement une carafe d'eau fraîche.

Idée reçue

La cuillère dans le champagne : efficace ?

▪ Une fois la bouteille entamée, glisser le manche d'une petite cuillère dans le goulot ne sert à rien... Elle n'empêche pas le champagne de s'éventer. L'idéal est de boucher la bouteille avec un bouchon spécial champagne : ses griffes se rabattent sous le goulot et le maintiennent fermement. Sinon, on peut utiliser un simple bouchon de liège, le temps de terminer la bouteille. En effet, une bouteille de champagne ouverte perd en qualité au bout de quelques heures, même lorsqu'on la conserve au réfrigérateur.

❁ Un bon plateau de fromages, en revanche, gagne à être honoré de vin. Ainsi, le vin rouge met en valeur les saveurs rustiques (maroilles, brie, camembert). Les pâtes cuites, ainsi que le chèvre et le fromage frais, se prêtent davantage à la dégustation d'un vin blanc. Les fromages bleus forts, comme le roquefort, se marient particulièrement bien avec les vins blancs moelleux (monbazillac, sauternes...), voire un porto rouge.

❁ Le dessert s'avère toujours d'un accord délicat avec le vin. S'il s'agit d'un dessert fruité, privilégiez des cépages dont les notes correspondent aux fruits utilisés. Par exemple, une tarte au citron, aux pommes ou une tarte Tatin ne dépareront pas, en bouche, avec un muscat, aux accents de citron confit, ou un gewurztraminer, bien fruité. Pour un gâteau au chocolat, préférez un vin doux naturel rouge (porto, banyuls, rivesaltes).

Champagne !

❁ Le bouchon vous résiste ? Un grand vin se fait toujours désirer ! Ne secouez pas pour autant la bouteille : il n'en sortira pas plus vite et le champagne risque de mousser à l'excès. Dégagez doucement le bouchon, en le tirant d'un côté à l'autre du goulot tout en le maintenant avec fermeté. S'il venait à s'échapper trop brutalement, il pourrait occasionner des dégâts au plafond ou sur les murs, voire blesser quelqu'un. Il ne s'agit pas que la fête tourne mal... ▪

C'est malin !

Champagne frappé : comment rafraîchir une bouteille rapidement ?

▪ La solution la plus efficace consiste à mettre la bouteille dans un seau à champagne, avec des glaçons. Le procédé est plus rapide qu'un stockage au réfrigérateur. En outre, une fois la bouteille ouverte, il n'y a plus qu'à la laisser au frais dans le seau. Pour accélérer le processus de rafraîchissement, l'astuce consiste à ajouter du gros sel dans le seau à glaçons : ces derniers vont ainsi fondre plus rapidement et donc refroidir l'eau plus vite.

▪ Il existe également des rafraîchisseurs de bouteille souples, que l'on glisse au congélateur avant d'en entourer la bouteille.

▪ Placer la bouteille de champagne directement au congélateur est déconseillé, car un trop grand froid nuit à sa qualité. Sans compter que, si vous oubliez la bouteille dans le congélateur, elle risque d'exploser.

Côté table

Si, entre amis, on se soucie peu de protocole, connaître quelques règles de bienséance permet de se sentir à l'aise en société, en toute occasion, que l'on reçoive ou que l'on soit invité.

Bien dresser la table

L'usage veut que les couteaux soient placés à droite de l'assiette, tranchant vers l'assiette, et les fourchettes à gauche, dents tournées vers le bas. Si une autre fourchette ou une cuillère sont nécessaires, elles seront placées à droite du couteau, le couvert à utiliser le premier toujours à l'extérieur. Les petites cuillères, pour leur part, se posent entre le verre et l'assiette, manche à droite ; sur les grandes tables, on ne les apporte qu'au moment du dessert. Les verres peuvent être au nombre de deux ou trois. Le verre à eau (le plus grand) se place à gauche du verre à vin. Si vous servez à la fois vin rouge et vin blanc, vous disposerez à droite du verre à eau un verre moyen pour le rouge, puis un plus petit verre pour le blanc. Et si vous prévoyez du champagne, placez la flûte à gauche du verre à eau. Enfin, la serviette se plie elle aussi à certains us ! Pour un déjeuner, on peut la déposer, à plat ou pliée, dans l'assiette alors que pour un dîner, il convient de la poser, pliée en rectangle, à droite des couteaux.

Le bon plan de table

La bienséance, ici aussi, veut que l'on place un homme entre deux femmes : il est censé faire la conversation à ses voisines de table. Si vous avez une majorité d'hommes ou de femmes, faites en sorte d'alterner au mieux. Dans un plan de table « à la française », le maître et la maîtresse de maison sont généralement placés l'un en face de l'autre, chacun accueillant à sa droite les convives les plus importants. Cependant, si vous avez un invité de marque, il prendra la place du maître de maison. Enfin, il est d'usage de toujours séparer les couples, sauf les fiancés et les jeunes mariés de moins d'un an.

Avec ou sans couteau ?

Tradition oblige, on ne doit normalement pas couper le pain avec un couteau, mais le présenter entier, de façon que chacun le rompe avec ses mains. Cependant, le savoir-vivre anglo-saxon nous a légué un de ses usages : poser une panière de pain déjà tranché sur la table ou, mieux encore, placer une soucoupe à gauche de l'assiette pour y déposer un morceau

Les bons gestes

Table de fête

Rouge ! Faites de cette couleur éminemment festive votre thème central et associez-y des touches de blanc et d'or.

- Choisissez donc une nappe rouge et jouez ensuite sur les contrastes. Disposez des assiettes blanches, ajoutez une serviette de même couleur, à plat, et placez au centre les couverts noués d'un ruban rouge. Agrémentez le ruban d'une étiquette marque, que vous confectionnerez dans du papier à dessin, en y apposant le nom de chaque convive.
- N'oubliez pas les verres à pied et une carafe en verre pour l'eau, toujours plus raffinée qu'une bouteille en plastique. Pensez également à agrémenter votre table de quelques coupelles en faïence aux teintes coordonnées (rouges, blanches et dorées), dans lesquelles vous placerez des bougies chauffe-plats ou flottantes. Ces dernières ont l'avantage de ne pas salir les récipients, la bougie fondue se délitant dans l'eau.
- Point d'orgue de votre décor : un bouquet de roses rouges, que vous placerez au centre de la table, dans un aquarium « boule », garni à mi-hauteur de petits cailloux pour aquarium et rempli d'eau teintée au colorant alimentaire – une harmonie parfaite !
- En touche finale, parsemez la nappe d'un semis d'étoiles ou de pastilles dorées ; pour les fabriquer, poinçonnez-les dans de la cartonnette dorée à l'aide d'une perforatrice en forme d'étoile (vous la trouverez dans les boutiques de loisirs créatifs). Vous pouvez également disposer des petits galets (vendus en jardinerie), que vous bomberez préalablement de peinture or.

de pain. Et si vous appliquez les bonnes manières françaises, évitez de rompre de trop gros morceaux afin de ne pas avoir à mordre dedans, ce qui passerait pour vulgaire. Si vous en avez trop pris, gardez-le à côté de votre assiette et cassez ce dont vous avez besoin au fur et à mesure du repas. Rappelons aussi que le pain – et non le couteau – sert à pousser les aliments vers la fourchette.

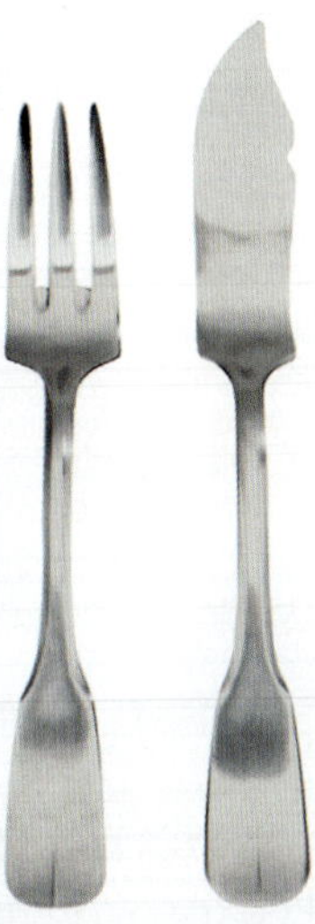

- Le poisson ne se coupe pas au couteau ordinaire, mais avec une fourchette ou un couteau à poisson.
- De même, l'omelette, le foie gras ou les pommes de terre se tranchent avec le côté de la fourchette et non au couteau. Plus généralement, tout aliment qui peut être tranché à la fourchette doit écarter l'usage du couteau.
- Les pâtes, elles, ne doivent jamais être coupées ! Si elles sont trop longues (spaghettis), prenez modèle sur les Italiens : enroulez-les autour des dents de votre fourchette.
- La salade serait également très chiffonnée si vous la coupiez : ayez la délicatesse de la piquer au bout de votre fourchette, en ayant pris soin de la plier. À ce titre, une maîtresse de maison se doit de bien couper les feuilles de salade pour éviter de mettre ses convives dans l'embarras.
- Pour le fromage, on ne garde que le couteau. On s'en sert pour couper des petits morceaux, que l'on dépose sur du pain sans les tartiner.
- Les fruits doivent être pelés à l'aide du couteau et de la fourchette (pommes, oranges, pêches…), sauf le raisin, les petits fruits rouges (fraises, framboises…) et les cerises, qui sont dégustés avec les doigts. ■

SANTÉ

Nutrition

Privilégier les légumes et les fruits

Si les nutritionnistes recommandent de consommer des fruits et légumes, ce n'est pas un hasard ! Ils sont très riches en vitamines et minéraux, ainsi qu'en antioxydants et fibres. Les légumes se distinguent par leur faible apport énergétique ; les fruits, eux, sont un peu plus généreux en glucides mais restent légers. Autant d'atouts qui en font des aliments santé par excellence. C'est pourquoi le Programme national nutrition santé (PNNS) préconise d'en manger au moins 5 portions par jour. L'essentiel reste de varier les apports et apprêts pour ne pas verser dans la monotonie ni la cure...

Les bons gestes

Évaluer une portion de fruits ou de légumes

▪ En termes de repères, on parle de 80 g minimum par portion ou, plus visuel, du volume du poing fermé de la personne concernée. Soit, en moyenne, pour un adulte : 1 louchée de purée, de ratatouille ou de légumes en julienne, 1 pomme ou 1 orange, 1 coupelle de petits fruits, 2 ou 3 abricots, 2 clémentines…

Sortir des sentiers battus

- Osez des mélanges originaux, car la sempiternelle jardinière de légumes ou ratatouille finit par lasser le palais. Voici quelques idées gourmandes pour vous inspirer : haricots verts ou plats cuits puis sautés dans un wok avec tomates, champignons frais émincés, pointes d'asperges, oignon et aromates ; mélange courgette, aubergine et fenouil ; pommes de terre sautées avec artichauts, oignons et champignons, etc. Libre à vous de varier les légumes au gré de vos envies et de votre imagination culinaire, pourvu que vous y trouviez du plaisir !
- Découvrez ou redécouvrez les légumes oubliés, rares ou exotiques : oca du Pérou, christophine, topinambour, panais, persil tubéreux, tétragone, crosne… Ils sont savoureux et chacun apporte son lot de richesses nutritives. Pourquoi pas, même, les cultiver au jardin ? Vous gagnerez encore en arômes.
- N'oubliez pas les crudités et les salades : fruits et légumes apportent davantage de vitamines lorsqu'ils sont consommés crus, une partie d'entre elles partant dans l'eau de cuisson. Profitez notamment de la belle saison pour les décliner à volonté, d'autant que leur fraîcheur s'avère alors très appréciable.

User et abuser des soupes

- Pensez aux soupes chaudes en hiver (entrée idéale pour le soir), froides à l'apéritif (en verrine), glacées en été (type gaspacho). Quel que soit l'apprêt, soupes, consommés et veloutés constituent pour la majorité une bonne source de minéraux et de fibres.
- Attention aux soupes du commerce : certaines sont bourrées d'additifs et pauvres en légumes et elles sont souvent trop salées. Mais on peut en trouver qui sont acceptables, c'est alors une solution quand vous manquez de temps. Mieux vaut un bon velouté du commerce qu'une tranche de pâté… Pour faire le meilleur choix, lisez bien l'étiquette et optez pour les produits contenant le moins d'additifs et le plus de légumes possible.

Panais et topinambours

❁ Coupez les légumes en julienne et, pour préserver leurs qualités nutritionnelles, ne les faites pas trop cuire : une vingtaine de minutes suffit, en général, et si possible à la vapeur.

❁ Intégrez légumineuses (pois chiches, pois cassés, lentilles, haricots) et céréales (grains de blé ou d'épeautre, boulgour) pour épaissir les potages. Onctueux, ces derniers supporteront mieux la congélation que les potages aux pommes de terre qui, eux, ont tendance à se « séparer » une fois décongelés. Et vous changerez, justement, de la traditionnelle pomme de terre…

Bon à savoir

Les compotes : des fibres douces

▪ Les compotes conviennent bien aux personnes qui ont les intestins sensibles, car la cuisson des fruits et leur réduction en purée les rendent plus faciles à digérer. Si tel est votre cas, vous avez tout intérêt à les privilégier en dessert.

Varier les desserts aux fruits

❁ Variez les apports et les plaisirs : comme pour les légumes, chaque fruit a non seulement des qualités nutritionnelles qui lui sont propres, mais aussi une saveur unique. N'hésitez pas à en goûter de toutes sortes ! L'hiver, quand l'offre s'appauvrit, vous pouvez agrémenter vos salades « de saison » de fruits surgelés : leur valeur nutritionnelle est proche de celle des fruits frais et on en trouve une grande diversité (framboise, mangue, ananas, melon…). Dans ces conditions, pourquoi s'en priver ?

❁ Rien ne vaut les compotes maison… alors préparez-les vous-même ! Commencez par faire cuire à la vapeur les fruits choisis (pommes, poires, pêches ou bananes épluchées), puis passez-les à la moulinette et, enfin, incorporez-y une petite pincée d'épices (vanille, cannelle, cardamome, gingembre…) ; vous pouvez légèrement sucrer avec un peu de miel. C'est un régal en soi, mais également délicieux avec un yaourt ou du fromage blanc.

❁ Vous pouvez, de même, préparer des sorbets maison. Une sorbetière n'est pas indispensable : il suffit de ruser un peu… Par exemple, mixez des fruits frais (ou des fruits surgelés l'hiver) avec un peu de fromage blanc, de yaourt ou, mieux, du blanc d'œuf en neige (il donne une texture bien aérée). Sucrez légèrement. Versez la mousse obtenue dans des petits pots (pots de récupération, ramequins…), puis placez le tout au congélateur. Pensez à sortir vos sorbets 10 minutes avant de les consommer. Ce dessert glacé est particulièrement bienvenu en été.

❁ Côté four, les recettes de desserts fruités ne manquent pas : crumbles, tartes, flans, clafoutis… vous n'avez que l'embarras du choix ! Essayez seulement de mettre un peu moins de pâte et de sucre que d'habitude – les fruits en seront d'autant mis en valeur. ▪

C'est malin !

L'agar-agar, allié des fruits et légumes

▪ L'agar-agar est un épaississant à base d'algues, qui a l'avantage d'apporter des fibres solubles, mais très peu de calories. On compte environ 1 cuillerée à café d'agar-agar en poudre pour 1/2 litre de préparation. Il suffit de faire chauffer l'agar-agar avec tout ou partie de la préparation à 40 °C, pendant 1 minute, pour que le dessert fige en refroidissant. Verser dans une jatte ou des récipients individuels, laisser refroidir, puis placer au réfrigérateur pendant au moins 1 heure. La préparation à gélifier peut être une compote de fruits, des fruits frais mixés dans un peu de yaourt, un jus de fruits mixé avec des fruits entiers (fraises, grains de raisin…).

▪ L'agar-agar peut également servir à épaissir des préparations de légumes.

Choisir les bons glucides

Les glucides, ou sucres, sont nos principaux fournisseurs d'énergie. Tous nos organes en ont besoin pour bien fonctionner, notamment les muscles, et surtout le cerveau, qui en consomme beaucoup ! C'est pourquoi ils doivent représenter au moins la moitié de l'apport énergétique de notre alimentation. En sachant toutefois qu'il faut privilégier, non pas les sucres simples des gâteaux et confiseries, mais les glucides complexes, présents principalement dans la grande famille des féculents. Vous trouverez donc ici quelques pistes pour vous aider à faire les bons choix.

Privilégier les féculents

- Les féculents constituent la principale source de glucides complexes. Ils sont très rassasiants et apportent aussi bien des fibres et protéines que des minéraux et vitamines. Qui plus est, ce sont des aliments économiques et faciles à cuisiner. Ils méritent donc de figurer au menu de tous vos repas. Voici cependant quelques conseils pour diversifier vos apports, tant pour le plaisir que pour la valeur nutritionnelle propre à chaque féculent.
- Ne bannissez pas le pain de votre table : c'est un aliment simple, pauvre en matières grasses, qui calme bien la faim. Il fait partie intégrante d'une alimentation équilibrée. Privilégiez le pain complet ou semi-complet, car il est plus riche en fibres, vitamines et minéraux. Et, si vous êtes un inconditionnel de la baguette, préférez la « tradition », de qualité artisanale (farine pure, sans additifs).
- Les légumineuses sont une bonne solution pour varier l'apport en glucides complexes : haricots secs, pois chiches, pois cassés, lentilles… Elles ont l'avantage d'être bien pourvues non seulement en fibres et minéraux,

Bon à savoir

L'index glycémique

- L'index glycémique (IG) mesure la capacité d'un aliment à augmenter la glycémie, c'est-à-dire la quantité (concentration) de glucose dans le sang. Plus l'IG d'un aliment est élevé (plus de 70), plus la glycémie s'élève brutalement ; à l'inverse, plus l'IG est faible, plus l'effet est progressif et étalé dans le temps – la glycémie s'élève moins et moins vite mais plus longtemps.
- Connaître l'indice glycémique des aliments s'avère surtout utile en cas de diabète, le maintien d'une glycémie stable étant alors crucial. Plus généralement, le contrôle d'une glycémie relativement stable peut aider les personnes qui cherchent à perdre du poids, du fait que les pics glycémiques favorisent le stockage du glucose sanguin sous forme de graisse ; il vaut mieux alors qu'elles consomment des aliments à IG bas.
- L'index glycémique d'un aliment est, en réalité, une donnée très relative, car il peut varier considérablement en fonction d'un grand nombre de paramètres. Mais on retiendra que plus un aliment est transformé, plus son IG s'élève ; ainsi, les céréales raffinées, comme le riz blanc ou le pain blanc, ont un IG élevé comparé à celui des céréales complètes. De même, plus un féculent est cuit, plus son IG est élevé : les pâtes *al dente* ont un IG nettement inférieur à celui des pâtes bien cuites.

mais aussi en protéines. Les lentilles ont un profil nutritionnel particulièrement intéressant: plus digestes que les autres légumineuses et très riches en protéines végétales, elles gagneraient à intégrer plus souvent notre table. Alors n'hésitez pas à les cuisiner! Et, pour une meilleure digestion encore, associez-les à des carottes ou à des pommes de terre et assaisonnez-les de cumin, coriandre ou thym, selon vos préférences.

- Pour faire le plein de protéines sans consommer de viande, suivez une tradition culinaire répandue dans le monde entier: mélangez légumineuses et céréales, soit lentilles et riz, semoule et pois chiches, riz et haricots rouges… Une association gourmande et judicieuse!

- Testez des féculents originaux comme le quinoa, l'épeautre ou le boulgour, si prisé dans la cuisine du Moyen-Orient. Et pourquoi ne pas essayer aussi la patate douce, la châtaigne, l'igname…? C'est assurément une grande famille.

- Restent bien sûr les classiques pâtes, riz et pommes de terre. Si vous les appréciez, préférez les pâtes ou le riz complets, qui vous apporteront davantage de fibres et de minéraux. En ce qui concerne les pâtes, adoptez la cuisson al dente, qui permet de maintenir un index glycémique (IG, voir encadré p. 194) raisonnable. Il en va de même pour le riz, surtout si vous présentez un diabète de type 2 – le riz blanc trop cuit a un IG très élevé.

Idée reçue

Les pièges des édulcorants chimiques

- Contrairement aux apparences, les produits «light», sucrés aux édulcorants, et les édulcorants eux-mêmes sont loin de constituer une solution satisfaisante. En effet, ils entretiennent l'appétence pour le sucré et pourraient engendrer un trouble de la régulation du glucose. De plus, leur innocuité est controversée: l'aspartame, l'acésulfate K, la saccharine et les cyclamates pourraient ainsi présenter des risques pour la santé – les édulcorants, d'ailleurs, sont globalement déconseillés aux jeunes enfants.

Bon à savoir

La notion de « calories vides »

▪ Pour beaucoup d'aliments, notamment les biscuits, les industriels mettent en avant leur valeur calorique, avec des arguments fallacieux de type « source d'énergie ». Or, pour couvrir les besoins réels de l'organisme, il faut surtout tenir compte de l'apport en nutriments (minéraux, vitamines, acides gras essentiels…) et en fibres. De ce point de vue, le sucre blanc raffiné et de nombreux aliments industriels sont des « calories vides », c'est-à-dire qu'ils présentent un profil nutritionnel très pauvre malgré une valeur énergétique élevée. C'est le cas des sodas, confiseries, pâtisseries et biscuits, céréales soufflées sucrées, barres chocolatées…

Réduire sa consommation de sucre

❁ Pour vous déshabituer du goût sucré, vous pouvez commencer par les boissons (café, thé, tisane…) et les laitages (yaourt, fromage blanc), qui s'apprécient très bien sans sucre ajouté. Pensez aussi aux épices (vanille, cannelle…) pour relever la saveur des produits laitiers.

❁ Dans les gâteaux ou entremets, n'ajoutez pas d'emblée la dose de sucre indiquée dans la recette, surtout si elle provient d'un ouvrage ancien – nos grand-mères aimaient sucrer généreusement leurs pâtisseries ! Mesurez-en la moitié, ajoutez-le à la préparation, puis goûtez et remettez-en si nécessaire.

❁ Pour limiter l'ajout de sucre dans vos desserts maison sans sacrifier à leur goût, plusieurs ruses culinaires s'offrent à vous. N'hésitez pas à mélanger les fruits acides avec des aliments doux : crème d'avoine ou d'amande, fromage blanc, poire, banane, fraises de variétés douces et sucrées. De même, quand vous préparez une compote un peu acide (abricot, rhubarbe…), mettez 1 pincée de bicarbonate de soude, qui aide à réduire l'acidité. Enfin, ici aussi, recourez aux aromates « sucrés » pour donner du parfum : vanille, fève tonka, cannelle, eau de fleur d'oranger…

❁ Quitte à sucrer, utilisez le miel, qui présente un double avantage : d'une part son pouvoir sucrant est légèrement supérieur à celui du sucre de table et, d'autre part, il contient des substances bénéfiques pour la santé (voir encadré p. 223).

Éviter les produits industriels sucrés

❁ Vous gagnerez toujours à remplacer les confiseries, qui sont des calories vides (voir encadré ci-dessus), par des fruits frais ou des fruits secs (sans sucre ajouté). Faites primer la qualité sur la quantité !

❁ Plutôt que d'acheter des barres chocolatées ou « énergétiques », trop riches en sucres et en graisses, préparez-les vous-même. Pour ce faire, mélangez à du chocolat noir fondu des noisettes grossièrement concassées (ou pignons, graines de courge…), éventuellement grillées à la poêle pour plus de goût. Ajoutez des fruits séchés (cerises, dés d'abricots, canneberge…). Sur une plaque, formez des petits tas de pâte ou une couche de 3 cm d'épaisseur environ, à découper en portions, puis laissez durcir et conservez ensuite au frais. Vos petites barres sont prêtes ! ▪

Limiter les mauvaises graisses

Les graisses – du moins les acides gras – s'avèrent indispensables au bon fonctionnement de notre corps, et les matières grasses sont nécessaires pour une bonne santé. Mais on doit les employer raisonnablement, pour éviter la prise de poids... Et surtout, il importe qu'elles soient de bonne qualité. En effet, l'excès de graisses saturées et de graisses trans (hydrogénées) est associé à un risque plus élevé de maladies cardio-vasculaires et serait impliqué dans la genèse de certains cancers. Voici donc quelques conseils pour limiter l'impact de ces mauvaises graisses dans votre alimentation.

Privilégiez l'huile d'olive et l'huile de colza

Repérer et éviter les mauvaises sources de graisses

- Fritures : évitez les huiles de cuisson contenant des graisses saturées (en particulier huiles de palme et de coprah), ainsi que les fritures industrielles (frites, chips, pommes dauphine, poissons panés, nuggets et escalopes cordon bleu, beignets…).

Les bons gestes

Petit déjeuner et apéritif : remplacer les produits industriels

- Le matin, vous pouvez opter pour les classiques tartines de pain avec de la confiture – la tradition a du bon ! À l'apéritif, n'hésitez pas à remplacer chips et feuilletés, très gras, par des crudités, aussi croquantes et beaucoup plus saines : petits radis, tomates cerises, bâtonnets de carotte, dés de melon… Les fruits secs, même s'ils sont caloriques, constituent également une bonne alternative aux amuse-gueules industriels.

- Graisses cachées : elles se nichent dans une multitude de produits industriels… Parmi les plus courants, citons : plats cuisinés, biscuits salés (attention à l'heure de l'apéritif), barres et pâtes à tartiner chocolatées, viennoiseries, gâteaux, crèmes glacées… La liste est longue. Préférez la cuisine maison, qui vous offre plus de transparence !
- Viandes grasses et charcuteries : pensez à réduire les portions ou à retirer le gras. Privilégiez plutôt les viandes maigres (veau), la volaille et le poisson. De même, il est déconseillé d'associer dans un même repas charcuterie (en entrée) et viande (en plat principal) – une hérésie sur le plan nutritionnel. Enfin, aussi goûteux que soient les jus de cuisson des viandes, il peut être intéressant de les remplacer par une sauce préparée à part (voir encadré p. 198).
- Beurre et crème fraîche : ces deux grands favoris des matières grasses sont très caloriques, car majoritairement constitués de graisses saturées. Veillez par conséquent à les consommer avec modération, que ce soit dans vos plats salés ou vos desserts (gâteaux, notamment). Il faut particulièrement faire attention au beurre « brûlé » : à haute température, le beurre forme des composés toxiques que l'on soupçonne d'être cancérogènes.

Un pinceau peut être utile pour graisser sans excès

- Fromages : ils représentent une excellente source de calcium, précieux pour les os, et offrent également des protéines de qualité, mais leur apport en graisses saturées est non négligeable. Aussi est-il recommandé d'en consommer raisonnablement, notamment si vous présentez un surpoids ou un risque cardio-vasculaire.
- Cuisson au barbecue : on la présente souvent comme saine et légère, car exempte de matière grasse. En réalité, elle produit des composés potentiellement cancérogènes. Alors, n'abusez pas des grillades ! Dans tous les cas, pensez à retirer le gras des viandes et ne mangez pas les parties noircies.

Limiter les matières grasses dans la cuisine de tous les jours

- Pour graisser une poêle sans excès d'huile, utilisez un pinceau. Le pinceau en silicone est idéal à cet égard : très résistant à la température, il est de surcroît facile à nettoyer, grâce à ses gros poils écartés. Se procurer ce petit ustensile peut donc être bénéfique !
- Certains poissons, fragiles, ont tendance à s'émietter quand on les fait revenir à la poêle. Pour pallier cet inconvénient, garnissez tout simplement le fond de papier sulfurisé. Certes, vous perdrez en partie les sucs du poisson, mais l'ajout d'aromates aidera à compenser. Cette astuce vaut pour d'autres aliments, comme les escalopes de volaille.
- Un procédé similaire consiste à faire précuire, à la vapeur ou à l'eau, les légumes sautés, notamment les pommes de terre. La cuisson à la poêle sera ainsi réduite et nécessitera moins d'huile. Pensez-y !

C'est malin !

Sauces maison légères

- Sauce pour plats chauds : faites compoter tomates, poivrons, oignons… à feu doux dans de l'huile d'olive.
- Sauce pour crudités : mélangez 1 cuillerée à café de moutarde avec 1/2 yaourt, 1 filet de jus de citron, 1/2 cuillerée à café de curcuma, sel et poivre.

❁ Pour toutes vos fritures, ayez le réflexe papier absorbant : beignets, nuggets, frites, voire pommes de terre sautées. Éponger les aliments frits après cuisson réduit leur apport en graisses.

❁ Vous aimez la vinaigrette et la mayonnaise ? Ne vous en privez pas, mais allégez-les grâce à ces petites astuces. Pour la vinaigrette, remplacez une partie de l'huile par du fromage blanc ou du yaourt liquide, qui donnent du moelleux tout en limitant l'apport calorique. Pour la mayonnaise, diminuez la quantité d'huile et ajoutez un peu de fromage blanc, mais relevez avec davantage de moutarde et un filet de citron ; vous pouvez aussi incorporer à votre mayonnaise classique le blanc de l'œuf monté en neige.

❁ Bien entendu, ayez la main légère sur le gruyère râpé ou la crème fraîche dans vos plats de tous les jours (pâtes, potages…). Flans et quiches peuvent également être allégés : dans une base œufs, lait et crème végétale (soja, riz, avoine), ajoutez des morceaux de tomates ou de légumes précuits (champignons, courgettes, poireaux…), ainsi que des dés de jambon maigre ou de poisson cuit émietté (saumon). Parsemez le tout de graines (sésame, courge, chia, pavot, noix ou noisettes concassées…) et d'un peu de fromage râpé avant d'enfourner. Une recette saine et savoureuse, qui change de l'invariable quiche lorraine…

❁ Pour la pâte à tarte elle-même, voici une recette légère : farine, huile végétale (tournesol ou sésame pour les pâtes sucrées, huile d'olive pour les pâtes salées) et œuf ou laitage (yaourt, fromage blanc). Évitez les pâtes industrielles, qui renferment souvent des graisses hydrogénées (ou choisissez-les « pur beurre »).

❁ Concernant les pâtisseries simples (quatre-quarts, cakes, biscuits…), une astuce consiste à remplacer le beurre par la même quantité d'huile (sésame, noisette, coco) ou de purée d'oléagineux (amande, noisette, sésame – cette dernière est vendue en magasin bio). Vous avez également la possibilité de remplacer la moitié des matières grasses de la recette par de la compote de pommes finement mixée – le résultat est moins moelleux, mais très allégé.

Bon à savoir

Le toum libanais ou crème d'ail : un condiment à découvrir

▪ Traditionnellement servie avec les brochettes de poulet (*chiche taouk*), cette sauce accompagne en réalité tous les plats (viandes ou poissons froids, œufs durs, crudités…). Pauvre en matière grasse, elle est riche en ail, aliment santé par excellence – lorsqu'il est consommé régulièrement et en quantité suffisante.

▪ Pour préparer le toum, épluchez 1 tête d'ail blanc et réduisez-le en purée fine, au mixeur ou au mortier. Ajoutez 1 blanc d'œuf, puis 1 cuillerée à soupe d'huile d'olive, en un mince filet, comme si vous montiez une mayonnaise. Il n'est pas nécessaire de saler, mais vous pouvez relever avec un peu de jus de citron. Le condiment se conserve quelques jours au réfrigérateur.

Bien choisir son huile de cuisson : quelques repères pratiques

❁ Les huiles de pépins de raisin, de tournesol, d'arachide, d'olive ou de maïs sont particulièrement adaptées aux hautes températures, et peuvent aussi être utilisées en assaisonnement. En ce qui concerne les fritures plus précisément, vérifiez bien sur l'étiquette que l'huile en question convient à cet usage.

❁ Les huiles portant la mention « pour assaisonnement » sont fragiles à la cuisson, mais parfaites… pour assaisonner ! C'est le cas, par exemple, de l'huile de colza ou de noix. L'offre étant large, n'hésitez pas à varier vos huiles (noisette, sésame, noix de macadamia, pistache, avocat…), pour le plaisir du palais comme la diversité des apports. En revanche, ne les utilisez pas à chaud, encore moins pour les fritures, au risque de générer des molécules toxiques.

❁ L'huile de palme est à éviter : l'acide palmitique qu'elle renferme serait particulièrement nocif pour la santé, cardio-vasculaire notamment.

❁ Pour la pâtisserie, vous pouvez remplacer le beurre par des huiles de noisette, amande douce, noix d'Amazonie ou noix de coco, au choix – toutes possèdent un arôme délicat et résistent jusqu'à 180 °C environ. ▪

Enrichir son alimentation en oméga-3

Les oméga-3, comme les oméga-6, sont des acides gras poly-insaturés dont on vante volontiers les mérites. Mais si les oméga-6 font partie des « bonnes graisses », un déséquilibre en leur faveur peut entraver l'action des oméga-3. Or, les oméga-3 sont précieux à plus d'un titre : ils améliorent la santé cardio-vasculaire, contribueraient à la prévention du vieillissement cérébral, aideraient à combattre l'arthrite... C'est donc le ratio oméga-6/oméga-3 qu'il faut améliorer en consommant au moins 1 g d'oméga-3 pour 5 g d'oméga-6. Objectif que l'on peut atteindre en privilégiant les bonnes sources d'oméga-3.

Repérer les huiles championnes en oméga-3 et bien les utiliser

L'huile de colza et l'huile de noix constituent toutes deux d'excellentes sources d'oméga-3. Le goût de l'huile de colza étant un peu fort, vous pouvez la mélanger avec de l'huile d'olive, qui l'adoucira – l'huile d'olive, riche en polyphenols antioxydants, n'est pas particulièrement bien dotée en oméga-3, mais elle contient aussi peu d'oméga-6, ce qui est un atout. L'huile de lin est la championne de sa catégorie, mais cette teneur exceptionnelle en oméga-3 la rend, en contrepartie, fragile : elle s'oxyde très vite (voir aussi encadré ci-dessous). Il faut, par conséquent, la réserver exclusivement à l'assaisonnement.

Bon à savoir

L'huile de lin

- L'huile de lin vierge a été interdite à la vente en France jusqu'en 2008, car elle a l'inconvénient de s'oxyder rapidement. C'est la raison pour laquelle l'Anses (Agence nationale de la sécurité sanitaire de l'alimentation, de l'environnement et du travail, ex-Afssa) a édicté des consignes précises à son sujet : elle doit être conditionnée dans un flacon opaque de 25 cl au maximum et stockée à l'abri de la chaleur avant ouverture ; une fois le flacon ouvert, il faut impérativement la conserver au réfrigérateur et la consommer avant 3 mois. Par ailleurs, en l'absence de connaissances sur son innocuité chez le jeune enfant, il est déconseillé de l'utiliser chez les moins de 3 ans.

Les huiles de tournesol et de maïs, quant à elles, contiennent trop d'oméga-6. Il est donc conseillé de les employer en complément de l'huile de colza et non comme seule huile d'assaisonnement. C'est une alchimie savante !

Privilégier les poissons gras riches en oméga-3

Certains poissons sont bien pourvus en oméga-3, notamment les poissons dits gras : saumon, hareng, maquereau, sardine, thon... Pensez à les mettre au menu, y compris sous forme de conserves (thon ou sardines à l'huile d'olive).

Ne pas oublier les noix et les graines de lin

Les noix et les graines de lin – vous les trouverez en magasin bio ou diététique – renferment elles aussi des quantités non négligeables d'oméga-3. Elles apportent également des fibres, des vitamines et des oligoéléments. Raison de plus pour les adopter ! Voici quelques suggestions pour les accommoder.

Noix : vous pouvez les ajouter aux sauces salade ou en agrémenter vos salades de fruits d'automne-hiver – elles se marient bien avec oranges, pommes, poires, figues... Pour faciliter leur emploi, une astuce : écalez-les à l'avance (comptez environ un grand bol de noix), mettez les cerneaux obtenus dans un bocal en verre hermétique, puis conservez le tout au réfrigérateur. Ainsi, vous aurez toujours des noix préparées sous la main !

Graines de lin : elles gagnent à être parsemées sur de nombreux plats, salés ou sucrés, à froid ou en fin de cuisson : crudités, viandes rôties (escalope de volaille, magret, brochette...), gratins et pâtisseries...

Le petit déjeuner n'est pas en reste : ajoutez noix et graines de lin à vos mueslis, pour faire le plein d'oméga-3 dès le matin !

Penser aussi au pourpier et à la mâche

Certains légumes à feuilles fournissent de précieux oméga-3 d'origine végétale, principalement le pourpier, redécouvert grâce au régime crétois, et la mâche, qui figure en bonne place sur nos étals. Il faut, bien sûr, en consommer beaucoup pour que les apports deviennent significatifs, mais associés à d'autres sources, ils ont un vrai intérêt : n'hésitez pas !

Parfaire son alimentation santé

En matière d'alimentation comme ailleurs, prendre de bonnes résolutions est une chose, les appliquer en est une autre ! Alors, pour garder un régime équilibré, sans trop se priver et en préservant le plaisir de manger, quelques conseils et astuces peuvent vous être utiles. Et mieux vous mangerez, plus vous vous sentirez en forme !

Bon à savoir

De l'inutilité des régimes

- L'Anses (Agence nationale de la sécurité sanitaire de l'alimentation, de l'environnement et du travail, ex-Afssa) a publié un rapport concluant : « Les régimes amaigrissants pratiqués sans recommandation ni suivi d'un spécialiste [...], présentent des risques pour la santé plus ou moins graves. » L'un des risques les plus évidents est l'effet Yo-Yo : après le régime, on reprend tous les kilos perdus, voire plus. Seule une alimentation équilibrée sur le long terme permet de maintenir son poids idéal.

Maintenir une alimentation stable et équilibrée

- La constance alimentaire est un vrai secret santé. Elle aide à garder son « poids de forme » et à se sentir bien. Sans tomber dans la monotonie, évitez d'alterner les excès (boulimie, grignotage...) et les restrictions « punitives » : l'essentiel est d'équilibrer votre alimentation autour des trois repas principaux, à savoir petit déjeuner, déjeuner et dîner. Un petit creux à 10 heures ou 16 heures ? Faites en sorte d'avoir un fruit ou un laitage à portée de main, pour résister à la barre chocolatée – sauf si vous la préparez vous-même (voir p. 196).
- Au restaurant, mieux vaut éviter l'association charcuterie et viande, ou l'addition calorique sera lourde... Ne vous laissez pas systématiquement tenter par les pâtisseries, rarement diététiques, préférez-leur une coupe de sorbets légers (citron, fraise, cassis) ou, mieux, une boisson chaude (tisane, café...). Il ne s'agit pas de se priver de tout plaisir, ce qui engendrerait de la frustration, mais de faire les bons choix.

- En déplacement, vous pouvez emporter une « gamelle » maison (le très astucieux bento des Japonais), avec crudités, salade composée, laitage... Un sandwich maison est également une bonne solution : garnissez-le, par exemple, de thon ou de volaille, de salade et crudités, mais tartinez-le avec du fromage frais de préférence, beurre et mayonnaise étant très caloriques ; accompagnez le tout d'un fruit ou d'une compote (sans sucre ajouté) et d'une boisson non sucrée. Aux hamburgers, préférez les pizzas à emporter, mais là encore, choisissez-les plutôt aux tomates, légumes et jambon blanc qu'aux lardons ou au chorizo !
- À l'apéritif, détendez-vous et pensez aux convives au lieu de vous focaliser sur les amuse-gueules... Parmi ces derniers, repérez les plus sains (tomates cerises, fruits secs...).

Laisser plus de place aux poissons

- Poissons et fruits de mer méritent de figurer en bonne place dans notre assiette. En plus d'être digestes, ils apportent de bonnes protéines, mais aussi un certain nombre de vitamines, minéraux et oligoéléments. Les poissons maigres ont l'avantage d'être peu caloriques, tandis que les poissons gras sont une excellente source de vitamine D et d'oméga-3 (voir p. 201). On peut, de surcroît, les consommer de diverses manières – frais, congelés ou en conserve.

C'est malin !

Une sauce allégée pour tout poisson cuit

- Faire fondre des échalotes émincées dans un peu d'huile. Lorsqu'elles sont translucides, mouiller avec 1 filet de vin blanc sec (ou de vinaigre), puis incorporer de la crème de soja et des herbes finement ciselées (oseille, estragon et/ou cerfeuil). Laisser fondre doucement 2 à 3 minutes, ajouter un peu de jus de citron si nécessaire, saler, poivrer et aromatiser.

Pour varier les plaisirs, accompagnez le poisson de légumes goûteux : épinards, fondue de poireaux, ratatouille, choucroute, tomates à la provençale… Ils détrôneront sans mal le sempiternel riz blanc ! Variez également les modes de cuisson et de préparation : vapeur, four, court-bouillon, poêle, marinade… Pour cette dernière, émincez du poisson frais, puis faites-le mariner 24 heures au frais dans un mélange d'huile d'olive, jus de citron, aromates et épices – délicieux !

Pour des quiches ou flans aux saveurs iodées, dans une base œufs, lait et crème, ajoutez des morceaux de poisson (thon au naturel, saumon précuit ou non) et des légumes cuits (poireaux, épinards…). Vous pouvez aussi, plus classiquement, faire cuire le poisson au court-bouillon ou à la poêle (sur du papier sulfurisé, voir p. 198), puis le servir froid, en vinaigrette, ou chaud, nappé d'une sauce légère (voir encadré ci-contre).

Penser aux œufs

L'œuf est un aliment qui présente de multiples atouts nutritionnels. Il fournit en effet des protéines animales d'excellente qualité, ainsi qu'un large éventail de nutriments (minéraux, vitamines A, B, D, E…). Contrairement aux idées reçues concernant le cholestérol contenu dans le jaune d'œuf, de nombreuses études montrent que la consommation d'œufs n'a pas d'impact sur le « mauvais » cholestérol. L'œuf peut donc être mis au menu plusieurs fois par semaine, d'autant que les apprêts ne manquent pas : brouillé, cocotte, au plat, à la coque… Attention toutefois : moins il cuit, plus il doit être frais. Vous pouvez aussi faire cuire à l'avance des œufs durs, que vous

conserverez au réfrigérateur (1 semaine), en les distinguant bien des œufs frais ; il ne vous restera alors plus qu'à les servir avec des salades et crudités, ou en garnir vos sandwichs.

Consommer de la viande… modérément

La viande a des qualités indéniables : elle apporte des protéines d'excellente valeur nutritionnelle, représente notre meilleure source de fer et de zinc, sans compter sa richesse en acides aminés (dont la lysine et la méthionine) et en vitamines (notamment B1 et B12). Mais elle contient aussi beaucoup de graisses saturées (surtout le bœuf, l'agneau et le veau), dont le rôle néfaste a été mis en évidence par plusieurs études : ainsi, une consommation trop importante de viande (bœuf, agneau, mouton, veau, porc…) serait associée à un risque accru de cancer colorectal. Il est conseillé de ne pas en consommer plus de 500 g par semaine.

Limiter l'ajout de sel

Si le sodium s'avère indispensable à notre organisme, notre consommation de sel est trop importante et cet excès favorise l'hypertension artérielle. L'OMS (Organisation mondiale de la santé) recommande ainsi de ne pas dépasser 5 g par jour, alors que notre consommation quotidienne, en France, se situe plutôt autour de 8 à 10 g, soit 2 fois plus ! Quelques conseils peuvent par conséquent être utiles pour réduire vos apports et, partant, ménager votre cœur.

- Ne mettez pas de salière sur la table et ne resalez pas dans l'assiette.
- Les arômes prononcés diminuant le besoin de saler, utilisez des herbes fraîches (de votre jardin, si possible !) ou des herbes séchées dans vos potages, légumes, salades… Le choix est vaste : persil, cerfeuil, estragon, coriandre, basilic, thym, romarin… Vous pouvez congeler vos herbes, après les avoir lavées et ciselées, ce qui vous permettra d'en avoir toujours sous la main. L'astuce vaut d'ailleurs pour les autres aromates (oignon, ail…), mais aussi les légumes (champignons, poivron, fenouil…). Mettez-les au congélateur dans des sachets ou des pots en verre, puis secouez-les ou malaxez-les quelques heures plus tard, pour éviter qu'ils ne prennent en masse lors de la congélation.
- Qui dit épicé ne dit pas nécessairement « piquant ». Voici quelques épices douces, d'emploi facile, qui relèveront vos plats : curcuma, fenugrec, coriandre, carvi, cumin, poivre du Sichuan, quatre-épices… ■

Idée reçue

Compléments alimentaires : prudence

L'offre en matière de compléments alimentaires s'est considérablement accrue ces dernières années, l'argument majeur étant qu'ils aideraient à combler d'éventuelles carences (vitamines, fer, oméga-3…). Or, pour la plupart d'entre nous, une alimentation équilibrée suffit à apporter tous les nutriments nécessaires à une bonne santé. Une supplémentation ne se justifie que dans certains cas (grossesse, petite enfance, maladies spécifiques…) et il appartient donc au médecin d'en juger. La prise de compléments alimentaires peut même conduire à un surdosage parfois responsable d'effets indésirables. L'Anses (Agence nationale de la sécurité sanitaire de l'alimentation, de l'environnement et du travail, ex-Afssa) souligne ainsi qu'il n'y a pas « … pour l'essentiel de la population, de bénéfice démontré à consommer des compléments alimentaires alors même que l'on manque d'études […] qui permettraient de montrer leur innocuité ». Par conséquent, demandez l'avis de votre médecin traitant avant d'entamer une quelconque cure.

Concilier boisson et santé

Il est recommandé d'absorber environ 1,5 litre de liquide par jour, voire plus quand il fait chaud, par exemple, ou lorsque nous sommes fiévreux. Si l'eau est la seule boisson indispensable à la santé, voici quelques idées pour diversifier agréablement ses apports et s'hydrater sans se forcer.

L'eau : indispensable

- Eau du robinet : sa simplicité apparente ne doit pas faire oublier ses nombreux atouts. Elle est économique (environ 100 à 300 fois moins chère au litre que l'eau minérale !), plus écologique (pas de transport par camion, pas d'emballage) et, sauf exception locale, parfaitement potable (renseignez-vous en mairie). Si l'eau sent le chlore, pour y remédier, placez-la 1 heure au réfrigérateur.
- Eaux minérales : attention à leur teneur en minéraux (regardez bien l'étiquette). Les eaux proposées s'avèrent majoritairement de bonne qualité, mais certaines sont trop riches en sodium, en sulfates, en fluor… Alors, pensez aussi aux eaux de source, qui ont l'avantage d'être beaucoup moins minéralisées et sont donc plus adaptées à une consommation familiale et quotidienne.

Les bons gestes

Smoothies maison : une alternative savoureuse

- Les jus de fruits et smoothies (boissons aux fruits mixés) ont la cote ! Sachez faire les bons choix et privilégiez ceux qui sont 100 % pur fruit et sans sucre ajouté. L'idéal, surtout, est de les confectionner soi-même à partir de fruits frais. Il suffit de mixer tous les fruits – épluchés et coupés en dés – dans une base liquide – lait, yaourt liquide, jus d'agrume, infusion de plantes… Mais on peut aussi très bien les mélanger avec des légumes : pomme verte et laitue, orange et carotte, fruits rouges et betterave, etc. Variez les combinaisons au gré des saisons et de vos envies ! Ces boissons ont beaucoup d'atouts : elles sont toniques, nutritives et délicieuses, mais elles sont aussi très sucrées – attention à ne pas en abuser.

Infusions : vive la diversité !

- Thés et tisanes constituent des boissons agréables et qui se déclinent à l'envi, l'offre étant très large. Elles se consomment chaudes ou froides – on peut les conserver 24 heures au réfrigérateur – et le mieux est de ne pas les sucrer, ou juste légèrement – dans ce cas, préférez le miel au sucre. Méfiez-vous des préparations industrielles fantaisie, comme les thés et tisanes en granulés : elles sont souvent remplies d'additifs.

Soupes et bouillons : les consommer, c'est s'hydrater !

- Le bouillon de légumes, très désaltérant, est délicieux chaud ou froid. Faites cuire les légumes (poireaux, carottes, fenouil…) en gros morceaux avec des herbes, égouttez-les pour les consommer en vinaigrette et buvez le bouillon filtré. Outre l'effet réhydratant, vous bénéficiez d'un apport très appréciable en minéraux. Double bonus !

Boissons sucrées : à limiter

- Les sodas n'ont aucun atout santé : ce ne sont que des calories vides (jusqu'à plus de 28 morceaux de sucre par litre !) et beaucoup contiennent de nombreux additifs chimiques. Quant à leurs versions light, leur intérêt est très discuté (voir encadré p. 195).
- En ce qui concerne les jus de fruits, privilégiez les « pur jus », qui apportent vitamines et minéraux. Mais sachez aussi qu'ils renferment le sucre des fruits (fructose) et qu'ils sont donc aussi sucrés et caloriques que les sodas…

Alcool : à consommer avec modération

- Le vin rouge renferme des polyphénols qu'on a dit favorables à la santé cardio-vasculaire, mais aujourd'hui, cette théorie est battue en brèche. Et tous les alcools, y compris les vins, ont des effets délétères sur la santé (risque de cancers digestifs notamment). Santé publique France (l'agence nationale de santé publique) conseille de ne pas dépasser 2 verres par jour et 10 par semaine, avec des jours sans alcool. ■

Petits maux et petits accidents

Soulager les douleurs corporelles

Au quotidien, il est possible de soulager par des gestes simples les douleurs passagères, dues, le plus souvent, à des efforts physiques ou de mauvaises positions. C'est le cas, par exemple, lorsqu'on jardine beaucoup. En revanche, les douleurs chroniques doivent faire l'objet d'un suivi médical, car elles peuvent s'aggraver et entraîner un réel handicap. Si une maladie est en cause, un traitement adéquat s'impose.

Foulures

❁ En premier lieu, mettez-vous au repos et évitez tout appui à l'endroit de la foulure.

❁ En parallèle, appliquez au plus vite du froid sur la zone concernée, pour soulager la douleur et diminuer le gonflement. Faites-vous aider le cas échéant, ce qui vous évitera de solliciter l'articulation touchée.

❁ Les glaçons étant la solution la plus efficace, vous pouvez en remplir un sac en plastique pour en faire une poche de glace. Enveloppez le tout d'un linge épais et sec (essuie-mains de toilette, par exemple). En effet, le contact direct de la peau avec un objet glacé peut provoquer des brûlures. Maintenez en place pendant 20 à 30 minutes. Renouvelez l'application de froid toutes les 2 à 4 heures au besoin et jusqu'à 3 jours pour une foulure à la cheville. Si vous n'avez pas de glaçons à portée de main, vous pouvez poser une compresse en utilisant un linge mouillé d'eau aussi froide que possible. Une boisson réfrigérée (cannette ou autre) peut également rendre service. Sinon, un sachet de petits pois ou de fruits rouges surgelés peut également être utile – il épouse même mieux la forme du corps que le sac de glaçons. Là encore, appliquez-le entouré d'un linge et non ouvert bien sûr.

❁ En prévention (on n'est jamais trop prudent), vous pouvez aussi fabriquer une poche souple d'eau très froide en remplissant un sac en plastique d'un mélange constitué de deux tiers d'eau et un tiers d'alcool à 90°. Pour ce faire, employez un sac de type congélation, solide et résistant, à fermeture hermétique. Après l'avoir rempli, fermez-le bien et placez-le plusieurs heures au congélateur (l'alcool empêche l'eau de glacer). En cas de besoin, utilisez-le comme le sac de glaçons.

❁ Vous pouvez ensuite recourir à l'utilisation d'une bande de contention. Ce geste contribue à limiter le gonflement et les ecchymoses et permet d'immobiliser l'articulation. Une simple bande de gaze suffit.

✓ Pour la poser, tournez autour du talon et de la cheville en formant un huit, mais en veillant surtout à ne pas trop serrer, afin de ne pas entraver la circulation sanguine. L'articulation doit juste être maintenue, sans la moindre gêne.

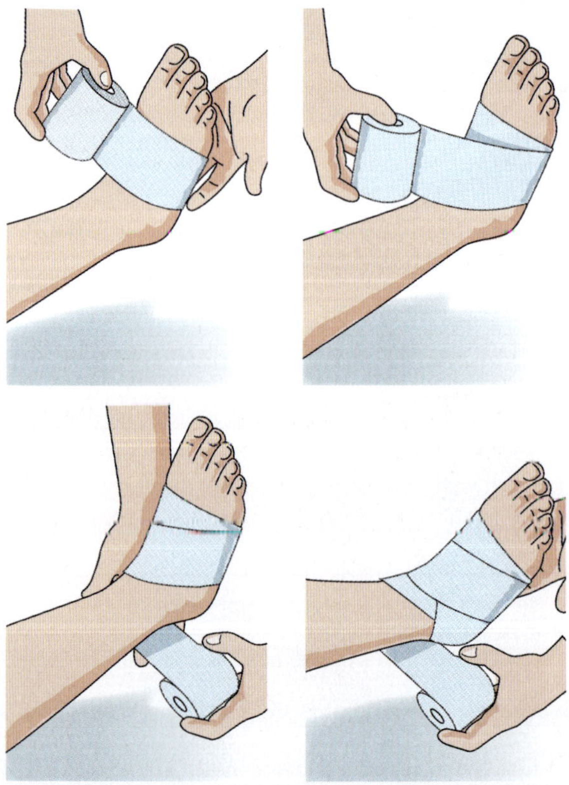

Bon à savoir

Entorses : des signes parfois trompeurs

▪ On se gardera de tirer des conclusions hâtives quant aux symptômes d'une entorse. En effet, les premières manifestations ne sont pas nécessairement en rapport avec le degré de gravité de la blessure. Une simple foulure peut s'avérer d'emblée très douloureuse. À l'inverse, on peut sous-estimer la sévérité du traumatisme quand la douleur diminue au fil des heures. N'hésitez pas à consulter.

✓ Si vous n'avez pas de crochet élastique conçu à cet effet, vous pouvez fixer la bande à l'aide d'un ruban adhésif (de type sparadrap) ou d'une épingle de sûreté.

❁ Enfin, s'il s'agit d'une foulure à la cheville, pensez à surélever la jambe régulièrement (2 à 3 heures par jour et la nuit). L'élévation au moins au niveau du cœur réduit également le gonflement et les hématomes.

Prévenir les douleurs musculaires et les courbatures

❁ Les beaux jours reviennent et vous avez décidé de vous lancer dans un grand ménage de printemps ? ou de vous attaquer à la remise en état du jardin ? Pensez aussi à ménager vos muscles… et gare aux courbatures !

❁ Pour commencer, n'hésitez pas à pratiquer une petite séance d'échauffement, préalable indispensable à toute activité physique soutenue. Pour cela, vous pouvez effectuer des mouvements doux (bras, jambes, dos, cou), en augmentant progressivement leur amplitude.

❁ Pendant les travaux eux-mêmes, veillez à boire suffisamment et, si vous êtes dehors, prévoyez une bouteille d'eau. Une bonne hydratation favorise le drainage du tissu musculaire.

❁ Faites en sorte de limiter les mouvements demandant une extension importante des muscles : montez une marche plus haut sur l'escabeau ou l'échelle, pratiquez des petits pas dans les descentes pentues. Plus généralement, adaptez vos gestes à l'effort et ne tirez pas sur la corde !

Soulager les douleurs musculaires et les courbatures

❁ La chaleur ayant la propriété de détendre les muscles, vous pouvez prendre un bon bain chaud (37-38 °C) après un effort (voir aussi l'encadré sur les effets du chaud et du froid, p. 210). Attention, les bains chauds prolongés ne sont pas recommandés si vous souffrez de problèmes veineux.

❁ Vous pouvez appliquer une bouillotte chaude sur les muscles contractés ou échauffés, en veillant à l'entourer d'un linge ou une serviette.

❁ Une autre solution consiste à masser les muscles douloureux.

Nos grands-mères faisaient

Foulures, contusions : remèdes à l'ancienne

Nos grand-mères, qui n'avaient pas de glaçons sous la main, confectionnaient des cataplasmes. Voici deux « recettes » particulièrement usitées.

▪ Cataplasme à l'argile : on applique une couche épaisse (2 cm au moins) de pâte d'argile verte (montmorillonite), préparée avec de l'eau froide. À renouveler toutes les heures, à 4 ou 5 reprises. Le cataplasme peut être enveloppé d'une bande de gaze, sans serrer.

▪ Cataplasme à la feuille de chou : on écrase 2 ou 3 belles feuilles de chou (vert, blanc ou rouge) avec un rouleau ou une bouteille, puis on les dispose en couches sur la foulure. À laisser en place plusieurs heures, maintenu avec une bande de gaze pas trop serrée.

Bon à savoir

En quoi consistent les courbatures ?

- Plus désagréables que réellement douloureuses, les courbatures sont, en quelque sorte, la rançon de l'effort.
- Elles surviennent dans les heures qui suivent la pratique d'exercices ou mouvements inhabituels. Les lésions occasionnées provoquent une contraction et une élongation des muscles. La sensation de courbatures peut perdurer plusieurs jours.
- Quant à l'intensité, elle est proportionnelle à la pratique. Une personne peu habituée à un exercice ressentira des douleurs plus longtemps ; en effet, la répétition d'un exercice incite les muscles à se régénérer plus rapidement, ce qui les rend plus résistants. Ainsi, si une première séance s'avère éprouvante, la douleur se réduit au fil des séances, jusqu'à disparaître. Il suffit donc de prendre son mal en patience ! Les efforts sont toujours récompensés…

Une friction avec un baume ou une crème analgésique au camphre peut constituer un bon moyen pour soulager les douleurs musculaires. Attention : la présence de camphre contre-indique l'usage de ce remède chez les enfants.

Prévenir le mal de dos

Pensez à baisser régulièrement vos épaules, qui constituent une zone très sensible aux tensions, surtout quand on est fatigué ou stressé.

Lorsque vous vous baissez pour ramasser quelque chose, veillez à toujours plier les genoux plutôt que de vous pencher en avant. Ce réflexe est essentiel pour ménager votre dos. Le mieux est même de vous agenouiller ou de vous accroupir, par exemple quand vous jardinez et désherbez un parterre.

Si vous travaillez en position assise ou devez rester longtemps assis, une astuce consiste à placer un ou deux coussins contre le dossier de votre chaise. Votre dos sera ainsi bien calé et vos lombaires s'en trouveront grandement soulagées !

Quand vous faites vos courses, utilisez de préférence un chariot, qui permet de maintenir le dos bien droit. À défaut, prenez deux paniers afin de répartir équitablement la charge de chaque côté du corps. Évitez le sac à roulette qu'on tire d'une main.

Soulager le mal de dos

Le mal de dos est très souvent dû à des tensions musculaires. Aussi, dès que vous ressentez une tension dans la région du dos, pour éviter que raideur et douleur ne s'installent, n'hésitez pas à effectuer quelques mouvements de gymnastique. Et, pour un bienfait total, enchaînez-les environ 5 fois de suite.

Par exemple, asseyez-vous bien droit sur un siège. Posez vos mains sur vos hanches et, tout en respirant profondément, rapprochez vos coudes et vos épaules vers l'arrière.

Bon à savoir

Les effets du chaud et du froid

Le froid et le chaud ont des effets physiologiques et thérapeutiques différents.

- Le froid contribue à resserrer les petits vaisseaux (effet vasoconstricteur), ce qui ralentit le flux sanguin et limite donc la formation d'hématomes. Il possède également un effet anti-inflammatoire qui réduit le risque d'œdèmes. Enfin, son pouvoir analgésique permet d'atténuer la douleur. Pour toutes ces raisons, le traitement par le froid est particulièrement indiqué dans la phase aiguë d'un traumatisme, le plus tôt possible après le choc.
- La chaleur, au contraire, dilate les vaisseaux (effet vasodilatateur) et augmente ainsi le flux sanguin, permettant le drainage des toxines accumulées, notamment, lors d'un effort physique intense. Elle prévient les contractions réflexes des muscles et les détend. Cependant, ses effets s'estompent rapidement une fois que la source de chaleur est retirée.

❁ Un autre exercice consiste à vous asseoir bien droit sur un siège, puis à appuyer les mains sur vos cuisses. En expirant, étirez au maximum votre colonne vertébrale, comme si vous cherchiez à vous grandir.

❁ Pour soulager vos cervicales, essayez de toucher votre épaule droite avec l'oreille droite tout en poussant le bras gauche vers le sol. Même chose de l'autre côté.

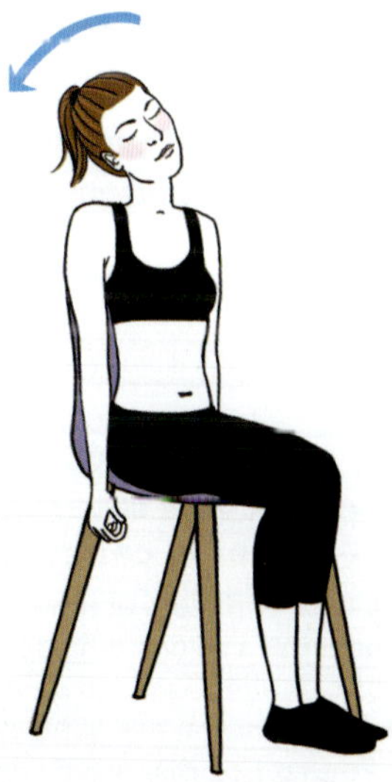

❁ Si une région du dos est particulièrement douloureuse ou contractée, vous pouvez appliquer un des soins proposés plus haut, contre les douleurs musculaires (bain chaud, bouillotte, massage ou friction). Pour calmer une douleur du dos avec une bouillotte, le mieux est de rester 15 à 20 minutes allongé sur le ventre, mais avec un coussin calé dessous, afin de ne pas creuser la colonne lombaire.

Nos grands-mères faisaient

Macérat huileux de massage

- L'usage des macérats huileux remonte à l'Antiquité et nos grand-mères elles-mêmes en confectionnaient de toutes sortes pour soulager les petits maux : contusions, gerçures et brûlures, mais aussi douleurs aux articulations et courbatures. La préparation obtenue servait ainsi de base de massage.
- Un macérat se prépare toujours avec des plantes fraîches. Il est préférable de laisser sécher les parties tendres 1 ou 2 jours à l'air libre, pour une meilleure conservation. Pour les feuilles et les fleurs, remplissez votre bocal en tassant légèrement ; pour les graines et les racines, ne le remplissez qu'à moitié. Versez de l'huile vierge (olive ou tournesol) jusqu'en haut du bocal, puis refermez-le bien et secouez délicatement. Veillez à ce que toute la plante soit immergée dans l'huile. Laissez reposer pendant 2 à 3 semaines, au soleil de préférence, en agitant de temps en temps. Cela facilite la diffusion des molécules actives dans l'huile. Filtrez ensuite soigneusement à travers un linge ou un filtre papier, ce qui peut prendre plusieurs minutes, puis versez le macérat obtenu dans un flacon en verre opaque à fermeture hermétique. Étiquetez et stockez à l'abri de la chaleur et de la lumière ; le macérat se conserve 6 à 8 mois.
- Pour les douleurs articulaires, l'usage traditionnel préconisait les plantes suivantes : baie de genévrier, rhizome de gingembre, feuilles de laurier noble (laurier-sauce), fleurs d'arnica ou de millepertuis.

- Baies de genévrier et fleurs d'arnica étaient aussi utilisées contre les douleurs musculaires. Mais l'arnica est devenu rare et sa cueillette est désormais réglementée : ne le cueillez que si vous y êtes autorisé et en présence d'une colonie abondante.

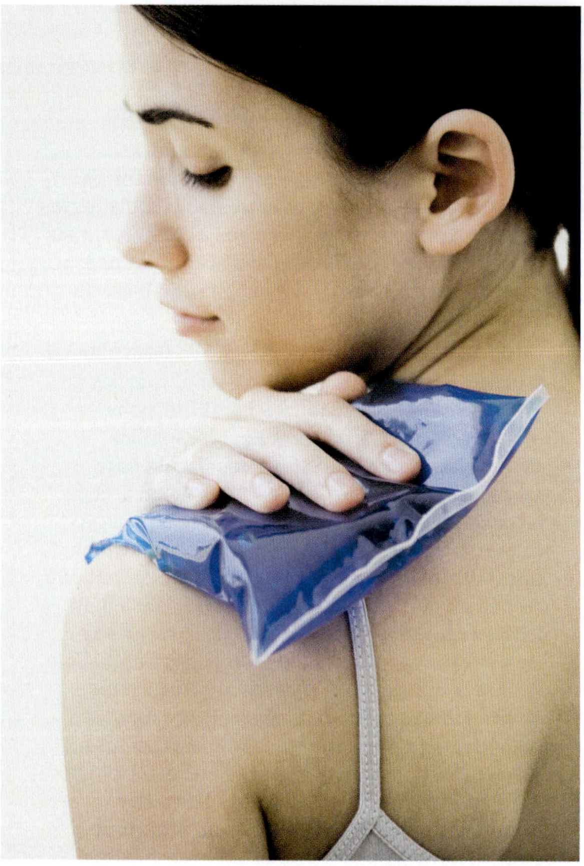

Torticolis

❁ Vous avez fait un faux mouvement en lavant vos vitres ou pris un coup de froid en jardinant un peu tard ? Un torticolis est vite arrivé… Cette douloureuse contraction du gros muscle du cou est souvent spectaculaire, car très handicapante, mais elle est généralement bénigne et de courte durée : le torticolis passe tout seul dans les 48 heures. La prise de paracétamol suffit, le plus souvent, à atténuer la douleur. En attendant, quelques astuces peuvent vous aider.

❁ Ne cherchez pas à vous débloquer le cou avec des mouvements d'assouplissement – même si c'est là un réflexe habituel, la douleur ne ferait que s'accentuer !

❁ En revanche, il peut être tout à fait bénéfique d'appliquer une compresse chaude ou une bouillotte (entourée d'un linge) sur la zone contractée.

❁ Un bain chaud pourra également soulager. Dans tous les cas, la chaleur permet de détendre les muscles et de diminuer la douleur.

Douleurs articulaires

❁ Si vous êtes sujet aux douleurs articulaires, pourquoi ne pas essayer les massages échauffants ? L'huile utilisée est inspirée des anciens remèdes révulsifs. Néanmoins, avant de pratiquer ce type de massage, assurez-vous que l'articulation n'est ni chaude, ni enflée.

❁ Dans une coupelle, mélangez 1 pincée de poivre, 1 pincée de piment et 2 pincées de gingembre avec 1 cuillerée à soupe d'huile d'olive (ou autre). Appliquez en massant la zone douloureuse, puis essuyez pour éliminer les épices. Lavez-vous soigneusement les mains après chaque application.

❁ Les remèdes échauffants, dits révulsifs ou rubéfiants, s'appliquent à même la peau, au niveau des zones corporelles douloureuses et des organes malades. Ils provoquent une rougeur associée à un échauffement des tissus sous-cutanés, lequel favorise le relâchement des fibres musculaires et soulage donc les douleurs dues à leur contraction. Indirectement, ils calment aussi l'inflammation de ces tissus en « détournant » les facteurs inflammatoires, c'est-à-dire en les attirant à distance du site lésé. C'est le principe du célèbre sinapisme (cataplasme à la farine de moutarde), cher à nos grand-mères et beaucoup utilisé autrefois, notamment contre les pneumonies.

Nos grands-mères faisaient

Les anciens savaient se serrer la ceinture

▪ Jadis, les paysans, jardiniers et travailleurs de force n'hésitaient pas à se ceinturer solidement la région lombaire. Une pratique qui s'est aujourd'hui perdue, peut-être en raison des outils devenus plus performants. Pourtant, on dispose de ceintures de contention efficaces, qui peuvent aider à prévenir les contractures musculaires par la chaleur et le soutien qu'elles procurent. Qui plus est, le port d'une ceinture lombaire empêche certains mouvements mauvais pour le dos. Vous pouvez ainsi l'utiliser ponctuellement, quand vous jardinez par exemple, mais ne le faites pas de manière prolongée, l'immobilisation pouvant alors se révéler néfaste.

Nos grands-mères faisaient

Cataplasme à l'argile verte et à la feuille de chou

▪ Contre les douleurs lombaires, l'usage préconisait jadis un cataplasme « combiné », à l'argile et à la feuille de chou, ce qui permettait de cumuler les effets du minéral et du végétal. On humecte environ 1 verre de poudre d'argile avec de l'eau chaude, jusqu'à obtention d'une pâte. On retire les grosses côtes de 2 ou 3 feuilles de chou, que l'on écrase avec un rouleau ou une bouteille. La pâte d'argile est alors appliquée sur la zone douloureuse, puis recouverte avec les feuilles de chou. À laisser en place plusieurs heures, maintenu avec une bande de gaze pas trop serrée.

Point de côté

Un point de côté peut survenir au détour de gros travaux (lessivage, jardinage…) comme d'une course à pied (jogging, voire marche un peu soutenue). Dans ce cas, il est dû à l'effort physique engendré et implique en général la respiration. Pour le soulager, pratiquez l'exercice suivant. Debout, penchez-vous lentement en avant en essayant de toucher le sol. Expirez profondément en effectuant ce mouvement. Maintenez la position quelques secondes en respirant normalement, puis redressez-vous progressivement. ▪

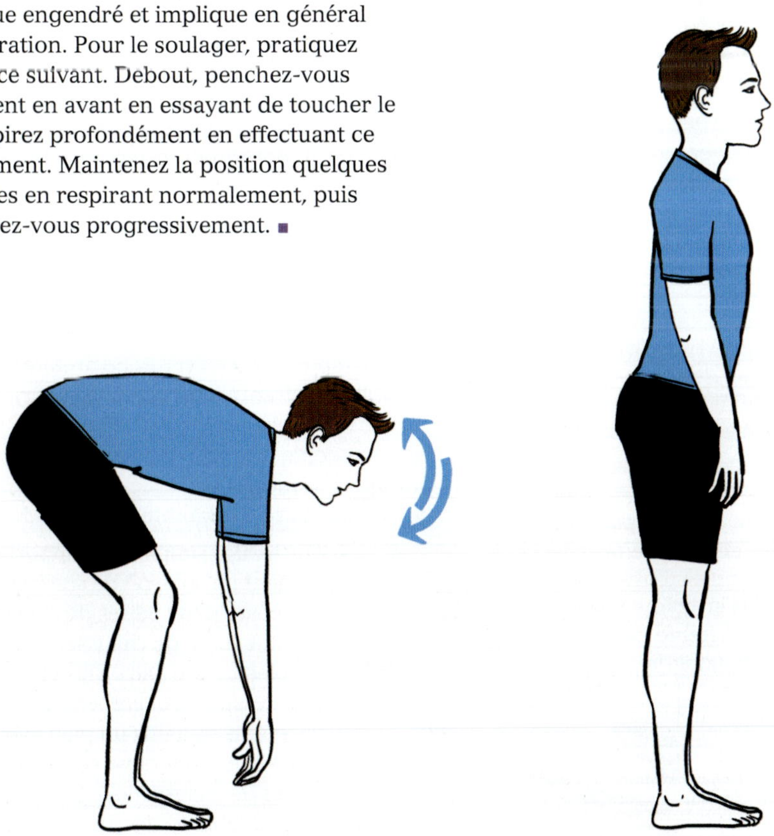

Soulager pieds et jambes

Les pieds et les jambes, on l'oublie, ont à charge de soutenir tout le poids du corps ! Une charge dont ils s'acquittent sans que nous en ayons conscience, le plus souvent. Mais, pour peu que nous marchions beaucoup ou restions longtemps debout, la lourdeur qui les gagne est là pour nous rappeler qu'ils doivent être ménagés... Quand ce ne sont pas ampoules ou autres désagréments qui, pour petits qu'ils soient, n'en occasionnent pas moins une grande gêne. Voici donc quelques astuces et remèdes pour parer aux maux les plus courants et... marcher d'un bon pied !

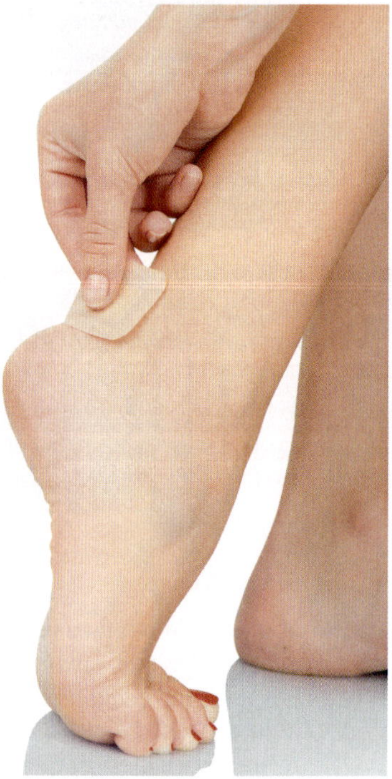

Soulager le mal de pieds après la marche

- Vous pouvez prendre un bain de pieds rafraîchissant et décongestionnant à l'eau froide. Recouvrez les pieds jusqu'aux chevilles et laissez-les tremper juste 5 minutes, pour ne pas fragiliser la peau. Puis séchez soigneusement vos pieds.
- Si vous avez les pieds irrités par le frottement des chaussures, vous pouvez ajouter du bicarbonate de soude (1 cuillerée à soupe bombée pour une bassine d'eau), auquel on attribue des effets adoucissants cutanés.

Les bons gestes

Ongles bien coupés, marche sans douleur

- Tous les grands marcheurs le savent : un ongle mal taillé peut gâcher la plus belle des randonnées ! Alors, avant de partir en balade ou d'effectuer une longue marche, assurez-vous que vos ongles d'orteils sont bien coupés. Taillez-les en coupe droite, c'est-à-dire en suivant la forme de l'orteil, et non en forme arrondie, en coupant dans les coins. Vous pouvez aussi, si vous préférez, faire appel à un pédicure.

Prévenir les ampoules

- En matière d'ampoules, bien se chausser est la base de la prévention. Veillez en premier lieu à porter des chaussures qui ne vous serrent pas : n'hésitez donc pas à prendre une demi-taille ou une taille au-dessus, car les pieds gonflent lors d'efforts prolongés. Les chaussures elles-mêmes doivent être confortables et souples, ni trop larges, ni trop étroites. L'aération est aussi un critère important : choisissez de préférence un modèle « respirant » (absorbant la sueur), surtout si vous êtes sujet à la transpiration. Et, si vous êtes un adepte inconditionnel de la marche et pratiquez beaucoup de sorties, investissez dans une bonne paire de chaussures de randonnée.
- Une astuce simple vous apportera également un surcroît de confort : superposer deux paires de chaussettes, soit une paire de chaussettes fines près du pied et une paire plus classique par-dessus. Cela limitera le frottement des points saillants du pied avec les chaussures (le frottement se faisant entre les deux paires de chaussettes). Sinon, il existe des chaussettes double épaisseur. Concernant

la matière, privilégiez les chaussettes en laine et synthétiques, de préférence sans coutures ou avec coutures plates, toujours pour limiter les sources d'irritation. Le coton est à éviter, car il retient la respiration.

- Pour une peau plus résistante, un bon geste consiste à masser chaque jour vos pieds avec un jus de citron (à condition de n'avoir aucune plaie, bien sûr). Ce soin protecteur renforcera votre épiderme et augmentera sa résistance aux frottements. Ensuite, pensez à bien hydrater la peau avec une crème.
- Utilisez du talc avant la marche pour assécher les pieds.
- Si vous avez souvent des ampoules à un endroit en particulier, vous pouvez poser dessus un pansement double peau, à titre préventif.

Soigner et soulager les ampoules

- Pour commencer, lavez soigneusement le pied à l'eau et au savon, puis désinfectez avec un antiseptique (à base de chlorhexidine, de préférence, voir encadré p. 234).
- Si l'ampoule est de petite taille et fermée, ne la percez pas et recouvrez-la d'un pansement spécial ampoule.
- Si l'ampoule est plus grosse et fermée et qu'elle est douloureuse, vous pouvez la percer : lavez-vous les mains, stérilisez une aiguille puis percez le bord de l'ampoule en un ou deux points et appuyez doucement pour évacuer le liquide. N'enlevez pas la peau morte (rempart contre une infection), désinfectez et appliquez une compresse recouverte d'un sparadrap ou recouvrez d'un pansement spécial ampoule.
- Si l'ampoule est déjà percée, n'enlevez pas la peau morte, désinfectez et appliquez un pansement stérile. Le lendemain, remplacez-le par un pansement spécial ampoule.

Prévenir et soulager les jambes lourdes

- La sensation de jambes lourdes est fréquente quand on travaille debout, que ce soit pour son métier (commerce, restauration) ou d'autres tâches (ménage, bricolage). Mais elle peut aussi

être liée à une insuffisance veineuse, auquel cas il s'agit souvent d'un mal héréditaire, avec lequel il faut composer au mieux. Quelques conseils peuvent vous aider.

- Pour améliorer votre circulation veineuse, essayez de pratiquer la marche rapide (voir p. 244) pendant au moins 20 à 30 minutes par jour. Par exemple, privilégiez la marche à la voiture pour aller faire vos courses d'appoint si le magasin n'est pas loin.
- N'hésitez pas à pratiquer de petits massages, en remontant des pieds jusqu'aux hanches. Ils ont un effet délassant sur les jambes.
- Une bonne habitude consiste à asperger ses jambes d'eau fraîche à la fin de la douche, que ce soit en prévention ou après un effort. Remontez le jet des chevilles vers les genoux, puis vers les hanches. Le froid contribue à décongestionner les tissus et à resserrer les petits vaisseaux (voir encadré p. 210).
- Pour favoriser le retour veineux, pensez à surélever régulièrement vos jambes, y compris la nuit; vous pouvez, par exemple, glisser un coussin sous votre matelas au niveau des mollets. De même, quand vous êtes assis, évitez de croiser les jambes, pour ne pas bloquer la circulation.
- Le port de bas (ou chaussettes) de contention contribue également à soutenir le retour veineux. D'autant que les modèles proposés aujourd'hui sont plus esthétiques.
- Pour les femmes, le port de petits talons (2 à 4 cm) est préférable aux chaussures plates, à bannir.
- Pour un soulagement express, vous pouvez aussi placer un linge humide quelques minutes au congélateur, puis vous asseoir et en entourer vos jambes placées en position surélevée. Idéal si vous avez dû faire la tournée des magasins.

Les bons gestes

En cas de carence en minéraux

- **Si vous êtes sujet aux crampes, particulièrement la nuit, sans lien avec un effort, vous présentez peut-être une carence en minéraux, notamment en potassium ou magnésium. Dans ce cas, il peut être judicieux d'enrichir votre alimentation en privilégiant les meilleures sources. Ainsi, le potassium se trouve principalement dans les fruits secs et oléagineux, de même que, pour une moindre part, dans tous les fruits et légumes, viandes, poissons, pommes de terre… Parmi les aliments bien pourvus en magnésium, on peut citer fruits secs et oléagineux, riz complet, germe de blé, lentilles, pois chiches, huîtres, crabe, mais aussi eaux minérales riches en magnésium… En revanche, il est déconseillé de prendre des compléments alimentaires (en vente libre dans les pharmacies) sans avis médical (voir aussi encadré p. 205). Les minéraux et oligoéléments composent des équilibres subtils et fragiles, aussi convient-il d'être prudent.**

Crampes

- Ces contractions intempestives des muscles peuvent survenir à la faveur d'un effort comme en dehors de toute sollicitation physique. Voici quelques gestes pour vous soulager.
- L'application de chaleur (voir encadré p. 210) et la pratique de massages sur le muscle concerné sont, dans tous les cas, bénéfiques.
- Si la crampe se produit lors d'une activité physique, cessez tout mouvement: ne forcez pas sur le muscle, qui doit être mis au repos.
- Pensez aussi à bien vous hydrater, en buvant suffisamment d'eau: il ne faut pas oublier qu'elle constitue 70 % du muscle!
- Pour soulager une crampe au mollet, attrapez le bout de votre pied et ramenez-le vers vous doucement, jusqu'à ce que le pied soit à angle droit avec le bas de la jambe. ■

Pensez à bien vous hydrater

Prévenir et soulager les maux de tête

Le mal de tête est extrêmement répandu et nous touche tous à des degrés plus ou moins divers. Il peut ainsi se manifester quand nous nous sentons fatigués, stressés ou fébriles. Ou encore, quand une mauvaise digestion nous indispose. Ces céphalées communes (c'est le terme médical consacré) répondent bien, en général, à quelques remèdes simples ou des mesures d'hygiène de vie appropriées. Sinon, il vaut mieux consulter, surtout si l'on ressent également d'autres symptômes anormaux.

Surveiller son mode de vie et son alimentation

- On sait que la survenue de migraines est influencée par le mode de vie, notamment le stress (voir encadré p. 219), mais aussi l'hygiène de sommeil (manque ou excès, selon les cas) ou tout simplement la réalisation d'efforts inhabituels. L'alimentation joue également beaucoup, de même que la prise de certains médicaments. Sans oublier, chez la femme, les variations hormonales, qui peuvent ainsi donner des migraines cycliques.
- Cependant, les variations individuelles étant importantes, il s'avère souvent difficile d'identifier précisément la ou les causes de migraines récidivantes. La meilleure façon de procéder est donc de tenir un agenda sur plusieurs mois, en consignant avec soin leurs circonstances d'apparition (aliments consommés, sommeil, stress, médicaments absorbés, activité inhabituelle…). C'est à chaque migraineux (ou migraineuse) de mener sa propre investigation pour traquer le ou les suspects.
- L'alcool est le facteur alimentaire le plus fréquemment incriminé, ce qui s'explique par son action dilatatoire sur les vaisseaux sanguins. Or cette vasodilatation est à l'origine même de la migraine. Toutes les boissons alcoolisées sont concernées. Pour prévenir les maux de tête liés à la « gueule de bois », quelques recommandations sont bonnes à connaître (voir encadré p. 219).
- En ce qui concerne l'alimentation, parmi les autres facteurs déclenchants figurent souvent la caféine (voir aussi encadré ci-contre), le chocolat, les fromages fermentés, les aliments contenant des nitrites comme la charcuterie et

Bon à savoir

Migraine et caféine

- La caféine a une action paradoxale : elle peut être un facteur déclenchant chez les uns et un « remède » chez les autres, en atténuant la douleur quand elle est prise en début de crise. Chez les grands buveurs de café ou de sodas caféinés, une abstinence de quelques heures peut même provoquer un état de manque se traduisant par une migraine. À l'inverse, les migraineux sensibles aux effets de la caféine doivent éviter les boissons qui en renferment, en choisissant du café décaféiné ou des sodas sans caféine, par exemple.

Bon à savoir

Le stress ou les céphalées de tension

- Si les causes des maux de tête et de la migraine sont souvent difficiles à isoler, on sait que le stress ou le surmenage constituent assurément des facteurs favorisants. Aussi, l'une des principales mesures pour prévenir ces céphalées dites de tension consiste à lutter contre les facteurs de stress et apprendre à se détendre. À cet égard, diverses techniques de relaxation ont fait leurs preuves, notamment le biofeedback. Certains migraineux ont recours au yoga, à l'acupuncture ou à l'ostéopathie. Les thérapies cognitives et comportementales (TCC) de gestion du stress peuvent aussi être efficaces.

la viande en conserve, ainsi que les aliments fumés ou fermentés (choucroute…). On peut également citer les glaces, les graisses cuites, les oignons ou encore les édulcorants (aspartame notamment).

Soigner son environnement

Un mal de tête rend très sensible à l'environnement. Aussi est-il essentiel de limiter les sollicitations visuelles et sonores : évitez de fixer un écran (télévision ou ordinateur), éteignez ou réduisez l'éclairage artificiel, écartez les sources de bruit ou tâchez de vous en éloigner. N'hésitez pas, si besoin, à vous allonger dans une pièce sombre, silencieuse et fraîche. Le repos peut suffire à enrayer un début de crise migraineuse.

Recourir aux compresses, massages et bains

Une astuce toute simple consiste à appliquer une compresse d'eau froide sur le front, le haut du crâne et les tempes. Le froid, en effet, possède un précieux effet vasoconstricteur. Traditionnellement, on ajoute un peu de vinaigre, réputé combattre les maux de tête.

Si la douleur est provoquée par une contracture des muscles du cou (torticolis, par exemple, voir aussi p. 212), il ne faut pas utiliser le froid, mais le chaud : placez une bouillotte chaude sur votre nuque, en veillant à l'entourer d'un linge, pour ne pas irriter la peau.

Vous pouvez également effectuer un massage relaxant de la tête, du bout des doigts, en ciblant le crâne, les tempes et la nuque. Pour renforcer les bienfaits de ce massage, inspirez et expirez profondément, puis reposez-vous quelques minutes et reprenez cette respiration ample. Si vous pouvez vous faire masser par une tierce personne, l'effet sera encore plus réconfortant.

La réflexologie plantaire préconise, elle, de masser pendant 2 minutes chaque pied, entre les tendons du premier et du deuxième orteil puis dans la dépression, entre le troisième et le quatrième orteil. Même si l'efficacité de cette technique n'est pas scientifiquement prouvée dans le traitement des migraines, elle a le mérite d'être très relaxante.

Un bain de pieds chaud (37-38 °C), pratiqué pendant 10 minutes, peut aider à soulager un mal de tête chez certaines personnes. Pourquoi ne pas tenter ?

Les bons gestes

Lutter contre la « gueule de bois »

Si vous ne voulez pas que l'alcool vienne jouer les trouble-fête au lendemain de vos agapes, quelques précautions s'imposent. Voici la bonne conduite à tenir…

- Le premier conseil est de ne pas boire à jeun, l'alcool étant alors absorbé plus vite. La cuillerée d'huile à avaler avant de boire est une solution peu convaincante, car les graisses qu'elle renferme contribuent à alourdir le travail du foie. Prenez tout simplement un petit en-cas.
- Ayez toujours un grand verre d'eau à portée de main : quand vous aurez soif, vous pourrez boire de l'eau plutôt que votre verre d'alcool. Si le service de table prévoit deux verres, ce n'est pas sans raison ! De plus, cela permet de limiter la déshydratation, laquelle favorise la survenue du mal de tête. Buvez à nouveau de l'eau au moment de vous coucher.
- Évitez les mélanges d'alcool, qui compliquent encore plus la tâche de votre foie !
- Si, malgré ces précautions, « l'après-fête » s'avère douloureux, surtout buvez beaucoup : eau, bouillon de légumes, jus de fruits non acides ou tisane (romarin, sauge ou pissenlit, toutes plantes diurétiques et dépuratives).
- Quant à l'astuce consistant à boire un café serré, voire un café salé, elle est déconseillée. Malgré un effet réparateur apparent, elle peut aggraver les symptômes, notamment l'acidité gastrique et la déshydratation.

Prévenir et soigner rhume, mal de gorge et toux

Rhumes et maux de gorge sont fréquents en hiver, où le froid vient affaiblir nos défenses immunitaires, laissant la porte ouverte aux virus… Alors, si vous avez le nez pris ou les bronches encombrées, ne vous précipitez pas sur les médicaments ! Qu'il s'agisse des décongestionnants ou des sirops contre la toux, ces produits présentent souvent plus d'inconvénients que d'avantages. D'autant qu'il existe des solutions naturelles et tout aussi efficaces pour prévenir et soulager ces petites affections.

Les bons gestes

Rhume : stopper la propagation

Le rhume étant assez contagieux, voici quelques conseils à suivre pour éviter de contaminer ceux qui vous entourent :

- Mouchez-vous avec des mouchoirs jetables et jetez-les dès que vous vous êtes mouché, dans une poubelle hermétique (avec couvercle) de préférence.
- Toussez et éternuez dans votre coude ou dans un mouchoir que vous jetterez ensuite.
- Si vous éternuez ou toussez dans votre main (on n'a pas toujours le réflexe du coude !) et quand vous vous mouchez, prenez soin de vous laver les mains après, à l'eau et au savon.
- Évitez les accolades, embrassades et poignées de main. Soyez particulièrement prudent si vous avez des personnes fragiles autour de vous (bébés, personnes âgées ou malades).

Nez bouché

- Privilégiez le lavage des fosses nasales avec de l'eau salée ou du sérum physiologique, l'une et l'autre étant disponibles sous forme de dosettes ou de pulvérisateur. Vous pouvez aussi utiliser une corne de lavage, que vous remplirez avec de l'eau et du sel fin de cuisine.
- Autre solution possible : l'inhalation, dont on peut renforcer les effets par l'ajout d'une essence balsamique (menthe ou eucalyptus, par exemple), à raison de quelques gouttes seulement (ces huiles essentielles sont très puissantes). Respirer de la vapeur d'eau chaude humidifie les muqueuses et facilite l'évacuation des sécrétions (mucus, voire pus), libérant ainsi les fosses nasales et les sinus. Ces inhalations, à pratiquer 1 à 2 fois par jour, peuvent être effectuées à l'aide d'un inhalateur ou, tout simplement, d'un bol – dans ce cas, veillez à couvrir votre tête (et le récipient) d'une serviette, pour bien emprisonner la vapeur. L'eau doit être très chaude, mais non bouillante, pour limiter les risques de brûlure. Attention, également, si vous êtes asthmatique, car la vapeur est alors déconseillée.
- Autant que possible, dormez la tête surélevée, en glissant un coussin sous votre oreiller par exemple. La position allongée, en effet, aggrave l'obstruction du fait que la muqueuse nasale gonfle. Cette astuce toute simple permettra d'améliorer le flux d'air dans vos narines.

Bon à savoir

Qu'est-ce que le rhume ?

- Il s'agit d'une infection virale bénigne, touchant la sphère dite ORL, qui se manifeste par les symptômes suivants : sensation de nez bouché et écoulement nasal, gorge sèche et parfois douloureuse, éventuellement fièvre (généralement peu élevée). Le rhume guérit la plupart du temps en 4 à 8 jours, sans traitement spécifique, hormis les médicaments contre la fièvre (antipyrétiques) le cas échéant.

Prévenir ou apaiser un mal de gorge

- La meilleure des préventions, comme des protections, est le port de l'écharpe ou du foulard. Si vous êtes particulièrement sensible de la gorge, veillez à toujours couvrir votre cou quand vous sortez, surtout par temps froid.

Faire une inhalation peut vous soulager en cas de nez bouché

Le mal est fait et vous avez la gorge douloureuse et sèche? La priorité est alors de bien s'hydrater. Buvez régulièrement de l'eau, ainsi que des boissons chaudes (bouillon, tisanes…). L'humidification des muqueuses facilite la déglutition.

Les traditionnelles recettes au miel (voir aussi encadré p. 223) méritent d'être essayées. Vous pouvez ainsi avaler tout doucement 1 cuillerée à café de miel mélangée à un peu de jus de citron (1/2 cuillerée à café environ). Privilégiez le miel de thym qui aurait des effets bactéricides supérieurs à ceux des autres miels.

Un autre remède classique consiste à effectuer un gargarisme avec le jus de 1 ou 2 citrons et le même volume d'eau chaude. Comme beaucoup de solutions légèrement acides, il calme les irritations des muqueuses. Par ailleurs, d'après certaines études, les flavonoïdes des agrumes auraient des propriétés anti-inflammatoires. Toutefois, la chaleur peut accentuer la douleur.

L'usage préconise de même le gargarisme à la sauge et au sel. La première posséderait des vertus antiseptiques et astringentes, tandis que le second, concentré, calmerait localement la douleur (même si cet effet reste de courte durée). Pour préparer la solution, versez 25 cl d'eau frémissante sur 2 cuillerées à café de sauge séchée, laissez infuser 10 minutes, puis ajoutez 2 cuillerées à café de sel de mer.

Sauge séchée

Mâcher un clou de girofle avec un peu de sel peut également aider à vous soulager. Gardez 5 minutes et recrachez.

Enfin, une astuce toute simple consiste à sucer un glaçon ou un bâtonnet de glace à l'eau.

Toux

Pour la nuit, pensez à surélever la tête de votre lit ou à redresser votre tête avec des oreillers.

Si votre toux est grasse, ne cherchez pas à la combattre avec un antitussif! Il est nettement préférable de fluidifier les sécrétions bronchiques, par exemple en buvant beaucoup d'eau.

Si votre toux est sèche, des tisanes de plantes (voir p. 223) pourront vous soulager, tout au moins provisoirement. N'hésitez pas à les sucrer avec du miel pour renforcer leur action (voir encadré p. 223).

Si vous souffrez de quintes sèches nocturnes, il est important de bien aérer votre chambre, voire de l'humidifier. Pour ce faire, vous pouvez utiliser un saturateur (à suspendre ou à poser) ou, tout simplement, placer un linge humide sur votre radiateur.

Extinction de voix

L'essentiel est de mettre les cordes vocales au repos : évitez, autant que faire se peut, de parler et même de chuchoter, la moindre vibration

C'est malin !

Un peu de thym

- Le thym est une plante réputée pour combattre la toux ou les infections respiratoires (rhume, grippe…). Il contient des substances antitussives (thymol, notamment) qui agiraient favorablement sur les toux bénignes. N'hésitez donc pas à l'utiliser, soit en tisane (pour l'effet hydratant), soit en inhalation (pour l'effet désencombrant).

Une tisane au romarin

de la voix les sollicitant… Il est également bon d'humidifier les cordes vocales en pratiquant une inhalation. Vous pouvez aussi recourir à un des remèdes proposés pour soulager les maux de gorge (voir p. 222).

Tisanes, boissons chaudes et fumigations faites maison

Voici quelques recettes traditionnelles de grand-mères que vous pouvez tester à votre guise.

Contre le mal de gorge, préparez une tisane de thym, de pin sylvestre ou de romarin, toutes plantes aux vertus antiseptiques, et ajoutez-y 1 à 2 cuillerées de miel, pour ses propriétés apaisantes et antimicrobiennes.

Vous pouvez effectuer une fumigation purifiante au thym : mettez dans un bol 3 cuillerées à café de thym séché et arrosez le tout d'un bol d'eau bouillante. Respirez les vapeurs qui se dégagent en couvrant votre tête (et le bol) d'une serviette de toilette.

Vous pouvez procéder de même avec 2 cuillerées à café de teinture de benjoin. Ce remède tombé en désuétude était utilisé pour dégager les bronches. Il a l'avantage d'être très parfumé.

Si vous avez les bronches prises, un autre vieux remède consiste à prendre de l'ail bouilli dans du lait. Dans une casserole, faites bouillir 25 cl de lait avec 6 gousses d'ail (épluchées et dégermées) et 6 clous de girofle, pendant une dizaine de minutes. ■

Bon à savoir

Le miel, aux mille vertus

▪ D'après plusieurs études, le miel s'avérerait aussi efficace que de nombreux antitussifs, tout en étant moins cher et meilleur. Sa texture sirupeuse aurait un effet apaisant sur la gorge, tandis que ses propriétés antioxydantes et antimicrobiennes contribueraient à accélérer le processus de guérison. Mais ses effets thérapeutiques ne s'arrêtent pas là. Des recherches, en milieu hospitalier notamment, ont démontré ses qualités antiseptiques, cicatrisantes et anti-inflammatoires. Appliqué sur des plaies chirurgicales, il favorise la reconstitution de la peau tout en débarrassant les plaies de leur odeur désagréable.

Ôter les maux de la bouche

La prévention des caries, comme de la mauvaise haleine, repose essentiellement sur l'hygiène dentaire, soit le brossage quotidien et l'usage du fil entre les dents. Mais il est également recommandé de voir son dentiste au moins une fois par an, ne serait-ce que pour pratiquer un détartrage. Sinon, quelques soins et astuces permettent de remédier aux petits maux de bouche les plus fréquents, y compris à la rage de dents impromptue !

Mauvaise haleine d'origine buccale

- Si vous tendez juste à avoir mauvaise haleine le matin, c'est peut-être tout simplement parce que vous ne vous brossez pas systématiquement les dents avant le coucher. Auquel cas il suffit d'être un peu plus vigilant… Veillez aussi à boire suffisamment le soir, pour bien drainer la bouche et l'appareil digestif. En revanche, si vous avez mauvaise haleine en permanence, une visite chez le dentiste s'impose, car il peut alors y avoir un problème bucco-dentaire (carie, abcès, dent creuse, inflammation de la gencive…).
- Vous avez souvent la langue pâteuse en sortant de table ? N'hésitez pas à pratiquer un brossage de votre langue après les repas, en plus des dents bien sûr. Pour ce faire, vous pouvez utiliser une brosse à dents souple, qui n'irritera pas les muqueuses, ou un gratte-langue spécialement conçu à cet effet. Ce nettoyage en douceur permettra de décharger votre langue des bactéries qui l'encombrent.
- Vous pouvez faire des bains de bouche avec une solution d'ions zinc, la seule qui soit vraiment efficace contre la mauvaise haleine. Préférez les solutions qui ne contiennent pas d'antiseptique : elles sont moins agressives pour la flore buccale (voir encadré p. 225). Sinon, vous pouvez essayer un bain de bouche maison : diluez dans 1/2 verre d'eau 1/2 cuillerée à café d'alcool à 70° non dénaturé et 2 gouttes d'huile essentielle de menthe poivrée (*Mentha piperita*) ou de menthe douce (*M. spicata*).
- Si vous portez un dentier, il est important de le nettoyer et de le désinfecter chaque jour.
- La sécrétion salivaire influe également beaucoup sur la mauvaise haleine, car les enzymes de la salive contribuent à assainir la bouche. Si vous salivez peu naturellement, le recours aux chewing-gums et pastilles aromatisées (sans sucre) peut être judicieux.

Nos grands-mères faisaient

Bain de bouche au bicarbonate de soude

- Le bon vieux bicarbonate de nos grand-mères a montré son efficacité contre les maux de bouche, mais aussi les problèmes de salivation insuffisante. Il suffit de diluer 1/2 cuillerée de bicarbonate de sodium officinal dans 1/2 verre d'eau. À garder en bouche au moins 3 minutes, pour une action optimale.

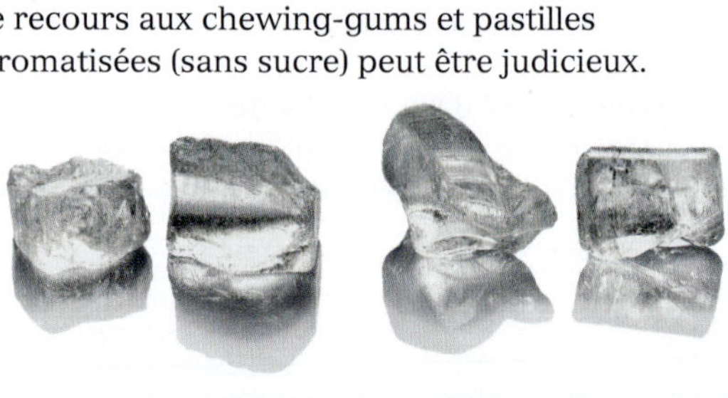

Sucer des glaçons stimule aussi la salivation ! Et il ne vous en coûtera rien…

- Les huiles essentielles de graines de persil ou de tournesol s'avèrent efficaces dans certains cas. Vous pouvez en prendre quelques capsules afin de tester l'effet.

- Il faut enfin savoir que l'alcool, le tabac et la caféine diminuent la sécrétion salivaire : tâchez donc d'en réduire la consommation si vous souffrez de mauvaise haleine. L'ail, l'oignon ou les plats très épicés chargent aussi l'haleine, mais parce que leurs composés soufrés, volatils, sont exhalés par les poumons. Un remède : se brosser les dents après en avoir mangé.

Bon à savoir

Bains de bouche : respecter la flore buccale

- La cavité buccale abrite en permanence plusieurs centaines de micro-organismes dits saprophytes, car ils sont inoffensifs et protègent même contre les germes pathogènes. Mais certaines agressions peuvent rompre le fragile équilibre de ce milieu, comme l'usage prolongé de bains de bouche contenant des antiseptiques.
- Ces solutions antiseptiques n'auraient pas d'efficacité avérée sur les petites lésions de la bouche (aphtes, blessures, morsures…). Au contraire, leur utilisation prolongée modifiant la flore naturelle de la cavité buccale, elle pourrait y favoriser la prolifération de certaines bactéries ou l'apparition de mycoses.
- Dans tous les cas, pour ne pas multiplier les effets indésirables, il est préférable de prendre une solution contenant un seul antiseptique, comme la chlorhexidine ou l'hexétidine.
- Les bains de bouche renfermant du triclosan, à large spectre d'action, sont à éviter : des études ont notamment montré qu'il rendait les bactéries résistantes aux antibiotiques.

Aphtes

- L'aphte guérit spontanément en quelques jours, aussi suffit-il, le plus souvent, de prendre son mal en patience. Cependant, si la douleur est trop vive ou difficilement supportable, sucer un glaçon peut procurer un soulagement certain grâce au pouvoir analgésique du froid. Vous pouvez aussi avoir recours ponctuellement à des bains de bouche ou à des gels antiacides (vendus en pharmacie), en sachant qu'ils ne soigneront pas l'aphte mais pourront éventuellement calmer la douleur.
- Certains aliments provoquent des aphtes. Les susceptibilités individuelles étant très variables, essayez d'identifier ceux auxquels vous êtes le plus sensible. Les aliments le plus souvent en cause sont le gruyère (et les fromages en général), les noix, noisettes et cacahuètes, l'ananas (et, plus généralement, les fruits acides, comme orange, kiwi, tomate…), mais aussi l'alcool et le vinaigre.

Rage de dents

- Il faut bien sûr consulter rapidement le dentiste, mais si votre rage de dents se déclare en pleine nuit par exemple, appliquez tout de suite une compresse bien froide sur la zone sensible. Le froid, là encore, freine la transmission du signal douloureux au cerveau. Plus on intervient vite, moins la douleur s'installe.
- Vous pouvez également essayer de mâcher un clou de girofle du côté malade, si son goût et son odeur ne vous rebutent pas. L'huile essentielle qu'il renferme est riche en eugénol, un précieux composé doté de propriétés antiseptiques surtout, mais aussi légèrement anesthésiantes – d'où son usage, d'ailleurs, en dentisterie. ■

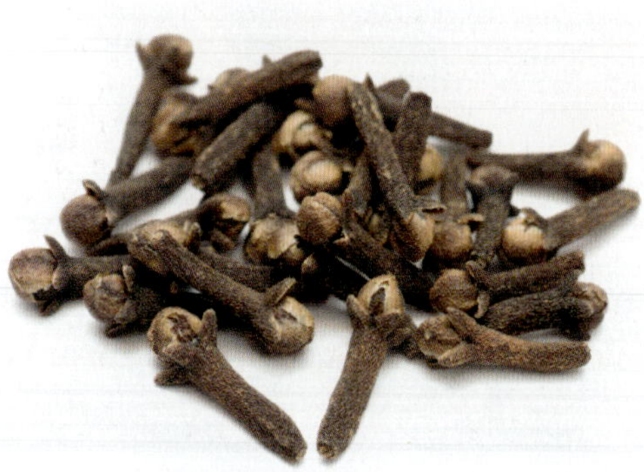

Remédier aux embarras gastriques, intestinaux et urinaires

On l'oublie souvent, mais nos organes sont sensibles au moindre changement, que ce soit dans notre rythme de vie ou nos habitudes alimentaires. Même une petite fatigue peut contrarier leur bon fonctionnement... Et c'est encore plus vrai si vous avez, par nature, l'estomac ou les intestins fragiles. Quand il s'agit de désordres bénins et passagers, de nombreux remèdes maison permettent de les soulager et, ainsi, d'éviter qu'ils ne gâchent le quotidien.

Digestion difficile

On parle de dyspepsie pour désigner l'inconfort digestif et la sensation de digestion lente ou laborieuse. Si tel est votre cas, certaines astuces peuvent vous être utiles là où les médicaments sont peu efficaces.

Il n'existe pas de régime alimentaire type contre la mauvaise digestion. Tout est affaire de susceptibilité individuelle. C'est donc à vous d'identifier les facteurs favorisants (voir encadré ci-contre).

Bon à savoir

Mauvaise digestion : les facteurs favorisants

Selon les personnes, il peut s'agir des facteurs suivants :

- la prise d'un repas copieux ;
- la consommation de graisses (surtout cuites) ;
- le manque de mastication et l'ingestion trop rapide des aliments ;
- les aliments acides, les sauces et la viande rouge ;
- la consommation de certains produits, comme les boissons gazeuses, le café, le chocolat, les épices ou le tabac ;
- l'abus d'alcool.

Prenez le temps de bien mâcher les aliments et de manger au calme : cela favorise d'une part la digestion, en activant la sécrétion de salive, et évite d'autre part de se « gaver ».

Il est recommandé de marcher après les repas, mais non de faire du sport. La relaxation peut également améliorer le processus digestif, par la détente musculaire qu'elle procure.

Prendre une tisane digestive à la fin du repas est une bonne habitude. La camomille est conseillée pour faciliter la digestion. D'autres plantes sont aussi réputées pour leurs vertus digestives : menthe, menthe poivrée, mélisse, anis étoilé (ou badiane), fenouil... Comptez 1 cuillerée à café de plante séchée ou 1 infusette pour 1 tasse d'eau frémissante.

Aérophagie, gaz et ballonnements

La présence excessive d'air dans l'estomac se traduit par un gonflement, une gêne et des éructations. Elle peut avoir diverses origines, mais l'hygiène alimentaire, bien souvent, prime. Ces quelques conseils pourront donc vous être utiles si vous avez fréquemment le ventre ballonné.

Tâchez de bien mastiquer les aliments quand vous mangez : plus vous avalez vite, plus vous ingérez d'air !

Nos grands-mères faisaient

Contre les gaz

- Jadis, on faisait cuire les légumes qui donnent des gaz (choux, lentilles, haricots secs, artichauts, topinambours…) avec un morceau de céleri-branche (10 cm) ou 1 bonne pincée de bicarbonate de soude (pour 1 litre d'eau environ). Pourquoi ne pas essayer ? Le chou-fleur et les choux de Bruxelles peuvent quant à eux être blanchis quelques minutes à l'eau bouillante avant d'être cuisinés – le procédé élimine une partie des dérivés soufrés volatils qui sont à l'origine des ballonnements.

Mais ne mâchez pas non plus trop longtemps, au risque de produire l'effet inverse ! C'est le cas avec les chewing-gums, qui peuvent donner de l'aérophagie et des flatulences.

Pour des raisons évidentes, la consommation de boissons gazeuses (sodas, bière…) est déconseillée. Fumer du tabac, de même, favorise l'ingestion d'air.

Enfin, un certain nombre d'aliments peuvent être source de ballonnements et flatulences. C'est à vous de déterminer ceux qui vous indisposent mais, parmi les aliments les plus incriminés, on peut citer les choux (chou blanc, chou vert, choux de Bruxelles, brocoli, chou-fleur…), l'ail, le navet, l'artichaut, le panais, le topinambour et les légumineuses (haricots secs, fèves, pois et, dans une moindre mesure, lentilles).

Prendre ses repas dans le calme et la détente est très important : mettez-vous à l'aise, desserrez votre ceinture si besoin. En effet, les ballonnements sont favorisés et aggravés par le fait de manger trop vite, mal assis, serré à la taille ou stressé.

Certaines plantes combattraient efficacement l'aérophagie, comme le fenouil et le céleri, en grains (fruits) : vous pouvez en assaisonner vos plats, les croquer en fin de repas ou, encore, les prendre en infusion – libre à vous de choisir.

Un remède éprouvé consiste à avaler 1 cuillerée à café de charbon activé en poudre (granulés) avec un verre d'eau. Vous le trouverez en pharmacie, où il est également vendu sous forme de comprimés et de gélules.

Brûlures d'estomac passagères

Tout ce qui contribue à irriter l'estomac peut donner occasionnellement des brûlures. Il peut ainsi s'agir de médicaments, notamment l'aspirine et les anti-inflammatoires non stéroïdiens. Beaucoup d'aliments peuvent aussi s'avérer irritants : certaines épices (piment surtout), les graisses cuites et fritures, les fibres végétales dures (crudités, poireaux, asperges), les fromages fermentés… Les boissons et liquides acides agressent eux aussi la paroi de l'estomac, que ce soit le café, les sodas acidulés, les jus de fruits acides ou le vinaigre. Les boissons très chaudes ou très froides ont le même effet chez certains, tout comme les excès de sucre ou les chewing-gums. Enfin, la consommation d'alcool ou de tabac peut également être à l'origine de brûlures gastriques, sans oublier le stress.

Là encore, il convient d'éviter les aliments ou boissons qui, chez vous, déclenchent des aigreurs d'estomac et aggravent la douleur. Adaptez votre alimentation en conséquence, ou votre rythme de vie si vous êtes souvent stressé et incommodé.

Vous pouvez en revanche privilégier des aliments mieux tolérés par l'estomac, comme les viandes blanches, le poisson, les féculents (pomme de terre à l'eau ou en purée, riz blanc…), les légumes tendres et bien cuits, les fromages frais et les compotes (pomme et poire).

Bon à savoir

Brûlures d'estomac chroniques

- Si vous avez très souvent des brûlures d'estomac, parlez-en à votre médecin. Il se peut, en effet, qu'elles soient dues à une infection par la bactérie *Helicobacter pylori* : on la retrouve dans 90 % des cas de gastrite chronique. Un traitement spécifique (à base d'antibiotiques) vous sera alors prescrit.

- Essayez aussi de limiter l'emploi de matières grasses, la cuisson à la vapeur étant idéale.
- Vous pouvez éventuellement prendre des infusions à la camomille, qui sont traditionnellement recommandées pour soulager les brûlures d'estomac.

Nausées

- Vous avez fait un repas trop copieux, ou trop arrosé et vous ne vous sentez pas dans votre assiette… ? En cas d'indigestion, suivez le réflexe qui vous pousse à vomir : il permet d'éliminer le trop-plein.
- Pour le reste, différentes études ont montré que le gingembre était très efficace contre les nausées et vomissements : pourquoi ne pas essayer ? Faites infuser dans 1 tasse d'eau frémissante 2 pincées de gingembre en poudre ou 1 cuillerée à café de gingembre frais râpé, au choix, durant 5 à 10 minutes. Ce rhizome étant naturellement amer, vous pouvez ajouter un peu de jus de citron et du miel pour en adoucir le goût. Mais, si vous préférez, il est également possible de le consommer frais, coupé en morceaux – prenez-en alors 5 g par jour, en veillant à peler la racine.

Nos grands-mères faisaient

Quand on a le hoquet

Cette contraction involontaire du diaphragme est fort désagréable, surtout quand la crise dure. Heureusement, nos aïeules avaient moult astuces pour faire passer le hoquet. En voici quelques-unes, qu'il ne vous reste plus qu'à tester !

- Une astuce courante est de compter jusqu'à 10 le plus de fois possible, sans reprendre son souffle, jusqu'à ce que l'on y soit obligé. De même, on faisait jadis répéter aux enfants « J'ai le hoquet, Dieu me l'a donné. Vive Jésus, je ne l'ai plus » ! Et, paraît-il, cela marchait…
- Un autre truc consiste à boire un verre d'eau d'un trait, sans reprendre sa respiration. Ou encore, à boire un verre d'eau à l'envers : penchez votre visage au-dessus du verre et posez les lèvres sur le bord opposé (votre menton repose alors sur le verre).
- Dans un autre registre, il suffirait de pincer très fort l'auriculaire pour enrayer la crise de hoquet. Ou de « faire peur » à la personne. Mais la réaction et le résultat sont aléatoires…

Du gingembre contre les nausées

Diarrhée légère

En cas de diarrhée légère, quelques bons réflexes aident à retrouver des selles normales. Ils valent aussi si vous souffrez d'une diarrhée plus sévère, ayant nécessité la prescription de médicaments : associer l'hygiène alimentaire au traitement ne peut être que bénéfique.

La réhydratation est essentielle pour compenser les pertes hydriques consécutives à la diarrhée : pensez à boire beaucoup, de l'eau (ou de la tisane) sucrée (pour faciliter l'absorption des liquides, voir p. 240). Évitez en revanche les boissons gazeuses, la caféine (donc le café et les sodas en contenant, voir encadré ci-dessous), ainsi que les jus de fruits acides.

Une astuce bien connue consiste à faire cuire une poignée de riz dans une grande casserole et à récupérer l'eau de cuisson pour la boire. L'amidon issu du riz constitue en effet un antidiarrhéique naturel. Pour améliorer le goût, vous pouvez sucrer avec un peu de miel.

La soupe de carottes a aussi largement prouvé son efficacité, grâce aux précieuses fibres de ce tubercule. Mixez les carottes avec le jus de cuisson.

Idée reçue

Les sodas au cola, bons pour la diarrhée ?

Contrairement à une croyance répandue, ces boissons n'ont aucune vocation à combattre la diarrhée : la caféine qu'elles renferment accélère le transit ! Mais l'attrait des sodas au cola, surtout chez les enfants, explique peut-être la persistance de cette idée reçue...

Constipation

La constipation est un problème répandu dans nos sociétés, dominées par une alimentation riche en produits raffinés et des activités souvent sédentaires. L'hygiène de vie, là encore, prime et les astuces alimentaires ne manquent pas pour faciliter le transit.

Le régime alimentaire joue un rôle essentiel pour retrouver un bon transit. Veillez à consommer suffisamment de fibres, en privilégiant fruits frais (bien mûrs) et fruits secs (pruneaux notamment, mais aussi dattes, noisettes, amandes...), légumes (cuits ou en soupe), ainsi que céréales complètes ; évitez en revanche les fibres dures comme celles des choux, des salsifis et des feuilles d'artichaut ; enfin, soyez prudent avec les légumes secs et les bulbes (ail, oignons, échalotes), qui peuvent aggraver la constipation.

Un apport régulier et suffisant de boisson est également important pour limiter les problèmes de constipation. Pensez à boire quand vous mangez, bien sûr, mais aussi entre les repas. Les eaux riches en magnésium sont souvent efficaces, de même que les jus de fruits acides (orange, kiwi...).

Les bons gestes

Les aromates pour une cuisine digeste

Si les aromates et épices étaient si prisés de nos ancêtres, ce n'est pas uniquement pour leur saveur, mais aussi pour les vertus qu'on leur prêtait, digestives notamment. Faites donc vôtre cette saine habitude et n'hésitez pas à parfumer votre cuisine avec des épices qui ont la réputation de favoriser les sécrétions digestives : cardamome, curcuma, cumin, anis étoilé (ou badiane), muscade, poivre, safran, vanille...

Idée reçue

Les diurétiques font maigrir

- Les plantes et aliments dits diurétiques ont la propriété de favoriser l'élimination de l'eau contenue dans le corps, faisant ainsi baisser rapidement le poids. Mais ils n'éliminent que l'eau, pas la masse grasse. L'usage de produits à base de diurétiques pour maigrir est donc injustifié, voire dangereux, et doit par conséquent être évité.

Pour allier alimentation et boisson, une astuce réputée consiste à boire un verre d'eau et à prendre 2 ou 3 pruneaux secs, le matin, au petit déjeuner.

L'exercice est l'autre secret d'un bon transit. Une activité physique modérée est toujours bénéfique pour la digestion. La marche, à cet égard, a l'avantage d'être praticable à tout âge et gratuite (voir p. 244)... Mais la natation est également excellente, à condition d'aimer l'eau et de pratiquer cette activité régulièrement.

Enfin, des exercices de relaxation (yoga, par exemple) et des massages de l'abdomen peuvent stimuler le transit intestinal.

Infections urinaires bénignes

Pour des raisons anatomiques, les femmes sont davantage sujettes aux infections urinaires (d'origine bactérienne), certaines y étant plus prédisposées que d'autres.

Si tel est votre cas, voici quelques astuces et conseils qui peuvent vous être utiles.

✓ L'hydratation est la base de la prévention. Il convient de boire plus que la normale, soit au moins 2 litres d'eau (ou autres boissons) par jour. Le respect de ces apports est essentiel pour assurer un bon flux urinaire et, également, drainer les voies urinaires.

✓ Par ailleurs, pour favoriser les processus d'élimination de l'organisme, vous pouvez consommer des fruits et légumes naturellement diurétiques : asperge (à éviter, cependant, en cas de troubles rénaux), cerise, cassis, céleri, oignon, poireau... Toutefois, n'en abusez pas.

✓ Se retenir d'uriner augmente le risque de contracter une infection urinaire. Efforcez-vous, dans la mesure du possible, d'aller aux toilettes dès que l'envie se fait sentir. Pensez aussi à vous essuyer d'avant en arrière pour éviter de ramener des bactéries intestinales. Il est également conseillé d'uriner après chaque rapport sexuel.

✓ Le port de vêtements serrés est déconseillé, de même que l'usage de produits de toilette intime (ils détruisent la flore naturelle). ■

Bon à savoir

La canneberge : une plante préventive ?

- La canneberge (ou cranberry) est une variété proche de l'airelle, largement cultivée au Canada et aux États-Unis.
- Certaines études en laboratoire ont trouvé un effet préventif – mais non curatif – sur les infections urinaires récidivantes. Selon les hypothèses des chercheurs, elle aurait une double action protectrice : elle rendrait les urines acides, inhibant ainsi la prolifération des bactéries responsables de l'infection urinaire, et ses tanins (proanthocyanidines) empêcheraient les bactéries d'adhérer aux parois des voies urinaires.
- Cependant, l'Anses (Agence nationale de sécurité sanitaire de l'alimentation, de l'environnement et du travail) a souligné en 2016 que cette action préventive n'était pas, à ce jour, démontrée.

Soigner petits boutons et petites lésions

Certaines affections de la peau nécessitent un traitement médical spécifique, mais pour ce qui est des maux les plus courants – petite coupure, légère brûlure, petit bouton –, des remèdes simples suffisent en général. Il importe toutefois de pratiquer les soins et gestes qui conviennent. Ainsi, la vilaine écorchure qui vous gâche la balade à vélo ou l'après-midi de bricolage guérira plus facilement si elle est soignée correctement et rapidement.

Clous, acné

❁ Les boutons, surtout au visage, sont souvent disgracieux et grande est la tentation de les percer ! N'en faites rien : cela aurait pour effet d'aggraver l'inflammation, voire de propager l'infection microbienne dans le cas d'un furoncle. À cet égard, si votre furoncle est particulièrement gros ou gonflé, ou ne se résorbe pas au bout de 2 semaines, consultez un médecin.

❁ Sinon, pratiquez un nettoyage quotidien de la peau avec un savon doux, puis appliquez une solution antiseptique (à base de chlorhexidine, par exemple, voir encadré p. 234).

Verrues

❁ Les verrues ont ceci de particulier et de mystérieux qu'elles peuvent apparaître comme disparaître… La question de leur retrait reste donc débattue (voir encadré p. 233). Quant aux multiples traitements existants, leur efficacité n'est nullement garantie. Deux méthodes, cependant, semblent avoir fait leurs preuves :

✓ Pour les petites verrues, l'usage traditionnel préconise la chélidoine (dite aussi, à dessein, herbe-aux-verrues). Il suffit d'en couper une tige et d'appliquer sur la verrue le suc jaune vif qui s'en écoule, riche en alcaloïdes, sans

Les bons gestes

Les verrues : faut-il les enlever ou non ?

- D'un point de vue strictement médical, l'ablation des verrues ne se justifie pas puisqu'elles n'ont aucun caractère nocif pour la santé. Et l'argument du risque d'extension, si l'on n'intervient pas précocement, n'est pas non plus fondé scientifiquement.
- Des études montrent qu'un grand nombre de verrues disparaissent d'elles-mêmes. Après 2 ans, le taux de disparition inexpliquée et sans cicatrice serait autour de 70 %. La meilleure solution est donc, le plus souvent, d'attendre… Cependant, il peut être nécessaire d'intervenir dans certaines situations, notamment en cas de préjudice esthétique ou de douleur gênante, ce qui est fréquemment le cas avec les verrues plantaires.

déborder sur les tissus sains. Ce procédé permet de faire dessécher progressivement la verrue – à poursuivre 2 fois par jour jusqu'à guérison. Attention : la chélidoine est une plante toxique, que l'on réservera donc à cet usage strict. Cette vivace affectionne les lieux humides et ombragés, où elle s'épanouit du printemps à l'automne.

✓ Une autre technique pour combattre les verrues consiste à utiliser tout simplement du ruban adhésif. Le Scotch classique se décollant facilement, on emploiera de préférence un adhésif médical (sparadrap ou pansement occlusif), qui résiste à l'eau et laisse passer l'air. Placez un morceau d'adhésif sur la verrue concernée et maintenez-le pendant une semaine (en le renouvelant si nécessaire). Retirez alors l'adhésif, puis savonnez et limez doucement la verrue (en prenant garde de ne pas la faire saigner), avec une lime à ongles ou une pierre ponce. Laissez une nuit à l'air libre et appliquez un nouvel adhésif dès le lendemain matin. Recommencez l'opération jusqu'à disparition définitive de la verrue (mais au maximum pendant 8 semaines).

Brûlures superficielles

- En cas de brûlure légère, le premier geste est de refroidir au plus vite la zone concernée avec de l'eau, pendant une dizaine de minutes, le temps que la douleur s'atténue ou disparaisse. La température de l'eau doit se situer entre

La chélidoine ou herbe-aux-verrues

15 et 18 °C, soit celle du robinet – l'eau glacée est à proscrire ! Si le jet d'eau courante est impossible pour des raisons anatomiques, appliquez des compresses d'eau fraîche, que vous renouvellerez à intervalles réguliers.

- Afin de limiter le risque infectieux, il est recommandé de bien nettoyer et sécher la zone à l'aide d'une compresse.
- Vous pouvez éventuellement appliquer un antiseptique (voir encadré p. 234), puis un protecteur cutané de type trolamine (Biafine).
- Dans tous les cas, ne couvrez pas la brûlure et évitez de percer la cloque qui pourrait se former, car elle constitue une barrière naturelle. Un pansement occlusif, quant à lui, empêcherait la peau de respirer et favoriserait la macération, car l'évaporation est importante au niveau d'une brûlure.

Idée reçue

Petites brûlures : des « remèdes » à éviter

Les idées reçues sont légion en matière de soulagement des petites brûlures.

- N'utilisez surtout pas de glaçons, qui pourraient provoquer une brûlure par le froid.
- Proscrivez également l'application d'un corps gras tel que le beurre ou l'huile : il emprisonne la chaleur dans les tissus et peut aussi contaminer la peau.
- Évitez les remèdes à la pomme de terre ou au vinaigre, qui ne feront que favoriser les infections.

Les bons gestes

Solutions antiseptiques : les précautions d'usage

Outre que leur utilité ne fait pas l'unanimité, les antiseptiques méritent quelques précautions d'usage. Petit tour d'horizon.

- Dans tous les cas, l'application d'un antiseptique ne dispense pas du nettoyage préalable de la plaie à l'eau et au savon. C'est particulièrement vrai si elle est souillée par des corps étrangers. Il faut savoir qu'un emploi répété de ces produits tend à freiner le processus naturel de cicatrisation. À vouloir trop bien faire, on peut mal faire… En raison des interactions possibles, l'association de plusieurs produits antiseptiques est à éviter.
- Il arrive que certaines solutions antiseptiques fassent elles-mêmes l'objet d'une contamination microbienne. Désinfecter devient alors plus risqué que de ne pas désinfecter… C'est le cas lorsque le flacon a été mal rebouché après emploi, que sa date de péremption est dépassée ou qu'il a été stocké près d'une source de chaleur (radiateur, par exemple). Il convient donc de vérifier et renouveler régulièrement les produits de sa pharmacie. Les dosettes, certes, coûtent plus cher, mais elles sont aussi plus fiables que les flacons, qui peuvent rester dans l'armoire à pharmacie des mois, voire des années…
- Pour que la plaie demeure bien visible, il est préférable de la désinfecter avec un produit non coloré. C'est important pour surveiller sa bonne cicatrisation.
- Concernant le choix de l'antiseptique lui-même, on privilégiera la chlorhexidine (génériques et Dosiseptine en unidoses) ou l'hypochlorite de sodium (Dakin Cooper, Amukine) : ces deux solutions agissent efficacement sur les bactéries, virus et champignons tout en ayant peu d'effets indésirables (irritation ou allergie). À noter toutefois que la chlorhexidine ne doit pas être utilisée dans les yeux ni dans les oreilles.
- Les solutions antiseptiques à éviter sont : l'alcool éthylique à 70°, les solutions alcooliques, les antiseptiques à base d'iode (type Betadine), l'hexamidine, les produits associant plusieurs substances antiseptiques, les colorants rouges, l'eau oxygénée et, enfin, les antibiotiques locaux.

Petites coupures, écorchures et petites plaies

- Avant tout soin, le premier réflexe est d'éliminer au plus vite les débris et résidus divers en aspergeant la plaie avec une grande quantité d'eau ou, mieux, de sérum physiologique. Ce geste, essentiel, limite réellement le risque infectieux. Ensuite, la plaie peut être nettoyée délicatement à l'eau savonneuse.
- Pour les plaies souillées, le recours aux antiseptiques est souvent préconisé, même si leur utilité fait débat (voir encadré ci-dessus).
- Une fois la plaie sèche, il est recommandé de la couvrir avec un pansement pour maintenir les tissus propres et prévenir toute prolifération bactérienne. On prendra soin, bien sûr, de changer régulièrement le pansement. Le coton hydrophile est déconseillé, car ses fibres risquent d'adhérer à la plaie.

Saignement de nez

- Une astuce toute simple consiste à pencher votre tête en avant – jamais en arrière ! – et à appliquer une compresse froide sur votre nez – le froid resserre les petits vaisseaux et favorise ainsi l'arrêt du saignement.

Petite écharde

- Pour commencer, vous pouvez tremper quelques minutes le doigt dans de l'eau chaude additionnée de sel de cuisine ou de savon. L'effet émollient de ce bain assouplira votre peau et facilitera ensuite le retrait de l'écharde.
- Vous pouvez aussi essayer le savon noir. Enduisez généreusement la zone concernée de savon, puis laissez reposer quelques minutes.

Bon à savoir

Le panaris : un problème sérieux

- Le panaris est une infection aiguë du doigt ou, plus rarement, de l'orteil, avec un gonflement douloureux suivi de la production de pus. Il est dû au développement de bactéries (staphylocoque doré, streptocoque...) à la suite d'une petite plaie mal soignée, d'une piqûre profonde, d'une griffure, d'une écharde mal retirée... Un panaris n'est pas anodin : il peut avoir des complications sérieuses et s'étendre aux articulations. Si l'évolution n'est pas spontanément favorable, il convient de consulter un médecin.

Doigt coincé, coup de marteau

- Pour calmer la douleur et prévenir le risque de formation d'un hématome, placez tout de suite votre doigt sous l'eau froide. Continuez de le baigner à froid pendant 10 minutes.
- En cas d'hématome sous l'ongle (tache noire), une astuce consiste à percer délicatement l'ongle avec l'extrémité d'un trombone chauffée à blanc à la flamme : le sang va ainsi s'évacuer. Le geste s'avère en principe indolore, à condition d'être franc (pour percer) mais retenu (pour ne pas abîmer les chairs en dessous). Par ailleurs, il doit être renouvelé si le trou se referme et si la pression revient.
- Si le doigt est blessé, plongez-le dans un bain d'eau chaude ou stérilisée avec quelques gouttes de désinfectant, ou bien dans une solution de Dakin, pendant 20 minutes. Procédez ainsi 4 fois par jour, durant 2 jours. N'hésitez pas, en parallèle, à prendre des médicaments contre la douleur.
- Si l'hématome est de volume important ou si l'ongle est arraché, vous devez consulter.

Engelures, gerçures

- Concernant les engelures et les gerçures, la prévention est de mise : quelques astuces permettent de les éviter ou, du moins, de limiter leur impact. Dans tous les cas, il s'agit de se protéger efficacement du froid. Par temps froid ou sous climat montagnard, ne sortez jamais sans mettre des gants et des chaussettes bien chauds, ainsi que des chaussures étanches, mais pas trop serrées (le sang doit bien circuler !). Encore mieux : portez une paire de gants ou de chaussettes fins sous vos gants et chaussettes habituels – la superposition des couches renforce l'isolation du corps.
- Veillez également à enduire régulièrement vos pieds et mains d'une crème de soin hydratante ; pour un effet optimal, appliquez-la sur une peau légèrement humide, soit juste après avoir pris votre douche ou lavé vos mains. Si, malgré toutes ces précautions, votre peau a tendance à se dessécher, mettez une crème très grasse (beurre de karité, huile de jojoba ou d'amande douce...), puis recouvrez vos mains de gants ou vos pieds de chaussettes et laissez agir toute une nuit.
- Pour prévenir les engelures, il faut éviter de rester immobile dans le froid : pensez à bouger les mains et les pieds.
- Pour prévenir les gerçures, protégez vos lèvres avec une bonne couche d'huile végétale ou de baume gras (voir p. 266). Ce soin vaut également si vous avez déjà les lèvres gercées. ■

Se protéger et soigner les blessures dues aux bêtes

On a beau aimer la nature, il faut reconnaître que ses hôtes peuvent se faire particulièrement indésirables, surtout les insectes et autres petites bêtes. Ainsi, moustiques et guêpes ont le pouvoir de gâcher vos vacances à la campagne, tandis que méduses et oursins n'ont pas leur pareil pour donner du piquant à vos bains de mer... Fort heureusement, des parades existent.

Éviter les piqûres de moustiques

- Les moustiques vous envahissent ? Vous pouvez limiter leurs attaques par quelques gestes simples.
- Videz tout de qui peut stocker l'eau dans le jardin (coupelles, dessous de pots, arrosoirs...) pour éviter qu'ils n'y prolifèrent (un fonds d'eau stagnante suffit).
- Vous avez jardiné tout l'après-midi ? Prenez une douche en rentrant, car l'acide lactique de la transpiration humaine constitue aussi un puissant attractif pour ces petits diptères.
- Dehors, pensez à porter des vêtements couvrants et de couleurs claires. En effet, ces insectes aiment les teintes foncées, qui emmagasinent la chaleur, ou les tons vifs, rappelant ceux des fleurs.
- Pour la nuit, sachez que l'utilisation d'un ventilateur est efficace, même si son bruit peut vous incommoder par ailleurs...

Nos grands-mères faisaient

Remède contre les piqûres de moustiques

- Nos aïeules appliquaient tout simplement de la terre humectée de salive sur les piqûres. Pourquoi ne pas essayer ce remède, mais en procédant plus proprement ? Pour cela, vous pouvez utiliser de la pâte d'argile (verte ou blanche), en en mettant juste une petite noisette.

Idée reçue

Ultrasons, géranium, citronnelle...

En matière de protection contre les moustiques, les idées reçues sont légion.

- Géraniums, produits naturels à base de citronnelle, huiles essentielles, ultrasons, lampes à ultraviolets, applications pour smartphone... toutes ces solutions n'ont pas résisté à l'épreuve des tests menés par Que Choisir.
- Seuls certains produits antimoustiques industriels peuvent agir efficacement, qu'il s'agisse de répulsifs ou d'insecticides.
- Si la plupart des insecticides sont relativement efficaces, leurs principes actifs sont nocifs pour la santé, en sorte qu'il vaut mieux en faire un usage modéré (voir encadré p. 23).
- Pour ce qui est des répulsifs, les produits à base de DEET (diéthyloluamide) sont les plus efficaces. Inutile d'acheter un répulsif trop fortement dosé : 25 ou 30 % de DEET suffisent. Ils ne sont toutefois pas dénués de risques, notamment chez les femmes enceintes et les enfants. Leur utilisation doit par conséquent être réservée aux zones où sévissent chikungunya, dengue, paludisme... En dehors de ces zones, il est préférable de recourir à un produit contenant de l'icaridine ou de l'IR3535, substances moins agressives et à l'efficacité souvent correcte, ou à certains répulsifs au citriodiol (dont les résultats sont très variables selon les produits, en fonction de la formulation). Pour en savoir plus, des tests comparatifs peuvent vous aider.

Calmer les piqûres de moustiques

- Sous nos latitudes, les piqûres de moustiques demeurent souvent bénignes, ce sont donc généralement les démangeaisons qui causent le plus de désagréments. Si, malgré vos précautions, vous avez été la proie des moustiques, quelques gestes peuvent vous soulager.
- Pour calmer l'inflammation, l'application de froid est efficace. Une compresse d'eau froide ou des glaçons enveloppés dans un linge atténueront les effets de la démangeaison.

❁ Mettre un peu de vinaigre ou de citron peut aussi apaiser.

❁ Sachez que ces petits remèdes peuvent aussi être efficaces contre les piqûres de puces.

❁ Si les démangeaisons persistent ou sont intenses, utilisez une crème apaisante. Mais préférez une crème à base d'hydrocortisone, un corticoïde à faible activité : bien tolérée et efficace, elle présente l'avantage de ne pas être allergisante.

Guêpes, abeilles et frelons

❁ Guêpes, abeilles et autres hyménoptères font certainement partie des insectes que nous redoutons le plus en période estivale. De fait, ils ont la fâcheuse manie de s'inviter à notre repas dès que nous dressons la table dehors, appâtés par l'odeur de nos mets… Dans ce cas, pas de gestes inconsidérés ! Ils se sentiraient agressés et passeraient à l'offensive. Mais guêpes et abeilles peuvent aussi sévir au jardin, en dehors de toute sollicitation. Si elles vous prennent par surprise, sachez que leurs piqûres peuvent assurément être très douloureuses, mais elles ne sont vraiment dangereuses que si vous présentez une allergie ou avez été piqué en plusieurs endroits – appelez alors immédiatement le 15. En dehors de ces cas, voici comment procéder :

✓ Commencez par extraire le dard, d'un coup sec. Vous pouvez essayer de l'enlever avec vos doigts ou à l'aide d'une pince à épiler, en prenant garde de le retirer intégralement. À cet égard, une pompe aspirante (type Aspivenin) pourra vous être utile.

✓ Si vous pouvez intervenir très tôt, il est possible de neutraliser le venin en approchant de la piqûre une source de chaleur pendant 1 à 2 minutes. L'air chaud d'un sèche-cheveux ou le bout incandescent d'une cigarette peuvent être utilisés à cette fin. À défaut, vous pouvez essayer une compresse d'eau bien chaude. Faites attention, bien entendu, de ne pas vous brûler… Sinon, il existe des appareils spécialement conçus à cet usage, comme le Thérapik.

✓ Vous pouvez ensuite appliquer des glaçons (enveloppés dans un linge), puis désinfecter.

Tiques

❁ Ces gros acariens sont de plus en plus présents sur le territoire français. L'espèce la plus commune, Ixodes ricinus, qui peut être porteuse de la maladie de Lime (voir encadré ci-dessous), se plait dans les lieux humides et boisés, mais aussi les prairies et pelouses. On estime aujourd'hui qu'un tiers des piqûres a lieu dans les jardins des habitations ou les parcs publics.

❁ S'asseoir simplement dans l'herbe peut suffire pour attraper une tique : posez une couverture, une nappe, un paréo sur le sol pour vous protéger.

❁ En balade en forêt, privilégiez des vêtements qui couvrent les bras et les jambes (manches longues, pantalon…) et des chaussures fermées.

❁ Comme leurs piqûres sont indolores, il est important de faire une inspection en règle après chaque sortie. Leurs zones de prédilection sont les plis chauds et humides de la peau : pliure interne des genoux, aine, pourtour du nombril, arrière des oreilles, parties génitales… mais elles peuvent s'accrocher partout. Regardez aussi le cuir chevelu. Les enfants sont particulièrement exposés. Lorsqu'une tique se fixe dans la peau, elle ressemble à une tête d'épingle noire (on la confond facilement avec un grain de beauté). Si vous en repérez une, agissez au plus vite.

❁ Pour ce faire, le mieux est d'utiliser un tire-tique (que vous trouverez en pharmacie), à glisser sous la tique puis à tourner pour bien extraire l'ensemble de la tique (lisez attentivement le mode d'emploi). À défaut, utilisez une pince à épiler. Prenez soin, ensuite,

Bon à savoir

Les tiques, vectrices de maladies

▪ Les piqûres de tiques sont à prendre très au sérieux, car elles peuvent transmettre des maladies infectieuses graves, susceptibles de se manifester des années après. Il s'agit notamment de la borréliose (maladie de Lyme) ou de l'encéphalite à tiques. Le risque infectieux est proportionnel à la charge de toxines véhiculée par la salive de la tique. Il est donc important de la retirer le plus tôt possible.

de désinfecter la zone (voir encadré p. 234), en commençant par bien savonner la peau et bien la rincer. Contrairement aux idées reçues, l'usage d'éther est déconseillé, car il favoriserait le relargage des toxines de la tique.

Après une piqûre de tique, surveillez pendant plusieurs semaines la zone d'insertion. Si une marque rouge en forme de cible apparaît et s'étend autour de la piqûre, consultez impérativement un médecin qui vous prescrira des antibiotiques. Consultez aussi pour une femme enceinte, un enfant de moins de 8 ans, une personne immunodéprimée, ou si la tique est grosse (c'est qu'elle est en place depuis plusieurs jours).

Méduses

Les méduses, comme les vives, sont la hantise des baigneurs… Et à raison car, au contact de la peau, ces étranges créatures marines projettent des filaments urticants. Si leur venin n'est pas dangereux en soi, la sensation de piqûre, elle, est cuisante. Elle est suivie de démangeaisons non moins désagréables.

✓ Évitez surtout de gratter et de frotter.

✓ Rincez à l'eau de mer sans frotter, pour ne pas libérer le venin – n'utilisez pas d'eau douce, qui ferait éclater les filaments encore accrochés.

✓ Procédez ensuite au retrait précautionneux des filaments visibles avec une pince à épiler. Pour les filaments non visibles, vous pouvez utiliser de la mousse à raser et racler doucement la zone avec le bord d'une carte bancaire.

✓ Désinfectez la zone atteinte. Appliquez une poche de glace pour diminuer la douleur et évitez d'exposer la zone au soleil.

✓ Si la douleur persiste ou si la zone montre des signes d'inflammation importante, des cloques, consultez un médecin. En cas de réaction allergique importante, contactez les urgences.

Vives

Les vives sont encore plus traîtresses que les méduses, puisqu'elles vivent enfouies dans le sable, piégeant ainsi les malheureux vacanciers qui marchent sur la plage… Leur épine dorsale, sur laquelle le pied bute malencontreusement, renferme un venin très toxique : il provoque une douleur très intense, avec un gonflement important.

✓ Commencez par créer un choc thermique : maintenez le bout incandescent d'une cigarette ou d'une allumette près de la piqûre pendant 2 minutes. À la maison, un sèche-cheveux peut convenir.

✓ Appliquez ensuite du froid (glaçon, cannette très fraîche…).

Oursins

Sachez que les oursins ne sont pas venimeux. Pour procéder au retrait des épines, utilisez une pince à épiler et tirez délicatement. Pensez ensuite à désinfecter. Si un petit bout d'épine est resté, consultez un médecin.

Vipères

Si vous aimez vous promener dans les champs en été, soyez vigilant : les vipères recherchent les lieux bien exposés et broussailleux. On n'est donc jamais à l'abri d'une mauvaise rencontre… Certes, toutes ne sont pas nécessairement dangereuses mais, en cas de morsure inopinée, il convient d'être extrêmement prudent dans les gestes à pratiquer.

✓ Enlevez tout ce qui fait effet de garrot, tel qu'une bague, une montre, des chaussures ou n'importe quel vêtement serré.

✓ Si c'est possible, désinfectez la plaie à l'eau et au savon et appliquez un bandage non serré.

✓ Rendez-vous immédiatement aux urgences ou chez un médecin.

Prévenir et soulager les méfaits de la chaleur et du soleil

Les vacances d'été sont souvent un moment très attendu, notamment pour pouvoir s'adonner aux plaisirs de la plage, des bains de soleil, des siestes sur la chaise longue… Tous plaisirs qui, faute de protection ou de prudence, peuvent vite être gâchés par un coup de soleil ou de chaleur. Il est donc bon de connaître les gestes et précautions permettant de se prémunir au mieux et de ne jouir que des bienfaits.

Exposition au soleil

❁ Le soleil est essentiel à la vie et bénéfique au moral, car il active la sécrétion de sérotonine, « l'hormone du bonheur ». Il s'avère également indispensable à la synthèse de la vitamine D, dont notre corps a besoin. Ses rayons ultraviolets (UV), en revanche, sont néfastes pour la peau.

❁ En cas d'exposition, n'oubliez pas de vous protéger.

✓ La protection vestimentaire reste la plus efficace. N'hésitez pas à mettre un chapeau à large bord et des vêtements amples en coton ou en lin légers, blancs ou de couleur claire – le noir attire le soleil – et bien couvrants – le buste et les épaules, notamment, sont particulièrement exposés.

✓ Veillez aussi à protéger vos yeux en portant des lunettes de soleil. Assurez-vous que les verres filtrent correctement les UV. Il est préférable, à cet égard, de choisir des lunettes homologuées CE.

✓ Sur une peau nue, il est bien entendu essentiel d'appliquer une crème solaire, sans oublier de la renouveler régulièrement, mais même un indice élevé ne garantit pas une protection absolue (voir encadré p. 240).

✓ Même si vous êtes habillé, dès lors que le temps est très ensoleillé, pensez à protéger avec

de la crème solaire les zones fragiles (visage, cou, décolleté, nuque).

❁ En été, évitez de vous exposer au moment où le soleil est le plus fort, soit entre 12 heures et 16 heures sous nos latitudes. Le rayonnement des UVB et des UVA (voir encadré ci-dessus) est alors maximal.

❁ Soyez encore plus prudent avec les enfants, car la fragilité de leur épiderme le rend davantage vulnérable aux effets des rayons.

❁ Si votre première sortie à la plage se solde par une légère rougeur (érythème solaire) ou une sensation de chaleur sur la peau, vous pouvez appliquer des compresses d'eau fraîche. Veillez seulement à ce que la peau ne reste pas humide ensuite, pour éviter tout risque de réverbération : séchez-la au besoin, en tamponnant délicatement avec un linge. Le mieux étant, bien sûr, de ne pas se réexposer au soleil et de rester à l'ombre.

❁ Vous avez manqué de prudence et prolongé votre exposition ? Voilà que les coups de soleil apparaissent… Dans ce cas, vous pouvez procéder comme pour les brûlures légères (voir p. 233).

Bon à savoir

Crèmes solaires : des produits inégaux

- Force est de constater que, à indice de protection égal, toutes les crèmes solaires ne se valent pas. Les tests comparatifs, et notamment ceux de Que Choisir, montrent d'importants écarts dans l'efficacité des crèmes.
- Pour choisir, vérifiez bien les emballages. Pendant longtemps, les crèmes solaires n'ont protégé que des UVB, responsables des coups de soleil, et non des UVA, qui n'ont pas d'effets immédiatement visibles, mais n'en sont pas moins néfastes (vieillissement prématuré de la peau, cancers). Les crèmes solaires doivent aussi comporter une protection anti-UVA au moins égale à un tiers de celle contre les UVB. Or, un certain nombre de produits ne répondent pas à ce critère.
- Prenez garde également aux substances indésirables qui peuvent se trouver dans les crèmes solaires. Parmi elles figurent en premier lieu des perturbateurs endocriniens (comme l'éthylhexyl methoxycinnamate et le benzophénone-3) qui sont néfastes pour la santé. En outre, certains filtres présents dans les crèmes solaires contiennent des nanoparticules de dioxyde de titane, des substances qui peuvent se révéler toxiques, notamment quand elles sont inhalées (crèmes solaires sous forme de sprays ou d'aérosols). D'une manière générale, sachez que la présence de nanomatériaux doit être mentionnée sur l'emballage d'un produit qui en contient. L'application gratuite *Quelproduit* de l'UFC-Que Choisir peut vous aider.
- Attention si vous présentez un terrain allergique : de nombreuses crèmes solaires comprennent des substances allergènes.
- Et, pour éclairer votre choix, n'hésitez pas à consulter des tests comparatifs.

Déshydratation

❁ L'essentiel, par temps chaud, est de boire beaucoup d'eau pour prévenir tout risque de déshydratation. Quand nous transpirons sous l'effet de la chaleur, les besoins du corps en eau peuvent être accrus, les pertes hydriques étant plus importantes. Il convient par conséquent de boire régulièrement, par petites quantités, ce qui facilite l'absorption des fluides. Et, pour aider la réhydratation elle-même, il peut être bon d'ajouter un peu de sucre et de sel dans l'eau, car ils favorisent la diffusion de cette dernière dans le corps.

❁ Voici une recette de boisson à la fois délicieuse et efficace pour se réhydrater : 20 cl de jus d'orange (1 petit verre à eau), 20 cl d'eau (plate ou gazeuse), 1 cuillerée à café rase de sucre en poudre, 1 pincée de sel fin de table. Mélangez bien tous les ingrédients, directement dans un grand verre, avec une cuillère (ne remuez pas trop s'il s'agit d'une eau gazeuse).

❁ Vous partez à la plage ou en balade ? Pourquoi ne pas emporter un vaporisateur rechargeable rempli d'eau ? Vous pourrez ainsi vous rafraîchir à tout moment.

Prévenir les coups de chaleur

❁ En cas de fortes chaleurs, fréquentes en été, le premier réflexe doit être de préserver la fraîcheur intérieure, qu'il s'agisse d'une maison ou d'un appartement :

✓ Veillez à garder volets et fenêtres fermés toute la journée. Aérez seulement le soir, quand la température extérieure commence à baisser, en créant des courants d'air.

✓ La nuit, une bonne astuce consiste à suspendre des serviettes ou draps mouillés derrière les portes et fenêtres ouvertes : l'eau, en s'évaporant, créera une sensation de fraîcheur.

✓ Si la chaleur est particulièrement suffocante, le recours au ventilateur peut s'avérer utile pour avoir un peu d'air.

❁ Il est essentiel de boire abondamment des boissons fraîches.

❁ Rafraîchir son corps contribue aussi à abaisser sa température interne. Pour ce faire :

✓ Utilisez régulièrement un brumisateur d'eau.

✓ Plongez les avant-bras et les coudes dans un lavabo rempli d'eau froide, aspergez-vous le visage.

✓ N'hésitez pas à prendre plusieurs douches dans la journée. ■

Bon à savoir

Coup de chaleur : attention danger

■ La chaleur excessive peut provoquer des malaises plus ou moins graves, surtout chez les jeunes enfants et les personnes âgées. Lorsqu'il est exposé à une forte chaleur, l'organisme met tout en œuvre pour abaisser la température corporelle. Mais, parfois, cette mobilisation ne suffit pas, en sorte que la température du corps dépasse les valeurs physiologiques. À ce stade, les premiers symptômes du coup de chaleur peuvent se manifester : la transpiration se tarit, la peau devient chaude, rouge et sèche. À terme, la température du corps atteint dans certains cas 40 °C et plus. On peut alors ressentir des crampes musculaires, de la fatigue, des étourdissements, des maux de tête. Le rythme respiratoire et cardiaque s'accélère. Il faut impérativement réagir, car le coup de chaleur peut s'avérer très dangereux, notamment pour le cerveau. On doit donc, au plus vite, procéder comme suit : se déplacer dans une pièce fraîche, s'humidifier, boire de l'eau ou une solution réhydratante (légèrement salée et sucrée). Le but est d'abaisser la température rapidement, mais sans brutalité. Si le malaise est sévère, il est nécessaire d'appeler les urgences médicales.

Bien-être

Forme et détente

Bouger chaque jour

Les bienfaits de l'exercice ne sont plus à démontrer. Pratiqué régulièrement, sans excès, il aide à entretenir sa forme et à prévenir de nombreuses maladies, notamment cardio-vasculaires. Car l'activité physique améliore le cœur et la respiration, mais elle renforce aussi les os et stimule le métabolisme. En un mot, plus vous bougez, plus vous préservez votre santé ! Et votre moral, de même, ne pourra que mieux s'en porter.

Les bons gestes

De bonnes chaussures et de bonnes chaussettes

Pour marcher tous les jours, des chaussures «de ville» confortables suffisent. En revanche, pour les sorties plus longues, il est préférable d'être correctement équipé, au risque de souffrir d'ampoules, de douleurs, voire de tendinites.

- On n'hésitera pas à investir dans de bonnes chaussures de randonnée, c'est-à-dire dotées d'une semelle souple, «respirantes» et offrant une bonne tenue du pied, sans être trop serrées (les orteils doivent avoir suffisamment de place pour bouger librement). Évitez de vous lancer dans une longue marche avec des chaussures neuves ou quasi-neuves. Attention: les chaussures «de sport», de type tennis, ne sont pas adaptées aux longues marches, car elles sont trop souples et ne maintiennent pas les chevilles.
- Il est également important de porter de bonnes chaussettes. Utilisez des chaussettes spéciale randonnée, sans coutures ou avec des coutures plates, pour ne pas irriter la peau. Mieux vaut éviter le coton, qui a tendance à retenir la transpiration. Les chaussettes trop grandes, abîmées ou trouées sont aussi déconseillées. Si vous devez effectuer une longue marche ou une randonnée, mettez deux paires de chaussettes : des chaussettes fines près des pieds et, par-dessus, des chaussettes plus «standard». Cette astuce réduit le risque d'ampoules, les frottements se faisant entre les deux paires de chaussettes.

Mettre ses déplacements à profit

- Intégrer un peu d'exercice à son quotidien n'est pas chose difficile. C'est surtout une affaire de volonté et d'habitude. Quelques conseils, donc, pour bouger tous les jours.
- Si vous habitez en ville et prenez les transports en commun, l'astuce consiste à descendre une station avant votre destination – ou une station après, si le trajet à pied est plus agréable. C'est à vous de voir. Dans tous les cas, cette petite marche vous sera bénéfique.
- Sortir le chien est également un bon moyen de marcher et votre fidèle compagnon appréciera autant que vous !
- Chaque fois que possible, essayez d'utiliser les escaliers plutôt que l'ascenseur. Il s'agit là d'une saine habitude. Le tout est de monter à son rythme, sans s'essouffler.
- Le vélo est aussi un moyen plaisant et facile de pratiquer une activité physique, d'autant qu'il n'y a pas de limite d'âge pour en faire. Outre ses bénéfices pour la santé, il offre un gain de temps précieux: ainsi, un trajet pouvant prendre 1 heure à pied ne durera alors que 15 minutes. Mais ce n'est pas tout: si vous l'équipez d'un panier ou de sacoches, vous pourrez en plus rapporter quelques emplettes.

Marche rapide

- Pratiquer la marche est d'autant plus efficace que celle-ci est rapide. Pensez à allonger le pas,

Nos grands-mères faisaient

Randonnée : des bâtons faits maison

Si vous ne possédez pas de bâtons de randonnée et ne souhaitez pas investir dans un tel achat, une bonne solution est de les fabriquer vous-même, en bois.

- Choisissez une branche rectiligne, de 2 cm environ de diamètre, dans un bois jeune, mais pas trop souple (saule, hêtre, pin, merisier).
- Coupez le bois à la scie, supprimez les rameaux, puis recoupez à la hauteur souhaitée, perpendiculairement au bâton (et non en biseau ou en arrondi, car il pourrait glisser).
- Percez au centre de la pointe avec une petite vrille, puis vissez-y une vis à bois (à tête plate), en laissant dépasser la tête.
- Ensuite, libre à vous de décorer votre bâton ou d'y ajouter une dragonne.
- Sinon, un manche à balai peut très bien faire l'affaire : il suffit de le couper à la hauteur voulue puis d'y mettre une vis.

pour étirer suffisamment les jambes. Tenez-vous bien droit (regardez droit devant) et tâchez également de bien respirer : inspirez à fond et expirez en rentrant le ventre. Si vous n'y parvenez pas pendant toute la marche, pensez au moins à faire cet exercice 20 fois de suite, à 2 ou 3 reprises. Souvenez-vous : la maîtrise de la respiration favorise le bien-être !

Échappée belle

- L'Organisation mondiale de la santé (OMS) recommande de pratiquer 150 minutes d'activité d'endurance d'intensité modérée par semaine ou au moins 75 minutes d'activité d'endurance d'intensité soutenue, ou une combinaison équivalente d'activité d'intensité modérée et soutenue.
- N'hésitez pas à pratiquer la randonnée en groupe, car marcher à plusieurs peut être plus motivant. Vous pouvez, si vous le désirez, rejoindre un club (renseignez-vous auprès de votre mairie ou sur Internet).
- Pour ce type de sortie, il est agréable de définir deux ou trois circuits en boucle : dans un bois, un parc ou à la campagne. Il existe même des itinéraires « verts » en ville. Vous pouvez vous aider d'un guide de randonnée – certaines mairies en proposent gratuitement, de même que certains offices de tourisme.
- Pensez à emporter des bâtons de randonnée (voir encadré ci-dessus) : ils diminuent l'effort musculaire des jambes en faisant travailler

Bon à savoir

Pratiquer une activité physique

- Ce n'est pas un hasard si le Programme national nutrition santé (PNNS) conseille, depuis 2001, de faire au moins 30 minutes d'activité physique modérée par jour (marche rapide par exemple) – qui peuvent être réparties en 2 fois 15 minutes ou 3 fois 10 minutes, selon le rythme de chacun. De nombreuses études montrent en effet qu'une telle pratique régulière est bénéfique à plusieurs niveaux : tonus cardiaque et musculaire, capacités respiratoires, souplesse des articulations, sens de l'équilibre et densité osseuse. Elle contribue à prévenir l'apparition de maladies cardio-vasculaires et de cancers. Une petite marche quotidienne peut donc avoir de grands effets !

l'ensemble du corps, améliorent la stabilité sur terrain accidenté et réduisent les chocs au niveau des articulations. Qui plus est, certains modèles sont réglables, ce qui permet d'ajuster la hauteur à sa taille. Voyez ce qui vous convient le mieux.

Des bienfaits du jardinage

- Le jardinage constitue à bien des égards une excellente activité physique, pour peu qu'on le pratique en effectuant les bons gestes. Il a pour lui de solliciter l'ensemble des muscles et articulations, mais aussi d'oxygéner le corps et l'esprit par le travail en plein air. Des études ont d'ailleurs mis en valeur une action positive des activités de jardinage sur les symptômes liés au stress. Jardiner détend !
- Commencez par vous « échauffer » avec des activités douces, nécessitant peu d'efforts : couper les fleurs fanées, cueillir des fruits et légumes à hauteur d'homme… Indispensable avant de se lancer dans un bêchage intensif !
- Il est conseillé d'éviter les mouvements répétitifs ou les positions inconfortables maintenues trop longtemps. Si une tâche se prolonge, l'astuce consiste à faire une pause régulièrement, soit pour se reposer (prévoir alors un siège), soit pour passer à une autre tâche (ce qui divertit par la même occasion). Vous pouvez alterner une activité de force (tonte de la pelouse, par exemple) avec une activité de précision (semis, par exemple).
- Rester longtemps le dos courbé peut entraîner des douleurs dorsales. Il vaut mieux travailler en position accroupie pour effectuer les travaux près du sol. Mais, là encore, il convient de se relever régulièrement et même de faire quelques pas ou flexions des jambes, pour ne pas engourdir les membres.
- N'oubliez pas d'utiliser votre brouette, surtout pour les lourdes charges. À défaut, procédez en plusieurs voyages, même si cela vous demande un peu plus de temps. Il s'agit de ménager votre dos !
- Pensez à soulever avec les jambes, jamais avec le dos. Pour cela, gardez le dos bien droit et pliez les jambes pour soulever la bêche ou les poignées de la brouette.

Assouplissements et échauffements malins

- Les mouvements d'échauffement pratiqués à l'école pendant des années ne s'oublient pas, *a priori*, comme le vélo du reste. Or, ce sont des « fondamentaux », qui conservent toute leur valeur. Il est préférable de débuter doucement, en pratiquant environ 10 minutes d'assouplissement par jour, puis d'augmenter progressivement l'amplitude des mouvements et la durée des exercices. Par exemple, commencez par réaliser 5 fois chaque exercice, puis 10 fois, puis 20 fois… L'essentiel est de rester à l'écoute de son corps.
- Ainsi, vous pouvez réaliser des mouvements de flexion/extension des jambes en passant de la position debout à la position accroupie, les bras tendus au-devant et le dos bien droit.

- Vous pouvez aussi essayer de toucher vos pieds sans plier les genoux en commençant progressivement et en essayant d'aller chaque jour un peu plus bas
- Si votre dos le permet, faites des pédalages en position semi-allongée (assis, le dos à 45 degrés, appuyé sur les coudes).

Exercice du chat

- Pour muscler et soulager votre ventre et votre dos, vous pouvez pratiquer l'exercice du chat (dos creux / dos rond). Les premiers jours, faites l'exercice 5 fois puis, quand vous vous sentez plus à l'aise, passez à 10 à 20 fois.

✓ Mettez-vous à quatre pattes sur un tapis, bras tendus, et creusez le dos, puis abaissez la colonne lombaire, sans forcer, en inspirant bien, le ventre relâché.

✓ Rentrez alors le ventre en expirant à fond et en faisant le dos rond.

Abdominaux renforcés

- Vous pouvez remplacer les « abdominaux » classiques par cet exercice de renforcement simple et efficace. Répétez l'exercice si possible 20 fois de suite – ne forcez pas, surtout au début. Misez sur le temps !

✓ Sur un tapis, allongez-vous sur le dos, genoux fléchis et pieds bien à plat.

✓ Croisez les bras sur votre poitrine.

✓ Décollez doucement la tête du sol, ainsi que les épaules et le haut du dos.

✓ Veillez à garder la région lombaire plaquée au sol. Pour effectuer ce mouvement, concentrez-vous sur le travail de la paroi abdominale et expirez profondément, en rentrant le ventre.

✓ Redescendez alors lentement, jusqu'à ce que tout le dos touche le tapis.

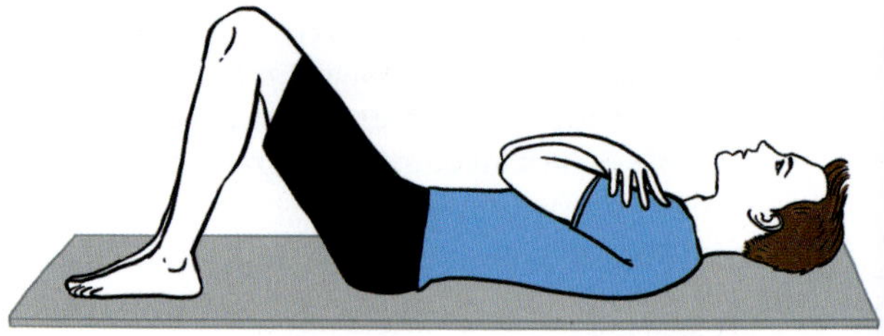

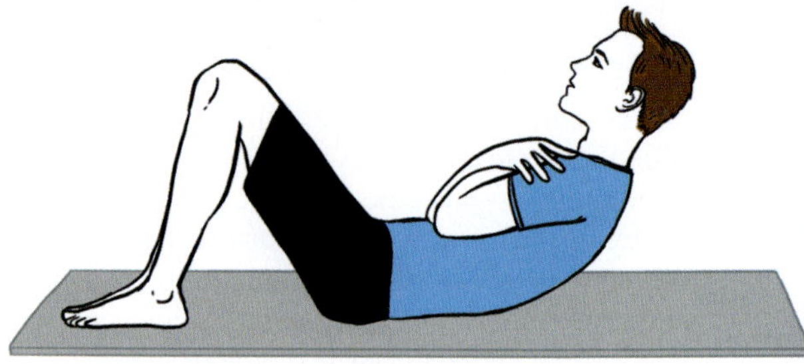

Gymnastique respiratoire

- Savoir bien respirer aide à détendre à la fois le corps et l'esprit et le contrôle de la respiration est enseigné par de nombreuses méthodes psychocorporelles (sophrologie, méditation de pleine conscience, yoga, tai-chi, qi gong…). Apprenez à respirer par le ventre, excellent moyen pour retrouver un état de calme et de repos.
- Vous pouvez pratiquer cette respiration lente allongé, en marchant ou tout simplement assis, lorsque vous regardez la télévision, par exemple. Répétez l'exercice 5 fois ou plus, tant qu'il reste agréable. Si vous souffrez d'un problème particulier (douleur, mauvaise posture…), consultez votre médecin.

✓ Installez-vous en position allongée, assise ou debout, le buste et le dos bien droits, les pieds écartés et bien à plat.

Bon à savoir

Les gymnastiques douces chinoises

- Le tai-chi et le qi gong forment à eux deux l'une des cinq branches de la médecine chinoise, à savoir la branche des exercices énergétiques. De plus en plus d'études créditent ces pratiques de réelles vertus puisqu'elles auraient un effet positif sur un grand nombre de troubles : hypertension artérielle, stress et anxiété, asthme, troubles du sommeil, douleurs rhumatismales… Toutefois, il existe chez les Occidentaux une certaine confusion entre ces deux gymnastiques douces qui sont en fait, à la base, des arts martiaux.
- Le tai-chi – plus exactement tai-chi-chuan – consiste en un enchaînement de mouvements précis, formant des cercles dans l'espace et exécutés avec lenteur. Il requiert en outre une parfaite maîtrise de la respiration. Aussi nécessite-t-il de la persévérance si l'on veut jouir de ses bienfaits. Des études ont montré une amélioration de l'équilibre chez les seniors, ainsi qu'un soulagement du stress et des tensions. Sa pratique serait également bénéfique pour les os et les articulations.
- Le qi gong se différencie surtout du tai-chi par la place prépondérante qu'il accorde à la maîtrise du qi, l'énergie vitale. Il comporte, en plus des mouvements longs, des phases d'étirement ou d'immobilité, voire de méditation. Il est crédité du même type d'effets sur la santé.

✓ Posez vos mains sur le ventre, pour observer votre respiration naturelle, pendant 5 à 6 secondes : vient-elle du thorax ou du ventre, est-elle rapide ou calme et profonde ? L'essentiel est de pratiquer une respiration lente, en maîtrisant son rythme.

✓ Ensuite, inspirez lentement par le nez sur 5 à 6 secondes, faites une pause sur 2 secondes, puis expirez, toujours par le nez, et toujours lentement, sur 10 secondes, en creusant cette fois-ci le ventre.

✓ Le ventre doit se gonfler lentement à l'inspiration, comme un ballon (en faisant en sorte que la poitrine, elle, ne se gonfle pas ou le moins possible), puis se creuser tout aussi lentement à l'expiration. ■

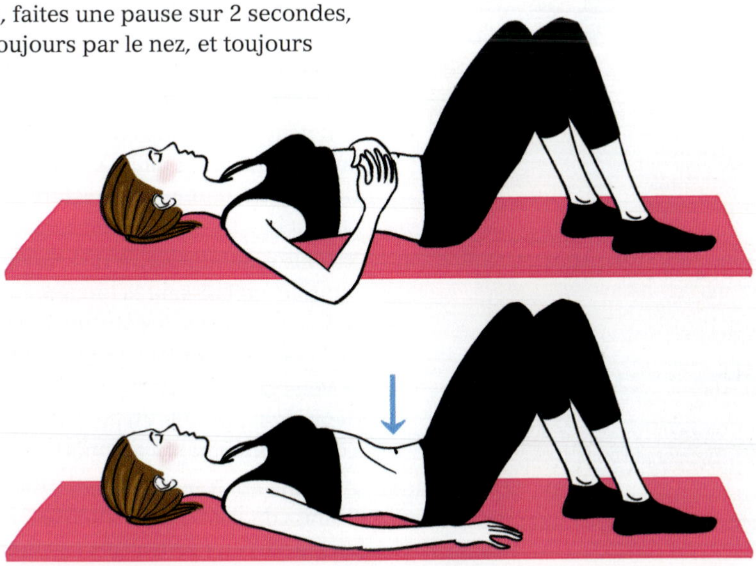

Bien dormir

Le sommeil est la clé de voûte de notre équilibre, tant physique que psychique. Or, il se trouve largement conditionné par notre hygiène de vie, c'est-à-dire par nos habitudes. Il est donc bon de connaître quelques astuces et remèdes maison pour favoriser l'endormissement et écarter l'insomnie de ses nuits. D'autant que ces solutions naturelles restent hautement préférables aux somnifères, jamais dénués d'effets secondaires.

De la régularité

Parce qu'une bonne hygiène de sommeil implique de respecter ses propres rythmes, couchez-vous seulement quand le besoin de dormir se fait sentir – évitez d'aller trop tôt au lit si vous n'avez pas sommeil ! Écoutez votre corps : bâillements, paupières qui tombent, relâchement… sont des signaux incitant à s'allonger. Dans tous les cas, essayez d'adopter des horaires réguliers, y compris le week-end et pendant les vacances.

Bon à savoir

Tisane à la camomille et anticoagulants

Parmi les tisanes de plantes aux vertus réputées calmantes ou dormitives, la camomille (*Matricaria chamomilla*) peut être contre-indiquée aux personnes prenant des médicaments anticoagulants de type anti-AVK (Sintrom, Coumadine, Previscan et leurs génériques). Soyez prudent et n'hésitez pas à demander l'avis de votre médecin.

Petits rituels du soir

Les rituels du coucher ne concernent pas que les enfants… Il est important, à tout âge, de préparer son corps et son mental au sommeil. Avant d'aller dormir, respectez un temps de transition – comme un rite de passage – entre phase active et coucher proprement dit. Mieux vaut commencer assez tôt dans la soirée pour ne pas retarder le coucher – comptez donc au moins une demi-heure.

Il peut s'agir simplement d'un brin de toilette, suivi de quelques mouvements de gymnastique douce, puis d'un peu de lecture après le coucher.

Vous pouvez essayer de créer une ambiance tamisée, en baissant la lumière par exemple, ce qui incitera votre organisme à sécréter de la mélatonine, la précieuse hormone du sommeil.

Vous pouvez aussi tester ces petits rituels détente, si possible chaque soir, pour un « conditionnement » optimal :

✓ Tisane apaisante : n'hésitez pas à adopter la tisane « du soir », en privilégiant bien entendu les plantes aux propriétés calmantes ou dormitives, comme le tilleul, la verveine, la mélisse ou l'oranger. Buvez-en 1 tasse après le repas ou 1 heure avant le coucher ; vous pouvez sucrer légèrement l'infusion au miel (d'acacia ou de lavande, par exemple).

✓ Lait chaud au miel et à l'eau de rose : si vous digérez bien et appréciez le lait chaud, vous pouvez en prendre 1 tasse, avec un peu de miel et 1 cuillerée à café d'eau de rose ou de fleur d'oranger. On prête traditionnellement au lait chaud des vertus apaisantes.

✓ Massage relaxant : lors de la toilette du soir, masser le visage, le cou, la nuque et le haut des épaules avec de l'huile de coco ou d'amande douce, par exemple, peut aider à se détendre.

Bon à savoir

Qu'est-ce qu'un bon sommeil ?

Un bon sommeil peut se définir en quatre critères :

- S'endormir dans les 30 minutes qui suivent le coucher.
- Faire des nuits de 6 à 9 heures (cette durée varie selon les besoins de chacun).
- S'éveiller en 10 minutes le matin.
- Se sentir reposé au réveil.

Nos grands-mères faisaient

Du linge aux fenêtres

- Jadis, on secouait régulièrement draps et couvertures par la fenêtre et on les laissait pendre plusieurs heures à cheval sur l'appui de fenêtre lorsque le temps était beau. Ce geste permettait d'aérer efficacement le linge et la chambre. N'hésitez pas à reprendre cette saine habitude à votre compte ! On dort mieux dans un lit frais et bien fait.

✓ Lecture saine : lire au lit avant de s'endormir, à raison d'un quart d'heure environ, peut être un bon moyen de faire le vide. Quel que soit le choix du livre (roman ou autre), l'essentiel est que le cerveau se « déconnecte » de la journée et passe progressivement en « mode nuit ».

Bon couchage

- Votre literie est un peu ramollie par les ans et vous avez mal au dos au réveil ? En attendant de la renouveler, vous pouvez toujours glisser entre le matelas et le sommier une planche de médium (bois reconstitué) suffisamment grande pour supporter toute la surface du corps. Le cas échéant, vous pouvez corriger la courbure du matelas en glissant dessous un oreiller : sous la tête pour les problèmes de dos, sous les jambes pour les problèmes circulatoires.
- Le choix d'une couette confortable rendra également vos nuits plus douces…
- Le linge de lit doit bien sûr être lavé régulièrement. Mais l'utilisation d'un adoucissant n'est pas nécessaire si vous habitez dans une commune qui distribue de l'eau douce ou peu dure. Il faut en effet savoir que ces produits contiennent souvent des allergènes qui peuvent nuire à votre santé (voir encadré p. 62).
- Pour parfumer vos draps, rien de tel que la lavande à laquelle on prête des vertus apaisantes et antiseptiques. Disposez-en donc quelques sachets dans votre armoire à linge. Et si leur délicate fragrance s'évente, il vous suffit de verser quelques gouttes d'huile essentielle de lavande sur les fleurs séchées. Malaxez bien, puis refermez le sachet.

Ambiance propice

- Surveillez la température de votre chambre. Elle ne devrait pas dépasser 19 °C dans la journée, et une température de 16 à 17 °C est recommandée la nuit. En hiver, une simple bouillotte remplie d'eau chaude, entourée d'un textile, est plus efficace, plus saine et plus économique qu'un chauffage excessif.
- Aérez régulièrement la chambre : chaque jour, ouvrez grand vos fenêtres pendant au moins 10 minutes, idéalement 1/2 heure, le temps de renouveler l'air. Et ce même en hiver, d'autant que les acariens (voir p. 68) n'aiment pas le froid – si vous êtes allergique à ces hôtes indésirables, n'hésitez pas à aérer plus longtemps.
- Protégez-vous du bruit (fenêtres isolantes) et de la lumière (volets, rideaux occultants). Pensez à créer un décor dans lequel vous vous sentez bien et apaisé. En termes de couleurs, par exemple, les teintes claires et douces sont réputées plus adaptées aux lieux de repos, car moins stimulantes que les coloris vifs (rouge, jaune…). Néanmoins, il ne s'agit pas là d'un principe absolu et c'est à vous de choisir, en définitive, les tons qui vous conviennent le mieux.
- La chambre n'étant ni un salon de télévision, ni une salle de jeu, elle doit inciter au repos et à la vie intime. Le cas échéant, pensez à éteindre les appareils électriques le soir – et non à les mettre en veille.
- En cas de difficultés à vous endormir, vous pouvez tester une ambiance sonore relaxante pour vous aider à trouver le sommeil (voir encadré ci-dessous).

Bon à savoir

Des berceuses pour les grands…

- Sans nécessairement sucer son pouce, on peut écouter une berceuse en s'endormant… Des chercheurs américains ont étudié les effets de la musique sur le bien-être et le sommeil des patients dans un service de soins intensifs. L'impact le plus positif a été observé avec des œuvres classiques (Bach, Mozart, Verdi), ainsi que les CD de méditation. À l'inverse, sans surprise, le rock heavy metal et la techno ont non seulement été inefficaces, mais ils ont en plus aggravé les paramètres cliniques de stress, allant jusqu'à induire des arythmies graves chez quelques patients ! On savait que la musique adoucit les mœurs, encore faut-il la choisir avec soin…

Bon à savoir

Du bon usage de la sieste

- Le moment le plus propice pour la sieste se situerait entre 13 heures et 15 heures, période de somnolence naturelle engendrée par notre horloge biologique. En revanche, il n'y a pas de durée idéale : on peut faire un petit somme comme une grande sieste. Néanmoins, il faut savoir qu'une sieste n'a pas besoin d'être longue pour produire ses bienfaits et que, plus on la pratique, plus la récupération est rapide et efficace. Une sieste de 10 minutes suffirait en effet à augmenter la vigilance, lutter contre la fatigue, améliorer les performances intellectuelles et physiques. Alors que, quand la sieste se prolonge, le réveil peut être plus long et difficile.
- L'utilité de la sieste chez les sujets insomniaques est en revanche matière à controverse parmi les spécialistes. Pour les uns, elle altérerait le sommeil nocturne tandis que, pour les autres, elle constituerait un complément bénéfique à la nuit, une véritable pause réparatrice. Reste que les siestes longues sont majoritairement déconseillées, sous peine d'avoir encore plus de difficultés à s'endormir le soir.

Insomnie

- Si vous êtes sujet aux insomnies, essayez de vous coucher seulement lorsque le besoin de dormir se fait sentir. Mieux vaut 6 heures de sommeil réparateur que 8 heures de sommeil agité, avec de multiples réveils. De plus, se forcer à dormir à tout prix peut tourner à l'obsession et, paradoxalement, entretenir l'état d'insomnie.
- Ne vous obstinez pas à compter les moutons : si vous ne parvenez pas à vous endormir au bout de 20 à 30 minutes, le plus sage est de quitter le lit… Dans ce cas, en effet, il vaut mieux se lever et aller pratiquer une activité relaxante dans une ambiance calme et une lumière tamisée (lire, écouter de la musique douce, faire des mots croisés faciles…), puis retourner au lit lorsqu'on se sent gagné par le sommeil. Morphée peut parfois se faire désirer…

Massage du front

Pour favoriser la relaxation quand le sommeil ne vient pas, une bonne astuce consiste à contrôler et ralentir sa respiration (voir aussi exercice p. 248). Allongez-vous confortablement sur le dos, détendez-vous au maximum et pratiquez une respiration lente et profonde, en vous concentrant sur celle-ci et en essayant parallèlement de faire le vide dans votre tête. Pour vous aider, visualisez un endroit que vous aimez ou imaginez un décor agréable (plage, ciel, prairie…).

Un massage du front peut également aider à se relaxer. Il suffit juste de presser le point central entre les sourcils, au-dessus de l'arête du nez. Les bienfaits de ce massage seront encore plus prégnants si vous l'associez à une respiration lente.

De même, vous pouvez tenter le massage des pieds : massez par pression et rotation le dessus de chaque pied, dans l'intervalle entre gros orteil et deuxième orteil (point d'acupression).

Bon à savoir

Somnifères : un minimum de bénéfices pour un maximum d'effets indésirables

- Bien qu'ils rassurent les personnes souffrant d'insomnie, les somnifères ont une influence limitée sur la durée du sommeil : ils ne feraient gagner qu'une dizaine de minutes sur la phase d'endormissement et une dizaine de minutes supplémentaires sur la durée du sommeil, sans garantir, de surcroît, sa qualité et ses effets réparateurs. En outre, comme leur efficacité tend très vite à diminuer avec le temps, ils peuvent engendrer une accoutumance incitant à augmenter les doses. Or, les risques d'une telle consommation sont loin d'être négligeables, puisque les études scientifiques font état de nombreux effets secondaires : somnolence au cours de la journée, hypotension, chutes, troubles de la mémoire ou de la concentration, syndrome de dépendance… Il s'agit de médicaments potentiellement dangereux, qu'il ne faudrait prendre qu'en dernier recours. Donc, si vous êtes tenté par ce type de remède, réfléchissez-y à deux fois ! Si vous en consommez, ne dépassez pas 3 semaines de prise et, pour réduire le risque de dépendance, alternez nuits avec et nuits sans.

Eschscholtzia, millepertuis et passiflore

Remèdes à base de plantes pour bien dormir

❁ La pharmacopée traditionnelle offre un éventail assez large de plantes qui ont la réputation d'améliorer le sommeil. Ainsi, vous pouvez prendre le soir de la valériane, aux effets calmants. Son innocuité en fait une alternative très intéressante aux somnifères de synthèse. Sinon, le millepertuis peut également être une possibilité si vos problèmes de sommeil sont liés à un état dépressif. Les médicaments à base de passiflore et d'aubépine sous forme d'extraits aqueux et hydroalcooliques peuvent être essayés sans crainte.

Dîner copieux, sommeil laborieux...

❁ Un repas riche, gras, épicé peut entraîner une digestion difficile, d'où un sommeil perturbé, voire une insomnie.

❁ Par ailleurs, c'est une évidence qui vaut d'être rappelée : il convient d'éviter les boissons excitantes en fin d'après-midi et le soir. L'abus de stimulants (café, thé, sodas caféinés) peut nuire à l'endormissement s'ils sont pris en fin de journée et même, pour certains, dès le début de l'après-midi.

❁ L'abus d'alcool est également déconseillé car, s'il facilite l'endormissement, il donne un sommeil de mauvaise qualité.

❁ Il serait profitable de limiter les protéines (viande, notamment) et de privilégier les glucides au dîner : riz, pâtes, pommes de terre à l'eau, en purée ou en potage, pain... En un mot, on gagnera à renouer avec la traditionnelle soupe aux vermicelles.

Ronflements

❁ Certains ronflements légers et passagers sont dus à la présence de mucosités dans la cavité nasale (nez bouché). Vous pouvez essayer de les enrayer en pratiquant un nettoyage du nez (au sérum physiologique) avant le coucher.

❁ Le fait de dormir sans oreiller contribue également à améliorer le passage de l'air dans le larynx.

❁ Si les ronflements se manifestent uniquement en position couchée sur le dos, il peut être judicieux de coudre une poche dans le dos des hauts de pyjama et d'y glisser une balle de tennis coupée en deux, une balle de ping-pong ou encore un ou plusieurs bouchons de liège. La gêne occasionnée est sans danger, mais oblige à changer de position. ■

Bon à savoir

Le ronflement : des causes diverses

Pendant le sommeil, les tissus de la gorge sont détendus et vibrent au passage de l'air, produisant un son caractéristique appelé « ronflement ». Plusieurs facteurs peuvent le favoriser :

- des causes passagères telles qu'un simple rhume (nez bouché) ;
- la consommation de tabac, d'alcool ;
- la prise de certains médicaments (somnifères, anxiolytiques...) ;
- l'anatomie propre à chacun (déviation nasale, amygdales ou luette trop imposantes...) ;
- une influence hormonale (les hommes ronflent davantage que les femmes) ;
- l'obésité (le passage de l'air est rétréci par les graisses) ;
- l'âge (avec le vieillissement, muqueuses et muscles sont plus relâchés) ;
- la position dorsale.

Se revigorer ou se délasser en cas de fatigue ou de stress

Il est tout à fait normal de se sentir fatigué après une journée bien remplie ou un effort physique intense. Dans ce cas, un peu de repos suffit généralement, mais vous pouvez aussi essayer quelques remèdes maison pour vous revigorer ou vous délasser.

Friction revigorante

- Vous pouvez prendre une douche tiède, pour relâcher les tensions musculaires. Faites-la aussitôt suivre d'une friction revigorante, qui elle atténuera les signes de fatigue.
- La friction au vinaigre est réputée pour son action énergisante. Choisissez de préférence du vinaigre de cidre, car il marque moins et a une odeur plus discrète que le vinaigre de vin. Versez-en environ 1 cuillerée à café dans le creux de la main et frottez les bras, les jambes, les épaules, etc. Pour une odeur plus agréable, vous pouvez diluer le cidre à 50 % dans de l'eau ou encore vous procurer un vinaigre de toilette, à la lavande par exemple.
- Vous pouvez aussi concocter votre propre vinaigre de toilette : préparez 2 bonnes poignées de plantes aromatiques, fraîches si possible, seules ou en mélange (lavande, menthe, romarin, sauge…). Portez à ébullition 1 litre de vinaigre de cidre ou de vinaigre blanc. Ajoutez les plantes et retirez du feu. Versez le tout dans un bocal et laissez macérer au moins 15 jours, à l'abri de la lumière. Puis filtrez et mettez en bouteille. Cette préparation cosmétique se conserve au moins 6 mois à température ambiante, le mieux étant d'utiliser un flacon en verre opaque, à fermeture hermétique.

Idée reçue

La cure de vitamines

- La traditionnelle cure de vitamines pouvait se justifier autrefois car l'alimentation hivernale s'appuyait, pour l'essentiel, sur des féculents ou des légumes secs. Ce qui n'est plus le cas aujourd'hui puisque l'on peut consommer des fruits et des légumes toute l'année grâce, notamment, à l'introduction des surgelés et, également, aux échanges commerciaux internationaux.
- Qui plus est, force est de constater qu'aucun complément alimentaire n'a montré sa capacité à réduire une fatigue normale. Un bon rythme de sommeil et une alimentation équilibrée s'avèrent, à cet égard, bien plus efficaces.
- Seules les carences avérées par des examens médicaux peuvent justifier un apport complémentaire (voir aussi p. 205).

Bon à savoir

Qu'entend-on par fatigue ?

- Il convient de distinguer différents types de fatigue. La fatigue physiologique est un état normal, qui alerte le cerveau sur l'épuisement du corps ; le meilleur traitement est alors le repos. La fatigue psychique, elle, se traduit par une perte d'élan vital ou d'envie, ainsi qu'une incapacité à entreprendre une activité ou une démarche. Enfin, la fatigue est dite organique lorsqu'elle est due à une maladie. N'hésitez pas à interroger votre médecin si vous avez des doutes à ce sujet.

Du vinaigre pour une friction revigorante

Bain délassant

❁ Vous pouvez prendre un bain chaud (voir encadré ci-contre), surtout si vous ressentez une fatigue physique accompagnée de courbatures.

❁ Le sel en général et plus particulièrement les sels riches en magnésium auraient le pouvoir de renforcer l'action apaisante d'un bain chaud. Dans la baignoire remplie d'eau, vous pouvez donc verser 2 bonnes poignées de sel marin, de bicarbonate de soude ou de sels de magnésium (sel d'Epsom, chlorure de magnésium).

❁ Vous pouvez également ajouter au bain une décoction de plantes, dans l'idéal fraîchement cueillies au jardin. Employés seuls ou en mélange, thym, menthe, sauge, romarin, lavande, mélisse, pétales de rose, feuilles d'oranger, verveine citronnelle, tilleul auraient une action apaisante. Comptez 1 bonne tasse de plantes séchées. Versez dessus 1 litre d'eau bouillante, couvrez et laissez infuser 15 minutes. Filtrez, puis versez dans le bain chaud.

❁ Si vous habitez ou séjournez au bord de la mer, pourquoi ne pas vous préparer un bain aux algues pour une petite thalasso maison ? Récoltez environ 400 g de fucus vésiculeux frais, ou varech, en prélevant directement les algues au rocher (coupez-les à la base) ; surtout, ne ramassez pas celles qui sont échouées sur la plage. Faites bouillir le tout dans 2 litres d'eau pendant 15 minutes, puis filtrez. Ajoutez la décoction à l'eau du bain.

Bon à savoir

La température du bain

- Bain tiède (31-36 °C) : c'est le plus agréable et le plus recommandé en général.
- Bain chaud (37-38 °C) : il est davantage conseillé pour soulager la fatigue physique (y compris les courbatures) et pour faciliter la détente. Sa durée ne doit pas excéder 15 minutes car il risquerait, paradoxalement, de donner ensuite une sensation de fatigue générale. En outre, contrairement aux idées reçues, un bain chaud juste avant le coucher ne favorise pas l'endormissement. Il faut en effet quelques heures pour qu'il agisse sur la température corporelle et l'appareil circulatoire, engendrant alors un état propice au sommeil. De plus, les bains chauds, surtout s'ils sont prolongés, altèrent le retour veineux. Vous devez par conséquent être prudent, notamment si vous souffrez d'insuffisance veineuse.

Automassages

L'automassage du corps est difficile à pratiquer, d'autant que les zones qui comptent parmi les plus efficaces (dos, épaules) sont peu ou pas accessibles. En revanche, on peut tout à fait effectuer des massages plus localisés, sur des points conseillés, tant par certains kinésithérapeutes que par des médecines traditionnelles (chinoise et indienne, notamment), pour soulager les tensions et la fatigue. Vous pouvez ainsi essayer la paume des mains, la plante des pieds, la nuque, le plexus solaire (zone située dans le creux en bas du sternum). Si vous sentez que le massage d'une zone précise vous soulage particulièrement, n'hésitez pas à insister.

En cas de petite baisse de tonus, vous pouvez par exemple masser votre nuque avec le plat de la main ou encore masser le dos de la main et le bord de la paume, dans le creux formé par l'articulation entre le pouce et l'index, avec le pouce de la main opposée – à pratiquer sur les deux mains.

Pour faciliter le massage, utilisez un peu d'huile « sèche », c'est-à-dire d'huile végétale vierge, qui a l'avantage d'être bien absorbée par la peau, sans laisser de film gras : colza, noisette, noix de macadamia, sésame, tournesol. 1 petite cuillerée à café suffit, en général, que vous renouvellerez si besoin.

Gestes antistress

Si vous sentez le stress monter dans une situation ou une circonstance précise, essayez d'effectuer une pause relaxante de quelques minutes. Placez-vous dans un endroit tranquille et adoptez une position confortable, à même de vous décontracter. Fermez alors les yeux, puis inspirez lentement, par le nez. À chaque expiration, répétez mentalement un mot ou une phrase agréable à votre esprit. Lorsque vous vous sentez détendu, ouvrez peu à peu les yeux et attendez quelques minutes avant de reprendre le cours de vos activités. (Voir aussi l'exercice de respiration p. 248.)

Une autre astuce consiste à masser le plexus solaire avec quelques gouttes d'huile d'amande douce. Vous pouvez y ajouter 1 goutte d'huile essentielle de lavande vraie, de rose de Damas ou de néroli (fleurs d'orange amère) traditionnellement utilisés pour soulager la tension nerveuse et l'anxiété, en vous assurant que vous n'y êtes pas allergique (voir encadré sur les huiles essentielles p. 260).

> ### C'est malin !
> **Se masser avec une brosse**
>
> ▪ Une astuce au poil consiste à masser la paume de la main avec une brosse à cheveux ou à habits, à poils souples de préférence. Détente immédiate garantie !

Gestes « coups de fouet »

Vous pouvez vous asperger le corps d'eau fraîche, voire froide, avec le jet de la douche ou en plongeant les mains dans le lavabo ou une bassine. Cette pratique, appelée « affusion », est à la fois stimulante et tonifiante. De plus, elle est très rafraîchissante en été.

En plein air, n'hésitez pas, de même, à vous asperger d'eau fraîche le visage, le décolleté et les bras, si le temps n'est pas trop froid, bien sûr. Efficace pour redonner de l'ardeur à la tâche quand on jardine !

Vous pouvez également recourir à la douche alternée, dite douche écossaise, qui consiste à alterner, donc, douche chaude (environ 40 °C) et douche froide (aussi froide que supportable !). Ce chaud-froid contribuerait à renforcer le tonus général de l'organisme. Cependant, étant donné que rien ne prouve son effet thérapeutique, mieux vaut réserver la douche écossaise aux strictes pratiques du bien-être. N'hésitez pas à consulter un médecin pour vous

Bon à savoir

Huiles essentielles : attention

Même si elles sont potentiellement dotées de propriétés bienfaisantes, les huiles essentielles ont des effets secondaires qu'il ne faut pas négliger. Ce n'est pas parce qu'il s'agit de plantes que leur usage est anodin, loin s'en faut : quelques gouttes de ces puissants concentrés suffisent à provoquer dans l'organisme des effets mesurables, positifs ou indésirables. Ainsi, certaines huiles peuvent être agressives pour le foie, d'autres irritantes pour la peau (dermoabrasion), voire allergisantes (risque de photosensibilisation, notamment), qu'on les ingère, qu'on les applique sur la peau ou qu'on les inhale. Prudence et parcimonie sont donc de mise, d'autant que la pratique de l'aromathérapie ne bénéficie pas d'un cadre strict.

Si vous souhaitez recourir aux huiles essentielles, il convient de prendre quelques précautions :

- Ne les employez ni en période de grossesse, ni chez les enfants de moins de 7 ans.
- Faites-en toujours un usage ponctuel, car leur toxicité sur le long terme n'a pas été évaluée.
- Évitez de les utiliser pures (il est préférable de les diluer dans de l'huile) et de les diffuser.
- Pour plus de prudence, approvisionnez-vous en pharmacie, en privilégiant les produits dotés des labels spécifiques (HEBBD, HECT) ou de labels bio (Ecocert, mentions Cosmébio ou Nature & Progrès). En effet, des produits falsifiés peuvent circuler dans les circuits mal contrôlés.
- En cas de traitement médical, d'asthme ou d'allergie, demandez conseil à votre médecin.

assurer que votre état de santé ne présente pas de contre-indications à cette pratique.

Biscuits « énergétiques » à l'avoine

- Ces biscuits peuvent servir de collation après un effort physique ou un déjeuner léger.
- Il vous faut : 200 g de flocons d'avoine, 100 g de farine de blé, 100 g de beurre doux, 1 cuillerée à café de levure chimique, 1 bonne poignée de canneberges séchées (ou de raisins secs).

✓ Faites préchauffer le four à 180 °C (th. 6).

✓ Dans un saladier, mélangez bien tous les ingrédients secs (flocons, farine, levure et canneberges ou raisins).

✓ Faites fondre le beurre à feu très doux dans une casserole.

✓ Versez-le sur le mélange d'ingrédients secs et mélangez bien.

✓ Ajoutez environ 15 cl d'eau graduellement, jusqu'à obtenir une pâte épaisse, mais fluide (comme une pâte à gâteau).

✓ Disposez une feuille de papier sulfurisé sur la plaque du four.

✓ Formez des petits tas avec la pâte (8 à 10 biscuits).

✓ Enfournez et faites cuire pendant 20 à 25 minutes.

✓ Laissez les gâteaux refroidir ; ils se conserveront 1 à 2 semaines dans une boîte en métal.

Nos grands-mères faisaient

Alcool de menthe : et ça repart !

- En cas de baisse de régime, vous pouvez respirer un peu d'alcool de menthe versé sur un mouchoir. Une autre tradition consiste à prendre un peu d'alcool de menthe ou d'eau de mélisse sur un sucre. Ces remèdes ont la réputation de donner un coup de pouce, les plantes qu'ils renferment ayant des propriétés stimulantes.

Boisson au kiwi et au miel

Ce breuvage maison saura vous revigorer quand la fatigue vous gagne. Le kiwi vous permettra de refaire le plein de vitamine C (il en renferme plus que l'orange !). Quant au miel, il rechargera votre organisme en carburant grâce à ses glucides rapidement utilisables, sans compter de nombreux autres atouts pour la santé (voir encadré p. 223). La petite touche (optionnelle) de gelée royale, très riche en vitamines B, complète cet apport énergétique.

Les bons gestes

En-cas et collations : sachez faire le bon choix

- Une collation cadrée permet d'éviter les grignotages pulsionnels de mauvaise qualité.
- Elle doit être composée d'aliments utiles : fruit (notamment la pomme, pour ses précieuses fibres à effet coupe-faim), yaourt, lait ou fromage, pain avec quelques carrés de chocolat, fruits séchés. Ces derniers méritent une mention particulière : concentrés en minéraux, en fibres et en glucides, ils fournissent un apport calorique – donc énergétique – très appréciable en cas d'effort physique.
- Il convient surtout de limiter les biscuits, les viennoiseries, les boissons sucrées et les barres chocolatées. Ces dernières, notamment, pèchent par excès de sucres et de matières grasses sans être, de surcroît, nécessairement rassasiantes.
- Un goûter ne doit pas dépasser 150 à 250 kcal (soit environ 10 % des besoins énergétiques de la journée) pour ne pas réduire l'appétit au dîner ni surcharger l'apport calorique total.

Bon à savoir

Café et thé : point trop n'en faut

- La caféine est un alcaloïde surtout présent dans le café, ainsi que, comme additif, dans certains sodas et boissons énergisantes ; on la trouve également, en moindre quantité, dans le chocolat. Le thé contient de la théine, une substance identique à la caféine.
- Lorsqu'on boit du café, la caféine passe rapidement dans la circulation sanguine et agit sur le système nerveux : elle stimule l'activité intellectuelle et donne un regain de vigilance. Mais, à trop forte dose, elle provoque au contraire anxiété et irritation…
- La même remarque vaut pour le thé. À petite dose, la théine est un stimulant qui améliore l'attention. À dose élevée, en revanche, ou chez les personnes sensibles à ses effets, elle engendre des troubles du sommeil et une augmentation du rythme cardiaque. Cependant, la théine s'avère moins excitante que la caféine, car les tanins atténuent ses effets. Quand on fait infuser du thé, la théine passe aussitôt dans l'eau, mais les tanins, eux, au bout de quelques minutes seulement. C'est pourquoi plus un thé est infusé, moins il stimule ou énerve puisque les tanins inhibent la théine.

Pour 1 personne, il faut : 1 kiwi, 1 cuillerée à café de miel d'acacia, 1 verre d'eau et 1 pointe de couteau de gelée royale.

✓ Épluchez le kiwi, puis coupez sa chair en morceaux et mettez-les dans le bol d'un mixeur (ou blender).

✓ Dans un verre, délayez éventuellement la gelée royale dans le miel, puis ajoutez l'eau et mélangez bien.

✓ Ajoutez le tout aux morceaux de kiwi, puis mixez soigneusement et buvez. ■

Hygiène et soins de beauté

Prendre soin de son corps

La toilette du corps mérite autant d'attention que celle du visage. D'autant qu'elle constitue un moment privilégié pour prendre soin de soi. Certaines huiles vierges se prêtent particulièrement bien à cet usage, comme celles de tournesol, macadamia, coco (monoï), pépins de raisin, sésame... Toutes ces huiles ont l'avantage d'être très absorbantes et de ne pas laisser un film gras désagréable sur la peau.

Peau douce

- Il est conseillé d'appliquer de l'huile ou du lait corporel juste après la douche, sur la peau encore un peu humide. Cette astuce toute simple contribue à renforcer l'hydratation.

> **Bon à savoir**
>
> **Les labels de la cosmétique bio**
>
> - Dans le domaine des cosmétiques bio, il n'existe pas un seul label. Plusieurs certifications cohabitent en France, émanant toutes d'initiatives privées, avec chacune un cahier des charges particulier. Il n'est donc pas facile de s'y retrouver. Les principaux labels sont Ecocert (organisme certificateur qui exige au minimum 95 % d'ingrédients naturels, 95 % d'ingrédients végétaux issus de l'agriculture biologique et 10 % de la composition totale bio), Cosmébio (qui certifie selon différents cahiers des charges, dont Ecocert), Nature & Progrès (tous les ingrédients végétaux doivent être bio, seuls trois conservateurs de synthèse sont tolérés.), Natrue (label allemand avec plusieurs niveaux de certification). Certains de ces produits peuvent de plus porter le label cosmétique européen Cosmos, avec toujours un minimum de 95 % d'ingrédients végétaux bio.
> - En revanche, les logos à visée marketing créés et apposés par les marques elles-mêmes n'offrent aucune garantie, pas plus que les allégations du type « produit naturel », « aux plantes », « aux essences naturelles »...

Gommage corporel

- Commencez par doucher légèrement votre corps, de préférence à l'eau chaude, car celle-ci a un effet émollient sur l'épiderme. Puis déposez dans le creux de la main un peu de pâte granuleuse (voir les recettes de gommages traditionnels proposées ci-dessous) et frottez la peau mouillée en effectuant des mouvements circulaires.
- N'hésitez pas à insister sur les zones calleuses (genoux, coudes...). En revanche, procédez délicatement pour les parties sensibles (poitrine, décolleté...), où la peau est fine et fragile.
- Pratiqué régulièrement (une fois par semaine, par exemple), le gommage corporel permet d'éliminer les peaux mortes et de stimuler la microcirculation, si précieuse pour nourrir la peau.

Gommages traditionnels du monde

- Voici un certain nombre de recettes « maison » provenant des quatre coins du monde : n'hésitez pas à les tester afin de trouver la pâte de gommage qui convient le mieux à votre type de peau.

✓ Pour un gommage simple, délayez 2 cuillerées à soupe de poudre de noix de coco ou d'amandes (pour pâtisserie) dans 1 yaourt.

✓ Pour un gommage russe, utilisez du marc de café, encore bien humide. Ce soin rend la peau merveilleusement douce, mais il a l'inconvénient d'être salissant... Prévoyez donc de nettoyer la douche ou la baignoire après !

✓ Pour un gommage indien (ubtan), humectez d'eau 1 poignée de farine de pois chiches (besan) jusqu'à obtenir la consistance d'une pâte à beignets.

✓ Pour un gommage oriental, humectez d'huile d'olive 3 à 4 cuillerées à soupe de sucre en poudre fin jusqu'à obtenir la consistance d'un miel cristallisé.

Bon à savoir

Savons : distinguer le bon grain de l'ivraie

Le savon fait son retour dans le cœur des consommateurs. Voici quelques précisions utiles pour guider votre choix :

- **Les savons traditionnels industriels** sont saponifiés avec un corps gras d'origine animale (suif de boeuf, *sodium tallowate*...) ou végétale (huile d'olive, *sodium olivate* ; huile de palme, *sodium palmate*...). La majeure partie d'entre eux ne comporte pas ou très peu (1 à 2 %) de glycérine, un actif hydratant retiré lors de la saponification à chaud. Il est donc conseillé de réserver ces savons au lavage des mains car ils assèchent la peau. Le « savon de Marseille », qui comprend normalement de l'huile d'olive en bonne quantité, appartient à cette famille ; malheureusement, on trouve sous ce nom, non protégé par une AOC, toutes sortes de savons fantaisistes qui n'ont plus grand-chose à voir avec la recette initiale... Le véritable savon d'Alep (huile d'olive et baies de laurier, fabriqué en Syrie) fait aussi partie de cette catégorie, mais est, là encore, difficile à trouver.

- **Les savons surgras** ont moins agressifs que les savons traditionnels, car ils sont enrichis en glycérine et en agents graissants (beurre de karité, *butyrospermum parkii* ; huile d'amande douce, *prunus amygdalusdulcis oil*...). Ils peuvent convenir à la toilette du corps mais restent irritants pour les peaux fragiles.
- **Les savons « sans savon »** (ou pain dermatologique ou syndet, *synthetic detergent*) se rapprochent des gels douche par leur composition. Ils peuvent présenter des tensio-actifs potentiellement irritants (*sodium lauryl sulfate*, *ammonium lauryl sulfate*..., voir aussi p. 268). Ils sont fabriqués à base d'acides gras issus de la chimie du pétrole.
- **Les savons saponifiés à froid**, que l'on trouve principalement dans les vraies savonneries artisanales, conservent la glycérine issue du processus de saponification, ce qui les rend beaucoup plus doux pour la peau. Mais méfiez-vous des imitations !

Jambes légères

Pour prévenir ou atténuer la sensation de lourdeur dans les jambes, rien de tel qu'un massage après la douche ou en fin de journée.

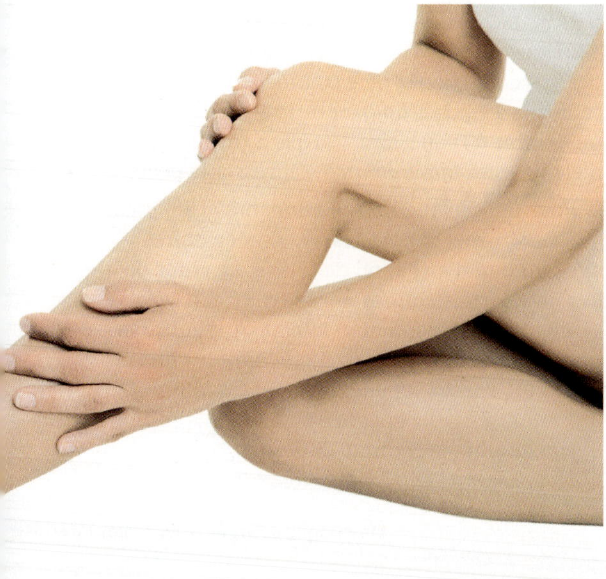

Après avoir appliqué du lait ou de l'huile sur vos mains, massez chacune des jambes en procédant comme suit : commencez par le pied, puis enserrez le mollet des deux mains et remontez vers le haut de la cuisse, en appuyant doucement. Pour un effet optimal, le geste doit être répété au moins 5 fois par jambe.

Ce type de massage se pratique traditionnellement avec de l'huile végétale vierge de calophylle inophyle, qui aurait des propriétés circulatoires et décongestionnantes. Diluez-la à 50 % dans de l'huile de tournesol. Attention, toutefois, en cas de problèmes de varices : il est préférable au préalable de demander conseil à votre médecin.

Beau décolleté

Massez votre cou du menton vers le décolleté et la poitrine en effectuant des mouvements circulaires. L'huile de bellis (pâquerette) est tout indiquée pour ce geste beauté, car elle aurait le pouvoir de raffermir les tissus. ■

Prendre soin de son visage

L'industrie cosmétique n'a de cesse de multiplier l'offre en matière de soins pour le visage, au point de faire oublier l'essentiel, à savoir que les besoins de la peau sont très simples... Ils se résument à trois principes de base : nettoyage doux (non agressif), hydratation, protection (contre le froid ou le soleil).

Peau sèche

- Pour les peaux matures et/ou très sèches, on gagnera à appliquer quelques gouttes d'huile de rosier muscat avant la crème hydratante, en prenant soin de bien masser pour faire pénétrer l'huile.
- Il est également possible de remplacer la crème hydratante par un mélange, à parts égales, de gel d'aloès (en tube) et d'huile de rosier muscat (dans ce cas, on mélangera les deux dans le creux de la main avant application). À noter que ce soin convient parfaitement aux hommes. Il couvre tous les besoins de la peau, sans l'encombrer des additifs présents dans les crèmes du commerce (stabilisants, épaississants, parfums…).
- L'huile de rosier muscat peut, quant à elle, être remplacée par des huiles aux propriétés voisines, telles qu'abricot, argan, avocat, bourrache, caméline, onagre…

Gel d'aloès

Gommage doux au miel

- Un gommage doux contribue à stimuler la peau du visage et embellir le teint. Pour cela, mélangez simplement 3 bonnes pincées de poudre d'amandes ou de noix de coco (pour pâtisserie) à 1 cuillerée à soupe de yaourt nature et 1 cuillerée à café de miel d'acacia. Appliquez la préparation sur le visage en effectuant des mouvements circulaires, massez bien, mais en douceur, pendant environ 1 minute, puis rincez soigneusement à l'eau claire.
- Afin de ne pas fragiliser la peau, il est recommandé d'effectuer un seul gommage par semaine, pas plus.

Masques express pour tous types de peau

- Pour un masque purifiant, humectez 1 cuillerée à soupe bombée d'argile blanche avec de l'eau claire ou de l'eau de rose jusqu'à obtenir une pâte homogène de la consistance d'un dentifrice. Appliquez sur le visage en évitant le contour des yeux. Dès que la pâte commence à sécher, retirez-la à l'aide d'un gant de toilette humide, puis rincez à l'eau claire. L'argile a l'avantage d'éliminer les impuretés sans agresser la peau.
- Pour un masque bonne mine, mixez finement 4 belles fraises et épaississez, si nécessaire, avec un peu d'argile ou de farine. La chair de ces petits fruits rouges aurait un effet à la fois tonifiant et légèrement exfoliant. Appliquez la préparation sur le visage, en évitant le contour des yeux, laissez reposer 10 minutes (attention aux coulures, voir encadré p. 266), puis retirez et rincez comme indiqué ci-dessus.

Un masque à l'argile blanche pour purifier

C'est malin !

Astuce anticoulures

▪ Une fois le masque appliqué sur le visage, il suffit de le recouvrir d'une feuille de papier absorbant en prenant soin, au préalable, d'y découper un trou pour les yeux, le nez et la bouche.

Contour des yeux

❁ Pour nettoyer le contour des yeux, naturellement fragile, et prévenir tout risque de réaction, il est préférable d'employer un disque de coton à démaquiller ou une compresse de gaze imprégnés de sérum physiologique (en dosette) ou d'un hydrolat 100 % naturel de rose, bleuet ou camomille (dans ce cas, on gardera un petit flacon de 20 ml environ dans la salle de bains et on conservera le reste au frais).

❁ Pour décongestionner les yeux gonflés, on n'hésitera pas à appliquer des compresses ou des disques de coton imprégnés d'une lotion très froide : soit un des hydrolats cités ci-dessus, soit une infusion fraîche de camomille, réputée pour ses propriétés calmantes (1 cuillerée à café de fleurs séchées infusées dans 1 tasse d'eau bouillante, à conserver 24 heures au maximum au réfrigérateur).

Fleurs de camomille

❁ Autre astuce : le sachet de thé noir mouillé, placé froid sous les yeux gonflés et/ou fatigués. En effet, la double action du froid et des principes astringents du thé resserre les vaisseaux et draine l'œdème. Si les yeux sont fragiles ou irrités, on remplacera le thé par un sachet de camomille (apaisante).

❁ Pour estomper ou prévenir rides et cernes, inutile d'avoir recours à une crème antirides,

souvent peu efficace et onéreuse. Il suffit d'effectuer un léger massage du contour de l'œil avec une petite noisette de beurre de karité : le tout étant de toujours partir de l'angle interne de l'œil pour aller vers les tempes, en remontant sans trop tirer. N'hésitez pas à répéter ce geste au moins 5 fois de chaque côté, matin et soir. Le matin, tamponnez délicatement les cernes du bout des doigts (environ 20 fois de chaque côté) avant de lisser. Une autre solution consiste à appliquer un glaçon autour des paupières, mais ses effets sont de courte durée.

Lèvres douces

❁ Pour éviter le dessèchement des lèvres, un principe de précaution s'impose : toujours les protéger avant de sortir, surtout s'il fait froid ou très chaud.

❁ Si vous choisissez de mettre un baume à lèvres, privilégiez les produits à base de cire d'abeille (*Cera alba*). À défaut, du beurre de karité ou de l'huile de ricin pourront être appliqués au doigt, en massant bien pour faire pénétrer le corps gras.

Bon à savoir

Des ingrédients décryptés

- **Argile blanche en poudre** (kaolinite) : douce et soyeuse, elle possède un bon pouvoir absorbant, mais ne dessèche pas la peau. L'argile ultraventilée est particulièrement indiquée pour la finesse de ses particules.
- **Eau de rose** : polyvalente, elle sert de démaquillant léger, de lotion tonique, d'après-rasage… Il est préférable d'opter pour un hydrolat 100 % naturel. Un seul ingrédient figure alors sur l'étiquetage : la rose (*Rosa* spp.).
- **Gel d'aloès** : il est source de vitamines B, de minéraux, d'agents hydratants, de principes calmants et cicatrisants. De plus, il facilite l'absorption des huiles végétales. Le gel cosmétique est vendu en tube. Pour une qualité optimale, le premier ingrédient de la composition doit être « *Aloe barbadensis* (whole) leaf juice ». La présence d'eau (« aqua ») indique qu'il s'agit d'un gel reconstitué, de moindre qualité.
- **Beurre de karité** : riche en acides gras et en vitamine E, il est nourrissant et protecteur. Sa texture compacte le rend très pratique d'utilisation.
- **Miel d'acacia** : il est hydratant et élimine délicatement les cellules mortes à la surface de la peau.
- **Yaourt nature brassé** : sa texture et sa composition lui confèrent des propriétés hydratantes et exfoliantes douces. Il peut constituer un bon démaquillant, une base de gommage ou de masque. Mais il doit être rincé soigneusement, car ses ferments lactiques peuvent laisser une odeur sur la peau.

La confection d'un baume maison n'est pas difficile. Faites fondre au bain-marie 2 cuillerées à café de cire d'abeille en granulés dans 1 cuillerée à soupe d'huile d'amande douce. Incorporez 1/2 cuillerée à café de miel d'acacia, puis 2 gouttes d'huile essentielle de petit grain bigaradier. Versez la préparation dans un petit pot préalablement passé à l'alcool à 70°. Ce baume ne renfermant pas d'eau et très peu d'huile essentielle, il se conserve aisément 3 mois environ.

Cire d'abeille

Dents blanches

Une fois par semaine, trempez tout simplement votre brosse à dents humide dans un peu de sel fin, de bicarbonate de soude ou d'argile blanche, avant de procéder au brossage. Attention : ce soin de polissage ne doit pas être effectué plus de 1 à 2 fois par semaine. Sinon, il risque d'avoir un effet abrasif.

Pour un soin quotidien, on préférera la sauge séchée, moulue en poudre fine. Cette plante aux vertus astringentes et antiseptiques est traditionnellement utilisée dans le Bassin méditerranéen.

Après-rasage maison

Le gel d'aloès en tube, pur ou légèrement dilué dans un peu d'eau ou d'eau florale (voir encadré ci-dessus), constitue un soin après-rasage calmant, cicatrisant et hydratant.

Tonique et astringente, l'eau de rose convient également à cet usage, mais les hydrolats de lavande ou d'hamamélis auront peut-être davantage la faveur de ces messieurs. ■

Entretenir ses cheveux

Que l'on souhaite limiter le recours aux cosmétiques industriels, espacer les shampooings ou, tout simplement, remplacer un produit manquant, les astuces ne manquent pas pour prendre soin de sa chevelure.

Shampooing à l'œuf

- Mélangez 1 yaourt nature brassé et 1 jaune d'œuf. Appliquez sur la chevelure, malaxez bien et rincez soigneusement à l'eau tiède. Si vous avez les cheveux courts, n'utilisez que la moitié d'un yaourt. Attention, contrairement à la plupart des shampooings du commerce, ce soin naturel ne contient pas de silicones ni autres additifs destinés à donner une texture soyeuse. Les cheveux auront donc un aspect un peu plus rêche.

Masques et soins faits maison

- Masque brillance (tous types de cheveux) : mixez très finement 1 banane bien mûre, de manière à obtenir une pâte homogène, ou 1/2 banane et 1/2 avocat mûr à point. Répartissez uniformément sur cheveux mouillés, malaxez et laissez agir 15 minutes, de préférence sous une serviette chaude. Rincez soigneusement, puis effectuez un lavage avec un shampooing doux.
- Masque réparateur (cheveux secs) : les huiles de coco ou de ricin sont traditionnellement utilisées comme soin réparateur. On les applique directement sur les cheveux (environ 1 cuillerée à café sur cheveux mi-longs), en malaxant, puis on termine en passant le peigne. Laissez agir 15 à 20 minutes, de préférence sous une serviette chaude. Rincez soigneusement, puis effectuez un lavage avec un shampooing doux. Le rinçage, ici, peut être un peu difficile en raison de l'huile : dans ce cas, il est conseillé de la mélanger avec du gel d'aloès (en tube), à parts égales.
- Soin protecteur (cheveux secs) : appliquez le mélange ci-dessus (50 % d'huile, 50 % de gel d'aloès), en petite quantité, sur les pointes sèches ou à titre préventif en cas de climat agressif pour les cheveux (bord de mer, notamment). Malaxez bien et ne rincez pas.

Bon à savoir

Comme des poisons dans l'eau ?

- Les shampooings du commerce sont des produits nettoyants à base de tensioactifs (comme les gels douche). Le cheveu étant plus gras que la peau à cause du sébum, les formules peuvent en contenir jusqu'à 30 %. Mieux vaut éviter ceux qui affichent du *sodium lauryl sulfate* et de l'*ammonium lauryl sulfate* qui sont particulièrement irritants. Choisissez plutôt des produits qui renferment des tensioactifs d'origine naturelle moins agressifs. Les *acyglutamates* (simples à repérer par la mention « glutamate » dans leur nom : *sodium cocoyl glutamate*, *sodium lauroyl glutamate*…) et les *alkylpolyglycosides*, extraits de sucres et d'huiles végétales (*coco glucoside*, *lauryl glucoside*, *decyl glucoside*…), sont à privilégier. Par ailleurs, méfiez-vous des conservateurs indésirables, parfums allergisant et autres molécules toxiques. N'hésitez pas à consulter l'application gratuite *Quelproduit* de l'UFC-Que Choisir pour faire les bons choix.

Les bons gestes

Comment bien se laver les cheveux

- L'essentiel est de mouiller abondamment la chevelure et d'utiliser la juste quantité de shampooing : une seule dose suffit, inutile d'en rajouter ! Inutile, également, de laisser agir le produit, sauf s'il s'agit d'un shampooing antipelliculaire. En cas de pellicules, il est recommandé d'utiliser un produit antipelliculaire une à deux fois par semaine en alternance avec un shampooing doux.
- Il est conseillé de ne pas laver les cheveux secs plus de 1 à 2 fois par semaine, alors que les cheveux normaux et gras peuvent l'être plus souvent.

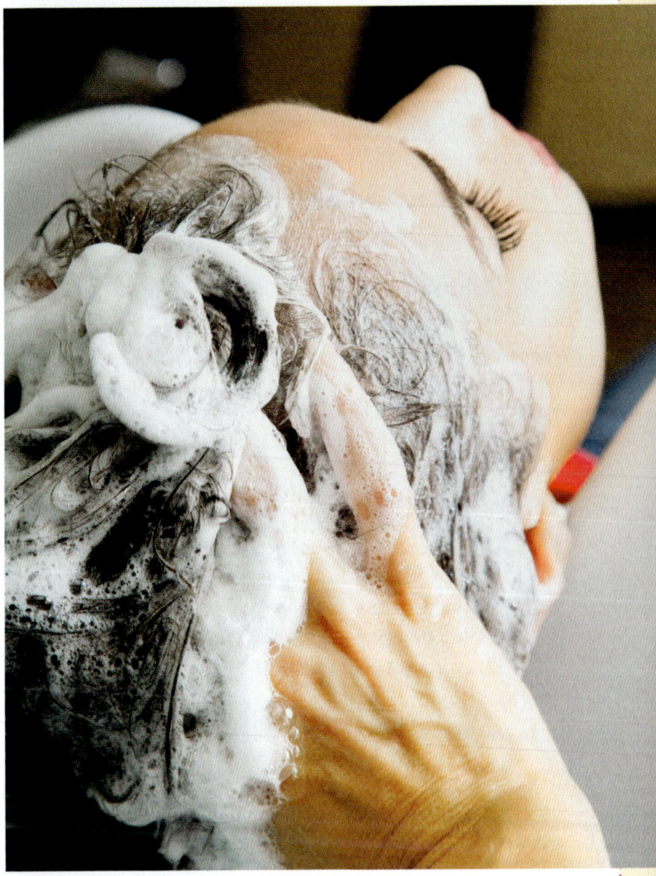

Cheveux brillants

- Rincez vos cheveux à l'eau tiède. Une fois le rinçage terminé, passez un jet d'eau froide uniquement sur les pointes, ce qui resserre les écailles et fait briller. Attention, ce geste est à éviter chez les personnes qui ont les cheveux électriques, mais aussi sur les cheveux courts. En effet, l'application directe de froid sur le crâne est déconseillée, principalement pour des raisons circulatoires (effet vasoconstricteur).

Vinaigre de cidre

- Ajoutez 1 filet de vinaigre dans la dernière eau de rinçage des cheveux, pour les rendre brillants. Le vinaigre de cidre est particulièrement recommandé pour sa richesse exceptionnelle en tanins, qui ont la réputation d'optimiser l'effet lissant.
- Une autre astuce consiste à verser 1 verre de bière sur les cheveux après un premier rinçage. Malaxez bien, laissez agir 2 minutes, puis rincez de nouveau. Les tanins de la bière donneraient éclat et tonus à la chevelure.

Cheveux électriques

- En prévention : la règle d'or est de ne jamais rincer à l'eau froide, car le froid raidit le cheveu et favorise l'électricité statique. L'usage du sèche-cheveux est également déconseillé. Enfin, pour le coiffage, les brosses en poil de soie et les peignes en corne ou en écaille sont préférables.
- En correction : humidifiez vos mains et faites-les glisser sur la chevelure, comme une caresse. Ce geste doux aide à discipliner les cheveux électriques. ■

Bichonner ses mains et ses pieds

Les mains sont certainement l'une des parties du corps les plus exposées aux agressions climatiques comme aux regards. Elles méritent donc tous nos soins et une hygiène irréprochable. Quant aux pieds, même s'ils sont le plus souvent cachés, ils n'en méritent pas moins d'être bichonnés – eux aussi.

Les bons gestes

Soigner ses mains

- Évitez de fragiliser vos mains en employant des produits lavants agressifs ou des détergents. Dans tous les cas, pensez à mettre des gants ménagers pour les protéger.

Mains propres et sans odeurs

- Vous pouvez vous laver les mains avec un savon en pain ou liquide (flacon-pompe).
- Faites-le soigneusement, en pensant aux espaces interdigitaux, aux dos, aux pouces, aux poignets et aux ongles, pour lesquels une petite brosse peut vous aider. Un bon lavage doit durer 20 secondes minimum, plutôt 30.
- Veillez à sécher parfaitement vos mains après lavage ou lorsqu'elles sont humides. Il faut en effet savoir qu'une main humide véhicule 100 fois plus de germes qu'une main sèche. Par ailleurs, mal essuyée, la main s'abîme plus.
- Les zestes des citrons pressés gagnent à être conservés ! Pas seulement pour parfumer les gâteaux… En effet, appliqués sur les mains, ils désodorisent la peau (odeurs d'ail et oignon, de poisson et fromage…) et contribueraient même à prévenir l'apparition des taches pigmentaires (brunes), à condition d'être employés régulièrement. Leur utilisation ne présente pas de contre-indications particulières, y compris pour les peaux sensibles, en dehors d'une éventuelle allergie au citron, bien sûr.

- La pomme de terre cuite écrasée, elle, fait de délicieuses purées, mais possède aussi des vertus pour la peau. Sa chair farineuse adoucit l'épiderme tout en le désodorisant, car elle décolle les sucs source de mauvaises odeurs (ail ou oignon, par exemple) et absorbe les molécules odorantes. Il suffit de la malaxer, comme pour se laver les mains, puis de rincer.

Pieds et mains plus doux

- À défaut de crème grasse spécifique pour les mains et les pieds, on peut utiliser du beurre de karité ou de l'huile de ricin. Il est même possible d'employer une huile vierge alimentaire (au choix, olive, tournesol, colza, coco…), mais la protection sera moins durable, car l'huile étant très fluide, la peau l'absorbe plus vite.
- Pour réparer des mains très sèches, enduisez-les généreusement, un soir, avec l'un des corps gras cités ci-dessus. Puis mettez des gants (en coton, de préférence) et gardez-les toute la nuit. La même astuce vaut pour les pieds, mais avec des chaussettes !

Ongles impeccables

- Pour nettoyer les ongles, rien de tel qu'une brosse trempée dans du bicarbonate de soude en poudre : ils seront polis, blanchis et parfaitement propres.
- En prévention des ongles cassants et des « envies » (peaux qui se fissurent autour des ongles), insistez bien sur les ongles et leur pourtour lorsque vous appliquez un produit gras (crème ou huile) sur les mains.
- Une autre astuce consiste à faire tremper le bout des doigts dans une coupelle remplie d'huile de ricin ou d'huile d'olive, pendant environ

5 minutes. Malaxez, puis essuyez. On peut pratiquer ce soin une fois par mois, par exemple.

- Pour traiter les envies, appliquez dessus 1 goutte d'huile essentielle de lavande vraie (ou de ciste ladanifère) à l'aide d'un Coton-Tige, 2 fois par jour, jusqu'à cicatrisation. Il ne faut surtout pas les arracher !

Bain de pieds

- Remplissez une bassine d'eau tiède ou froide (les bains trop chauds sont déconseillés, car ils altèrent la circulation veineuse). Pour un bain défatigant, ajoutez 1 poignée de sel marin, de sel d'Epsom ou de bicarbonate de soude ou encore 2 sachets de chlorure de magnésium. Ces sels conjugueraient un effet décongestionnant pour les pieds et un effet relaxant (relâchement musculaire) dû, notamment, à la présence de minéraux (calcium et magnésium).

- Déposez une vingtaine de billes (pour enfants) au fond de la bassine et faites rouler les pieds dessus pendant le bain : bien-être et détente assurés.

Pieds soignés et sans odeurs

- Contre les odeurs, une simple eau de Cologne véritable, vaporisée après la toilette, peut remplacer un déodorant spécial pieds. Il faut en effet savoir qu'elle contient de l'alcool, aux propriétés antiseptiques.

C'est malin !

Des chaussures qui fleurent bon la nature !

- Pourquoi ne pas essayer de porter des semelles garnies de charbon activé ? Elles seraient très efficaces pour absorber les mauvaises odeurs. Sinon, on peut aussi désodoriser régulièrement ses chaussures, pendant une nuit, en plaçant dedans soit un bouquet de romarin, de lavande ou de thym, soit un mouchoir en papier imprégné de 4 à 5 gouttes des huiles essentielles correspondantes.

Bon à savoir

Jambes lourdes : éviter les bains chauds

- Les bains chauds, surtout s'ils sont prolongés, dilatent les petits vaisseaux (capillaires), rendant la paroi veineuse moins tonique, ce qui altère le retour veineux. Cet effet est accentué chez les personnes (hélas nombreuses) souffrant d'insuffisance veineuse.

Bricolage et décoration

Petites réparations

Mesurer, tracer et mettre à niveau

Un certain nombre de gestes clés permettent de bricoler : relever des mesures, marquer des repères, dessiner des angles bien droits, vérifier que les surfaces sont parfaitement horizontales ou verticales. C'est le B.A.-BA de tout bricoleur en herbe. Mais pannes et réparations survenant souvent inopinément, il peut arriver qu'on n'ait pas le matériel adéquat sous la main. Pas d'inquiétude ! Des méthodes simples et des outils du quotidien peuvent facilement dépanner... Démonstration.

Nos grands-mères faisaient

Mesures étalons : quand la tradition a du bon

▪ Lorsque nos grands-parents n'avaient pas d'outil pour mesurer, ils utilisaient des pièces de 100 sous comme étalon. Si l'argent ne fait pas le bonheur, il peut dépanner le bricoleur ! Vous pouvez donc procéder de même avec nos pièces de monnaie actuelles. Une pièce de 2 euros mesure ainsi 2,5 cm de diamètre et une pièce de 5 centimes, 2 cm. Si la méthode n'est pas d'une précision d'horloger (on peut provoquer un léger décalage en déplaçant les pièces), elle a le mérite de rendre service quand on veut faire une mesure rapide. Pour affiner la précision, il est conseillé d'utiliser successivement 2 pièces de même taille – maintenez fermement la première en place avant de poser la seconde, puis répétez l'opération.

Prendre des mesures sans mètre ni règle graduée

❁ Si vous n'avez pas de règle sous la main, vous pouvez vous servir d'une feuille de papier quadrillé à petits carreaux, celle d'un cahier d'écolier, par exemple. Le quadrillage étant standard, soit 5 mm par carreau, il suffit de poser le papier sur le support à mesurer et de compter les carreaux pour relever une mesure. Et si vous ne voulez pas vous encombrer avec des feuilles trop grandes, le mieux est encore de les découper en règles d'appoint de différentes tailles. Vous n'aurez plus qu'à les ranger, bien à plat, dans un tiroir ou une boîte, mais vous pouvez aussi les accrocher au mur, à un clou, après les avoir trouées à une extrémité. S'agissant de papier, il est préférable de ne pas les utiliser sur des surfaces humides – pour éviter qu'elles ne gondolent – et d'en changer dès qu'elles sont cornées – vos mesures risqueraient sinon d'être faussées. Ces règles de fortune sont également bien pratiques pour reporter une mesure d'un support sur un autre.

❁ Un bout de ficelle fera aussi parfaitement l'affaire : tendez-le sur le support et marquez la mesure avec un crayon à papier ou avec les ongles, en appuyant fortement.

Des mines à tout faire

❁ Les crayons à papier avec mine de graphite (plus ou moins grasse) sont tout à fait appropriés pour tracer des repères sur n'importe quel support. Encore faut-il savoir quelle dureté de mine choisir… Suivez le guide et vous déterminerez en un clin d'œil rapide quel type de crayon convient le mieux à votre projet.

❁ La texture de la mine se définit par les lettres H et B (inscrites sur les crayons, donc) :

✓ HB = mi-dur, mi-tendre. Ce crayon à papier courant peut être utilisé sur la plupart des supports (bois tendre ou dur, plâtre, plaques type Placoplâtre, métal). Mais, attention, il peut laisser quelques traces grasses quand on gomme les traits.

✓ De H à 9H = mine de plus en plus dure, avec trait peu visible, et qui ne tache pas. Ces mines peuvent creuser un peu les surfaces tendres (résineux tels que sapin et pin, plâtre, plaques type Placoplâtre). Mais elles conviennent bien pour les surfaces fragiles, qui pourraient souffrir d'un coup de gomme (papier japonais ou papier peint tissé, par exemple).

✓ De B à 9B = mine de plus en plus grasse, avec une bonne adhérence sur les surfaces lisses (carrelage, verre, métal). Ces mines tachant la surface quand on gomme les traits, elles sont à éviter sur le papier et le carton.

Les bons gestes

Des alternatives au crayon

▪ Si vous n'avez pas de crayon sous la main pour tracer des repères, d'autres accessoires courants peuvent faire office de marqueurs. Ainsi, une lame de couteau, un clou, un poinçon ou encore une épingle permettent de griffer les surfaces dures : chêne, hêtre, noyer, teck, feuille de cuivre ou d'aluminium à découper, par exemple. Pour imprimer des repères bien marqués sur les surfaces tendres (sapin, pin, balsa), vous pouvez aussi utiliser une brochette en bois, un cure-dents ou, tout simplement, votre ongle.

> ## *C'est malin !*
>
> **Un accrochage d'équerre**
>
> ▪ Il n'est pas toujours facile d'accrocher plusieurs petits tableaux au même niveau l'un à côté de l'autre. Pour y arriver à coup sûr, utilisez cette petite astuce : attachez une ficelle entre deux clous. Piquez l'un des clous dans le mur. Tendez la ficelle et vérifiez avec un niveau à bulle qu'elle est parfaitement horizontale avant de piquer le second clou. Tracez quelques repères au crayon le long de la ficelle, puis ôtez cette dernière et reliez les marques par un léger trait de crayon. Piquez un clou sur le tracé pour suspendre ultérieurement le premier cadre. Pour déterminer la position exacte du deuxième cadre, mesurez sa largeur, divisez-la par deux et ajoutez à cette mesure 2 cm pour l'espace à laisser entre deux cadres. Piquez le deuxième clou du deuxième cadre, puis répétez l'opération pour chacun des cadres suivants.

Tracer un angle droit sans équerre

Un triangle dont les côtés mesurent 3, 4 et 5 d'une unité donnée (centimètre, mètre…) est un triangle rectangle. C'est le fameux théorème de Pythagore, que nos anciens utilisaient pour construire leurs bâtiments. Vous pouvez faire de même si vous avez besoin de tracer un angle droit et n'avez pas d'équerre. Attachez deux ficelles à un piquet ou à un clou, l'une de 30 cm et l'autre de 40 cm. Positionnez-les au sol de telle sorte qu'elles forment un angle droit. Vérifiez la longueur de la diagonale du triangle : elle doit être de 50 cm pour que l'angle soit parfaitement d'équerre. Si ce n'est pas le cas, écartez ou rapprochez les ficelles jusqu'à obtenir cette dimension. Dès que vous avez obtenu les bonnes mesures, marquez quelques repères au crayon et terminez votre tracé. On notera que plus les ficelles sont longues, plus les mesures sont précises. En fonction des dimensions de la surface sur laquelle vous travaillez, vous pouvez aussi utiliser un clou et une ficelle à laquelle vous aurez attaché une craie ou un crayon. Dans la pratique, cette méthode ancestrale vous sera fort utile pour fixer des panneaux d'angle, faire un tracé au sol ou sur une surface plane.

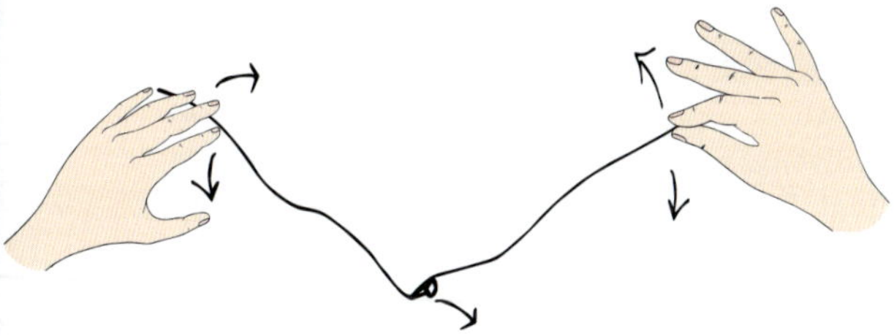

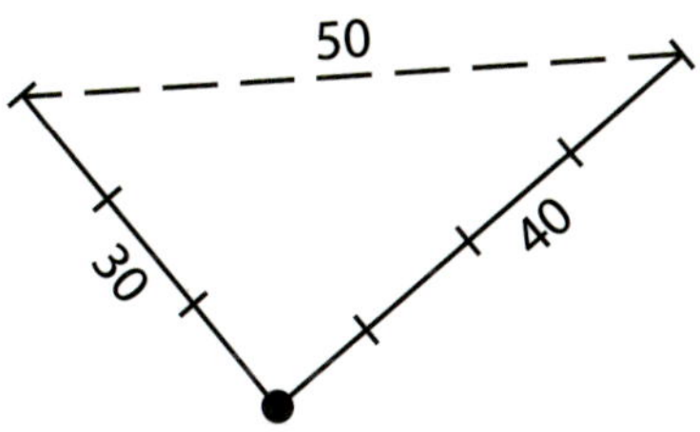

Obtenir une forme parfaitement rectangulaire

Cette astuce toute simple vous rendra service dans bien des domaines : réaliser un coffrage pour une dalle de jardin, dessiner un simple « carré » de jardin ou encore assembler des tasseaux pour en faire un cadre. Formez un rectangle avec quatre planches ou tasseaux découpés aux bonnes mesures (deux largeurs, deux longueurs). Mesurez les diagonales, qui doivent être de même longueur. Si ce n'est pas le cas, rectifiez les mesures en bougeant les planches pour mettre les angles d'équerre.

Fabriquer un niveau à bulle de fortune

Vous n'avez pas de niveau à bulle dans votre panoplie d'outillage ? Fabriquez-en un à l'aide d'une bouteille en verre vide (de type vin de Bordeaux). Remplissez la bouteille d'eau à mi-hauteur et mettez un bouchon. Puis couchez-la sur une surface horizontale, laissez le niveau se stabiliser et tracez alors quelques repères au marqueur le long de la ligne de flottaison, sur la bouteille. Remettez la bouteille debout, laissez encore le niveau se stabiliser et tracez de nouveau quelques repères. Collez enfin une bande de papier en butée contre les lignes de repère, sur la bouteille : les bords de l'étiquette doivent être parallèles au bord et au fond de cette dernière. Votre niveau de fortune est prêt à vérifier l'horizontalité et la verticalité de vos surfaces.

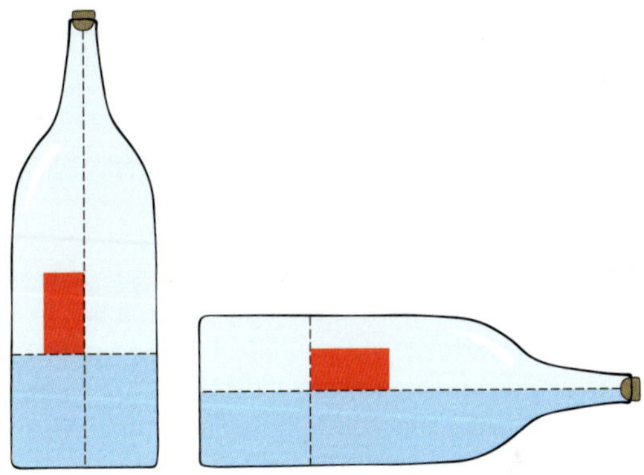

Vous pouvez aussi faire un petit tour dans votre armoire à pharmacie : une ampoule médicamenteuse est un remède de substitution parfait au niveau à bulle !

Créer un fil à plomb

Si vous n'avez pas cet accessoire dans votre boîte à outils, improvisez-le ! Il vous sera bien utile pour vérifier la verticalité d'un mur, coller correctement du papier peint sans qu'il parte en biais ou encore aligner des carreaux de carrelage sur un mur. Vous pouvez accrocher de nombreux objets à une ficelle, pourvu qu'ils soient assez lourds pour bien la tendre et pas trop volumineux. Par exemple :

- ✓ un gros écrou ;
- ✓ une rondelle en acier ;
- ✓ un anneau de rideau en métal ;
- ✓ une petite pomme de terre (en veillant à entamer le pourtour avec un couteau économe, pour que la ficelle reste bien en place). ■

Clouer, visser, percer et scier facilement

On ne perce pas du bois comme on perce du métal... Chaque matériau a ses exigences. Et que l'on veuille percer, clouer ou visser, il est indispensable de connaître le bon outil à employer, ainsi que les précautions d'usage. Un geste adapté évite les ratés et les coups malencontreux !

Donner un coup de marteau en toute sécurité

Pour éviter que le clou à planter ne se torde, tenez-le toujours perpendiculairement à la surface sur laquelle vous voulez l'enfoncer. Et pour ne pas vous taper sur les doigts, fixez des yeux l'endroit où la pointe doit s'enfoncer plutôt que la tête du clou.

Les petits clous peuvent être difficiles à tenir entre les doigts. Deux astuces peuvent vous aider : soit les maintenir avec une pince plate, soit les piquer dans un morceau de carton d'emballage, que vous retirerez juste avant d'avoir fini de clouer (pensez à le fendre sur un côté, pour qu'il soit plus facile à enlever).

Avant de clouer dans du bois, il est conseillé d'émousser la pointe des clous afin que le bois lui-même ne se fendille pas. Les clous torsadés, à cet égard, tiennent mieux que les clous lisses, mais ils sont aussi plus retors à extraire ! On les réservera, par conséquent, à des montages qui se doivent d'être solides.

Le chasse-clou, un outil à la pointe !

Aussi appelé chasse-pointe, ce petit outil se présente sous la forme d'un poinçon à bout plat. De coût modique, il est très précieux pour faire disparaître les clous sans tête ou ceux qui se sont cassés et s'avèrent impossibles à arracher, sans risquer de se blesser. La méthode pour chasser les clous est simple : il suffit de placer l'embout sur la tête du clou et de frapper au marteau jusqu'à ce qu'elle ne soit plus visible ni perceptible quand on passe le doigt. Dans le cas où un clou cassé ne dépasse que de quelques millimètres, enfoncez-le d'abord au marteau avant de le noyer dans le support.

Visser en toute facilité

Le vissage sera bien plus aisé si vous enduisez d'abord l'extrémité de la vis avec un peu de lubrifiant. Mais lequel choisir ? Tout dépend du support. Voici quelques pistes pour vous guider.

Vis à bois : il est beaucoup plus facile de visser dans du bois si l'on prend soin de lubrifier le pas de vis. Ce geste facilite aussi le dévissage, si besoin, et s'avère indispensable pour les bois durs (chêne, hêtre, châtaignier…). Parmi les lubrifiants conseillés, le savon arrive en tête. Toujours à portée de main, il colle parfaitement au pas de vis et ne tache pas le bois. Vous pouvez également utiliser de la paraffine à bougies, de couleur blanche, ou de la cire en pâte, mais toutes deux ont l'inconvénient de tacher le support – n'en mettez donc pas trop afin d'éviter les débordements.

Vis à métaux : sa parfaite adhérence et son action anticorrosion font de la graisse graphitée le lubrifiant de choix pour les vis à métaux. Vous en trouverez dans les magasins de bricolage, d'accessoires pour voitures ou sur Internet.

Sinon, il est également possible d'utiliser de la vaseline, de la cire en pâte, voire un corps gras ménager (beurre, saindoux ou couenne de lard). Mais il faut faire attention aux taches de gras. Si vous devez, par exemple, revisser les ferrures d'un meuble ancien, n'en appliquez pas trop – ce serait dommage de tacher le bois… Prudence, de même, avec les formules en spray vendues dans le commerce : on a vite fait de répandre de la graisse partout si l'on appuie trop fort sur la buse !

Dévisser une vis bloquée

- Quand une vis à métaux à tête fendue est bloquée, la première solution consiste à pulvériser du dégrippant trois en un sur la tête de vis. Laissez agir quelques instants, puis essayez de dévisser.
- Si votre support n'est pas inflammable, vous pouvez aussi chauffer fortement la vis de façon à la désolidariser du support. Pour ce faire, employez un petit chalumeau, du type de ceux qu'on utilise en pâtisserie. Veillez toutefois à opérer loin de toute source inflammable et sans enfants autour de vous.
- Autre solution : creuser la tête de la vis en tapant dans le sens de la fente, avec un vieux tournevis ou un vieux ciseau à bois tenu en biais. Le ciseau ne pourra cependant plus servir pour des travaux sur bois, à moins d'être réaffûté. Si vous possédez une petite meule à rectifier qui se monte sur une perceuse, agrandir la fente de la vis sera encore plus facile.

Extraire une vis cassée

- Si la vis est cassée dans son logement, vous pourrez l'extraire à l'aide d'un extracteur de vis et d'un tourne-à-gauche, deux outils simples à manipuler.

✓ Commencez par percer un trou au centre de la vis.

✓ Puis montez le tourne-à-gauche à l'extrémité de l'extracteur et dévissez pour faire sortir la vieille vis.

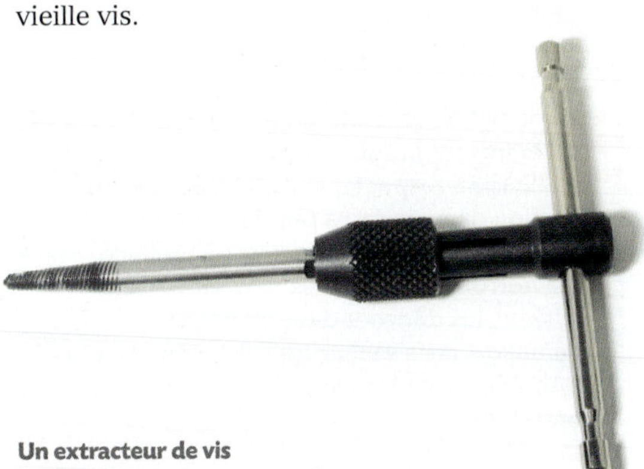

Un extracteur de vis monté sur un tourne-à-gauche

Percer correctement à la perceuse

❁ Dans du bois :

✓ Avant de percer, pensez à glisser un morceau de tasseau sous le support, ce qui empêchera le bois de s'écailler en fin de perçage. Si vous avez plusieurs trous à percer à la suite, il vaut mieux poser une planchette assez longue, pour ne pas avoir à déplacer le tasseau.

Idée reçue

Affûter ses forets, est-ce futé ?

▪ Avec les machines à affûter importées, vendues à petit prix, on peut penser qu'il est facile d'affûter soi-même un foret. Détrompez-vous : l'affûtage est une opération qui demande un geste professionnel extrêmement précis, avec des angles d'affûtage à respecter scrupuleusement en fonction du matériau à percer (aluminium, cuivre, acier…). Seuls les forets à métaux peuvent être affûtés. Vous pouvez, le cas échéant, les déposer dans un centre d'affûtage, mais sachez qu'il vous en coûtera probablement plus cher que d'acheter des forets neufs…

✓ Afin d'éviter que le foret ne dévie du point de perçage, piquez sa pointe dans le bois avant de mettre la perceuse en marche. Enfin, tenez toujours la perceuse bien à la verticale pour ne pas percer en biais.

❁ Dans du métal :

✓ Commencez par frapper au pointeau à l'endroit où vous voulez percer, ce qui empêchera le foret de riper. Comme son nom l'indique, le pointeau est un petit outil muni d'une pointe, qui permet d'imprimer un repère dans le métal quand on le frappe au marteau. À défaut, vous pouvez faire tourner la pointe d'un couteau pointu à l'emplacement voulu.

✓ Si vous ne voulez pas que le foret chauffe trop, retirez-le de temps en temps pour dégager les copeaux et versez dessus quelques gouttes d'huile de coupe. Vous éviterez ainsi que la mèche ne casse…

❁ Dans du plâtre ou une plaque type Placoplâtre :

✓ Il est conseillé de dégager délicatement le foret en fin de perçage, pour préserver le forage et prévenir le décollement du plâtre.

Nos grands-mères faisaient

Percer sans peine et avec précision

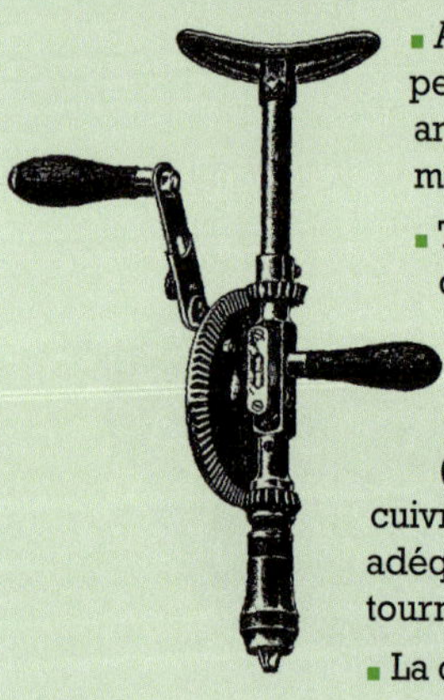

- Avant l'avènement des perceuses électriques, les anciens utilisaient des outils manuels.
- Toujours d'actualité, la chignole est pratique pour percer dans du bois et, éventuellement, dans de la tôle fine (feuille d'aluminium ou de cuivre). Il suffit de fixer le foret adéquat dans le mandrin et de tourner la manivelle.
- La chignole ne permet cependant pas de percer du béton et autres matériaux similaires, pour lesquels vous pouvez alors employer un tamponnoir, autre outil d'autrefois et toujours en usage chez les amateurs d'escalade. Pour pratiquer un trou dans de la pierre, il suffit de taper au marteau sur le tamponnoir tout en le faisant tourner. Le procédé est certes moins rapide qu'avec une perceuse à percussion, mais il reste très écologique, puisque vous ne consommez pas d'électricité – un peu d'huile de coude suffit.

❁ Dans du carrelage :

✓ Avant de percer un carreau à poser, pensez à le placer sur un sol meuble (sable, par exemple) ou sur une vieille couverture (attention, cependant, à ne pas abîmer le matériau sous la couverture). Si le carrelage n'est pas parfaitement en appui sur toute la surface, il risque de casser.

✓ Pour éviter que le foret ne ripe sur le carrelage au moment de percer, l'astuce consiste à coller un bout de sparadrap ou d'adhésif toilé dessus, puis à marquer au stylo le point de perçage.

Percer proprement

❁ Quand vous percez dans du béton, de la brique, de la pierre ou du plâtre, il se dégage nécessairement beaucoup de poussière. Pour remédier à cet inconvénient, vous pouvez scotcher une enveloppe ouverte sous le point de perçage ou utiliser l'aspirateur, en maintenant l'embout sous le foret pendant que vous percez. L'opération s'avérant un peu délicate, l'idéal est d'être deux ; sinon, liez une ficelle autour de l'embout de l'aspirateur et attachez-le à un clou planté dans le mur juste en dessous du point de perçage ; mais sachez que ce type de poussière risque d'encrasser votre aspirateur (voir encadré p. 14). Dernière solution : fabriquer un cône dans du papier épais, que vous collerez avec de l'adhésif autour de la perceuse, en veillant à ce qu'il ne soit pas trop long et ne masque pas le foret.

Cône anti-poussière

Choisir le bon foret

❁ Le choix d'un foret dépend essentiellement du matériau à percer. Mal employé, il risque de se détériorer irrémédiablement. On veillera à toujours percer bien droit, pour ne pas tordre les forets.

❁ Les forets à bois : ils possèdent une pointe caractéristique à leur extrémité, qui les distingue aisément. Leur usage doit être exclusivement réservé au bois, afin de préserver la pointe : si cette dernière est émoussée, il est inutile de garder les forets. De même, quand ils ne coupent plus, on ne cherchera pas à les affûter, le mieux étant d'investir dans des forets neufs.

❁ Les forets à métaux : s'ils sont prioritairement destinés au perçage des métaux, on peut aussi s'en servir pour percer du bois. Toutefois, faute de pointe à leur extrémité, le point de perçage s'avère souvent moins précis qu'avec un foret à bois. Du fait de leur plus grande fragilité, ils ne doivent jamais être utilisés pour percer des matériaux durs, tels que parpaings, briques, plâtre ou une plaque type Placoplâtre.

❁ Les forets à béton : très durs, ils se reconnaissent à leur extrémité renflée. Utilisez-les pour percer le plâtre, une plaque type Placoplâtre ou le carrelage, sans actionner la percussion de votre perceuse. S'il s'agit, en revanche, de matériaux très durs, comme le béton, la brique ou la pierre, la fonction percussion est obligatoire.

C'est malin !

Pour faciliter le sciage du bois

- Le bois peut avoir tendance à se resserrer à mesure que vous le sciez, ce qui rend le sciage plus difficile. Si tel est le cas, glissez une pièce de monnaie dans la fente : elle va s'enfoncer au cours du travail et, ainsi, maintenir la fente ouverte. Une astuce très payante !

Les bons gestes

Scie à métaux : les précautions d'usage

- Portez toujours des lunettes pour vous protéger d'éventuels éclats à la coupe.
- Veillez à choisir la bonne denture. Plus le matériau à scier est dur, plus la denture doit être fine – le métal, par exemple, requiert une lame plus fine que le bois. Si vous n'êtes pas certain du modèle qu'il vous faut, pensez à vérifier les indications sur l'emballage.
- Veillez également à respecter le sens de la lame : les dents doivent couper en poussant, excepté pour les scies à découper, où la coupe se fait en tirant.
- La tôle très fine (moins de 1 mm d'épaisseur) est souvent délicate à couper. Pour vous aider, vous pouvez la serrer entre deux plaques de bois, en sandwich, et scier les trois épaisseurs à la fois.

Quel type de scie choisir ?

Même sans vous lancer dans de grands travaux, vous pouvez avoir besoin d'une scie pour couper un morceau de tasseau ou une branche d'arbre. D'où l'intérêt de choisir un modèle polyvalent.

La scie égoïne est l'outil à main de base pour découper des pièces de bois de moyenne à grosse section. Sa lame n'est pas interchangeable, mais elle peut être réaffûtée en cas de besoin.

Pour des petits travaux, une scie à métaux convient parfaitement. D'un coût modique, elle permet de couper de façon nette et précise des baguettes, des moulures, des tuyaux en matière synthétique ou du métal fin (feuille d'aluminium, de cuivre…). Comme la lame est montée sur vis ou avec des ergots, il est très facile d'en changer quand elle est cassée, d'autant qu'il existe plusieurs types de denture. ■

Scie égoïne

Scie à métaux

L'art du ponçage

Le ponçage est une étape clé : il en va du fini ! Ainsi, on ne décape pas un vieux portail à repeindre comme on ponce un meuble ancien que l'on souhaite revernir. C'est une affaire de papier, de grain, mais aussi d'accessoires, certains facilitant grandement le travail. Vous trouverez ici les bases nécessaires pour vous initier à cet art suprême du bricolage !

Toile émeri

Bien choisir son papier de verre

- Le choix du papier abrasif dépend avant tout de l'usage auquel on le destine, c'est-à-dire du matériau à travailler (bois, peinture, plâtre, métal), mais aussi du travail à réaliser et de la pièce à poncer (dégrossissage ou lissage, pièce plane ou à relief). Le papier présente ainsi une texture rigide ou flexible et un grain plus ou moins gros et dur, selon les minéraux dont il est extrait (sable, grenat, émeri, alumine, chrome, acier). C'est la qualité de ce grain qui détermine tant le prix que la durabilité et l'efficacité du papier abrasif. Enfin, pour ce qui est du conditionnement, les abrasifs sont vendus en feuilles, en bandes ou en formes prédécoupées (ronds, rectangles, triangles).

- Le papier de verre ordinaire doit au sable qui le compose sa couleur beige caractéristique. De fait, ce n'est pas un papier très solide, ses grains s'usant vite. On le réservera donc à des travaux occasionnels sur bois, toujours à sec.
- Le papier corindon est issu de la pierre du même nom, laquelle constitue le deuxième minéral naturel le plus dur, après le diamant. Ce papier possède ainsi un pouvoir abrasif élevé et durable. Vous le trouverez aussi sous l'appellation « oxyde d'aluminium ». Il existe en feuilles rigides et flexibles, dans des teintes variables selon le type de matériau et de ponçage (marron, jaune vif, rouge, rose…). Utilisez-le à sec pour poncer du bois, une peinture qui s'effrite ou des restes de décapage.
- Le papier anti-encrassement est adapté au ponçage des bois tendres, des résineux, des vernis, du plâtre, avec donc différentes couleurs selon les cas (gris, vert, ocre jaune, beige…). Comme la matière n'adhère pas entre les grains, le papier dure plus longtemps. Employez-le à sec.

Une cale en bois faite avec un tasseau

La toile émeri, râpeuse, et le papier de polissage, très lisse, servent tous les deux au ponçage et au polissage des métaux et de la pierre. Ils se distinguent par leur couleur noire. Veillez à les utiliser mouillés, pour ne pas rayer le support.

Les bons gestes

Poncer correctement

- Assurez-vous avant tout que votre papier abrasif correspond au travail à réaliser. Commencez avec le grain le plus gros, puis changez d'abrasif de façon à affiner le ponçage jusqu'à obtenir une surface bien lisse. Il est important de toujours poncer en suivant le fil du bois, afin d'éviter des griffures inesthétiques : elles ne se remarqueront pas sous une surface peinte, mais ressortiront inévitablement sous une finition transparente (teinte, lasure ou vernis), sans astuce ni remède pour les rattraper !

Pour trouver le grain adéquat, référez-vous au numéro indiqué sur les paquets ou au dos des feuilles : plus les numéros augmentent, plus le grain s'affine.

Savoir choisir le bon numéro

Il convient de choisir le bon grain de papier (plus ou moins gros). Pour vous repérer, fiez-vous à la codification avec des numéros.

- ✓ 36-50-60 = très gros (dégrossissage, décapage) ;
- ✓ 80-100 = gros (enlèvement de matière) ;
- ✓ 120-150-180 = moyen (ponçage) ;
- ✓ 220-240-280 = fin (égrenage, finition) ;
- ✓ 320-360-400-500-600 = extrafin (superfinition des meubles en bois précieux, par exemple, ponçage des laques et vernis entre deux couches, polissage des métaux).

Nos grands-mères faisaient

Les bons usages de la laine d'acier

- Composée de fils d'acier doux, la laine d'acier est un produit très polyvalent que l'on appelait autrefois «laine d'armurier». Plus douce qu'un papier abrasif, elle était utilisée pour poncer les meubles anciens ou les bois délicats, décaper et décirer le bois, ainsi que pour polir la pierre et les métaux.
- Toujours dévolue à ces usages, elle peut également servir à nettoyer des traces fraîches de peinture et de plâtre sur les poutres comme sur les carrelages, voire à polir le plastique d'un salon de jardin.
- La laine d'acier est vendue en un long ruban plié ou enroulé, qui se coupe aux ciseaux quelle que soit sa grosseur : 0000 pour la plus fine (ne raye pas) à 5 pour la plus grossière. Pour poncer, on forme tout simplement un tampon de laine, le travail restant le même qu'avec un morceau d'abrasif.
- Il convient cependant de prendre quelques précautions. La laine d'acier n'étant pas très agréable à manipuler à mains nues, on veillera à porter des gants souples. De même, le produit étant inflammable, il faut éviter de travailler à proximité d'une flamme, mais aussi ranger les rouleaux et les détritus séparément dans des sacs en plastique, pour empêcher toute combustion. Enfin, le contact avec l'eau est déconseillé, car l'acier pourrait rouiller.

Poncer une surface plane avec une cale

- Si poncer vous paraît fastidieux, optez pour une cale à poncer ! Ce petit outil facilite grandement le travail, avec un gain de temps très appréciable.
- Les modèles standards, en caoutchouc ou plastique rigide, sont adaptés au ponçage des surfaces planes. Selon les modèles, la bande d'abrasif se glisse dans des rainures ou des griffes, que l'on soulève et rabat sur le papier. Le système à rainures est plus commode d'emploi.
- Sinon, vous pouvez aussi fabriquer une cale avec un morceau de tasseau. Choisissez-le assez épais, afin de ne pas vous râper les mains quand vous poncerez, et veillez à ce que sa taille soit adaptée à celle de votre paume. Pour fixer l'abrasif en bout de cale, vous pouvez utiliser des punaises ou une agrafeuse. Les punaises s'avèrent certes plus difficiles à piquer, mais elles reviennent aussi beaucoup moins cher qu'une agrafeuse-cloueuse. Quand vous fixez l'abrasif, prenez soin de bien le tendre.

Poncer les reliefs et les endroits difficiles d'accès

- Pour poncer des reliefs ou des barreaux de chaise, des pieds de table, la cale en mousse est idéale, car souple et malléable, bien que d'un coût supérieur. Elle offre une prise en main plus confortable, limite la fatigue et se manie comme une éponge. Certains modèles sont pourvus d'une rainure accueillant tout type de papier abrasif. D'autres ont la semelle recouverte d'une bande de ruban agrippant et ne s'utilisent donc qu'avec des bandes prédécoupées également pourvues d'agrippant, mais elles sont extrêmement pratiques.
- Pour les détails tarabiscotés, vous pouvez aussi vous servir d'éponges abrasives, encore plus souples. Leur seul inconvénient est qu'elles s'encrassent vite et doivent, par conséquent, être souvent remplacées.

- Dernier accessoire malin : la souris de ponçage ! Étroite et fine, elle se faufile dans le moindre recoin et permet un ponçage très précis dans les angles rentrants, comme les coins intérieurs des tiroirs ou encore les jonctions de marches et contremarches. ■

Petits travaux d'électricité

Les travaux d'électricité rebutent beaucoup d'entre nous, car ils nous semblent souvent compliqués et risqués. Pourtant, même sans connaissances précises dans le domaine, il est possible d'entreprendre des réparations simples. L'essentiel reste de savoir reconnaître les fils, de réaliser des schémas précis – pour ne pas se tromper au remontage ! – et de suivre un minimum de règles de sécurité.

Réparer une gaine électrique endommagée

Toute gaine électrique défectueuse présente un risque potentiel d'électrocution et d'incendie. N'attendez donc pas pour intervenir ! D'autant qu'il est assez simple de réparer l'isolant d'un fil électrique endommagé, pour peu, bien sûr, que le fil de cuivre lui-même ne soit ni abîmé, ni sectionné.

Avant tout, coupez le disjoncteur principal dans le coffret électrique. Entourez l'isolant abîmé de ruban électrique adhésif, appelé aussi « chatterton » ou « Scotch électrique ». La réparation achevée, vous pourrez remettre le courant.

Idée reçue

Le chatterton : une solution sûre ?

On croit souvent, à tort, qu'un morceau de chatterton suffit à réparer un fil électrique coupé en deux. Or la connexion ainsi établie n'est pas du tout sécurisée. En effet, lorsque le courant passe au point de réparation, la gaine chauffe, ce qui peut provoquer un incendie ! Réparer de cette manière-là est donc très risqué et même interdit, les normes en vigueur exigeant la pose d'un domino. En cas de sinistre, si vous avez mis de l'adhésif, votre assureur ne vous couvrira pas.

Réparer provisoirement un fil électrique coupé

En perçant un mur, vous avez malencontreusement coupé un fil électrique ? Rassurez-vous : cela arrive à tout bon bricoleur ! Néanmoins, si vous voulez poursuivre vos travaux, il est nécessaire de réparer provisoirement le fil, en attendant de pouvoir le remplacer sur toute sa longueur, depuis le coffret électrique jusqu'à son point de branchement final. Là aussi, commencez par couper le disjoncteur principal.

Si les fils sont accessibles, raccordez les deux sections entre elles à l'aide d'un domino (ou « sucre »), puis entourez celui-ci de chatterton pour isoler les orifices de logement des vis de serrage – vous éviterez ainsi tout risque de les toucher par erreur avec un objet métallique (clou, par exemple). Vous pouvez alors réenclencher le courant et continuer d'utiliser le circuit électrique. Pour des raisons de sécurité, il est déconseillé de reboucher un trou en encastrant un domino.

Si les fils endommagés ne permettent pas de fixer un domino (parce qu'ils sont trop courts, par exemple), il faut alors isoler séparément les extrémités des fils. Pour ce faire, entourez-les de chatterton avec soin, puis repliez-les et écartez-les pour que les deux bouts ne se touchent pas. Dans ce cas, le circuit électrique ne sera plus utilisable, mais un des fils restera sous tension.

Dans le cas extrême où la gaine des fils est totalement inaccessible et où les fils coupés sont toujours en contact (le défaut qui a fait disjoncter persiste), la seule solution est d'agrandir le trou au burin afin d'accéder aux fils ou de faire appel, au plus tôt, à un spécialiste.

Bon à savoir

Fils électriques : à chacun sa couleur

Pour ne pas vous emmêler les pinceaux dans les fils électriques, sachez reconnaître leur couleur !

- Le fil de phase achemine le courant, alimentant ainsi les interrupteurs, prises et appareils ménagers. C'est lui qui possède la tension la plus haute, d'où le risque d'électrocution (les fameuses « décharges » électriques). Il est de couleur rouge, marron ou noire.
- Le fil neutre conduit le courant hors du système. On le reconnaît à sa couleur bleu clair.
- Le fil de terre, protecteur, isole le corps des décharges électriques en dirigeant le courant vers la terre. Il est toujours jaune et vert.

Changer une prise de courant murale

- Avant de commencer, procurez-vous une prise de modèle identique ou adapté et préparez le matériel nécessaire : un tournevis, de préférence isolant (modèle d'électricien), une pince à dénuder ou un petit couteau, une pince coupante et, enfin, du papier et un crayon. Coupez également le disjoncteur principal.
- Retirez l'enjoliveur de la prise pour avoir accès au mécanisme de fixation. Selon les modèles, il peut être clipsé ou vissé. Dans le premier cas, il suffit de le déloger avec la pointe du couteau avant de tirer dessus. Dans le second cas, il faut donc utiliser un tournevis.
- Dévissez ensuite la fixation du mécanisme afin d'extraire celui-ci de sa boîte (également appelée « box »), puis dévissez les bornes de fixation des fils.
- Tracez un croquis du branchement d'origine en notant la couleur des fils et notamment l'endroit précis où doit être mis le fil de terre (jaune et vert) dans la prise au remontage – le travail ultérieur sera, ainsi, grandement facilité. Chaque fil (phase, neutre, terre) a un potentiel électrique (tension) différent, qui doit impérativement être respecté (voir encadré sur le code couleur ci-contre).

Arrière d'une prise murale

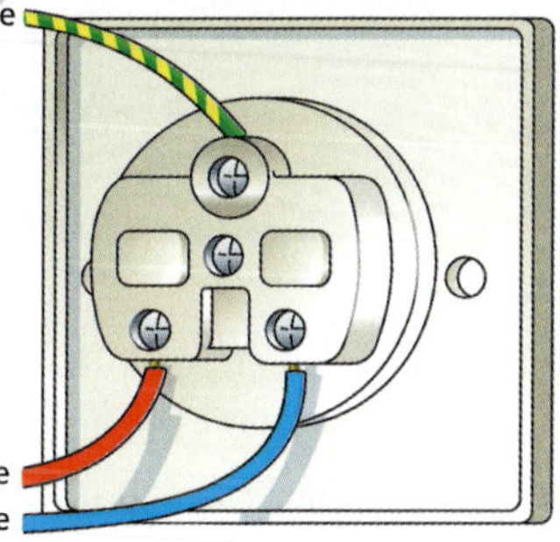

Avant d'une prise murale

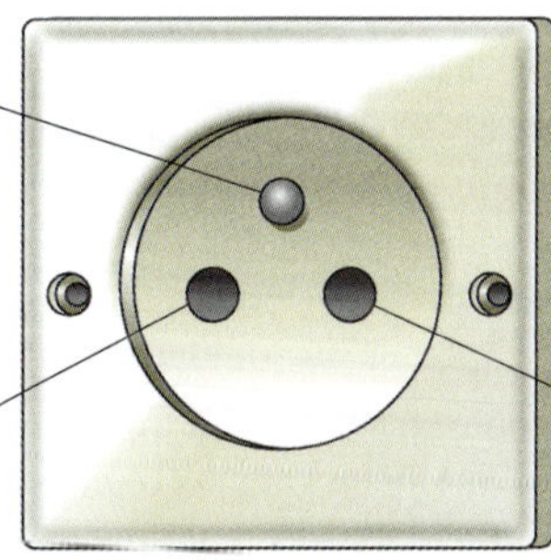

- Vérifiez le bon état des fils. Si leurs extrémités sont endommagées, il est préférable de dénuder légèrement l'isolant et de recouper les fils. Vous pouvez alors poser la nouvelle prise, en effectuant les opérations en sens inverse et en veillant, donc, à placer le fil de terre au bon endroit.
- Serrez bien les vis de raccordement des fils à l'aide du tournevis, puis remontez le mécanisme dans la « box ». Une fois la prise fixée, réenclenchez le courant et faites un test en branchant un appareil électrique.

Bon à savoir

Conseils de sécurité

Avant toute intervention sur le système électrique, que ce soit pour démonter une prise ou même changer une ampoule, il est impératif de respecter quelques règles :

- Coupez le disjoncteur principal.
- Deux précautions valant mieux qu'une, vérifiez ensuite que le courant est bien coupé soit en actionnant un interrupteur, soit en branchant un appareil électrique.
- N'intervenez jamais avec les mains mouillées ou humides.

Remplacer la fiche d'un appareil électrique (sans double isolation)

Les fiches des appareils électriques sont des fiches mâles ; elles peuvent être sans fil de terre ou avec. Les fiches sans terre se divisent elles-mêmes en deux catégories, les fiches classées double isolation et les autres.

S'il s'agit d'une double isolation (auquel cas l'appareil porte un sigle représentant deux carrés l'un dans l'autre), il est interdit de remplacer uniquement la fiche. Vous devez alors racheter un câble complet et le remplacer ou le faire remplacer jusque dans l'appareil.

Si votre appareil est muni d'une fiche avec fil de terre ou d'une fiche sans terre et non classée double isolation, il est assez simple de changer la fiche lorsque la prise est détériorée. Voici comment procéder.

✓ Procurez-vous un modèle de fiche équivalent.

✓ Démontez l'ancienne fiche ou sectionnez le câble au ras de celle-ci, en utilisant une pince coupante, puis ouvrez-la en déboîtant les éléments.

✓ Tracez un croquis du branchement d'origine, en notant la couleur des fils et leur emplacement.

✓ Ouvrez la nouvelle fiche à l'aide d'un tournevis ou d'un petit couteau.

✓ Si le câble a été coupé au démontage, dénudez-le sur environ 5 mm.

✓ Replacez les fils au bon endroit. Serrez les vis ainsi que le serre-câble, s'il y en a un, puis emboîtez ensemble les deux parties de la fiche.

C'est malin !

Travailler dans le noir

Qui dit panne d'électricité dit courant coupé, donc obscurité ! Pour vous aider à y voir plus clair, voici une astuce. Pas de chandelles pour l'occasion : il ne s'agit pas de mettre le feu en plus... Si la lumière naturelle fait défaut, vous pouvez vous coiffer d'une lampe de type spéléo à pile, montée sur un serre-tête. Cela vous permettra d'avoir les deux mains libres et d'éclairer de façon optimale la zone de travail. Sinon, il suffit d'attacher une lampe de poche sur un ruban transformé en bandeau.

Remplacer un interrupteur

Contrairement à une prise, il n'y a pas de fil de terre dans un interrupteur. Cela étant, le procédé de démontage et remontage reste le même. Toutefois, il faut respecter scrupuleusement l'emplacement des fils, car selon les modèles, vous pouvez avoir de 2 à 6 fils à raccorder : interrupteur simple ou double, va-et-vient simple ou double ou croisement (courant dans les anciennes installations, remplacé aujourd'hui par les télérupteurs). L'essentiel est de réaliser un schéma pour repérer les couleurs des fils et leur emplacement précis dans l'interrupteur.

Robinets, canalisations, sanitaires

Robinets qui gouttent, siphon encrassé, canalisations bouchées... la note peut vite être « plombée » si l'on n'y prend garde. Grâce à quelques « tuyaux », vous pouvez vous improviser plombier et effectuer les réparations de base vous-même, mais aussi prévenir les dégâts dus au gel et ainsi éviter le pire !

Détecter une fuite sur des canalisations

Il se peut que vous constatiez une fuite d'eau sur vos tuyauteries, sans parvenir à en déterminer l'origine, parce qu'il n'y a aucun goutte-à-goutte visible, par exemple. Dans ce cas, l'astuce consiste à couper l'arrivée d'eau et à essuyer les tuyauteries, pour bien les sécher. Remettez alors le système en route quelques secondes et ouvrez l'œil ! Les endroits à nouveau mouillés vous indiqueront l'origine des fuites.

Les bons gestes

En cas de gel soudain

Quand les tuyauteries passent dans des locaux non chauffés (garage ou grenier, par exemple) et que la température tombe nettement en dessous de 0 °C, le risque que les tuyauteries gèlent à ces endroits-là est alors élevé, quand bien même la maison est habitée et chauffée. Si la température chute brutalement, deux solutions extrêmes mais efficaces permettent d'assurer une circulation constante dans les canalisations et, partant, de les empêcher de geler.

- Tirez la chasse d'eau toutes les 3 heures. L'eau rejetée puis injectée dans le réservoir va maintenir une température positive dans les canalisations et n'aura pas le temps de descendre en dessous de 0 °C dans ce laps de temps.
- Laissez couler un mince filet d'eau pendant une demi-heure. Recommencez l'opération toutes les 3 heures. Vous allez certes perdre de l'eau, mais vous éviterez des dégâts qui pourraient vous coûter beaucoup plus cher si les tuyaux venaient à casser !

Dégeler les tuyauteries

Les tuyaux qui sont placés contre le mur d'un grenier ou d'un garage sont les plus exposés au gel, car ils se trouvent directement en contact avec l'extérieur. Si un bouchon se forme, il est très difficile de connaître sa longueur. Quelques astuces peuvent aider à rétablir la circulation d'eau.

Vous pouvez essayer de chauffer le tuyau avec un sèche-cheveux réglé au maximum ou poser sur les tuyauteries des linges trempés dans de l'eau bouillante. Pour éviter de vous brûler en les manipulant, pensez à enfiler une paire de gants de cuisine et à utiliser une pince. Il est préférable d'opérer à deux : les chiffons vont refroidir rapidement et devront être renouvelés sans tarder.

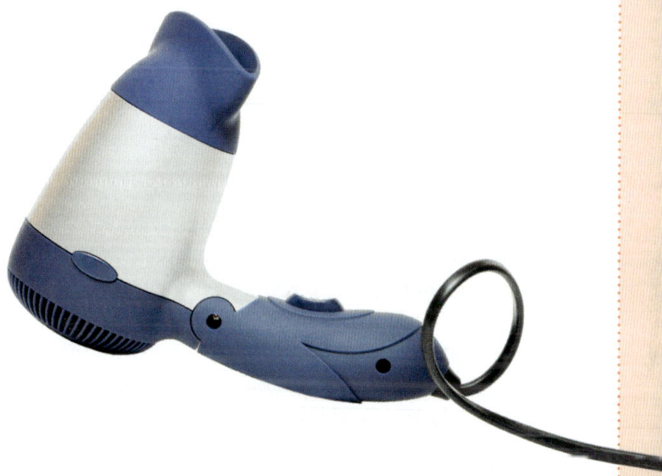

Malgré tout, le problème tend souvent à persister, surtout pour les longs tuyaux. En effet, à mesure que l'on rétablit la circulation d'eau, les premières longueurs de tuyauterie se refroidissent et recommencent à geler... La situation n'est pas perdue ! Il existe heureusement des rubans chauffants électriques pour tuyauteries, moyennant 40 à 80 euros environ, selon la longueur (que vous pourrez vous procurer en magasin de bricolage ou sur Internet). Installez le ruban chauffant dès que possible, en l'enroulant autour des tuyaux, puis branchez-le. Il permettra de faire fondre doucement la glace, évitant ainsi de gros dégâts au moment du dégel.

❁ L'usage d'un décapeur thermique est déconseillé : sa température pouvant monter jusqu'à 500 °C, il risquerait de déformer, voire d'endommager, des tuyaux en matière synthétique (PER, par exemple) ou, pire, de provoquer un incendie.

Atténuer le bruit d'un robinet qui goutte

❁ Il n'y a rien de plus agaçant que d'entendre le clapotis d'un robinet qui goutte. Sans compter le gaspillage d'eau, puisque vous pouvez perdre jusqu'à 4 litres par heure… Il est par conséquent conseillé de réparer au plus vite, mais en attendant, vous pouvez attacher un morceau de ficelle autour du robinet. Laissez-le descendre jusque dans la bonde. L'eau va suivre la ficelle en douceur et le bruit disparaître. Une ficelle très astucieuse !

Réparer un robinet qui goutte

❁ Commencez par couper l'eau, en fermant soit les robinets d'arrivée d'eau chaude et d'eau froide placés sous l'évier ou le lavabo, soit le robinet de l'arrivée principale.

❁ Cela fait, vous pouvez entamer le démontage des boutons du robinet, appelés aussi « enjoliveurs ». Certains enjoliveurs sont simplement clipsés, auquel cas il suffit de tirer dessus pour les enlever. S'ils ne se déboîtent pas, insérez la pointe d'un petit couteau ou d'un tournevis à tête plate sous les pastilles de couleur, de façon à accéder aux vis de fixation.

Pulvérisez alors un peu de dégrippant sur les têtes de vis, puis dévissez-les avec un tournevis cruciforme et retirez les enjoliveurs.

❁ Il vous faut ensuite nettoyer les têtes de robinet. Pulvérisez également un peu de dégrippant dessus, puis dévissez-les, soit avec une clé à molette ou une clé plate, soit avec une pince multiprise. Après avoir ôté les joints en caoutchouc avec la pointe d'un couteau ou d'un tournevis à tête plate, faites tremper les têtes de robinet dans une solution de vinaigre blanc bouillant. Laissez agir quelques heures, le temps d'éliminer le tartre.

❁ Il ne reste plus qu'à changer les joints. Si vous n'avez pas de joints de rechange sous la main, réutilisez provisoirement les mêmes, après les avoir séchés et retournés.

❁ Revissez enfin les têtes de robinet et les enjoliveurs, en répétant les opérations dans le sens inverse. Évitez de trop serrer, pour qu'un démontage ultérieur soit plus facile.

Bon à savoir

Déboucheurs chimiques : à éviter

- Les déboucheurs chimiques vendus dans le commerce sont corrosifs et toxiques, ce qui les fait déconseiller d'un point de vue sanitaire et environnemental. Qui plus est, ces produits extrêmement puissants peuvent endommager certaines canalisations. À proscrire, donc.

Évier ou lavabo bouché

- Essayez tout d'abord de déboucher avec une ventouse en caoutchouc. À défaut, versez de l'eau bouillante dans la bonde.
- Si ces premiers essais s'avèrent inopérants, préparez une solution avec 1/4 de litre de vinaigre blanc, 1/4 de litre d'eau bouillante, 1 grosse poignée de gros sel et de bicarbonate de soude. Laissez agir plusieurs heures.
- Si ce nouveau traitement ne suffit toujours pas, vous pouvez ajouter au mélange 1 tasse de cristaux de soude ou n'utiliser que des cristaux de soude et de l'eau bouillante. Dans ce cas, versez d'abord les cristaux de soude dans l'évacuation, puis ajoutez l'eau bouillante – pensez à mettre des gants, les cristaux de soude pouvant être irritants pour la peau. Là encore, laissez la solution agir plusieurs heures.
- Dernier recours : le démontage du siphon, qui permet en général de régler le problème. Pour ce faire, utilisez une pince multiprise et prenez soin de placer un seau vide en dessous. Il n'est pas nécessaire de couper l'arrivée d'eau, mais seulement le robinet. Ôtez les joints, lavez-les et mettez-les de côté. Vous pouvez vous servir d'un gros fil de fer recourbé pour retirer tous les déchets accumulés dans le départ du tuyau. Pour terminer, rincez le siphon et revissez-le après avoir remis les joints en place.

Tuyauteries bouchées

- Si l'évier reste bouché bien que le siphon ait été nettoyé, c'est que le problème provient du tuyau d'évacuation.
- Vous pouvez essayer de faire coulisser un fil de fer pour dégager la saleté, mais il vous faudra redémonter le siphon. Il est préférable de prendre un fil de fer assez souple, de manière qu'il puisse suivre les courbes de la canalisation. Vous ne pourrez cependant pas aller très loin, ni ôter un bouchon important.
- La seule solution vraiment efficace est de recourir à un furet de plombier. C'est l'outil de choix pour déboucher les canalisations : d'un usage relativement aisé, il est composé d'un flexible muni d'une tête à griffes et, à l'autre extrémité, d'une manivelle. On le trouve en différentes tailles et longueurs, selon le diamètre des tuyaux. L'acquisition d'un furet, peu coûteuse, constitue un bon investissement, car cet outil permet de régler les problèmes sans faire appel à un plombier. ■

Portes et fenêtres, ça coince !

Fenêtres qui ferment mal, portes qui frottent, serrures coincées... que faire pour éviter les courants d'air et assurer le bon fonctionnement des huisseries ? Que vous soyez bricoleur ou néophyte, adepte du système D ou plutôt porté sur la technologie, des solutions clés existent qui méritent toutes d'être tentées !

Isoler les bas de porte

Le jour entre le sol et le dessous des portes est une des premières causes de courants d'air. Les bas de porte sont des dispositifs conçus pour y remédier, leur coût variant selon la hauteur de l'interstice, l'endroit où se trouve la porte (entrée, garage) et sa configuration (à battant, coulissante). Avant l'achat, veillez à mesurer précisément la hauteur à obstruer pour ne pas avoir de mauvaises surprises une fois la porte remise en place : elle doit pouvoir s'ouvrir et se fermer facilement.

Portes battantes. Les bas de porte prêts à poser se présentent sous forme de lames en plastique ou en aluminium, équipées d'une bavette en caoutchouc ou d'une brosse. Certains modèles haut de gamme sont articulés par une charnière qui se relève quand on ouvre la porte : ils sont très efficaces, mais assez coûteux. Tous ces systèmes se fixent directement contre le bas des portes, côté ouvrant, en appui sur le sol. Leur pose ne nécessite pas le démontage de la porte. En revanche, leur longueur ne correspondant pas toujours à la largeur exacte de la porte, il faut les ajuster. Ainsi, les lames en plastique

C'est malin !

Coussins de porte

- Trouvaille de grand-mère, le coussin de porte reste une bonne parade aux courants d'air. Vous trouverez dans le commerce des modèles tout faits, mais pourquoi ne pas le fabriquer vous-même ? Il suffit d'assembler deux rectangles de tissu en un long boudin, que vous remplirez de kapok, de mousse de rembourrage ou de ouatine. Vous pouvez aussi le garnir de paille ou de noyaux de cerises lavés, récupérés après les cueillettes d'été ; il sera bien isolant et assez lourd pour tenir en place.
- Et si le cœur vous en dit, pourquoi ne pas créer des formes de chien, de chat, de jardinière... ? Laissez libre cours à votre fantaisie !
- Pour pouvoir laver souvent vos coussins, le mieux est de prévoir une double enveloppe, avec une fermeture à glissière pour la housse extérieure : cette dernière protégera le coussin intérieur rembourré, et pourra facilement être lavée une fois désolidarisée du coussin.

Idée récup

Bandes de feutre

- Le feutre de laine est un bon isolant, qui peut donc tout à fait servir à obstruer un bas de porte. On en trouve de différentes couleurs dans les boutiques de loisirs créatifs et magasins de tissu. Comme il est souvent vendu en plaques prédécoupées, vous pouvez fabriquer un bas de porte en cousant bout à bout plusieurs bandes. Il est préférable de ne pas clouer ni visser votre bande de feutre : fixez-la plutôt à l'aide d'un ruban autoagrippant, côté à crochet collé sur la porte, côté pelucheux cousu sur l'envers de la bande. Ajustez la hauteur de la bande de feutre de manière qu'elle affleure le sol sans gêner l'ouverture et la fermeture de la porte. Ainsi fixée, elle sera facile à démonter pour être lavée.

C'est malin !

Détecter les fuites d'air

▪ Un petit test suffit pour vérifier l'étanchéité de vos portes et fenêtres : fermez-les et passez la main autour du battant – si de l'air passe, vous le sentirez facilement. Vous pouvez aussi utiliser un morceau de papier de soie ou un mouchoir en papier fin pour voir s'ils sont aspirés ou soufflés.

se coupent avec des ciseaux « coupe-tout », l'aluminium à la scie à métaux. Sinon, les bas de porte peuvent être vissés, cloués ou fixés avec des clips à accrochage invisible. Pour les plus légers, vous pouvez utiliser de l'adhésif double face, mais votre installation sera moins solide. Par conséquent, réservez-les de préférence à des portes que vous manipulez peu.

❁ Portes coulissantes. Il existe des bas de porte spécifiques pour les portes coulissantes, qui sont pourvus d'une brosse et se fixent sous la porte elle-même. Les balais présentent différentes hauteurs, permettant la fermeture de fentes ou d'interstices plus ou moins importants. Pour pouvoir fixer ces dispositifs, il est impératif de démonter la porte et de la poser à plat sur deux tréteaux pendant l'opération de montage.

Calfeutrer les portes et les fenêtres

❁ Le plus simple est de poser des joints de calfeutrage dans la feuillure. Ces derniers se présentent sous la forme de bourrelets (mousse, plastique, feutre) ou de lames à profil en V (caoutchouc, synthétique ou métal), et existent en plusieurs épaisseurs, selon l'espace à calfeutrer. La pose, généralement simple, varie également en fonction des modèles : ils peuvent ainsi être collés, agrafés ou cloués, les joints adhésifs étant les plus faciles à mettre en place. Tous n'affichent cependant pas les mêmes performances, tant en termes d'isolation que de longévité, la qualité dépendant souvent du prix. Dans tous les cas, veillez à ne pas obstruer les bouches d'aération au bas du chambranle des fenêtres : elles contribuent à renouveler l'air, ce qui évite la condensation et l'apparition de moisissures.

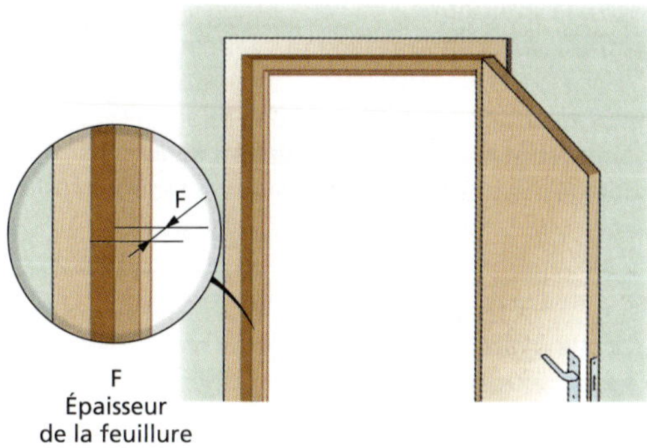

❁ Joints en mousse. De coût modique et de pose facile, ces joints adhésifs se fixent dans la feuillure du battant (partie mobile). Mais ils ont tendance à s'écraser et résistent mal à l'usure, en sorte que l'on conseille de les changer tous les ans.

❁ Joints moulés en silicone souple ou caoutchouc. Plus chers que leurs confrères en mousse, les joints moulés sont plus efficaces et peuvent durer au moins 5 ans. Ils existent sous forme de bourrelets ou de lames en V et, selon les modèles, se collent, s'agrafent ou se clouent. Les bourrelets se posent dans la feuillure du

Les bons gestes

D'autres solutions efficaces pour calfeutrer

▪ **Les joints à mouler.** Le joint silicone fait partie des isolants les plus performants, surtout lorsque les menuiseries sont irrégulières. Son application au pistolet (cartouche prête à l'emploi) permet de remplir le moindre recoin et d'obtenir un joint à la fois souple et résistant, imperméable à l'air et à l'eau. Sa pose demande un peu de soin et d'attention, le cordon devant être régulier, mais elle n'est pas compliquée en soi. Commencez par remplir la feuillure de silicone, puis recouvrez le tout d'une bande de plastique (disponible en rouleau ou découpée dans une bâche fine de protection, vendue au rayon peinture en magasin de bricolage). Fermez alors la porte ou la fenêtre et attendez que le moulage sèche. Il ne vous reste plus qu'à couper les bavures au cutter et à ôter les protections (elles se détacheront facilement).

▪ **Les feutres à clouer.** Quand les portes et fenêtres en bois sont déformées par le temps, ce qui est fréquent dans les maisons anciennes, les bourrelets en feutre à clouer constituent une bonne solution. Ils se fixent à plat contre le bord intérieur des huisseries – et non pas dans la feuillure – et permettent de calfeutrer jusqu'à 2 cm d'espace. Grâce à son épaisseur, le feutre comble des interstices profonds et isole non seulement du froid, mais aussi de la poussière et des infiltrations d'eau, même quand les huisseries se trouvent en très mauvais état. Pour un résultat optimal, coupez les angles à 45°.

battant. S'il s'avère difficile de les plier au niveau des angles, vous pouvez appuyer avec le dos d'une cuillère pour ne pas les déformer, ou les couper en onglet dans les angles, à l'aide d'un cutter ou de ciseaux. Les lames, elles, se positionnent dans la feuillure du dormant (partie fixe). On ne fixe que l'une des deux parties du V, en orientant vers l'extérieur de la fenêtre celle qui est destinée à se rabattre pour assurer l'étanchéité. Le caoutchouc se trouve ainsi comprimé par le montant de la fenêtre une fois qu'elle est refermée.

Joints métalliques. Un peu plus difficiles à poser, ces dispositifs en métal ont l'avantage de s'adapter à tous les types de fermetures (portes et fenêtres), même vétustes. Constitués d'une lame d'acier inoxydable et ultraflexible, ils se clouent sur le dormant mais ne sont pas pliables ; il faut les couper à la longueur voulue, à l'aide d'une pince coupante ou de ciseaux à lames fortes, et les poser séparément d'un angle à l'autre. Bien que ces modèles soient plus chers que les joints en synthétique, ils sont très robustes et constituent un bon investissement.

Sortir une porte de ses gonds

Le plus facile est de glisser la pointe d'un gros tournevis plat sous la porte et d'appuyer avec le pied sur le manche pour faire levier. Pour un plus grand effet de levier, vous pouvez poser sous le tournevis, parallèlement à la porte, une petite planche en bois épaisse (plus étroite que le manche du tournevis) ou un marteau. La porte va alors s'élever et sortir de ses gonds. Il n'est pas facile d'opérer seul quand la porte est pleine et donc lourde. Debout face à la porte, tenez-la des deux mains comme si vous l'enlaciez, appuyez sur le manche du tournevis et manœuvrez légèrement la porte d'avant en arrière pour la dégager des gonds si ceux-ci coincent. Attention de ne pas pincer vos doigts côté charnière !

Déloger des cailloux coincés sous une porte

Les petits cailloux aiment bien se nicher sous nos portes… Pour les déloger, commencez par fermer la porte, puis passez une lame de couteau dessous. Si vous entendez encore crisser, c'est probablement que des gravillons se sont incrustés dans le bois. Grattez alors le dessous de la porte avec la pointe du couteau ou un petit tournevis. Sans oublier de passer un coup de balai à la fin, pour ne pas avoir à recommencer !

C'est malin !

Vitre cassée : réparation de fortune

▪ Si vous avez cassé ou fendu une vitre, vous pouvez réaliser un colmatage provisoire en attendant de changer le carreau. Recouvrez les fentes ou le trou avec du gros adhésif transparent : il consolidera et protégera la vitre tout en laissant passer un maximum de lumière.

Poncer le bas d'une porte qui frotte

Si le frottement est léger, il n'est pas indispensable de démonter la porte pour poncer le dessous. Glissez une feuille d'abrasif de qualité type corindon (il s'usera moins vite) et à grain gros (n° 80), côté râpeux tourné vers le haut. Faites des va-et-vient avec le papier à l'endroit qui frotte pour user le bois.

Rehausser les gonds d'une porte qui s'est affaissée

Pour peu qu'il y ait de l'humidité ou des écarts importants de température, le bois travaille et la porte peut alors s'affaisser. Dans ce cas, pour supprimer les frottements, la solution consiste à rehausser les gonds avec des rondelles, mais il vous faudra d'abord démonter la porte. Selon le jeu à rattraper, vous placerez une à plusieurs rondelles métalliques standards, en veillant à ce que leur taille soit adaptée au diamètre des gonds.

Savoir où raboter une porte

Si votre porte est très difficile à manœuvrer, il peut être nécessaire de la raboter. Pour repérer les endroits qui coincent, menez l'enquête ! Glissez une feuille de papier carbone sous la porte, côté encre tourné vers le haut. Actionnez légèrement la porte pour salir son dessous. Continuez de déplacer le carbone sur toute la largeur de la porte, en répétant l'opération. Pour finir, dégondez la porte : les empreintes laissées par le carbone vous indiqueront les points exacts de frottement.

Débloquer une serrure coincée

Si votre serrure est un peu grippée, vous pouvez appliquer les remèdes suivants. Injectez de l'huile graphitée dans le trou de la serrure – cette huile sèche en spray a l'avantage de lubrifier sans encrasser ; vous la trouverez dans les boutiques de fournitures pour voitures et vélos. Ou encore grattez la mine d'un crayon à papier pour récupérer la poudre de graphite, un minéral qui, lui aussi, lubrifie naturellement sans laisser de résidus graisseux ; faites-la pénétrer dans la serrure avec un pinceau souple, comme un petit-gris. Le tour est joué !

Les dégrippants trois en un sont efficaces, mais comme ils sont gras, l'intérieur de la serrure peut s'encrasser au fur et à mesure que la poussière pénètre. ■

Revêtements de sol et escaliers

Les revêtements de sol, comme les escaliers, sont des parties de la maison très sollicitées par nos allées et venues. Ainsi la douillette moquette peut-elle se tasser avec le temps, comme le vieux parquet grincer avec les ans. Quand ce ne sont pas les marches de l'escalier qui craquent sous nos pieds… Vous trouverez ici tous les conseils utiles pour remédier à ces petits désagréments d'usure.

Redresser une moquette ou un tapis écrasés

Le poids des meubles tend inévitablement à comprimer les fibres des tapis et moquettes. Il en va de même dans les zones de passage, sous la pression des pieds. Si le phénomène est quasi inéluctable, il est loin d'être irrémédiable ! Vous pouvez corriger le tassement occasionné, à l'aide d'un fer à vapeur.

✓ Pour ce faire, remplissez le réservoir d'eau et réglez le thermostat sur « Nylon » ou « Matières synthétiques ». Vous éviterez ainsi de brûler les fibres si elles ne sont pas entièrement naturelles.

✓ Dès que le fer est assez chaud, positionnez-le à environ 4 cm de la surface aplatie, en veillant à ce qu'il ne touche pas la moquette ou le tapis.

✓ Projetez alors des jets de vapeur en actionnant plusieurs fois le bouton-poussoir.

✓ Quand les poils humidifiés commencent à se redresser, ôtez le fer et frottez-les vigoureusement soit avec une brosse souple, soit avec le plat de la main (veillez à mettre un gant de cuisine pour ne pas vous brûler).

✓ Procédez de même pour tous les autres endroits marqués.

> **Bon à savoir**
>
> **Colles pour revêtements de sol : prudence**
>
> ▪ Des tests menés par Que Choisir ont montré que les colles synthétiques pour moquette dégagent de nombreux composés organiques volatiles, ou COV (voir encadré p. 141), parfois même du formaldéhyde, un gaz irritant, notoirement cancérogène. En traversant le support, les émanations de colle polluent l'atmosphère et présentent un réel danger pour la santé. Il est donc préférable d'utiliser du ruban adhésif (double face ou autoagrippant) ou d'opter pour des colles en dispersion aqueuse, dont les émissions de COV restent faibles – le type de colle dépend du support (moquette, lino, liège, sisal, jonc de mer, parquet).
>
> ▪ Une étiquette « émissions dans l'air intérieur » est obligatoire depuis septembre 2013 pour les produits de construction et de décoration. Malheureusement, cette étiquette n'apporte pas forcément de vraie garantie pour la santé du consommateur, car les valeurs limites retenues pour étiqueter un produit en classe A+, c'est-à-dire à très faibles émissions, ou en classe A, c'est-à-dire à faibles émissions, restent trop élevées. N'hésitez pas à consulter des tests comparatifs pour vous guider dans vos choix.

Réparer une moquette brûlée

Vous avez malencontreusement brûlé votre moquette ? Dans ce cas, sachez que le nettoyage a peu d'effet. En revanche, vous pouvez opérer une réparation discrète sans devoir changer toute la moquette.

Si les dommages sont légers, écartez les fibres et éliminez une à une les pointes noircies à l'aide de petits ciseaux bien aiguisés. Brossez-les ensuite avec une brosse à dents pour les effilocher légèrement, ce qui leur redonnera un semblant de volume.

Il est également possible de retirer les filaments abîmés au moyen d'une pince à épiler, puis de combler le trou avec quelques

poils prélevés dans une chute de moquette ou un endroit peu visible (sous un meuble ou dans un recoin). Déposez une goutte de colle universelle, de type colle d'écolier, au fond du trou et placez-y la touffe de poils « neufs ». Une fois la colle durcie, il ne reste plus qu'à araser les fibres aux ciseaux, pour égaliser la surface. Votre moquette est recoiffée !

Une autre solution consiste à rapiécer la moquette, c'est-à-dire à découper la partie abîmée pour la remplacer par une pièce neuve de même gabarit. L'outil idéal, pour cette opération, est l'emporte-pièce à frapper : il se présente sous la forme d'une tige en acier, avec un embout creux affûté, et permet de découper des pastilles de différents diamètres (de 2,5 mm à 1 cm). Pour l'utiliser, positionnez-le à la verticale du support et frappez sa tête d'un coup sec, au marteau. Vous pourrez ainsi éliminer la partie de moquette brûlée et la remplacer par une « rustine » de moquette de même gabarit, prélevée dans un reste de rouleau ou à un endroit où ce prélèvement ne sera pas visible (dans un coin sous un lit, à l'intérieur d'un placard…). Quand vous poinçonnez la rustine, prenez soin d'introduire les fibres dans le creux de l'embout de manière qu'elles ne soient pas cisaillées. Si vous ne pouvez pas réutiliser la moquette existante, il vous faudra un morceau de moquette neuve. Comme il est rare de retrouver exactement la même texture, vous pouvez opter pour une composition et une couleur différentes, voire, pourquoi pas, créer un décor à pois en multipliant les pastilles ! Dans tous les cas, fixez-les avec de l'adhésif double face.

Empêcher le parquet de grincer

Quand le parquet est cloué sur des lambourdes, bien souvent le temps fait son œuvre : ces dernières se mettent à bouger, le bois s'assèche et les clous prennent du jeu… ce qui donne, au final, des grincements. Il n'est pas question de tout refaire ! Quelques astuces, cependant, permettent de limiter ces bruits intempestifs.

Talc : peu onéreux et facile à disperser, le talc lubrifie efficacement le bois sans faire de taches. Après avoir repéré les lames bruyantes, saupoudrez les rainures, puis faites pénétrer la poudre à l'aide d'un pinceau souple. Tapotez ensuite la lame avec le pied pour répartir le talc, puis balayez soigneusement la surface, sinon vous risquez de glisser ! Seule contrainte : il faut renouveler assez souvent le traitement et préférer le balai à l'aspirateur pour entretenir le parquet.

Bougie : de la bougie râpée peut faire tampon entre les lames et atténuer nettement les grincements. Cette technique requiert toutefois un peu de soin. Pour faciliter le nettoyage à la fin de l'opération, fixez des bandes de ruban de masquage le long des lames à traiter et protégez également le parquet tout autour, avec des journaux. Râpez directement la bougie au-dessus de la rainure et faites-la pénétrer avec la pointe d'un couteau. Quand la cire est bien tassée et le jour comblé, arasez le surplus en passant la lame du couteau bien à plat sur le parquet.

Huile de lin : nourrir le bois sec à l'huile de lin contribue à diminuer les craquements. Vous trouverez cette huile dans les magasins de bricolage et sur Internet. Son emploi exige des précautions, car elle peut marquer le parquet. Préférez ainsi l'huile de lin pâle, doublement bouillie, à l'huile ordinaire, de couleur foncée. Vous pouvez utiliser l'huile pure ou, pour une bonne odeur, la mélanger avec un tiers de diluant aux agrumes (disponible dans les boutiques de fournitures de bricolage bio ou sur Internet). Servez-vous d'une seringue pour infiltrer l'huile entre les lames qui grincent et essuyez immédiatement tout débordement.

Vous pouvez appliquer les mêmes traitements à votre escalier et à votre parquet pour atténuer les grincements

Atténuer les grincements d'escalier

Talc, bougie, huile de lin : vous pouvez également essayer ces produits pour limiter les craquements de votre escalier. Dans ce cas, appliquez-les dans l'angle entre les marches et les contremarches, en les faisant bien pénétrer. Mais ce ne sont que des remèdes palliatifs, surtout s'il y a beaucoup de jeu entre les emboîtements. Ainsi, si les jours sont importants, vous pouvez bourrer du feutre dans les fentes avec la pointe d'un couteau : il aura pour effet de caler les éléments qui frottent et donc d'amortir le bruit. En dernier recours, il ne restera malheureusement plus qu'à resserrer, revisser et reclouer votre escalier !

C'est malin !

Traiter un escalier sans totalement le condamner

Si vous avez le projet de restaurer votre escalier (peinture, vitrification) et que, malgré tout, vous deviez l'emprunter, procédez en deux temps. Traitez une marche sur deux, en commençant par le haut, et terminez le travail quand la première série de marches est sèche.

Consolider des barreaux d'escalier

Si les barreaux d'escalier sont branlants, bloquez-les en enfonçant des petites cales en bois ou des allumettes dans chaque emboîtement. Pour une réparation discrète, enfoncez-les avec un chasse-clou (voir p. 278) ou poussez-les avec un petit tournevis plat. Vos barreaux ne devraient plus bouger !

Donner un coup de neuf aux surfaces abîmées

Une peinture qui s'écaille par endroits, un mur qui a pris un choc, des boiseries en mauvais état, un carrelage en perte de lustre... inutile d'appeler un professionnel pour donner un coup de neuf à votre intérieur. La plupart des petites réparations demandent juste un peu de savoir-faire, quelques astuces et, bien sûr, de l'huile de coude ! Laissez-vous guider.

Redonner un coup de neuf à une peinture écaillée

- Si le mur s'effrite en raison de l'humidité, il faut d'abord en chercher l'origine et la traiter avant toute autre opération. En revanche, quand la peinture s'écaille pour cause de vieillesse, il est facile d'y remédier.

Enduit de lissage en pâte

- Commencez par ôter toutes les particules qui se détachent, à l'aide d'une brosse à racine ou d'une éponge abrasive de cuisine, et terminez le nettoyage au papier de verre fin (n° 240). Si le support est endommagé et présente des irrégularités, une petite passe d'enduit s'impose : utilisez un enduit de lissage en pâte plutôt qu'en poudre, moins pratique d'emploi (il faut la mélanger avec de l'eau). Une fois l'enduit bien sec, poncez le tout avec du papier de verre (toujours du n° 240). Enfin, passez un primaire d'accrochage (sous-couche universelle) avant de repeindre.
- Toute retouche se voit, surtout si la peinture a passé avec le temps. La solution consiste donc soit à recolorer entièrement le pan de mur, soit à camoufler les défauts. Vous pouvez ainsi peindre un grand rectangle pour masquer la réparation et l'utiliser comme fond pour y accrocher, selon vos envies, un tableau, un poster ou une collection d'assiettes murales, voire une tenture ou un panneau japonais ; un collage y sera également bienvenu, que ce soient un grand panoramique en papier peint ou des stickers adhésifs, puisqu'il en existe aujourd'hui de toutes les formes et de toutes les tailles. Osez !

Recoller un papier peint décollé

- Afin de limiter les émissions de COV (voir encadré p. 141) , il est préférable d'employer une colle à papier peint en base aqueuse ou une colle naturelle de fabrication maison (voir encadré p. 317).

❁ Si le bord du lé est soulevé, chargez de colle votre pinceau et glissez-le, à plat, sous le papier. Imprégnez à la fois le mur et l'envers du papier. (Pour le choix du pinceau, préférez un petit pinceau plat et souple n° 8, en fibres synthétiques – vous en trouverez dans les boutiques de fournitures pour beaux-arts.)

❁ En présence d'une cloque, le mieux est de fendre le papier à l'aide d'une lame de rasoir. Soulevez délicatement ses bords et faites pénétrer la colle avec l'extrémité d'un pinceau rond souple (pinceau d'artiste n° 6, à soies synthétiques). Si votre découpe est nette et précise, la réparation ne se verra quasiment pas. Vous pouvez aussi injecter directement la colle à l'aide d'une seringue.

❁ Dans tous les cas, après encollage, veillez à maroufler le papier – c'est-à-dire à le lisser en appuyant – avec une brosse à papier peint ou un chiffon : ce geste est indispensable pour chasser les bulles d'air et le surplus de colle. Nettoyez immédiatement tous les débordements avec une éponge humide.

Réparer un papier peint déchiré

❁ Si ses bords ne sont pas trop abîmés, le morceau déchiré peut être réutilisé. Dans ce cas, glissez délicatement la lame d'un couteau ou d'une spatule sous le papier pour le décoller. Il résiste ? N'insistez pas ! Sortez votre fer à repasser et projetez un jet de vapeur sur le papier : au bout de quelques secondes, il devrait se détendre et vous pourrez en profiter pour glisser à nouveau la lame. Procédez toujours en douceur : n'hésitez pas à recommencer l'opération si nécessaire, le but étant de ne pas abîmer davantage le papier. Une fois celui-ci décollé, encollez-le sur l'envers, puis remettez-le en place et marouflez-le avec une brosse à papier peint ou un chiffon. Pour finir, écrasez les bords avec une roulette.

❁ Autre option : remplacer la partie manquante par un morceau de papier différent. L'essentiel est qu'il se marie avec l'ensemble et soit suffisamment grand pour cacher la déchirure. Découpez-le donc dans un reste de rouleau ou dans du papier neuf. Vous pouvez le tailler en rectangle ou en carré, voire y détourer des motifs. Cette dernière solution apporte une touche finale plus esthétique, mais l'opération demande du soin. Pour que le raccord se voie le moins possible, il faut éviter que les couches ne se chevauchent. Épinglez la pièce rapportée sur le mur, reportez ses contours au crayon, puis découpez l'ancien papier au cutter, en suivant le tracé, et décollez-le. Grattez si besoin les restes de vieille colle, donnez un petit coup de papier de verre moyen (n° 180) avant de coller en place le nouveau motif.

Reboucher des trous dans du bois

❁ Avec de la pâte à bois. Plutôt qu'une formule solvantée, préférez une pâte à base d'eau ou un produit naturel, composé de fibres végétales, de craie, de talc et d'eau. Mais vous pouvez aussi fabriquer vous-même votre pâte, en mélangeant de la sciure de bois avec de la colle vinylique

en dispersion aqueuse (elle émet moins de COV). Ajoutez peu à peu la colle à la sciure, jusqu'à obtenir une consistance suffisamment fluide pour pouvoir combler les trous et fentes étroits. Seul inconvénient : la pâte tend à sécher vite quand elle est épaisse. N'en préparez donc qu'une petite quantité à la fois.

- Avec de la craie. À l'instar des anciens, vous pouvez fabriquer un substitut de pâte à bois en mélangeant du blanc de Meudon (craie finement broyée) avec un peu d'eau, en crème épaisse. Une fois durci, l'amalgame peut être masqué par une couche de peinture ou teinté au brou de noix, pour s'harmoniser avec la couleur du bois. On prendra soin, toutefois, de ne pas lui occasionner de choc, car il peut s'effriter.
- Avec du mastic à bois. Sa consistance de pâte à modeler fait du mastic à bois un matériau de choix pour reconstituer des parties de bois manquantes : moulure endommagée, angle de table ou de cadre cassé… Dans la mesure du possible, évitez les mastics polyester, dont les composants chimiques sont classés dangereux, et préférez les produits à base de colles animales et végétales, à diluer dans l'eau. Pour faire une réparation, commencez par assouplir la pâte en la malaxant, puis modelez-la à la main, directement en place. Vous pouvez vous aider d'un couteau pour lisser et mettre en forme. Si vous devez refaire un angle, réalisez un coffrage en carton, recouvrez l'intérieur d'adhésif pour faciliter le décoffrage et scotchez-le en place, sur le support. Préparez le modelage et piquez dedans quelques clous sans tête, pour renforcer l'angle – malin !

Atténuer une marque de coup sur un meuble

- Vous avez un beau guéridon en bois massif et vous l'avez heurté par inadvertance ? La marque peut être estompée. Là encore, le fer à repasser est d'un grand secours ! Humidifiez un linge, de préférence à l'eau chaude, puis placez-le sur le creux disgracieux et appliquez alors la semelle du fer, bien chaude, sur le tissu. L'action conjuguée de l'eau et de la chaleur va faire gonfler le bois. Laissez ensuite sécher et égrenez le bois avec du papier de verre fin (n° 240), pour aplatir les fibres.

Faire disparaître des taches d'eau sur le bois

- Un bouquet de fleurs fait toujours beaucoup d'effet dans une salle à manger, surtout dressé au milieu d'une belle table rustique. Mais il arrive que le vase laisse des marques sur le bois, le fond étant mouillé, auquel cas vous pouvez agir. En sachant que plus on intervient tôt, plus la tache a des chances de partir !
- Si le bois est ciré, l'astuce consiste à frotter vigoureusement la tache avec un bouchon de liège (côté propre), en suivant le fil du bois. La chaleur produite par le frottement va faire fondre la cire et unifier la surface. Si la tache est déjà ancienne, préparez un mélange de 2/3 de vinaigre de vin et 1/3 d'huile végétale. Frottez-la énergiquement avec un chiffon imprégné de ce mélange : le vinaigre contribue à décaper le bois. Recommencez l'opération en inversant les proportions (2/3 d'huile végétable pour 1/3 de vinaigre de vin), afin de bien nourrir le bois. Vous pouvez parfaire le tout en appliquant une couche de cire pour meubles à base de carnauba. Cette cire extraite d'un palmier brésilien n'est pas grasse au toucher et ne colle pas, contrairement à la cire d'abeille, en sorte qu'elle n'encrasse pas ; en outre, elle est insensible aux traces de doigts. Lustrez au chiffon de laine.

Nos grands-mères faisaient

Recette de lasure à la bière

Cette recette très ancienne s'applique à l'intérieur comme à l'extérieur. Elle permet de teinter le bois, qu'il soit brut ou décapé et poncé, tout en le préservant et en le laissant respirer. Pour une finition satinée, vous pouvez appliquer une couche de cire. En extérieur ou pour des meubles sollicités, protégez la lasure avec un mélange d'huile de lin et de térébenthine (voir encadré p. 306). Pour une surface à couvrir de 5 m² environ, il vous faut : 50 cl de bière, 30 à 40 g de pigments naturels (selon l'intensité voulue) + huile de lin et térébenthine (si nécessaire).

- Commencez par diluer les pigments avec un peu de bière, puis ajoutez le reste petit à petit, en brassant avec un vieux fouet de cuisine pour éviter les grumeaux.
- Appliquez la lasure sur le bois propre, au pinceau, en suivant le fil du bois. Pour obtenir une teinte uniforme, veillez à remuer le mélange en cours de travail et passez une seconde couche sur la première encore humide. Laissez bien sécher.
- Après séchage complet, protégez la lasure avec une huile si nécessaire (voir proportions dans la recette à l'huile de lin et de térébenthine, p. 306) si le bois est exposé aux intempéries.

Vous pouvez aussi utiliser la solution en glacis pour patiner une peinture acrylique mate. Dans ce cas, prenez soin de l'appliquer en bandes régulières, sans faire d'allers et retours avec le pinceau.

Si le bois est verni, commencez par frotter la tache avec un tampon de laine d'acier fine (n° 0), pour unifier la surface, et dépoussiérez avec un chiffon. Puis faites une retouche avec un vernis teinté de même couleur, ou teintez la partie de bois remise à nu avec une teinte à l'alcool (pour les bois durs) ou à l'eau (pour les bois tendres) et appliquez après séchage un vernis incolore. Pour travailler avec précision, utilisez de préférence un pinceau d'artiste plat et souple, en soies synthétiques (n° 16). Appliquez enfin 2 ou 3 couches très fines de vernis : laissez bien sécher chaque couche et prenez soin de déborder légèrement sur le vernis existant à la dernière couche.

Nourrir le bois

Les produits de protection pour le bois peuvent dégager des COV (voir encadré p. 141) nocifs pour la santé. Bien qu'il permette de privilégier des produits moins polluants, le nouvel étiquetage obligatoire « émissions dans l'air intérieur » n'est pas très satisfaisant (voir p. 298).

Les cires pour meubles sont disponibles en pâte, à appliquer au chiffon, ou en formules liquides, à appliquer au pinceau (souple, en soies de porc). La cire nourrit le bois en profondeur, lui donne une belle patine et lui confère une bonne résistance à la poussière. Comme elle n'aime pas l'eau, mieux vaut ne pas installer de meubles cirés dans des pièces sensibles à l'humidité, comme la salle de bains ou la cuisine, où les projections d'eau pourraient les tacher. Réservez-les plutôt aux pièces à vivre (salon, salle à manger, chambre à coucher). Encaustiquez-les avec une fine couche de cire liquide juste une fois par an : c'est suffisant (vous risqueriez sinon d'encrasser le meuble), d'autant que ce type de produits relargue polluants et allergènes. Aérez ensuite au maximum les jours qui suivent l'application.

L'huile de lin, précieuse pour le bois

Cette huile est un produit de choix pour protéger le bois. On la trouve « crue » ou « cuite », la première étant la plus ordinaire. Mais veillez à sa qualité : elle doit être claire, pour donner au bois une belle couleur miel plutôt que marron.

Qu'elle soit crue ou cuite, l'huile de lin ne s'utilise que sur du bois brut ; si ce dernier est encaustiqué, verni ou lasuré, il faut au préalable le décaper et le poncer pour le remettre à nu. En effet, l'huile doit pouvoir pénétrer en profondeur dans les fibres du bois, qu'elle isole alors des agressions (salissures, intempéries), même en extérieur. Pour lui permettre de durcir, on doit bien laisser sécher chaque couche avant d'appliquer la suivante. Et pour accélérer le séchage, il est conseillé d'ajouter un peu d'essence de térébenthine pure gemme à l'huile crue, qui gagne ainsi en fluidité et imprègne plus vite le bois. Vous pouvez aussi utiliser de l'huile de lin cuite, plus onctueuse que l'huile de lin ordinaire et donc plus agréable à travailler. De par son traitement à l'ancienne (double cuisson), elle accélère le durcissement, sèche plus rapidement et, dès lors, peut s'employer seule. Il est préférable d'éviter les huiles siccativées : si elles accélèrent encore davantage le durcissement de l'huile, elles contiennent aussi du siccatif, une matière toxique.

Une finition huilée demande peu d'entretien. En extérieur, on recommande d'huiler le bois une fois par an, pour pallier son assèchement. Sachez cependant qu'un support huilé ne peut être ni verni, ni lasuré. Si vous changez d'avis, vous devrez entièrement décaper le bois avec un déshuileur sans solvant, qui rendra l'huile soluble à l'eau.

Pour une protection maximale en extérieur, vous pouvez utiliser une préparation maison à base d'huile de lin et de térébenthine, aux propriétés imputrescibles, que vous colorerez éventuellement avec des pigments naturels. Il vous faut pour cela 75 cl d'huile de lin, 25 cl d'essence de térébenthine et 30 à 50 g

Bon à savoir

L'essence de térébenthine

- Extraite par distillation de la résine de pin des Landes, l'essence de térébenthine est un produit naturel, qui sert principalement à entretenir le bois. Utilisée seule, elle élimine les taches incrustées. Mélangée à de l'huile de lin, elle agit efficacement comme agent protecteur, même quand le bois est exposé aux intempéries. Privilégiez l'essence de térébenthine « pure gemme », qui est 100 % résine de pin ; l'essence « à la térébenthine » contient des dérivés toxiques issus de la pétrochimie.
- Avant emploi, il est conseillé de vérifier sa fraîcheur. Pour ce faire, versez-en une goutte sur du papier à cigarette ou du papier de soie : si l'essence laisse une auréole, c'est que le produit est périmé, auquel cas son efficacité n'est plus garantie.
- Même si l'essence de térébenthine s'avère beaucoup moins agressive que de nombreux solvants du commerce, elle présente cependant des risques pour les personnes sensibles : maux de tête, irritations des yeux et de la peau. Veillez donc à respecter certaines précautions : portez des gants et un masque de protection, aérez la pièce où vous travaillez et évitez de manger ou de boire, pour ne pas inhaler de vapeurs toxiques. Par ailleurs, l'essence étant très inflammable, ne fumez pas à proximité. Enfin, comme elle est nocive par ingestion, on la placera hors de portée des enfants.

de pigments naturels (facultatif). Mélangez l'huile avec l'essence, puis ajoutez, le cas échéant, les pigments, en les incorporant très progressivement pour qu'ils se dissolvent bien et colorent uniformément l'huile de lin.

À savoir : l'huile de lin peut également être employée pour traiter le fer contre la rouille, ainsi que pour protéger la pierre et la terre cuite de l'humidité.

Masquer une fissure dans du carrelage

Pourquoi ne pas tirer parti de la fissure et l'utiliser comme fil conducteur d'un décor ? Selon sa forme, elle peut figurer par exemple une branche d'arbre. Reproduisez le dessin de la fissure avec précision sur un papier calque, puis agrafez votre patron, afin qu'il ne bouge pas, sur un morceau de papier vinyle adhésif, de la couleur qui vous plaît. Découpez alors les deux épaisseurs ensemble, en laissant quelques millimètres de chaque côté du tracé. Collez le décor en papier adhésif sur la fissure et agrémentez le pourtour avec des motifs découpés en forme de feuillage, silhouettes d'oiseaux ou papillons. Vous pouvez aussi, sur le même principe, coller un sticker prédécoupé, acheté dans le commerce.

Une autre solution est de peindre un décor sur la fissure pour la masquer. Utilisez une peinture en base aqueuse spéciale verre et faïence, qui résiste à l'humidité – vous en trouverez en petits pots de 50 ml dans les boutiques de loisirs créatifs. Choisissez de préférence des peintures dont l'étiquette comporte l'écolabel européen (gage d'une moindre toxicité) ou la marque NF environnement.

Les peintures pour céramique à froid sont, dans la mesure du possible, à éviter. À base de solvant, elles sont toxiques et peuvent provoquer des nausées quand on les respire trop longtemps. Si vous optez néanmoins pour ce type de peinture, prenez certaines précautions : travaillez avec un masque, ne fumez pas, évitez également de boire et de manger pendant que vous peignez, pour ne pas inhaler de vapeurs toxiques, et, enfin, aérez bien la pièce.

Les bons gestes

Changer un carreau de carrelage sans casser les autres

▪ Il n'est pas toujours facile de changer un carreau sans casser le carrelage qui l'entoure. Pour réaliser un travail de professionnel, commencez par monter un foret à béton sur votre perceuse. Percez ensuite le carrelage à éliminer de plusieurs trous, puis frappez au marteau le long des trous avec un ciseau à béton bien affûté, afin de casser le carreau. Si votre foret a tendance à glisser, pensez à coller des morceaux de sparadrap ou d'adhésif toilé sur le carrelage. Faites enfin sauter le joint autour du carreau, en tapant avec le ciseau par petits à-coups.

Reboucher un trou dans du carrelage

Quand un carreau en faïence a subi un choc, on peut masquer le trou de deux manières.

La plus simple est de coller un motif adhésif dessus pour le cacher. Outre qu'il résiste aux vapeurs humides, l'adhésif peut être nettoyé d'un coup d'éponge, à condition de ne pas utiliser de produit ménager agressif ni d'alcool à brûler, qui le terniraient ou endommageraient le film plastique. Utilisez plutôt de l'eau savonneuse.

Vous pouvez aussi préparer une pâte de rebouchage en mélangeant un demi-verre à moutarde de blanc de Meudon, de la colle forte jusqu'à obtenir un amalgame pâteux et un peu de peinture acrylique standard (en phase aqueuse), colorée au blanc de titane, jusqu'à obtenir une teinte unifiée. Ce pigment a avantageusement remplacé la céruse, un toxique notoire. Si le carrelage est en couleur ou à motifs, préparez un amalgame blanc et colorez-le en surface ou recomposez le dessin, de préférence avec une peinture en phase aqueuse spéciale verre et faïence, qui résiste à l'humidité (en boutique de loisirs créatifs). ▪

Rangement

Gagner de la place

Si vous avez l'impression d'être envahi, dans votre propre maison, par toutes sortes d'objets et de ne plus rien retrouver, c'est qu'il est grand temps de mettre de l'ordre ! Dégagez le sol, tirez parti des recoins, optez pour des meubles malins... En organisant votre rangement judicieusement, vous pouvez gagner de l'espace, alors n'hésitez pas : faites de la place !

Dégager de l'espace au sol

- Pour ne pas encombrer l'espace au sol, un seul réflexe : suspendre tout ce qui peut l'être !
- Ainsi, dans l'entrée, pensez à installer des patères murales, ce qui constitue une bonne façon d'occuper l'espace perdu derrière les portes. Moins encombrantes qu'un portemanteau sur pied, les patères sont très pratiques pour accrocher les vêtements de tous les jours, mais aussi les sacs et parapluies. On en trouve partout, dans des formes et matières variées, à des prix très abordables. Disposées à différentes hauteurs, elles seront à la portée de tous, y compris des enfants.

- La cuisine est également un lieu idéal pour exploiter les murs. Les bouteilles peuvent très bien se glisser dans un support mural et les verres dans un rack métallique vissé sous une étagère. Quant aux casseroles et ustensiles divers, ils s'accrochent volontiers à une crédence, d'autant qu'en fabriquer une n'est guère compliqué (voir encadré ci-dessus).
- N'hésitez pas, également, à investir dans des chaises pliables : il suffit de les accrocher au mur ou de les cacher derrière la porte quand elles ne servent plus. Vous trouverez des crochets spécialement conçus à cet usage, qui permettent d'en ranger une à plusieurs à la fois – pour que les chaises restent bien plaquées au mur, veillez à suspendre l'arrière du dossier face à vous.

> *C'est malin !*
>
> **Fabriquer une crédence**
>
> - Si vous ne parvenez pas à trouver une crédence adaptée à l'emplacement choisi, fabriquez-la sur mesure ! C'est un jeu d'enfant, ou presque… Vissez des supports de barres à rideaux de petit diamètre sur une planche, mettez les barres et leurs embouts en place et ajoutez quelques crochets. Sans oublier, bien sûr, de calculer les mesures en fonction de l'espace imparti.

Un rangement en hauteur

- La verticalité a du bon : en faisant grimper des étagères ou des tablettes jusqu'au plafond, on gagne facilement plusieurs mètres carrés de rangement. Placez de préférence les objets qui servent souvent sur les rayonnages du bas. Réservez ceux du haut aux appareils utilisés occasionnellement, aux vêtements triés au fil des saisons, ou transformez l'ensemble en bibliothèque. Si vous aménagez tout un pan de mur de la sorte, n'oubliez pas d'installer une échelle de bibliothèque ou bien placez un escabeau à proximité.

Les placards en hauteur représentent un vrai gain de place, mais attention aux chutes !

Les bons gestes

Discipliner les câbles électriques

▪ Rien de plus fouillis que des câbles qui traînent au sol ou derrière les appareils électriques… Attachez-les ensemble avec des petites bandes de ruban autoagrippant, en collant dos à dos le côté duveteux et le côté accrocheur. Et, pour repérer rapidement l'appareil et le fil correspondants, collez sur chacun d'eux une pastille adhésive de même couleur. Voilà une belle chaîne câblée !

❁ L'espace au-dessus des portes peut également accueillir une petite étagère. Il existe à cet égard des tablettes à fixations invisibles, pour un prix minime. Discrètes et plus esthétiques qu'un rayonnage monté sur équerres, elles ont l'avantage de pouvoir être positionnées très près du chambranle : on peut ainsi profiter de toute la hauteur sous plafond, voire en placer deux l'une au-dessus de l'autre. L'installation de ce type d'étagères n'est pas compliquée, mais il faut faire attention au poids de charge (20 kg au maximum).

Vive les meubles mobiles ou transformables !

❁ Table à manger à rallonges, guéridon à roulettes, planches et tabourets rabattables… tous ces meubles savent se faire oublier dans un coin ou se faire tout petits quand on a besoin de place. Privilégiez-les donc dans votre choix de mobilier. Sinon, vous pouvez aussi ajouter des rallonges à votre table à manger. Il suffit d'un peu d'huile de coude : coupez ou faites couper un plateau à vos mesures, vissez dessous des pieds réglables et le tour est joué ! Pourquoi ne pas pousser jusqu'aux roulettes et gagner en mobilité ? Qu'à cela ne tienne ! Retournez votre table et vissez une roulette pivotante sous chaque pied, dont au moins une roulette à frein pour la bloquer.

❁ Autre idée futée pour dégager l'espace : installer une tablette rabattable le long d'un mur. Vous pouvez opter pour un kit prêt à monter ou choisir de visser une équerre pour table rabattable sous une planche – ce qui revient, approximativement, 2 fois moins cher. Dans tous les cas, vérifiez bien l'horizontalité du plateau avec un niveau à bulle (voir p. 277) avant de le fixer au mur avec des attaches solides.

❁ Les strapontins ne sont pas moins pratiques et astucieux, qui se transforment d'un seul geste en sièges d'appoint et se rabattent tout aussi vite pour libérer le passage. Qu'ils soient en plastique, Inox, Plexiglas ou fonte d'aluminium, la plupart des sièges ne craignent pas l'humidité et peuvent même prendre place à l'intérieur d'une douche. Toutefois, avant d'installer un strapontin, il faut choisir avec soin l'endroit où l'accrocher, rien ne devant gêner la position assise. Quant au support (parpaings, carrelage, panneaux de bois), il doit être suffisamment solide pour supporter la charge assise. Ainsi, les plaques de plâtre ne sont pas adaptées à ce type d'installation ; dans le doute, vous pouvez toujours soulager le mur en optant pour un modèle à pieds rabattables.

C'est malin !

Roulez serviettes…

▪ Pour gagner de la place dans vos placards, pensez à rouler vos serviettes de toilette avant de les ranger par couleurs : vous en stockerez beaucoup plus qu'en les pliant. Et, le moment venu, vous repérerez aussi beaucoup plus vite celle dont vous avez besoin. Une affaire qui roule !

Une ancienne cheminée reconvertie en casier à bouteilles

Optimiser ses espaces de rangement

Placard mal ordonné, tiroirs en désordre, coffre à l'abandon dans un coin… et si vous les transformiez pour les rendre vraiment utiles ? À vous les espaces de rangement inattendus et inventifs ! En deux temps trois mouvements, vous aurez résolu vos problèmes d'agencement.

Dans un placard. Pour convertir un petit placard en penderie, pourquoi ne pas installer une barre télescopique ? Elle vous sera très précieuse pour ranger les manteaux et vêtements encombrants hors saison. Il suffit de la déplier pour prendre les affaires dont vous avez besoin et de la replier pour remettre le tout en place, d'un seul geste. Il fallait y penser !

Dans un tiroir. L'encombrement étant ici réduit, l'astuce consiste à cloisonner l'espace disponible avec des bandes de carton ou de plastique imbriquées, des boîtes de récupération ou des vide-poches en tissu pliables. Vous trouverez ainsi immédiatement le bon élément (pièces de lingerie, chaussettes, cosmétiques, bijoux).

Dans un coffre-armoire. Une cantine métallique ou un vieux coffre peuvent aisément se métamorphoser en armoire de rangement. Placez-les à la verticale contre un mur et installez à l'intérieur des caisses empilables ou des boîtes en carton.

Dans un pouf-coffre. Pour concilier détente et rangement, quoi de plus pratique qu'un vieux coffre transformé en siège d'appoint ? Selon sa capacité, vous pouvez y mettre du linge de lit (couvertures, couettes et oreillers

Les bons gestes

Rangements visibles : comment les fondre dans le décor

- Si vous prévoyez des rangements apparents, de type boîtes, pochettes ou autres contenants, faites en sorte qu'ils soient discrets et se marient harmonieusement avec votre intérieur. Coordonner leurs couleurs à celles des murs contribuera à les rendre moins visibles, par un simple effet de fusion.

C'est malin !

Un range-chaussures derrière la porte

▪ Les porte-chaussures muraux sont idéaux pour occuper les portes battantes des placards. Ils permettent d'ordonner les paires de chaussures au fil des saisons et, ainsi, de repérer très vite celles que l'on cherche. On les trouve en différents formats et matières, mais il n'est pas difficile d'en bricoler un soi-même.

▪ Coupez deux bandes de toile épaisse de 17 x 182 cm (coutures comprises, soit 1 cm sur chaque côté). Faites un ourlet sur chaque longueur, puis superposez les deux bandes l'une sur l'autre, endroit contre endroit. Épinglez les deux extrémités de la bande prise en double. Fermez-les par une couture point droit et retournez la bande sur l'endroit. Épinglez les deux épaisseurs ensemble pour qu'elles restent parfaitement superposées, puis pratiquez une couture tous les 30 cm sur toute la longueur de la bande, de façon à former 6 poches. Posez enfin un œillet au milieu de l'une des extrémités pour pouvoir suspendre le range-chaussures. En écartant le tissu, vous pourrez glisser 6 paires de chaussures, l'une au-dessus de l'autre.

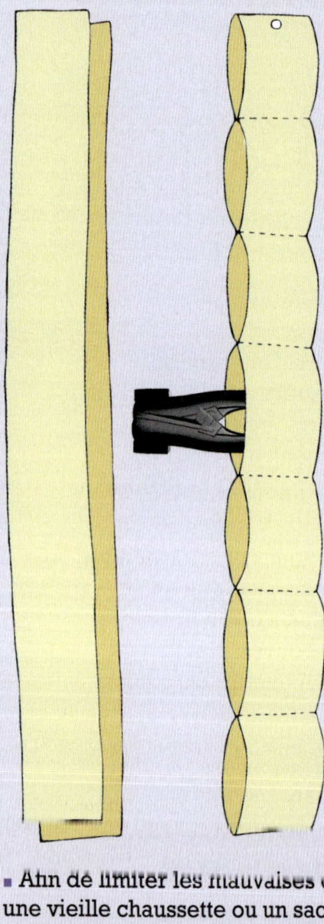

▪ Afin de limiter les mauvaises odeurs, remplissez une vieille chaussette ou un sachet de mousseline avec des aromates séchés (feuilles de menthe, lavande, clous de girofle…) ou un morceau de charbon de bois avec du thym séché émietté. Vous pouvez aussi poudrer l'intérieur des chaussures avec du bicarbonate de soude.

de rechange…), des bouteilles pour l'apéritif ou encore les jouets des enfants. Et si, en plus, vous ajoutez une jolie indienne en guise de coussin, l'assise sera bien douillette. Vous combinerez ainsi confort et esthétique.

❁ Dans une cheminée. Une cheminée qui n'est plus en service peut, elle aussi, être réaménagée à des fins de rangement. Pour éviter toute installation lourde et permettre une éventuelle remise en service, un système d'étagères amovibles et interchangeables est idéal. On peut, par exemple, placer un grand plateau posé sur socle au centre du foyer et y exposer, selon ses préférences, quelques bibelots ou objets de collection. Les chenets peuvent également faire des supports de tablette. De même, des vieux livres empilés à plat ou des blocs-tiroirs de petite taille serviront de montants entre plusieurs rayonnages. Faites feu de tout bois !

❁ Au mur. Soulagez les placards qui débordent en plaçant les objets volumineux (couvertures, couettes, oreillers) dans des grands sacs marins que vous suspendrez à des crochets fixés au mur. À moins que vous ne préfériez des sacs en toile de style « batik africain », « carreaux madras », des imprimés fleuris, des rayures, des pois ou… de l'uni. Libre à vous de décliner l'idée à votre goût.

Tirer parti des recoins

❁ Dessous de meubles et d'escaliers, mansarde, angles morts… tous méritent d'être exploités pour accroître le volume de rangement.

❁ Sous un meuble. Rien de tel que les dessous de meubles pour caser des cartons ou des boîtes de rangement. Et, si vous équipez ces derniers de poignées, ils seront encore plus faciles à sortir et ranger : il vous suffit de percer deux trous sur leurs côtés et d'y glisser une ficelle. Les planches à roulettes de déménageur sont, elles aussi, très pratiques. Grâce à

Il existe mille et une manières d'imaginer des rangements sous un escalier

leurs poignées en sangle, elles se manipulent aisément une fois chargées. Vous trouverez ces planches en magasin de bricolage, souvent au rayon roulettes. Quel que soit le système choisi, veillez à fermer hermétiquement les contenants et, avant de les remplir, assurez-vous qu'ils passent sans difficulté sous les meubles.

Dans un angle. Que ce soit dans la cuisine, la salle de bains ou le séjour, n'hésitez pas à installer des étagères d'angle pour gagner quelques rangements. Les tablettes à fixations invisibles sont faciles à poser, mais vous pouvez aussi visser deux tasseaux ou équerres de part et d'autre de l'angle choisi avant d'y fixer une planchette triangulaire.

Sous des escaliers. On ne pense pas toujours à aménager les dessous d'escaliers. Pourtant, de nombreuses solutions permettent d'utiliser au mieux l'espace vide. On peut par exemple le transformer en dressing, avec une petite commode et un portemanteau, ou glisser un banc-coffre à chaussures contre le mur, au-dessus duquel on fixera des planches équipées de patères. Si votre escalier donne sur une salle à manger, pourquoi ne pas installer dessous un petit bureau ou un coin lecture, avec bibliothèque et fauteuil ?

Sous une mansarde. Les soupentes mansardées offrent un bel espace de rangement. Pour les équiper, la solution la plus simple consiste à fixer une barre à rideau contre la descente de toit, puis d'y suspendre un pan de tissu que vous ferez descendre jusqu'au sol – sans être totalement hermétique, il cachera les objets entreposés et les protégera de la poussière. ■

C'est malin !

Un paravent pour parer au désordre

Vous ne savez pas où ranger vos valises, housses et cartons de vêtements ? Il existe une solution imparable : les masquer avec un paravent, dans un coin de pièce. Posé en accordéon, il fera à la fois office de cloison occultante et d'élément décoratif. Il en existe de nombreux modèles, de tous styles : cadres tendus de tissu ou de papier japonais, persiennes, panneaux ajourés, bambou… Mais vous pouvez aussi en fabriquer un de votre composition. Il suffit d'articuler des panneaux en bois avec des charnières, puis de les peindre à votre goût ou d'y apposer un collage papier, voire des photos. À moins que vous ne préfériez chiner un ancien modèle dans un vide-greniers.

Trier, classer, protéger, stocker

Classer ses affaires, trier la paperasse, voilà qui confine souvent au casse-tête, le dilemme principal étant : faut-il garder ou non ? Car on ne sait pas toujours ce qui est jetable ou recyclable. Et le risque est grand de se laisser envahir par les papiers... Voici quelques astuces et conseils pour vous organiser au mieux et mettre le holà au désordre !

Vide-poches mural

- Cet ingénieux accessoire de rangement a sa place dans toute la maison : dans la salle de bains, pour la lingerie, les chaussettes, les gants ; dans la chambre, pour les peluches des enfants ; dans la cuisine, pour les oignons et autres condiments… Le vide-poches mural accueille tous les petits articles, évitant ainsi qu'ils ne traînent à droite et à gauche. Selon la place dont vous disposez, vous pouvez l'accrocher au mur ou derrière un battant de porte.

- Facile à fabriquer, il peut être réalisé en différentes tailles et matières.

✓ Coupez un grand rectangle pour le fond et des plus petits pour les poches.

✓ N'hésitez pas à franger les bords, ce qui vous épargnera des ourlets si le tissu s'effiloche.

✓ Épinglez les poches sur le rectangle et cousez-les sur trois côtés, en laissant le dessus ouvert.

✓ Pour accrocher le panneau, deux solutions sont possibles : soit vous posez un œillet dans les angles supérieurs, soit vous rabattez le tissu contre l'envers, faites une couture, puis glissez une baguette dans la coulisse avant d'attacher une ficelle à chaque extrémité pour suspendre votre création.

- Dans le même esprit, vous pouvez fabriquer un vide-poches en toile cirée transparente où ranger en évidence le courrier en attente et les factures à payer. Parfait pour ne rien oublier, surtout si votre mémoire vous joue des tours ! Pour coudre les poches à la machine sans difficulté, placez le plastique en sandwich entre des feuilles de papier de soie et réglez le point droit sur sa plus grande longueur.

Pochettes de rangement

- Les pochettes transparentes sont également idéales pour ranger les papiers et repérer leur contenu en un clin d'œil. Vous améliorerez encore le classement en attribuant une couleur à chaque catégorie de documents : santé, assurance, retraite, banque, voyages, etc. Pour un accès aisé, disposez vos pochettes à plat sur un rayonnage ou, mieux, debout comme des livres. L'ajout d'étiquettes vous permettra d'identifier plus facilement le contenu. Pour ce faire, poinçonnez le bord des pochettes et glissez dans le trou une ficelle portant une étiquette. Vous pouvez aussi les regrouper dans des boîtes à archives étiquetées.

Papiers : que jeter, que recycler ?

- Inutile de garder tous les papiers qui arrivent chaque jour dans votre boîte à lettres. Pour protéger vos données personnelles, veillez à détruire tous ceux qui contiennent votre adresse ou des informations sensibles (numéros de comptes bancaires, mots de passe…) : il faut toujours les déchirer avant de les mettre à la poubelle. Vous ne mettrez donc au recyclage que les papiers qui ne comprennent pas d'informations vous concernant, soit les catalogues, magazines, journaux…

Trier c'est bien, réutiliser c'est mieux

- Il peut être valorisant de savoir jeter ce qui est inutile et donner les affaires que l'on possède en plusieurs exemplaires, ou dont on ne se sert jamais. Un « tri sélectif » qui permet de faire un vide salutaire, en somme, tout en œuvrant pour autrui. Mais avoir quelques réflexes «récup» peut aussi être satisfaisant : au cours de votre tri, n'hésitez pas à mettre de côté ce que vous pouvez réemployer rapidement et utilement.

- Ne jetez pas systématiquement vos boîtes de conserve : une fois lavées et débarrassées de leurs étiquettes, elles peuvent être bombées de peinture, recouvertes d'images ou de stickers, avant d'être recyclées en pots à crayons, accessoires de cuisine, de bricolage, de maquillage ou, encore, en boîte à bijoux. Les idées ne manquent pas ! Vous pouvez éventuellement y ajouter une petite étiquette, pour identifier leur contenu.

- De même, les rouleaux de carton ne sont jamais au bout du rouleau ! Papier toilette, papier absorbant ou gros tubes de magasin de tissu, tous se transforment volontiers en supports à pinceaux, crayons, aiguilles à tricoter… Vous pouvez les utiliser tels quels ou les découper en sections de 10, 15 ou 20 cm, pour les plus épais. Un peu de papier kraft ou fantaisie et ils seront métamorphosés ! Veillez seulement à fermer le dessous avec une pastille de carton. Pour un bel effet, n'hésitez pas à panacher les tailles et à rassembler plusieurs tubes en un «bouquet» que vous maintiendrez à l'aide d'un élastique recouvert d'un joli ruban ou d'une ficelle de couleur.

- Pensez aussi à garder quelques boîtes en carton solides, de différentes tailles, pour vos rangements et vos envois postaux. En attendant de les utiliser, ouvrez les fonds et stockez-les à plat pour qu'elles prennent moins de place. ■

Bon à savoir

Combien de temps conserver les papiers et documents ?

Assurances

- Quittances, avis d'échéance, preuves de règlement, courriers de résiliation, accusés de réception : 2 ans. Contrats habitation et automobile : durée du contrat + 2 ans.
- Dossier «dommages corporels» : 10 ans.

Banque

- Contrats de prêt : 2 ans à compter de la dernière échéance.
- Relevés de comptes, bordereaux de versements, virements, prélèvements, talons de chèques : 5 ans.

Famille

- Livret de famille, contrat de mariage, jugement de divorce, d'adoption, actes d'état civil, de reconnaissance d'un enfant, testament, succession : à vie.

Logement

- Factures d'électricité, de gaz et d'eau : 5 ans (délai pour contester une facture).
- Contrat de location, état des lieux, quittances de loyer : durée de la location + 3 ans.
- Factures pour travaux : 2 ans ou 10 ans selon la nature des travaux (2 ans pour des fenêtres par exemple, 10 ans pour du gros œuvre).

Impôts et taxes

- Impôts sur le revenu : 3 ans.
- Taxe foncière, taxe d'habitation : 1 an (3 ans en cas de dégrèvement, exonération ou abattement).

Travail

- Bulletins de salaire, contrat de travail, certificats de travail, attestations de Pôle Emploi : jusqu'à liquidation de la retraite.
- Bulletins de paiement de la pension de retraite : à vie.

Aménagements

Réaliser des aménagements malins

Pousser les murs sans entreprendre de gros travaux, c'est possible ! Le tout est de faire illusion… c'est-à-dire de créer des effets d'optique qui vont agrandir ou, au contraire, rapetisser visuellement la pièce concernée. Pour cela, il faut jouer avec la lumière, disposer judicieusement ses meubles ou agrémenter les murs de quelques détails, choisis avec art. Alors, à vous de jouer ! Grâce à quelques astuces, improvisez-vous décorateur et donnez du caractère à votre intérieur.

Bon à savoir

Coloris : quelques principes

- Les tons clairs (blanc, écru, jaune…) donnent une sensation d'espace et illuminent les pièces peu éclairées. Les teintes foncées, à l'inverse, les font paraître plus petites et plus basses.
- Si vous associez deux couleurs complémentaires (rouge et vert, orange et bleu, jaune et violet), choisissez une couleur dominante et traitez la seconde par petites touches.
- Pour une palette harmonieuse, il est préférable de s'en tenir à trois couleurs par pièce : une couleur dominante qui couvrira 85 % de l'espace, une deuxième teinte sur à peu près 10 % de la surface totale et un troisième coloris sur les 5 % restants. Si vous craignez de vous emmêler les pinceaux, utilisez du blanc, qui reste une valeur sûre.
- Si, malgré tout, vous aimez les couleurs à profusion, respectez le principe suivant : partez des teintes d'un tapis, d'un tissu ou du papier peint de votre pièce et reprenez-les dans vos objets de décoration (lampes, coussins, jeté de canapé, nappe, housses de chaises…). Vous éviterez ainsi l'effet « patchwork », souvent disgracieux.

Pièce trop étroite

- Quand une pièce est tout en longueur, comme c'est le cas pour les couloirs, plusieurs solutions simples permettent d'agrandir visuellement l'espace.
- Soignez en premier lieu l'éclairage, pour donner l'illusion que les murs reculent. Vous pouvez, par exemple, installer un plafonnier à spots orientables, poser des appliques murales ou placer des lampes au sol, au ras des murs. N'hésitez pas à chiner parmi les luminaires de jardin, dont on trouve des modèles en forme de galets, de cubes, de boules… – peu encombrants, ils apporteront de surcroît une touche d'originalité.
- Vous pouvez aussi accrocher des miroirs en vis-à-vis sur les murs les plus longs – ils réfléchiront la lumière et procureront d'emblée une impression de volume.
- Autre astuce qui a son effet : si vous mettez un tapis à rayures, pensez à orienter celles-ci perpendiculairement à la largeur de la pièce, qui semblera tout de suite moins étroite !

Pièce trop basse

- La stratégie idéale est d'accentuer visuellement la hauteur de la pièce et d'illuminer le plafond au maximum.
- Première solution : placez des meubles hauts et étroits le long des murs.
- Préférez un plafonnier plat à une suspension, qui risque de produire un effet d'écrasement. Pour une luminosité optimale, le mieux est de choisir un modèle translucide, blanc ou de couleur claire, équipé d'une ampoule à la puissance maximale autorisée. Vous pouvez également répartir quelques lampes ou lampadaires aux quatre coins de la pièce ou installer des spots en applique avec diffuseurs ouverts sur le dessus (l'éclairage sera ainsi orienté vers le haut).

Pour éclaircir une pièce, vous pouvez suspendre un grand miroir qui reflétera la lumière

- Si votre pièce comporte une ou plusieurs fenêtres, faites en sorte que les rideaux descendent jusqu'à terre, ce qui créera un effet d'optique et donnera l'impression d'éloigner le plafond du sol.
- L'astuce vaut de même pour les murs, que vous décorerez de quelques motifs isolés, hauts et étroits, au pochoir ou à l'aide de stickers. On peut aussi découper des formes simples, comme des feuillages, dans des restes de papier peint et les fixer sur le mur avec des petits morceaux d'adhésif double face; n'appuyez pas trop, vous pourrez ainsi changer de décor au gré de vos envies.

Pièce sombre

- Si vous avez une pièce sombre qui possède une fenêtre, il est préférable de ne pas l'encombrer avec des tentures lourdes et épaisses. Misez plutôt sur des voilages ou des brise-bise fins et légers, afin de laisser pénétrer un maximum de lumière naturelle.
- Vous pouvez aussi accrocher un grand miroir sur le mur qui fait face à la fenêtre. Son reflet sera des plus précieux pour gagner en luminosité!
- Dans le cas d'une pièce borgne, privilégiez les systèmes de type plafonnier à spots orientables, qui permettront de répartir l'éclairage aux quatre coins de la pièce. Vous pouvez ajouter un lampadaire ou quelques lampes à poser.

Mur terne

- Un rien suffit à égayer un mur terne. Pour créer une ambiance orientale, par exemple, vous pouvez accrocher un ou plusieurs panneaux japonais fantaisie le long du mur et former un grand panoramique.

Nos grands-mères faisaient

Colle de farine pour papiers peints et autres papiers

Cette recette de colle très ancienne est extrêmement simple à préparer et se conserve 1 semaine au réfrigérateur. Pour 1/2 litre de colle, il vous faut: 50 g de farine blanche, 1/2 litre d'eau.

- Mélangez la farine et l'eau dans une casserole.
- Faites chauffer à feu doux en remuant avec un fouet.
- Dès que le mélange a épaissi, la colle est prête. Appliquez-la avec une brosse plate.

Nos grands-mères faisaient

Peinture à la pomme de terre (pour les murs)

- À base de composants d'origine végétale et minérale, la peinture à la pomme de terre constitue une alternative intéressante aux peintures du commerce. Elle a pour elle d'être exempte de solvants organiques de synthèse (contrairement aux peintures synthétiques), moins onéreuse que les peintures dites naturelles, tout en offrant une résistance équivalente.
- On l'applique en badigeon sur les murs, directement sur le plâtre, le Placoplâtre et les supports absorbants (brique, pierre, bois, béton cellulaire, toile de verre, peintures anciennes lessivées et poncées). D'aspect foncé à l'application, elle s'éclaircit en séchant, devient mate et veloutée après 2 ou 3 couches et prend une jolie patine au fil du temps.
- Pour la teinter, vous pouvez utiliser des pigments naturels à base d'ocres, de terres et de roches. Son odeur très caractéristique disparaît quelques heures après l'application.
- Sachez également que c'est une peinture «réversible», ce qui est à la fois un avantage – on peut facilement la poncer pour changer de décor – et un inconvénient – elle craint les projections d'eau. Réservez-la donc en priorité aux pièces à vivre plutôt qu'à une salle de bains ou une cuisine et protégez-la. Vous pouvez appliquer de la cire liquide incolore, un vernis ou un glacis acryliques à l'aide d'un gros pinceau ou – encore plus facile – avec une éponge légèrement humide. Après le traitement, veillez à bien aérer votre pièce, pendant plusieurs jours (voir p. 140).
- Pour 2,5 litres de peinture (soit 25 m² environ), il vous faut 500 g de pommes de terre cuites à l'eau (pelées), 1,25 litre de lait frais demi-écrémé (non chauffé), 625 g de blanc de Meudon (craie en poudre), 50 g de pigments (au choix), huile essentielle (girofle, arbre à thé ou cannelle).

✓ Mixez les pommes de terre égouttées avec le lait, jusqu'à consistance de purée.

✓ Mélangez le blanc de Meudon et les pigments, puis incorporez-les à la purée en écrasant la mixture avec le dos d'une cuillère pour éviter les grumeaux.

✓ Ajoutez quelques gouttes d'huile essentielle (girofle, arbre à thé ou cannelle) pour que la peinture se conserve mieux.

✓ Le mélange obtenu doit avoir la consistance d'une crème fluide. S'il est trop liquide, ajoutez un peu de blanc de Meudon ; s'il est trop épais, fluidifiez-le avec un peu de lait.

✓ La peinture est prête à l'emploi, mais peut se conserver 1 semaine au réfrigérateur dans des bocaux hermétiquement fermés.

✓ Appliquez-la avec un pinceau de peintre à brosse plate et large, à soies fermes (type queue-de-morue), en 2 à 3 fines couches. Pensez à remuer régulièrement le badigeon avec un bâton, pour que le mélange reste homogène.

- Dans un esprit plus personnel, vous pouvez aussi agrandir vos photos préférées et réaliser un collage de votre composition sur un pan de mur. Pour ce faire, utilisez une imprimante laser ou un photocopieur. Les tirages obtenus craindront moins les projections d'eau, contrairement à ceux des imprimantes à jet d'encre qui, eux, déteignent. Si vous utilisez des photocopies noir et blanc, limitez la surface à une bande verticale ou un grand rectangle, pour ne pas assombrir la pièce. Collez vos photos avec quelques morceaux d'adhésif double face, ce qui vous permettra de faire évoluer votre composition au gré de votre inspiration !
- Une autre astuce consiste à appliquer de la peinture magnétique ou de la peinture ardoise sur une partie de mur pour la transformer en panneau pense-bête. Idéal dans une entrée, par exemple. Vous pourrez ainsi accrocher des petits mots, des photos, les cartes postales reçues et noter, à la craie, les messages et les courses à faire. Bon point pour la communication !

Deux espaces en un

Cloisonner l'espace est un jeu d'enfant, ou presque… Inutile de dresser des murs ! Là encore, des solutions très astucieuses s'offrent à vous.

Vous recevez beaucoup et n'avez pas de chambre d'amis ? Pour réaliser un coin couchage dans votre salon, la solution la plus simple consiste à fixer une tringle au milieu du plafond et ajouter un rideau coulissant. La même astuce vaut, d'ailleurs, pour installer son bureau dans sa chambre.

Dans le même esprit, il est possible de suspendre des panneaux japonais à des tasseaux vissés au plafond – utilisez des vis à bois si ce dernier est en mouchette, des chevilles et des vis adaptées s'il est en plâtre (prenez garde aux gaines électriques quand vous percez !). Seul inconvénient de ces panneaux suspendus : comme ils sont fixes, il faut les contourner pour passer d'un endroit à l'autre… ce qui amusera beaucoup les enfants, mais peut-être moins les adultes. À cet égard, les paravents constituent une bonne alternative. Faciles à déplacer, ils peuvent être repliés et rangés dans un coin quand on n'en a plus besoin.

Idée récup

Étagère faite maison

Fabriquer soi-même son étagère, plutôt que d'en acheter une toute faite, peut être très plaisant et vous procurera la satisfaction d'avoir un meuble unique et parfaitement adapté à vos besoins. Alors n'hésitez plus !

- Pour les rayonnages, utilisez de simples planches rabotées. Vous pouvez vous en procurer dans le commerce ou bien polir vous-même des planches si vous possédez un rabot.
- Pour les montants verticaux à intercaler entre les rayonnages, des briques alvéolées peintes, des grands pots de fleurs retournés, des livres posés l'un sur l'autre sont autant de possibilités pour un rendu original et peu coûteux. Vous pouvez aussi soutenir chaque rayonnage avec des bouteilles en verre, à condition de percer des trous dans les angles des planches pour pouvoir y glisser les goulots.

On peut aussi opter pour un marquage au sol en posant deux revêtements dans la même pièce : par exemple, parquet et carrelage, lino de deux tons ou dessins coordonnés. En meublant chaque espace différemment, on crée l'illusion de deux pièces bien distinctes (coin couchage et coin salon, pour reprendre le même exemple).

Côté chambre à coucher, pourquoi ne pas combiner un coin dressing et un coin couchage si la pièce le permet ? Il suffit de placer le lit au centre de la pièce et d'accoler le dos d'une petite armoire à la tête du lit. On complétera le coin dressing avec un banc-coffre, pour les chaussures, et des miroirs en pied, simplement adossés au mur qui fait face à l'armoire.

C'est malin !

Avec un vieil escabeau

- Détournez un ou plusieurs escabeaux anciens pour ranger des livres ou des petits objets sur les marches. Placés contre un mur ou en cloison de séparation, ils créeront des espaces distincts dans une même pièce.

Terrasse à l'abri des regards

Pour profiter de sa terrasse en toute intimité, il est facile de fabriquer un écran occultant, qui fera aussi office de brise-vent.

✓ Pour un modèle de taille moyenne, pliez en quatre, dans le sens de la longueur, 2 bandes de toile de bâche de 120 × 200 cm épinglées l'une sur l'autre.

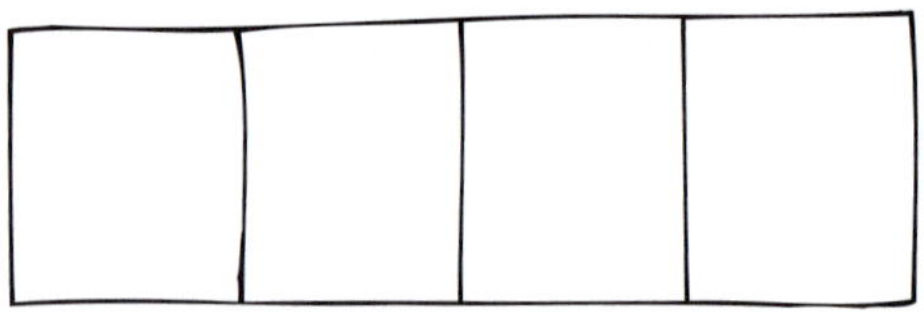

✓ Faites une couture le long de chaque pli, à 2,5 cm de part et d'autre de la pliure, puis fermez les extrémités du panneau, à chaque bout, par deux coutures parallèles espacées de 5 cm.

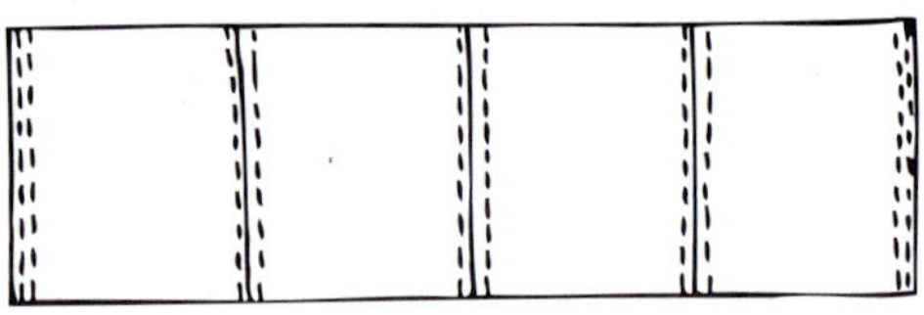

✓ Pour installer le brise-vent, glissez un tourillon de 18 mm de diamètre dans chaque coulisse.

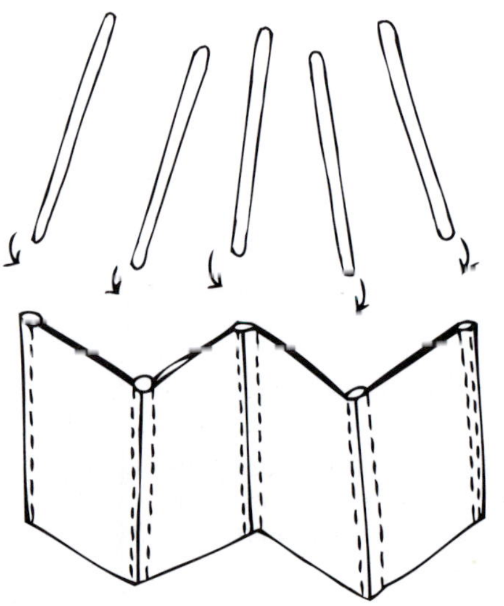

✓ Piquez les bâtons dans des pots remplis de sable.

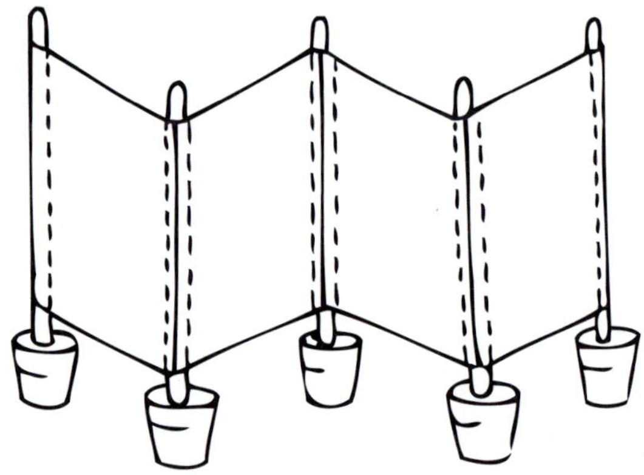

Autre solution : vous pouvez masquer la barrière du balcon avec un mur végétal en polypropylène, un matériau bon marché. Les murs végétaux sont de grands panneaux à poches que l'on peut suspendre à la verticale le long d'un mur ou accrocher à une barrière. On les remplit de terreau pour ensuite y planter, selon ses goûts, des fleurs, des herbes aromatiques ou des fraisiers remontants, par exemple. Seule contrainte, l'arrosage (1,5 litre environ par poche), à pratiquer régulièrement, mais le jeu en vaut largement la chandelle !

Mur végétal en polypropylène à 12 poches

Recycler et détourner les objets

Que faire de vos vieux objets ? Ne les abandonnez pas systématiquement… Pour peu que vous les agrémentiez joliment, avec des chutes de papier, de tissu, de ruban ou encore des débris de carrelage, ils retrouveront une seconde jeunesse comme objets décoratifs ou petits meubles d'appoint. À vos pinceaux, à vos ciseaux, à vos marteaux ! Rien ne se perd, tout se transforme !

Avec une bouteille en verre

Saviez-vous qu'on peut couper les bouteilles en verre, sans outil spécial ? Grâce à une petite astuce, la cassure sera nette et vous pourrez alors créer des vases ou des porte-crayons avec les culs de bouteilles, des abat-jour et des photophores avec les goulots. Pour tenter l'expérience, il vous faut : une bouteille en verre vide, une pelote de laine, un demi-verre d'alcool à brûler, une bassine remplie d'eau froide, une paire de ciseaux, un briquet, des gants de protection et, enfin, de la toile émeri.

✓ Coupez un bout de laine (d'environ 2 fois le diamètre de la bouteille), plongez-le dans l'alcool à brûler, récupérez-le avec la pointe des ciseaux et nouez-le très serré autour de la bouteille, à l'endroit même où vous souhaitez la séparer en deux.

✓ Lavez-vous les mains et enfilez vos gants. En tenant la bouteille par le goulot, enflammez le bout de laine. Laissez-le brûler jusqu'à ce qu'il se détache, puis plongez immédiatement la bouteille dans l'eau froide. Le choc thermique va provoquer une cassure très précise.

✓ Poncez-la avec de la toile émeri jusqu'à ce qu'elle ne soit plus coupante.

Avec du papier imprimé

Les perles de papier ne coûtent quasiment rien et peuvent servir à fabriquer des accessoires de décoration très originaux. Pourquoi s'en priver ? Vous pourrez, selon vos envies, en faire des embrasses de rideau, habiller une carcasse d'abat-jour ou les faire courir comme un feston le long d'une étagère – de vraies perles, en somme.

✓ Avant de jeter les chutes de papier cadeau ou de papier peint, triez-les donc pour ne conserver que celles qui présentent un intérêt esthétique (couleur, motifs, structure). Puis découpez-les en longs triangles étroits – par exemple, base de 3 cm et longueur (hauteur) de 20 cm, mais vous pouvez très bien varier les dimensions.

✓ Placez un cure-dents (ou une brochette en bois) sur la base de chaque triangle et roulez les bandes sur elles-mêmes jusqu'à la pointe. Pour que les perles ne se déforment pas, il est conseillé de poser quelques points de colle blanche au fur et à mesure de l'enroulage.

✓ Ôtez enfin le bâtonnet et glissez vos perles sur un cordon.

Avec de vieux magazines

❁ À force d'accumuler des magazines, il faut bien se résigner un jour à les jeter. Et si vous les détourniez pour en faire des tabourets d'appoint ?

✓ Prévoyez quelques mètres de sangle, des boucles pour les transformer en ceintures (le tout en mercerie) et un grand nombre de magazines, de préférence de mêmes dimensions.

✓ Posez deux sangles munies de leurs boucles côte à côte, au sol, en les espaçant légèrement, puis empilez dessus vos magazines. Pour que la pile reste d'aplomb, alternez le sens de la reliure en la plaçant une fois à droite, une fois à gauche.

✓ Dès que vous avez atteint 45 cm, posez un coussin sur le dessus de la pile et attachez les sangles sur un de ses côtés, en serrant bien. Votre tabouret est prêt et ne vous a coûté que quelques euros.

Avec des draps usés

❁ Au lieu de laisser des draps dont vous ne vous servez plus dormir au fond d'une armoire, convertissez-les en housses de couette ou en coussins s'ils sont un peu abîmés (vous n'utiliserez alors que la partie intacte).

❁ Vous pouvez les garder dans leur couleur naturelle (blanche pour des draps modernes ou bis pour des draps anciens) ou les teinter en machine si vous souhaitez leur offrir une petite cure de rajeunissement. Dans ce cas, employez des teintures pour tissu grand teint, qu'ils soient unis ou imprimés, mais pensez à la superposition des couleurs – par exemple, si vous utilisez de la teinture jaune pour un tissu bleu, la teinte finale sera verte.

❁ Pour réaliser une housse ou une taie sans être expert en couture, voici comment procéder :

✓ Servez-vous de deux draps de mêmes dimensions.

✓ Cousez sur leur pourtour des rubans (2 à 3 rubans par côté selon la taille du coussin, répartis tous les 20 cm environ).

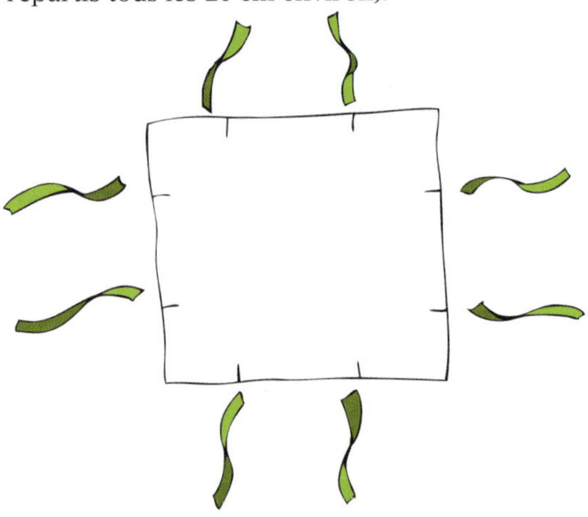

✓ Placez la couette ou le coussin entre les deux épaisseurs.

✓ Nouez les rubans. Le tour est joué !

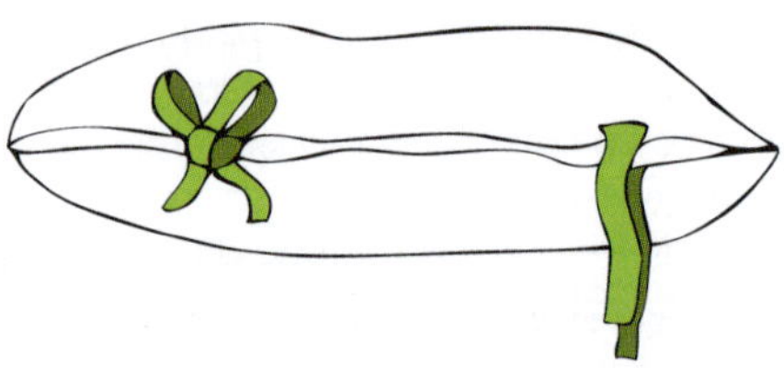

Idée récup

Recyclez vos vieux vinyles

▪ Voici une idée à mettre en œuvre en été par fortes chaleurs ! Si vous avez décidé de ne plus écouter vos vieux vinyles, transformez-les en vide-poches ou en corbeilles. Il suffit de les laisser en plein soleil pour que la Bakélite se ramollisse. À vous alors de jouer ! Enfilez des gants de protection et tordez les disques dans tous les sens pour les mettre en forme, puis placez-les au frais jusqu'à ce qu'ils aient complètement durci.

Avec des chutes de tissu

❁ Gardez précieusement vos chutes de tissu. Repassez-les et tracez des motifs sur l'envers en vous aidant de pochoirs. Vous pouvez aussi utiliser comme patrons des photos découpées dans des magazines ou tirer parti des motifs imprimés sur le tissu lui-même. Cousez les découpes (fleurs, animaux, silhouettes de personnages) à la main ou à la machine sur un fond de tissu uni, soit au point droit, soit au point zigzag. Transformez le tout en coussins, en plaids ou en décors de bord de nappe, de drap ou de rideau. Vous habillerez ainsi votre intérieur avec une touche très personnelle.

Avec des rubans

❁ Les rubans sont une mine d'or pour improviser des décors à la maison comme au jardin. Rassemblés par gammes de couleurs ou regroupés en un kaléidoscope de teintes chamarrées, ils sont du plus bel effet quand on les accroche dans l'encadrement d'une porte, au dos d'une chaise ou qu'ils virevoltent autour d'une carcasse d'abat-jour. Vous pouvez aussi les utiliser pour agrémenter un chemin de table ou une nappe. Choisissez-les de différentes largeurs, couleurs et textures, disposez-les côte à côte, se chevauchant légèrement ou en quadrillage sur un fond uni. C'est cette variété qui fait leur charme !

❁ Si vous n'avez pas de rubans sous la main, vous pouvez toujours découper des bandes dans des tissus, mais l'effet sera un peu moins chic…

Avec des caisses à vin

❁ Les caisses en bois de 6 ou 12 bouteilles permettent de multiples réalisations, faciles et bon marché. Récupérez-les au supermarché ou chez un caviste pour en faire des étagères individuelles à suspendre ou posez-les l'une sur l'autre pour créer une petite bibliothèque. Elles peuvent rester naturelles ou être rafraîchies par un coup de peinture ou un collage, ce qui vous donnera l'occasion d'exprimer vos talents !

❁ Pour faciliter le rangement d'objets ou de livres de différentes tailles, tournez les caisses alternativement à la verticale et à l'horizontale. Le maintien des éléments côte à côte peut être assuré par des bandes d'adhésif double face ou en perçant des trous sur les côtés pour boulonner les parois deux par deux.

❁ Si vous n'avez qu'une caisse à disposition, fixez-y des roulettes et transformez-la en caisse de rangement pour vos magazines ou les jouets de vos enfants. Vous pouvez aussi en faire une caisse à bûches pour la cheminée. Ajoutez des poignées en perçant deux trous à chaque extrémité et en y glissant une corde – le transport sera alors beaucoup plus facile.

Avec des chutes de carrelage

❁ Les restes de carrelage sont idéaux pour réaliser un décor en mosaïque autour d'un miroir ou sur le dessus d'une table. Utilisez de préférence des carreaux de même épaisseur, sinon vous devrez tricher avec la couche de colle pour que toutes les tesselles soient au même niveau.

✓ Pour casser les carreaux eux-mêmes, enfermez-les dans un chiffon, posez-le au sol ou sur un établi et frappez au marteau. Triez les morceaux obtenus et réservez ceux qui présentent des bords arrondis pour les bordures des objets à décorer (cela évite que les angles ne soient coupants). Rangez-les par couleurs dans des boîtes.

✓ Si vous souhaitez obtenir un dessin précis, tracez-le au crayon sur le support.

Bon à savoir

Déco recyclée du commerce : trop chère !

▪ Cannettes de soda découpées, peintes ou recouvertes d'un collage, papier journal enroulé, tressé, collé, textile transformé en coussins, nappes, rideaux… Les objets déco recyclés sont très tendance. Mais leur prix, aussi, tend à être élevé… Alors, pourquoi ne pas fabriquer les vôtres vous-même ? Il vous en coûtera seulement un peu d'huile de coude. Avant de vous lancer, regardez les produits recyclés vendus dans les magasins : ils vous donneront des idées. Cette initiative amusante et créative, qui plus est, vous permettra de réduire vos déchets. Allier décoration et écologie, ça rapporte aussi !

✓ Travaillez par petites surfaces, appliquez un peu de colle avec un peigne à carrelage afin de déposer la même épaisseur partout.

✓ Mettez en place les éclats de mosaïque en les espaçant de 2 à 3 mm et ôtez immédiatement les coulures de colle sur les carreaux avec un morceau de fil de fer plié pour éviter de rayer le carrelage.

✓ Après quelques minutes de prise, enduisez toute la surface de ciment-joint pour carrelage à l'aide d'une spatule; pour ce faire, utilisez une pâte prête à l'emploi ou préparez un mélange de ciment-joint en poudre et d'eau.

✓ Laissez évaporer l'eau contenue dans le ciment 5 minutes, puis frottez doucement la surface au tampon à récurer, en pratiquant des petits mouvements circulaires. À ce stade, n'utilisez pas d'éponge humide, car elle creuserait les joints. Si le support est sensible à l'humidité (contreplaqué, bois brut), posez des poids dessus de façon qu'il ne se déforme pas au séchage.

✓ Terminez le nettoyage à l'éponge humide, mais seulement après séchage complet.

Avec de vieilles passoires

Des petits trous, voilà ce qu'ont en commun les vieilles passoires. Mais elles ont aussi, en général, suffisamment de volume pour pouvoir abriter une ampoule et, ainsi, se transformer en abat-jour, que ce soit pour une applique murale ou une lampe à suspendre. Customisez la passoire avec des perles et des rubans avant de l'accrocher au plafond ou suspendez-la au mur pour masquer une ampoule en applique. Comme pour tout luminaire métallique, veillez à ce que votre installation électrique soit équipée d'un fil de terre et choisissez une ampoule qui ne chauffe pas. Elle peut être à basse consommation ou à LED. Veillez également à ce que l'ampoule ne soit pas directement en contact avec les parois de la passoire.

Avec de vieux tiroirs

Saviez-vous qu'un vieux tiroir de récupération peut faire une très belle petite vitrine? En effet, bien nettoyé, patiné et accroché au mur, il sera parfait pour exposer des figurines, des petites voitures, des échantillons de parfum ou une collection de coquetiers…

Pour fabriquer les rayonnages de votre vitrine, le carton-bois est un matériau de choix. Il est solide, facile à découper au cutter et peut être peint ou recouvert d'un collage. Vous le trouverez dans les magasins d'articles pour beaux-arts et encadrement. Tracez quelques repères au crayon sur les côtés intérieurs du tiroir pour marquer l'emplacement des rayonnages, puis collez des petits morceaux de tasseau sous les traits. Vous n'aurez plus qu'à poser les étagères par-dessus (ou les coller) quand le tiroir sera fixé au mur.

Si vous souhaitez protéger vos précieux trésors de la poussière, vous pouvez ajouter une plaque fine de Plexiglas en façade. Percez ses angles avant de la visser sur le pourtour du tiroir avec des petites vis à tête ronde, en laiton de préférence, pour plus d'esthétique. Petit truc malin : pour éviter que le foret de votre perceuse ne ripe sur le Plexiglas, collez un morceau de sparadrap à l'endroit où vous devez percer. ■

Réparer et embellir ses meubles

Qu'ils soient sortis du grenier ou dénichés en brocante, les vieux meubles ont le vent en poupe car c'est un vrai plaisir que de les rénover soi-même. Si leur nettoyage et leur remise en état sont parfois un peu fastidieux ou délicats, leur remise en beauté, elle, n'est souvent qu'une affaire de finition : coup de peinture ou de vernis, touche de cire ou d'huile, collage de papiers ou de formes découpés. Avec quelques astuces, vous y arriverez sans difficulté.

Chaise branlante

❁ Ne renoncez pas à vos chaises uniquement parce que leurs pieds et barreaux se déboîtent. Il est très facile de les réparer et inutile de tout démonter. Démonstration.

✓ Commencez par gratter l'ancienne colle avec la pointe d'un couteau économe, puis éliminez les résidus avec un pinceau.

✓ Pour faire pénétrer une nouvelle dose de colle à bois dans les orifices des barreaux, vous pouvez utiliser une seringue. L'aiguille se glissera aisément entre le barreau et son logement.

✓ Vous pouvez renforcer le montage en ajoutant une petite bande découpée dans un vieux collant. Poussez-la avec la pointe d'un couteau dans le logement du barreau, où elle se solidifiera avec la colle.

✓ Après l'application, vérifiez que les barreaux sont bien enfoncés jusqu'au bout, puis essuyez les surplus de colle avec un chiffon.

✓ Pour que la réparation soit solide, sanglez l'extrémité des pieds de la chaise avec de vieux collants noués et tendus, sans trop serrer non plus. Laissez alors la colle sécher 24 heures.

Meuble bancal

❁ Pensez à garder vos vieux bouchons de liège. Découpés en rondelles, ils sont parfaits pour caler un pied de chaise ou de table bancal. Taillez-les en plusieurs épaisseurs à l'aide d'une scie à métaux à dents très fines – la coupe sera plus précise qu'avec un cutter. Il ne vous reste plus qu'à fixer les rondins obtenus sous les pieds récalcitrants avec une fine couche de colle vinylique pour liège. Nettoyez les bavures avec une éponge humide. Fini les meubles bringuebalants !

Les bons gestes

Teinter un vieux meuble

- Ne teintez que du bois brut. En effet, les teintes ne prennent pas sur la cire et le vernis ; dans ce cas, il faut enlever la cire avec du décireur ou de l'essence de térébenthine ou décaper avec un décapant gel ou fait maison (voir recette p. 328).
- Pour teinter, vous pouvez utiliser du brou de noix ou une teinte prête à l'emploi, à l'eau pour les bois tendres (sapin, pin) ou à l'alcool pour les bois durs (chêne, hêtre). Choisissez bien votre produit en fonction du bois de votre meuble. Appliquez la teinte au pinceau ou à la mèche de coton, bien imbibés, bande par bande et en une seule passe ; surtout, travaillez toujours dans le sens des fibres du bois. Ôtez immédiatement le surplus de teinte avec un chiffon propre et sec, pour uniformiser la couleur.
- Vous pouvez mélanger plusieurs tons, mais quelques précautions s'imposent. Notez les proportions en préparant le mélange et prévoyez une quantité suffisante pour couvrir la surface totale – sinon, il y aura des différences de ton. Si la surface à teinter est importante, procédez à deux pour pouvoir la couvrir rapidement et, ainsi, éviter les traces disgracieuses de reprise – le produit pénètre très vite dans le bois !

Remplacer l'assise d'une vieille chaise

❁ Quand le cannage, le paillage ou le cuir des vieilles chaises est abîmé, la tentation est grande de les mettre au rebut. Pourtant, il est facile de leur donner une seconde vie.

❁ Après avoir enlevé les vieilles garnitures, nettoyez le bois de l'assise de la chaise.

Bon à savoir

Chêne et châtaignier : un traitement particulier !

- Le chêne et le châtaignier sont tous deux des bois qui contiennent beaucoup de tanins. Ces substances naturelles, grâce à leurs vertus antiseptiques, les protègent contre les parasites et accroissent leur solidité, mais elles sont le cauchemar des bricoleurs… Car, sous l'action de l'eau, les tanins remontent à la surface et font noircir le bois. Les cristaux de soude provoquent le même effet, il ne faut donc jamais en employer pour décaper du chêne.
- Vous pouvez néanmoins utiliser un décapant gel spécial bois et rincer, non pas avec de l'eau, mais avec du décireur qui, tout en respectant le bois, n'altère pas sa couleur. Dans ce cas, veillez à travailler dans un endroit bien ventilé et portez un masque pour plus de sécurité.
- Sinon, il reste la solution du ponçage, mais il n'est guère possible sur un bois ciré – le papier de verre va s'encrasser rapidement – et difficile quand le bois est mouluré.

- Dans le cas d'une chaise cannée, servez-vous des trous percés sur le pourtour du siège pour y glisser de la cordelette solide. Coupez-en une longueur suffisante pour la passer d'un seul tenant de trou en trou et, ainsi, recouvrir l'assise. Commencez l'enfilage par le dessous. Tendez la cordelette au fur et à mesure du travail et sécurisez le montage en faisant un nœud bien serré à chaque extrémité. Une fois l'assise recouverte, tissez des fils dans l'autre sens en passant alternativement au-dessus et au-dessous des fils tendus.
- Pour les autres types de sièges, coupez ou déchirez des bandes de tissu résistant, posez-les côte à côte sur l'assise, tendez et agrafez leurs extrémités sous le rebord.
- Autre solution : faites découper une planche aux dimensions de l'assise, en comptant quelques millimètres en moins. Posez alors un bloc de mousse dessus et recouvrez-le du tissu de votre choix.

Habiller un tabouret

Une assise en fausse fourrure ou en tricot, c'est douillet et confortable. Customisez vos tabourets en fabriquant des housses toutes simples.

✓ Tricotez ou découpez dans des tissus moelleux des petites couvertures en forme de croix, avec des bras très courts à replier et à coudre pour former les angles de la housse.

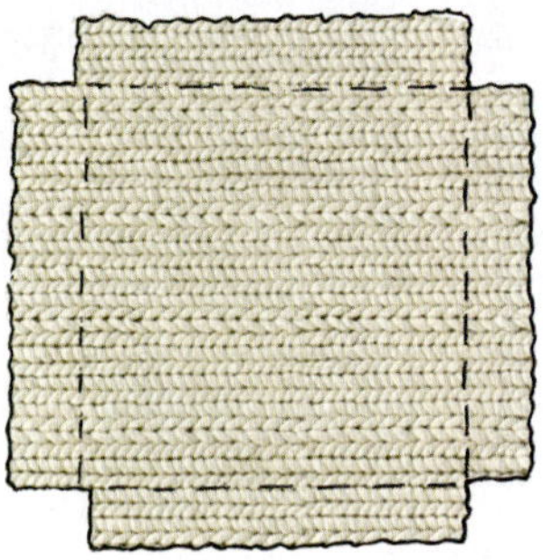

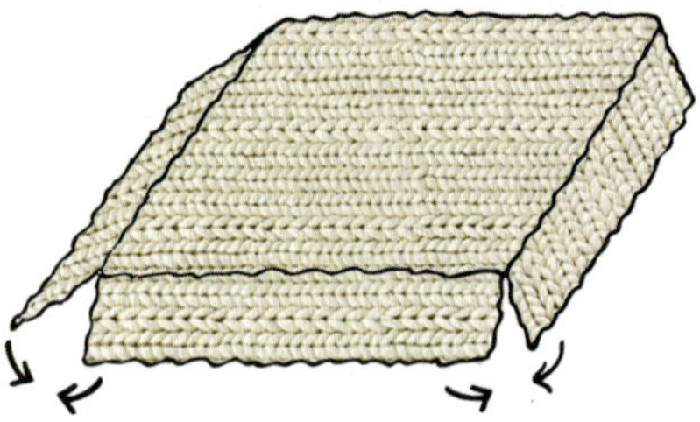

✓ Cachez l'assise et les côtés du tabouret avec ces housses « couvercles ».

✓ Fixez aux quatre coins des rubans suffisamment longs pour pouvoir les nouer autour des pieds.

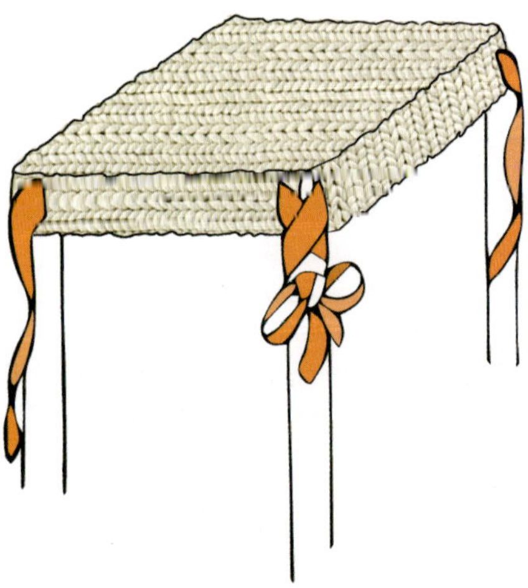

Camoufler les défauts sur un meuble

Sur un meuble sans grande valeur, on peut tout se permettre, ou presque, pour améliorer son allure ! N'hésitez donc pas à camoufler les défauts avec des stickers, ou des motifs découpés dans du papier peint, du papier cadeau, du kraft, du papier reliure ou des papiers de scrapbooking ; dans ce cas, utilisez de l'adhésif double face pour les fixer et vous pourrez ainsi changer à volonté de décor. Il existe aussi des rouleaux d'adhésif fantaisie, qui se déclinent en une multitude de dessins et couleurs. Ils permettent de créer des motifs graphiques, des lignes, des quadrillages et, surtout, de les renouveler à l'infini – il suffit de décoller l'adhésif…

Décapant fait maison

Les cristaux de soude ont l'avantage d'être peu coûteux et très efficaces. Utilisez-les pour fabriquer du décapant et venir à bout des vieilles peintures comme des vernis.

✓ Délayez 150 g de farine dans un peu d'eau tiède, en fouettant pour éviter les grumeaux, puis complétez avec de l'eau chaude. Faites cuire le mélange en tournant sans cesse, jusqu'à obtention d'un gel épais.

Les bons gestes

Préparer un vieux meuble à repeindre

- Pour éviter que le bois ne se déforme, travaillez toujours à l'abri du soleil.
- Si la peinture est écaillée, un décapage s'impose bien sûr. Vous pouvez avoir recours à un décapant en gel du commerce ou, si vous le souhaitez, préparer vous-même votre propre décapant (voir ci-dessus). Opérez dans un lieu ventilé, le sol protégé par des journaux.
- Si la surface est en bon état, en revanche, nettoyez juste le meuble avec de la lessive à la résine de pin, une solution efficace qui n'abîme pas le bois. Rincez à l'eau claire et laissez bien sécher.
- Terminez par un simple ponçage manuel (suivi d'un dépoussiérage avec une brosse souple ou un chiffon) pour donner de l'accroche à la nouvelle couche de peinture. Votre vieux meuble est prêt à repeindre.

✓ Par ailleurs, faites fondre 200 g de cristaux de soude dans un bol d'eau tiède. Ajoutez-les au gel.

✓ Appliquez le décapant obtenu au pinceau sur les vieilles peintures. Laissez poser 30 minutes et décollez alors la couche à la spatule.

✓ Rincez à l'eau en frottant avec de la laine d'acier pour décapage ou une brosse à racine.

Conseil : évitez les courants d'air pendant l'application du gel. Un séchage trop rapide nuit à son efficacité.

Vitre cassée d'un placard

Le grillage métallique est une bonne alternative déco pour remplacer facilement la vitre d'un placard. Le choix des mailles est très varié, de la moustiquaire au maillage serré jusqu'au grillage à poules à grosses mailles, de même que celui des matières (acier, cuivre, laiton, Inox) et des couleurs (gris, rouge, jaune, argenté) : tout dépend de l'ambiance souhaitée, rustique ou raffinée. Découpez le grillage à vos mesures avec une pince coupante ou une cisaille, en prévoyant un débord de quelques centimètres que vous replierez sur l'envers. De cette manière, vous pourrez manipuler vos panneaux sans vous blesser avant de les agrafer dans la feuillure des portes.

Les bons gestes

Donner une jolie patine à un vieux meuble

- La cire donne un aspect chaleureux au bois. On peut l'utiliser naturelle, mais aussi teintée couleur bois traditionnel (chêne, noyer, acajou…) ou dans des couleurs toniques, voire métallisées (bleu, rouge, jaune, vert, cuivre, argent, or…).
- Pour l'appliquer, employez de préférence une brosse plate de peintre, propre et sèche. Vous obtiendrez des nuances qu'un chiffon ne permet pas. Enduisez la brosse de cire, frottez-la sur un morceau de journal pour ne pas charger les soies et caressez la surface du meuble en repassant plusieurs fois à certains endroits, pour monter en couleur.
- Si vous avez déposé trop de cire et obtenu un effet peu esthétique, ce qui arrive quelquefois avec les cires métallisées, pas d'inquiétude ! Nettoyez la surface en la frottant avec un chiffon chargé de cire incolore. Attendez que la cire soit bien sèche (environ 24 heures) avant de patiner à nouveau, sinon la nouvelle couche de cire ne pourra pas prendre.
- Pensez à aérer pendant et après l'application, car la cire relargue polluants et allergènes (voir aussi p. 304).

Customiser les bords d'étagères d'un buffet

Point besoin de grands frais pour agrémenter le bord d'une étagère. On peut faire bel effet avec peu de chose.

✓ Découpez de longues bandes étroites dans du papier kraft naturel ou blanc. Pliez chaque bande en accordéon dans le sens de la largeur. Tracez une forme (feston, zigzag…), découpez le long du trait, puis dépliez la frise.

✓ Pour la fixer le long du bord de l'étagère, utilisez de l'adhésif double face ou des punaises selon l'effet que vous souhaitez obtenir.

Et, si vous aimez la calligraphie, vous pouvez découper vos frises dans des journaux imprimés à l'étranger. Les caractères cyrilliques, chinois ou arabes apporteront une touche d'évasion à votre intérieur. ■

Réaliser des petits objets et formes décoratives

Tracer au compas peut sembler scolaire, mais c'est irremplaçable pour dessiner des formes géométriques. Vous n'avez pas l'outil adéquat ? Fabriquez-le et vous pourrez créer toutes sortes d'accessoires et de motifs utiles ou décoratifs aux dimensions de votre choix !

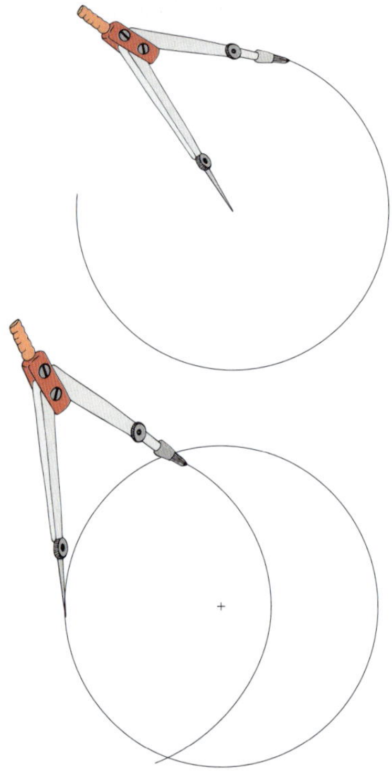

En ovale

Pour tracer une forme ovale (plateau en bois, passe-partout de cadre…), appliquez la méthode dite du jardinier.

✓ Piquez deux clous sur une ligne droite en les espaçant d'une longueur légèrement inférieure à celle de l'ellipse souhaitée.

✓ Attachez une ficelle assez lâche entre les clous de manière qu'elle forme un léger arc de cercle. Sa longueur déterminera la taille de l'ellipse.

✓ Tendez la ficelle avec la pointe d'un crayon et faites glisser celui-ci d'un clou à l'autre pour tracer le premier côté de l'ovale.

✓ Répétez l'opération pour l'autre côté.

C'est malin !

Réaliser des formes sans compas

Le compas fait d'une ficelle, d'un crayon et d'un clou est facile à fabriquer et permet de dessiner des cercles de toutes dimensions, que ce soit sur des planches ou d'autres matériaux comme le carton et le papier.

- Attachez un crayon au bout d'une ficelle, un clou à l'autre extrémité. Piquez le clou, tendez la ficelle et tracez. Pour que le cercle soit parfaitement rond, gardez bien le crayon à la verticale pendant toute l'opération.
- À partir de ces formes circulaires découpées, vous pourrez réaliser par exemple des plateaux, des dessous-de-plat, des fonds de miroir, des passe-partout d'encadrement…
- Le même outil peut être utilisé pour tracer des formes de lune et des étoiles à six branches de grandes dimensions. Il suffit alors de suivre le procédé employé avec le compas (voir ci-dessus et ci-contre).

En forme de lune

Pour dessiner une forme de lune (premier ou dernier quartier), tracez un cercle avec un compas (plus on écarte les branches du compas, plus la forme de la lune rétrécit), piquez la pointe du compas sur le bord du cercle, écartez ses branches et positionnez la mine à quelques millimètres du centre du cercle. Tracez un arc. La silhouette apparaît.

En forme d'étoile à six branches

❁ Pour obtenir une forme d'étoile à six branches parfaitement identiques :

✓ Commencez par tracer un cercle avec un compas.

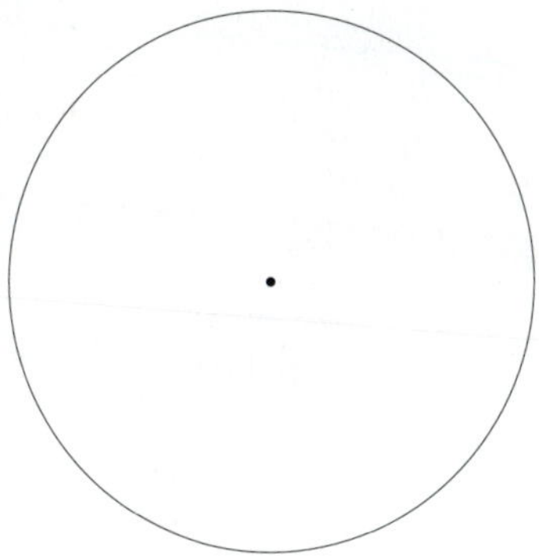

✓ Sans changer l'ouverture du compas, piquez la pointe sur le bord du cercle. Faites-le pivoter une fois à gauche, une fois à droite et marquez deux points de repère sur le tracé.

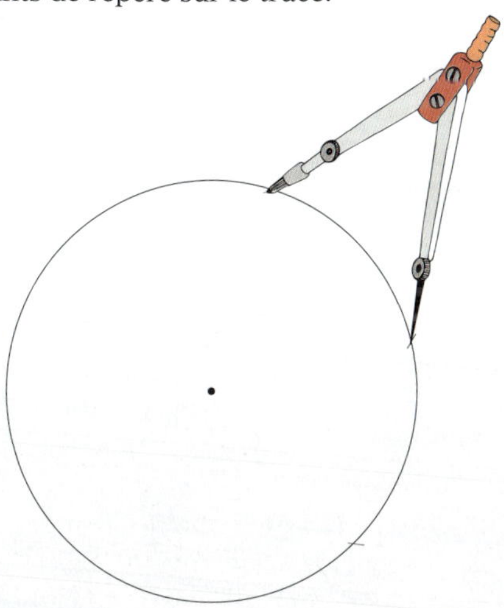

✓ Déplacez ensuite le compas. Piquez-le sur l'un des points de repère et répétez l'opération. Faites en tout six marques sur le pourtour du cercle.

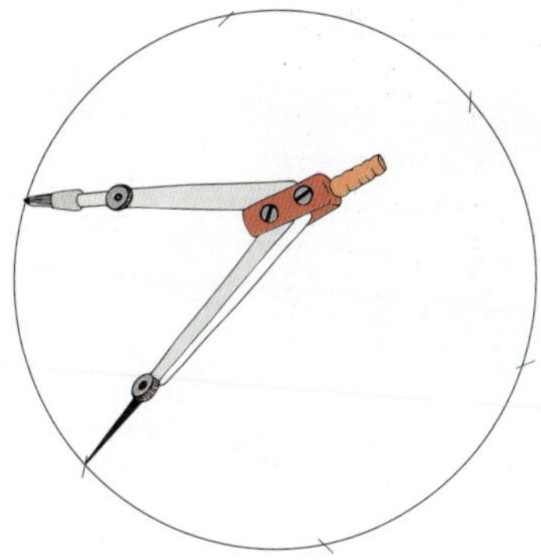

✓ Reliez trois d'entre elles pour former un triangle. Imbriquez un second triangle dans le premier, en reliant les trois derniers points. ■

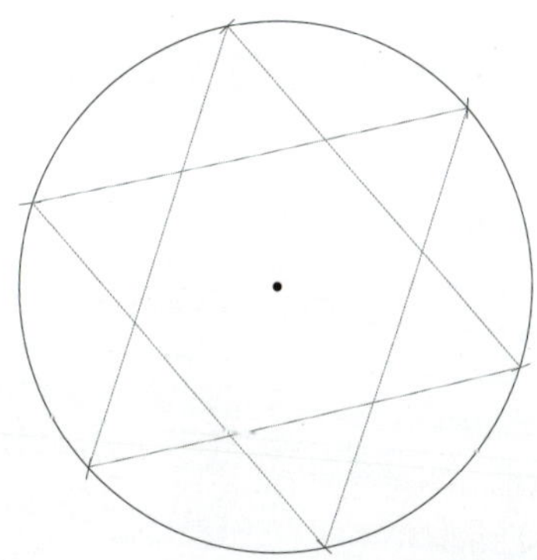

Jardinage

Semis et plantation

Acheter malin

Pour avoir un beau jardin, point de mystères ! Il faut sélectionner ses plantes avec soin, bien sûr, mais aussi les planter au bon moment. La nature a des exigences que tout jardinier se doit de connaître... et respecter. Quelques conseils de choix.

Bien choisir ses plantes en godet

- D'une manière générale, on écartera les godets dont le terreau est visiblement desséché, de même que les plants présentant des feuilles jaunies ou des tiges cassées. Ouvrez l'œil !
- Privilégiez, notamment pour les vivaces, les plantes offrant plusieurs belles tiges ou des tiges bien ramifiées, signe qu'elles vont bientôt buissonner.
- En ce qui concerne les plantes à fleurs, attention à ne pas vous laisser séduire par les jeunes plants déjà fleuris. En effet, il vaut mieux plus de pousses que de fleurs car, dans ce cas, le sujet a un potentiel de croissance et de floraison bien plus important. La présence de nombreuses fleurs n'est donc pas un gage absolu de vigueur !
- Pour ce qui est des légumes, enfin, évitez les plants ne comptant que quelques feuilles et préférez les sujets plus développés, plus robustes.

> **Bon à savoir**
>
> **Les plantes vendues en pot**
>
> - Les plantes en pot sont vendues soit en godet, c'est-à-dire dans des petits pots en plastique de 4 à 8 cm de large, soit en conteneur, c'est-à-dire dans des pots en plastique de plus de 10 à 12 cm de large.
> - Les plantes en conteneur tendent à être plus résistantes que celles en godet, car elles ont déjà été cultivées au moins une année chez le pépiniériste.

Bien choisir ses plantes en conteneur

- On recherchera en priorité :

✓ Un sujet à feuillage sain et fourni.

✓ Pour un arbuste ou une plante grimpante, la silhouette doit être bien équilibrée et bien ramifiée, les jeunes tiges constituant la structure de la plante dans ses premières années.

- On proscrira en revanche :

✓ Les conteneurs dont la surface est envahie par la mousse ou les mauvaises herbes, ou dont le terreau est desséché.

✓ Les plantes qui ont des feuilles jaunies, pendantes ou couvertes de taches suspectes, tout comme celles qui présentent une ou plusieurs pousses abîmées ou sèches.

✓ Les plantes dont les racines sont visiblement à l'étroit dans le conteneur, soit qu'elles dépassent en surface, soit, surtout, qu'elles sortent par les trous de drainage et s'enroulent en « chignon » sous le pot. Dans ce cas, leur reprise en pleine terre sera plus délicate. N'hésitez pas, par conséquent, à soulever le pot pour examiner les racines.

Bien choisir ses bulbes

- Les bulbes doivent impérativement être fermes au toucher : pour vous en assurer, n'hésitez pas à les palper dans le filet. En effet, un bulbe mou ne donnera rien en terre.

- Évitez aussi tout bulbe taché, déformé ou crevassé, ou encore déjà entré en croissance. En revanche, la présence ou non de pellicule externe (sorte de pelure) n'a aucune incidence.

- Enfin, il faut savoir que plus le diamètre (ou calibre) du bulbe est important, plus ses fleurs, certes, sont grosses, mais plus son prix, aussi, est élevé.

Bien choisir ses arbres et arbustes

- Vérifiez à l'achat que les dimensions adultes annoncées sont compatibles avec votre projet et la taille de votre jardin.

- Assurez-vous également que l'arbre ou l'arbuste choisi est adapté au sol de votre jardin et au climat de votre région, critères déterminants pour son épanouissement !

- Sachez qu'un sujet jeune et de petite taille non seulement vous coûtera moins cher à l'achat, mais connaîtra aussi une croissance plus vigoureuse.

L'érable du Japon, un arbre adapté pour les zones humides et peu ensoleillées

Bon à savoir

Quand acheter quelles plantes ?

▪ **Au printemps** : les jeunes plants d'annuelles et de plantes à massif vendus en godet, entre début avril et début juin selon les régions, quand le gel n'est plus à craindre et que le sol est réchauffé ; les plantes vivaces vendues en godet ou conteneur (entre mars et mai), en privilégiant cette plantation de printemps (plutôt que celle d'automne) dans les régions aux hivers froids, afin de permettre une bonne reprise avant le premier hiver ; les arbustes et plantes grimpantes vendus en conteneur, y compris les arbres et arbustes à feuillage persistant, à planter en avril-mai (ou en début d'automne, voir ci-après).

▪ **En début d'automne** (septembre-octobre) : les plantes vivaces vendues en godet ou conteneur, notamment dans les régions aux étés chauds, pour que les plantes soient bien enracinées avant le premier été ; les arbustes et plantes grimpantes vendus en conteneur, y compris les arbres et arbustes à feuillage persistant.

▪ **En hiver** (entre novembre et fin mars) : les arbres et arbustes vendus à racines nues ou en motte, en les plantant le plus rapidement possible après l'achat, mais hors période de gel.

✽ Soyez attentif au port (silhouette) de l'arbre ou de l'arbuste. Ses branches et rameaux doivent être équilibrés et son tronc, bien vertical. Les racines, de même, doivent être suffisamment fournies et également réparties, pour permettre une bonne implantation.

Transport des plantes en voiture

✽ En hiver, les voitures sont froides. Ce qui ne pose pas de problème pour un court trajet avec des plantes de jardin, mais, si vous transportez des plantes d'intérieur, il convient alors de les installer dans un carton isolant, éventuellement avec un peu de papier à bulles, pour mieux isoler le pot.

✽ En été, la température grimpe très vite dans une voiture garée au soleil. Ne laissez donc aucune plante dans le coffre en pleine chaleur : les jeunes plants en barquette grilleraient en moins d'une heure, les vivaces ou arbustes risquent de voir leur feuillage flétrir et leurs racines souffrir irrémédiablement.

Achat par correspondance

✽ Si vous achetez des végétaux par correspondance, veillez à être chez vous le jour de la livraison pour pouvoir ouvrir les colis dès réception. Une fois les emballages ouverts, vérifiez le bon état des plantes et, si les mottes vous semblent un peu sèches, humidifiez-les.

✽ Si vous ne pouvez pas planter aussitôt, gardez les plantes dans un local lumineux, frais de préférence, en prenant soin qu'elles ne sèchent pas, bien sûr. Une vigilance particulière s'impose pour les plants vendus sous forme de mini-mottes, qui sèchent très vite et craignent aussi tout excès de chaleur ou de froid.

✽ Si vous vous faites livrer en hiver des arbres et arbustes à racines nues, qui ne peuvent être plantés dans l'immédiat, pensez à les conserver dans un abri de jardin, une cave ou un garage non chauffé. Vous mettrez les racines dans du terreau légèrement humide, pour prévenir tout dessèchement. ▪

Bon à savoir

Arbres : à racines nues ou en motte

▪ Les arbres sont généralement vendus soit à racines nues, c'est-à-dire cultivés en pleine terre et arrachés au fur et à mesure des ventes, soit sous forme de motte de racines, c'est-à-dire cultivés en pleine terre, également, mais arrachés en amont de la vente et emballés (toile de jute ou filet).

Semer, planter, multiplier…

N'est pas maître au jardin qui veut. Mais celui qui maîtrise l'art du semis et de la plantation sera récompensé... Gain de temps, gain d'argent et travail simplifié ! Voici donc quelques astuces clés.

Bien semer les graines fines

Semer des graines fines peut s'avérer fastidieux, car les graines s'agglomèrent immanquablement.

Pour remédier à cet inconvénient, une astuce consiste à mélanger au préalable les graines avec du sable fin (de rivière). Le sable contribue à « décompacter » les graines et les jeunes plants seront ainsi moins serrés à la levée.

Autre astuce : utilisez une vieille salière pour semer en tapotant doucement, ou bien versez les graines dans un petit cornet en papier que vous tapoterez, de même, pour les faire tomber le plus lentement possible.

Plantes qui se ressèment toutes seules

Inutile de vous fatiguer à récolter et conserver les graines de fleurs telles que cosmos, nigelle, myosotis, souci, valériane des jardins… elles se ressèment seules, spontanément !

Tout au plus pouvez-vous couper les tiges sèches et secouer les fruits secs au-dessus des massifs ou des emplacements que vous souhaitez ensemencer. La nature se chargera du reste.

En revanche, il est impératif de savoir identifier les jeunes plants pour ne pas les désherber malencontreusement.

Cosmos

Les bons gestes

Semis malin, économie d'eau

- Si le temps est chaud et sec lors des semis, donnez un coup de pouce à vos graines tout en économisant votre eau d'arrosage : plutôt que de semer dans un sillon sec, mouillez abondamment le fond du sillon, ce qui assurera d'emblée un bon contact des graines avec la terre, déposez ces dernières, puis refermez le sillon. Couvrez le tout avec 2 à 3 cm de déchets de tonte de gazon ou de paille hachée, afin de conserver la fraîcheur dans le sillon. Cet arrosage copieux du sillon est plus efficace qu'un arrosage superficiel une fois le sillon refermé.

Germination express pour grosses graines

Pour stimuler la germination des grosses graines qui ont une enveloppe protectrice épaisse, faites-les tremper une nuit (12 à 24 heures) dans de l'eau, à température ambiante.

Le lendemain, semez-les soit directement en place, au jardin, soit en godet. Arrosez bien les semis. L'enveloppe externe de la graine étant déjà ramollie, la plantule germera plus rapidement…

Petit test de germination pour vieilles graines

Vous avez un vieux sachet de graines et ne savez pas s'il peut encore servir ? Ces tests très astucieux pourront vous aider.

S'il s'agit de graines fines, saupoudrez-en une pincée à la surface d'un verre d'eau. Celles qui flottent sont sèches et ne germeront plus. Celles qui tombent au fond, en revanche, ont toutes les chances de germer : semez-les sans attendre.

❁ Autre possibilité, surtout pour les vieilles graines de grosse taille : placez 10 à 12 graines sur du coton ou du papier absorbant humide, puis attendez quelques jours. Si 1 ou 2 graines seulement germent, cela signifie que la majorité d'entre elles sont « périmées ». Par contre, si plus de la moitié des graines germent, vous pouvez tenter un semis, mais prévoyez de semer environ le double du nombre de plants souhaités !

Récolter ses propres graines

❁ Légumes et plantes du potager : extrayez les graines lorsque les légumes et plantes sont bien mûrs et matures (cucurbitacées, tomates, haricots, petits pois, laitue, roquette, basilic...). Laissez-les sécher quelques jours si nécessaire, puis conservez-les au frais et au sec, dans des sachets en papier (enveloppes, par exemple), des boîtes métalliques ou, mieux encore, des tubes de médicaments étanches (préalablement rincés). La conservation au réfrigérateur est idéale. Selon les plantes concernées, les graines gardent leur aptitude à germer durant quelques mois à quelques années. Les graines d'aneth se conservent par exemple 1 an ou 2, celles de pois et haricots 2 ou 3 ans, celles de laitue et courges jusqu'à 5 ans, celles de concombre jusqu'à 8-10 ans.

❁ Fleurs : repérez des plantes vigoureuses et laissez-les former quelques fruits que vous récolterez bien mûrs (bruns et presque secs, mais sur le point de libérer leurs graines). Extrayez les graines des fruits une fois que ceux-ci sont bien secs, en éliminant toutes les impuretés autres que les graines. Conservez-les comme celles des légumes, au frais et au sec, éventuellement au réfrigérateur, jusqu'au printemps suivant. Les graines de fleurs se gardent, de même, de quelques mois à quelques années en fonction des espèces. Ainsi, les graines de cosmos, eschscholtzia et nigelle ne se gardent pas plus de 2 ans, celles des soucis et pois de senteur jusqu'à 5 ans.

Bon à savoir

Récolte des graines : les plantes bonus

- D'une manière générale, les variétés traditionnelles ont tendance à donner une descendance de meilleure qualité (c'est-à-dire proche des plantes d'origine) que celle des variétés hybrides F1 (croisement de première génération). Mieux vaut donc privilégier les variétés traditionnelles pour récolter ses graines.
- Au potager, pois, haricots, tomates, poireaux, oignons, carottes, potiron, laitue, roquette, radis... se prêtent tous bien à la récolte. Les cucurbitacées s'hybrident très facilement entre elles, et le résultat peut être savoureux ! Bien entendu, on laissera quelques plants former des graines dans le cas des légumes récoltés avant la floraison, comme la laitue, cueillie avant la montée en graine, ou le basilic, dont on supprime souvent les fleurs !

Semis en surnombre, une aubaine

Lorsque vous éclaircissez les semis au potager, récupérez les plants présentant de belles jeunes feuilles : elles feront merveille dans vos salades ! Essayez ainsi avec les radis, épinards, laitues, betteraves… mais utilisez-les très vite, car les jeunes feuilles sèchent rapidement.

L'astuce vaut également pour les fleurs. Certaines vivaces peuvent donner des semis spontanés mal placés : alchémille, valériane, euphorbe de Corse (*Euphorbia myrsinites*), ancolie, vergerette de Karvinski (*Erigeron karvinskianus*), pour ne citer qu'elles. Profitez-en alors pour prélever délicatement les plants et les repiquer ailleurs dans vos massifs.

Contenants économiques pour semis à repiquer

Inutile d'acheter des godets ou des plateaux spéciaux pour vos semis et repiquages. Recyclez tout simplement les contenants alimentaires : boîtes à œufs, pots de yaourts ou de compotes… Il suffit d'arroser très peu si les récipients ne sont pas percés.

Planter les bulbeuses « au naturel »

Les bulbeuses qui restent des années en place dans les massifs ou la pelouse, comme les narcisses ou les petits perce-neige, crocus et muscaris, gagnent à être plantées non en rangs mais de façon naturelle, comme si elles avaient poussé là spontanément.

Pour ce faire, prenez une poignée de bulbes, dispersez-les à la surface du sol et plantez-les un à un à l'endroit même où ils sont tombés, sans chercher la régularité. Laissez-les ainsi en place – les touffes s'étofferont au fil des ans.

Bon à savoir

Les bulbes : à replanter ou pas

- Il convient de distinguer deux sortes de bulbes : ceux qui restent en place d'une année sur l'autre (muscaris, narcisses ou perce-neige, par exemple) et ceux qu'il faut arracher en fin de saison de végétation (dahlias, cannas, mais aussi tulipes horticoles).

Les bons gestes

Plantation des bulbes d'été : anticipez !

- Pour les bulbes d'été tels que les bégonias tubéreux ou les dahlias, il faut attendre que le sol soit un peu réchauffé au printemps et que tout risque de gel soit écarté avant de mettre en terre ou dans les potées.
- Pour gagner du temps et profiter de leur floraison un peu plus tôt, « démarrez » les bulbes sous abri dès mi-mars pour les régions au climat océanique ou méditerranéen, ou avril pour les régions au climat continental ou montagnard. Placez-les dans des caissettes ou des grands pots remplis de terreau (ou de terre de jardin) maintenu humide, dans un local lumineux et hors gel, voire contre un mur très abrité de la maison. Ils entreront en croissance et vous pourrez les planter en pleine terre 2 à 3 semaines plus tard.

Conserver les bulbes de tulipes

Ne jetez surtout pas vos vieux bas, collants ou mi-bas ! Ils seront parfaits pour y glisser les bulbes de tulipes horticoles qui doivent être arrachés chaque année, une fois le feuillage jauni.

Mettez plusieurs bulbes dans chaque bas, faites un nœud en haut et suspendez ce filet improvisé dans un local frais, sombre et sec jusqu'à la replantation, en automne.

Bulbes de tulipes, au panier !

Pour faciliter l'arrachage, la conservation et la replantation des bulbes de certaines tulipes horticoles, il existe des paniers spécialement conçus à cet effet, pouvant accueillir une dizaine de bulbes et plus (selon leur taille), ou des cagettes en plastique ajourées.

Dès la première plantation, placez les bulbes dans le panier ou la cagette et enterrez le tout à bonne profondeur (en règle générale, 2 fois la hauteur du bulbe). Quand le feuillage des plantes aura jauni en juin, il vous suffira de sortir le récipient de terre pour nettoyer les bulbes, et vous pourrez les garder dans leur support jusqu'en automne.

Les tulipes, plantes à bulbes incontournables

Les bons gestes

Transport de boutures : attention, fragile !

Les boutures sont fragiles et sèchent rapidement.

- Pour les transporter, coupez-les à une longueur suffisante pour pouvoir les recouper à la mise en terre (dans le cas d'un bouturage en terre) ou dans l'eau (dans le cas d'un bouturage dans l'eau). Étalez-les côte à côte sur une bonne épaisseur de papier absorbant bien humidifié, roulez et glissez le tout dans une boîte en plastique étanche. Bien entendu, ne les laissez pas au soleil !
- Autre possibilité : piquez les boutures dans une demi-pomme de terre, dont elles puiseront l'humidité, puis enveloppez-les dans du papier absorbant humide et mettez le tout dans une boîte, de préférence, sinon dans un sachet en plastique.

Combler les espaces vides entre jeunes plantations

- Plutôt que de planter trop serré des vivaces et/ou des arbustes, puis d'arracher certaines plantes, ayez recours aux annuelles à croissance rapide : elles auront tôt fait de combler l'espace avec leurs floraisons.
- Semez ainsi en place cosmos, pavots de Californie (*Eschscholtzia californica*), soucis, capucines ou installez des jeunes plants. Les bisannuelles comme les pensées occupent le terrain entre l'automne et le printemps.

Planter les arbres et arbustes à la bonne hauteur

- Arbres et arbustes demandent à être plantés à la même hauteur que dans leur emplacement précédent.
- S'il est facile pour les plantes vendues en conteneur de placer la motte à la même hauteur que dans le pot, c'est plus difficile pour les plantes vendues à racines nues. Observez la base des tiges ou du tronc pour repérer la marque brune correspondant à la terre de surface et veillez à ce que cette marque soit au ras du sol. Aidez-vous au besoin d'un tuteur placé à l'horizontale entre les bords du trou pour vérifier la bonne position de cette marque.

Bouturage dans l'eau

- Certaines plantes se bouturent relativement facilement dans l'eau.
- Parmi les plantes d'extérieur qui s'enracinent facilement dans l'eau, on peut citer : lierre, menthe, laurier-rose, chèvrefeuille, forsythia, fuchsia, saule, sauge, tomate, basilic.
- C'est le cas également de nombreuses plantes d'intérieur, telles que papyrus, coléus, misère… Toutes ces plantes font donc de bons sujets pour réaliser des bouturages dans l'eau.

- Coupez quelques pousses terminales (extrémités des tiges) non lignifiées (c'est-à-dire non transformées en bois), supprimez les feuilles du bas pour qu'elles ne trempent pas dans l'eau, recoupez la tige juste sous le point d'attache d'une feuille, car c'est là que se formeront les racines, puis plongez la « tige » de la bouture dans l'eau (pot de confiture, éprouvette…). Il faut éviter que la base de la bouture ne touche le fond du récipient.
- Gardez les boutures à la lumière et à température douce, mais pas en plein soleil.

C'est malin !

Trocs et échanges

- Si vous souhaitez renouveler vos plantations au jardin, pensez à échanger vos plantes avec vos amis ou vos voisins.
- Certaines associations ou communes organisent également des journées de trocs de plantes : pourquoi ne pas en profiter ? N'hésitez pas à vous renseigner auprès de votre mairie ou sur les sites dédiés.

Complétez le niveau d'eau ou changez l'eau quand cela est nécessaire.

❁ Lorsque la bouture aura formé plusieurs belles racines et 1 ou 2 nouvelles feuilles, rempotez-la dans un godet rempli de terreau. Elle y poursuivra sa croissance jusqu'à la plantation définitive.

Bouturage en terre

❁ Préparez les boutures comme pour le bouturage dans l'eau (voir p. 342), en les recoupant à la base et en supprimant les feuilles inférieures.

❁ Remplissez un godet ou un pot (pouvant accueillir 3 ou 4 boutures) de terreau léger. Utilisez un crayon pour faire le trou dans lequel vous glisserez la bouture, puis pressez légèrement le terreau autour de façon qu'il adhère bien à la base de la bouture.

❁ Gardez les boutures dans un endroit lumineux, mais pas en plein soleil, et pratiquez des arrosages modérés jusqu'à la reprise de la croissance, signe d'un bon enracinement.

❁ Faciles à bouturer en terre : abutilon, coléus, géraniums odorants, hortensias, sedum, spirées et bien d'autres.

Marcottage de plantes grimpantes ou arbustes

❁ Le marcottage est un mode de multiplication naturel chez certaines plantes, comme la ronce, pour citer la plus connue. Il consiste à faire enraciner une tige au contact du sol. On l'applique ainsi à certaines grimpantes (lierre, hortensia grimpant, jasmin nudiflore, glycine, solanum, passiflore, chèvrefeuille, hydrangéa, clématite), mais aussi à des arbustes (rhododendron, viorne, deutzia, hydrangéa arbustif, romarin, forsythia, laurier-rose). Si vous souhaitez vous prêter au jeu, sachez qu'il vous faudra être patient.

❁ Il suffit de coucher une tige au sol, de supprimer les feuilles sur la zone en contact avec la terre, puis de couvrir avec 3 à 4 cm de terre. Reste alors à attendre, généralement quelques mois, que la marcotte s'enracine. Si nécessaire, n'hésitez pas à utiliser un petit arceau en fil de fer pour maintenir la tige plaquée en terre.

Division de vivaces

❁ De nombreuses plantes vivaces se développent en touffes, ce qui en fait des candidates idéales pour la division. Tirez parti de cet avantage pour enrichir vos plantations, augmenter vos plants, rajeunir vos massifs et pratiquer des échanges conviviaux avec vos voisins et amis – diviser rapproche !

❁ Parmi les plus faciles, mentionnons : géraniums vivaces, alchémilles, asters, brunnéras, graminées, pulmonaires, sedums, heuchères, lamiers, véroniques, iris des jardins…

❁ Procédez au printemps ou en septembre. Dégagez toute la touffe ou bien prélevez-en directement un éclat en terre, avec un outil approprié – transplantoir ou couteau pour une petite touffe, bêche ou fourche-bêche pour une grosse touffe.

❁ Il est important que l'éclat présente au moins plusieurs belles pousses et racines : plus il est fourni, plus la croissance de la plante est rapide et vigoureuse. ■

Culture et entretien

Gérer le climat : chaleur, froid et intempéries

Rien n'est plus changeant et capricieux que le temps et, en matière de météo, les années bien souvent se suivent et ne se ressemblent pas... Ainsi, si un bon jardinier se doit de connaître les particularités du climat local, il doit également savoir réagir aux conditions exceptionnelles d'un hiver tardif ou d'une sécheresse estivale durable, comme à de fortes intempéries.

Protections contre le froid

- Les plantes sensibles au froid doivent pouvoir bénéficier d'une protection adaptée, tout « emballage » hermétique en plastique étant à proscrire : la condensation créée entraînerait des risques de pourriture. Voici quelques conseils pour, l'hiver venu, protéger au mieux toutes vos plantes d'extérieur.
- Arbustes : selon les cas, disposez un paillis de feuilles sèches au pied et enveloppez la partie aérienne d'un voile d'hivernage (*Fuchsia magellanica*, céanothe fragile, pittosporum...), ou bien placez un cylindre de grillage fin autour des tiges, que vous garnirez également de feuilles sèches et protégerez par une grosse toile (palmiers ou figuier, par exemple).
- Grimpantes et fruitiers palissés : pour les sujets les plus fragiles, comme les pêchers en cas de gelées tardives, déroulez une toile ou un voile d'hivernage que vous fixerez en haut du mur ou du support, par exemple cloué sur un tasseau en bois lui-même fixé au sommet du mur.
- Vivaces et plantes basses : protégez-les si nécessaire – bon nombre d'entre elles sont rustiques et n'ont donc pas besoin de protection ! – par un épais paillis de feuilles sèches sur les souches ; pour maintenir le paillis en place, utilisez un morceau de grillage métallique ou des branchages de conifères.

> *Bon à savoir*
>
> **Résistance au froid et drainage**
>
> ▪ La rusticité est l'aptitude naturelle d'une plante à résister au froid « normal » de l'hiver dans une région donnée. Mais il faut savoir que cette résistance est aussi conditionnée par des facteurs environnementaux et notamment par l'état du sol : ainsi, une plante résistera mieux au froid dans un sol bien drainé que dans un sol humide, où ses racines gèleront plus facilement. Veillez donc à installer les sujets fragiles en situation bien drainée, en améliorant la terre si besoin par un apport ponctuel de sable grossier ou de gravillon. Les plantes, dans l'ensemble, supportent mieux un froid sec qu'un froid humide.

Idée reçue

La neige nuit aux plantes

- Contrairement à ce que l'on croit bien souvent, la neige ne porte pas préjudice aux plantes du jardin : elle constitue même un précieux isolant thermique ! En effet, sauf si le sol est déjà gelé avant les chutes de neige, le matelas neigeux protège dans un premier temps les racines du froid puis, en fondant, il leur apporte eau et éléments nutritifs (sels minéraux et azote, notamment).
- Laissez donc la neige en place sur la pelouse (mais évitez de la piétiner), les massifs et plantes basses, les arbres et arbustes à feuilles caduques, de même que les châssis.
- Dégagez en revanche les amas de neige sur les plantes à feuillage persistant (bambous, arbustes, haie d'ifs…), car leur poids peut les faire casser. Procédez en douceur, avec un manche à balai, par exemple.

❁ Graminées d'ornement (miscanthus, calamagrostis…) et fougères : ne vous précipitez pas en automne pour nettoyer leurs touffes sèches ; attendez la fin de l'hiver pour les rabattre (taille sévère), car les feuilles sèches d'une part protègent la souche des arbustes en hiver et, d'autre part, servent d'abri à la petite faune du jardin, qui vous en saura gré.

❁ Plantes en pot : rapprochez les pots d'un mur pour les mettre à l'abri des intempéries ; si des gelées sont annoncées, couvrez les plantes de feuilles ou de rameaux secs (glanés dans le jardin) et posez un cageot ou un pot retourné pour les maintenir en place.

Après un hiver très rigoureux

❁ Une fois la période froide achevée, il peut être tentant de tailler ou arracher tout ce qui paraît avoir souffert… N'en faites rien !

❁ Si le redoux s'accompagne d'un temps sec, prenez soin d'arroser – avec modération toutefois – les végétaux à feuillage persistant (choisya, fusain, pittosporum…) afin d'éviter qu'ils ne souffrent de la sécheresse après les dégâts du gel.

❁ Attendez la reprise de la croissance, en avril ou mai, pour tailler les arbustes. Si vous taillez trop tôt, vous risquez de supprimer des bourgeons prêts à se développer.

❁ Lorsque le redoux est bien installé, nettoyez les touffes de vivaces en coupant à la base toutes les tiges sèches, gelées ou abîmées. Griffez également la terre de surface pour la décompacter.

Chaleur et sécheresse : les parades

❁ Si vous vivez dans une région aux étés chauds et secs, il importe bien sûr de choisir, dès le début, des végétaux résistants à de telles conditions. Sinon, quelques gestes et astuces permettent de limiter l'impact d'une sécheresse estivale durable.

❁ En situation ventée, installez des brise-vent pour atténuer les effets naturellement desséchants du vent.

❁ Plantez si possible en automne : les jeunes plantes résisteront mieux au premier été sec que les sujets plantés au printemps.

❁ Paillez pour préserver la fraîcheur du sol, mais étalez votre paillis dès le printemps et sur sol humide, quitte à le regarnir en été.

❁ Ombragez les plantes les plus exposées au dessèchement avec des cannisses ou des brandes, que vous pouvez éventuellement installer sur un support au-dessus des plantes, en véritables ombrières. Prenez soin de déplacer pots et bacs à la mi-ombre.

❁ Arrosez la nuit seulement, ce qui permettra aux racines des plantes d'exploiter au mieux l'eau apportée.

Été chaud et humide : les bons réflexes

❁ Chaleur et humidité favorisent la croissance de certaines plantes, mais aussi des champignons… Alors, pour éviter le développement de maladies cryptogamiques (occasionnées par des champignons), adoptez ces quelques réflexes.

❁ Pensez à tailler et éclaircir les feuillages très denses.

❁ Mieux vaut éviter tout semis trop dense au potager.

❁ Pensez à vider les soucoupes des pots et bacs après de fortes pluies, sans quoi les racines risquent de pourrir.

❁ N'hésitez pas à offrir un petit abri temporaire aux plantes qui redoutent particulièrement les excès d'humidité, comme les tomates au potager, mais aussi les cactus ou plantes grasses.

❁ Les fruits des cucurbitacées (courge, concombre…) craignent aussi l'humidité au sol lorsqu'ils mûrissent : pensez à les surélever sur une tuile ou une pierre plate.

Un potiron posé sur une tuile pour mûrir

C'est malin !

Les écrans végétaux : de bons pare-vent

- Malgré ce que l'on pourrait croire, un mur plein, s'il abrite les plantations du froid, ne les abrite pas du vent. Au contraire, en détournant les bourrasques, il peut provoquer de l'autre côté du mur des turbulences encore plus violentes !
- Il s'avère donc plus judicieux de créer des écrans naturels, constitués d'arbres ou d'arbustes, qui filtrent le vent mais ne le bloquent pas. Il faut bien sûr choisir des végétaux naturellement résistants au vent (éléagnus, argousier, pittosporum, cyprès d'Italie…), mais aussi les planter assez serré, pour une protection efficace. La hauteur de l'écran détermine la longueur de terrain protégé derrière, soit environ 10 fois la hauteur du brise-vent.
- À noter qu'une plantation en quinconce renforce encore l'efficacité du brise-vent.

Après la grêle ou une forte pluie d'orage

❁ Les orages sont fréquents en été, quand il ne tombe pas de la grêle… Dans tous les cas, les pluies violentes qu'ils occasionnent ont pour effet de coucher au sol un certain nombre de plantes, voire d'entraîner des chutes de feuilles, branches, tiges cassées… Ne tardez pas à intervenir dès la fin de l'orage, car la chaleur et l'humidité favorisent le développement de maladies cryptogamiques, surtout sur les feuillages denses.

❁ Redressez les plantes qui se sont affaissées, rectifiez le palissage des grimpantes, mais coupez sans attendre toute tige abîmée ou cassée. De même, si de grandes vivaces sont couchées au sol, avec des fleurs abîmées, n'hésitez pas à rabattre leurs tiges, presque à la base au besoin – elles émettront rapidement de nouvelles pousses…

❁ Si des branches ont été cassées, recoupez-les proprement sous le point de rupture, de façon à laisser une coupe plane et nette, non déchiquetée.

❁ Sur les arbres fruitiers, prenez soin de retirer les fruits abîmés par la grêle et les

En bord de mer, choisissez des plantes qui résistent au vent et au sel

Bon à savoir

Attention aux pollens allergisants !

▪ En région ventée, les pollens allergisants ont d'autant plus d'impact qu'ils sont dispersés rapidement et en force. Tenez-en compte dans le choix des espèces que vous plantez, pour votre famille comme pour vos voisins ! Évitez ainsi les plantes aux pollens très allergisants : noisetier, bouleau, cyprès, chêne, platane, troène…

pluies orageuses, sans quoi ils pourriront et contamineront les fruits voisins.

❁ Enfin, à titre préventif, soutenez et tuteurez les plantes fragiles, qui résisteront ainsi mieux au prochain orage. Pensez également à raccourcir les tiges trop longues des grimpantes, car elles sont davantage exposées aux intempéries.

Jardin exposé au vent

❁ Si votre jardin est particulièrement exposé au vent, ce qui est fréquent en bord de mer, choisissez vos plantes en conséquence. Évitez ainsi celles dont les tiges sont cassantes ou fragiles (clématites, capucine grimpante, sophora, ailante…) ou encore celles qui possèdent de grandes feuilles souples (catalpa, paulownia, lilas…).

❁ Veillez en outre à tuteurer solidement les jeunes arbres et arbustes, sans oublier que tronc et tiges doivent garder une certaine souplesse pour plier au vent. N'hésitez pas, les premières années, à les protéger par un filet brise-vent, que vous maintiendrez par des piquets.

❁ Planter plus profond peut également accroître la résistance au vent, particulièrement pour les plantes grimpantes et les légumes comme les tomates.

❁ En automne, taillez les rosiers (grimpants, mais aussi arbustes et buissons) de façon à raccourcir les tiges et offrir moins de prise au vent.

❁ Raccourcissez également les tiges sèches des grimpantes et rabattez toutes les tiges trop longues des arbustes et grimpantes.

❁ Sur le littoral, après un épisode important de vent avec embruns salés, douchez les feuillages pour éliminer le sel (hors période de gel, bien sûr). ▪

Les tuteurs sont une méthode efficace pour protéger les jeunes arbres contre le vent

Arroser juste et malin

Au jardin comme ailleurs, l'eau est un bien précieux qu'il importe de préserver en se montrant économe. Ainsi, vous trouverez ici des conseils et astuces pour récupérer eau de pluie et eaux usées, mais aussi arroser « au plus juste » les plantes qui en ont vraiment besoin.

Abreuver les racines, pas les feuilles

- L'arrosage par aspersion (eau projetée qui retombe en une pluie fine), s'il peut convenir à une pelouse, est en revanche déconseillé pour les plantes. En effet, il mouille davantage les feuilles que le sol, ce qui favorise le développement de maladies comme l'oïdium. Quand vous arrosez vos plantes, veillez donc à verser l'eau directement à leur pied, au niveau des racines.
- Pour les arbres et arbustes, vous gagnerez à verser l'eau dans une cuvette ménagée à l'aplomb de la ramure, car les racines s'étalent à peu près autant en largeur, sous terre, que les tiges et ramifications au-dessus du sol.

Pour bien arroser, formez un rebord de terre de 10 cm de haut autour de la plante

C'est malin !

Drainage astucieux

Il est souvent difficile, quand on arrose, de bien abreuver les racines d'une plante sans tasser la terre de surface, ce qui la rend moins perméable. Voici des procédés astucieux pour drainer directement l'eau :

- Pour les plantes gourmandes en eau, comme les tomates, vous pouvez placer une bouteille en plastique renversée, fond découpé, le goulot (sans le bouchon) enfoncé en terre près du pied des plants.
- Quant aux arbres, dès la plantation, il est préférable d'installer un morceau de drain en plastique ou un bout de tuyau assez large (de type gaine électrique) parmi les racines ; vous n'aurez alors plus qu'à verser l'eau d'arrosage dans la partie du drain qui sort du sol.

La bonne heure pour arroser

- Selon les saisons, il est important de choisir la bonne heure pour arroser, car les végétaux ne sont pas toujours dans des dispositions favorables pour absorber l'eau apportée.
- Au printemps, en été ou en automne, mieux vaut éviter d'arroser au cours de la journée, surtout en plein soleil : le contraste de température entre l'air ambiant et l'eau froide risque de créer un choc pour la plante (stress hydrique). De plus, la réverbération des gouttes d'eau peut provoquer des brûlures sur les feuilles.
- Au printemps, en automne et en hiver, il est conseillé d'arroser en matinée et tôt de préférence, c'est-à-dire avant les premiers rayons du soleil. Il vaut mieux ne pas apporter d'eau en soirée car l'humidité nocturne, par température fraîche, favorise le développement de maladies cryptogamiques (occasionnées par des champignons microscopiques).
- En plein été, on gagnera à arroser tard le soir, à la tombée de la nuit ou après. Les plantes comme le sol profiteront davantage de la fraîcheur et de l'humidité. Si vous arrosez le matin, faites-le très tôt, l'évaporation étant rapidement importante par temps chaud.

❁ En hiver, si vous devez arroser des plantes en pot ou bac, faites-le vers la fin de la matinée, quand la température de l'air et du sol est plus douce (hors période de gel, bien sûr).

La bonne fréquence d'arrosage

❁ Il est préférable d'arroser moins souvent mais copieusement. Des arrosages espacés – une fois par semaine, par exemple – incitent la plante à développer ses racines en profondeur afin de puiser l'eau stockée dans le sol. Alors que de petits arrosages répétés se traduisent par un développement des racines juste sous la surface du sol, ce qui les expose d'autant en période de sécheresse.

Idée récup

L'eau de lavage des légumes

▪ Pensez à récupérer l'eau utilisée à la cuisine pour votre arrosage. L'eau de lavage des légumes, par exemple, peut être réemployée pour les plantes d'intérieur, mais aussi, en été, les jardinières de fenêtres ! Pour ce faire, lavez vos légumes dans une cuvette plutôt que directement dans l'évier.

Paillis maison

❁ Le paillage est un excellent moyen pour réaliser des économies d'arrosage : il limite l'évaporation naturelle du sol comme les effets desséchants du vent.

❁ Si vous disposez d'un broyeur ou pouvez en emprunter un, vous serez à même de composer votre propre paillis à base de fragments de bois (rameaux) – c'est ce qu'on appelle la technique du bois raméal fragmenté (BRF). Préparez-le en fin d'hiver (avant la reprise de la croissance) avec les déchets de taille des arbustes du jardin. Passez au broyeur tous les rameaux sains de moins de 3 à 4 cm de diamètre et étalez-les aussitôt en paillis (2 à 3 cm d'épaisseur, pas plus) au pied d'une haie ou d'un arbuste.

❁ Autre possibilité : un paillis à base de feuilles mortes, même si celles-ci s'envolent lorsqu'il y a du vent ! Broyez les feuilles coriaces avant de les mélanger avec des feuillages plus tendres, étalez le tout, puis recouvrez d'une bonne couche de feuilles ramassées au jardin, sur 10 cm au moins, car elles se tassent et se décomposent vite.

Brise-vent en région ventée

❁ Si votre jardin est en situation ventée, vous avez tout intérêt à y établir des haies brise-vent, avec des arbres et arbustes résistants : elles contribueront à réduire les pertes d'eau par évaporation et limiteront donc les besoins en arrosage. Ces haies qui filtrent le vent en atténuent grandement les effets desséchants (pour réaliser un écran végétal, voir l'encadré p. 346).

Sécheresse : les plantes à arroser en priorité

❁ Que la pelouse jaunisse un peu si l'été est sec n'a rien de grave : elle reverdira aux premières pluies d'automne. De même, les arbustes et vivaces en place depuis plus de 2 ans se passent généralement d'arrosage s'ils sont bien adaptés au climat de votre région.

❁ Certaines plantes, en revanche, doivent impérativement être arrosées en cas de sécheresse durable. Ce sont, par ordre de priorité :

✓ les potées du jardin et les plantes d'intérieur sorties pour l'été ;

✓ les semis et jeunes plants si vous avez réalisé des semis peu avant l'été ;

✓ les plantations récentes ;

✓ les légumes du potager gourmands en eau (tomates et haricots, par exemple) ;

✓ mais aussi certaines plantes particulièrement sensibles à la sécheresse (arbustes de terre de bruyère, viburnums et hydrangéas, astrances).

Récupérer l'eau de pluie avec des récipients de fortune

❁ Un jardin économe ne peut se concevoir sans récupérateurs d'eau de pluie, qu'ils soient reliés à une descente des eaux de la maison, du garage ou même de l'abri de jardin.

❁ Il n'est toutefois pas indispensable d'opter pour un récupérateur du commerce : n'importe quel contenant peut faire office de cuve, pourvu qu'il soit suffisamment étanche et n'ait jamais renfermé de produits toxiques. Vous pouvez ainsi recycler un vieux tonneau, une grande bassine en zinc, une cuve en métal ou en plastique…

❁ Si l'eau tombe directement de la gouttière, pour éviter les éclaboussures, accrochez-y une chaîne que vous laisserez pendre au-dessus du collecteur – l'eau, de cette façon, coulera le long de la chaîne. Il suffisait d'y penser !

Pendant les vacances

❁ Vous partez en vacances plus de 10 jours, voire plusieurs semaines ? Quelques mesures s'imposent pour éviter que certaines plantes ne dépérissent en votre absence, surtout si la sécheresse estivale s'installe.

❁ L'idéal, bien sûr, est d'avoir un voisin ou un proche qui passe contrôler votre jardin régulièrement.

❁ Sinon, l'installation d'un système d'arrosage automatique offre une aide précieuse, qu'il s'agisse de goutteurs ou de tuyaux microporeux (avec contrôle d'un programmateur). Si vous optez pour cette solution, veillez à l'installer suffisamment à l'avance pour la tester sur plusieurs semaines – vous serez ainsi sûr que les réglages sont au point avant de vous absenter !

❁ Si vous ne souhaitez pas investir dans ce type d'installation, il ne vous reste plus qu'à laisser le jardin se débrouiller tout seul… sauf pour les plantes en pot, qui ne peuvent pas tolérer une trop longue privation d'eau (voir p. 372). ■

Composter et fertiliser malin

Faire son compost maison s'avère doublement utile. D'une part à la cuisine, où vous recyclez ainsi, naturellement, vos déchets ménagers, sans surcharger la poubelle. D'autre part au jardin, où vous apportez un précieux fertilisant, qui va enrichir aussi bien vos plantations que vos cultures. Installez-y votre silo dans un coin discret et, au bout d'un an environ, il vous donnera un bon compost.

Bac à compost fait maison

- Vous pouvez bien sûr acheter un bac à compost dans le commerce, mais le fabriquer vous-même n'est pas difficile, d'autant que le bois est toujours plus esthétique que le plastique dans un jardin.
- Il s'agit de confectionner un bac carré, sans fond (en contact direct avec le sol pour favoriser l'arrivée des micro-organismes), d'environ 1 m à 1,20 m de côté.
- Vous pouvez utiliser soit des palettes bien épaisses (à récupérer dans un magasin de bricolage, par exemple), soit des planches solides (au moins 12 mm d'épaisseur). Il est important que les parois du bac à compost soient ajourées pour assurer une bonne circulation de l'air et limiter les odeurs désagréables.
- Assemblez (avec des clous) 3 palettes à angle droit de façon à constituer l'arrière et les deux côtés latéraux. La quatrième palette, qui devient la porte pour accéder au compost, peut être fixée avec des charnières, de façon à permettre l'ouverture.
- Si vous employez des planches, préparez 3 faces en assemblant (avec des clous) les planches sur des poteaux verticaux (des manches à balai hors d'usage feront l'affaire) et en veillant à laisser entre elles un espace (jour) de 2 à 3 cm. La quatrième face servant d'ouverture sera montée sur charnières.
- Autre possibilité : monter des panneaux de grillage rigide (restes d'une clôture) sur des poteaux de clôture. La solution est encore plus économique.

Accélérer le compostage

- Pour accélérer le processus de décomposition de votre tas de compost, voici quelques astuces qui pourront vous être utiles.

Bon à savoir

En quoi consiste le compostage ?

Le compostage est un processus qui vise à décomposer des déchets d'origine essentiellement végétale sous l'action des micro-organismes du sol et des vers à compost. Pour que ce processus s'opère dans les meilleures conditions, soit en 6 à 12 mois, il faut de l'oxygène, de l'humidité et des déchets végétaux variés.

Pour créer un tas de compost, commencez par déposer une petite couche de rameaux entiers (non broyés) au sol – ils favoriseront l'aération.

Ensuite, empilez des couches successives de matériaux. Il est important d'alterner régulièrement déchets « verts » et déchets « bruns » :

- Les déchets « verts » (tontes de gazon, épluchures…) sont humides et leur décomposition produit surtout de l'azote, indispensable à la croissance des plantes.
- Les déchets « bruns » (tiges et rameaux broyés, feuilles mortes…) sont plus secs et produisent essentiellement du carbone, nécessaire à l'activité microbienne du sol.

Idée récup

Bon ou pas bon pour le compost

Tous les déchets verts du jardin peuvent être ajoutés au tas de compost, à condition de ne pas être porteurs de maladies et, pour les déchets ligneux, d'être broyés. Il en va de même pour certains déchets ménagers issus de la cuisine. Voici une petite liste pour s'y retrouver.

Peuvent être intégrés au tas de compost :

- Tontes de gazon.
- Mauvaises herbes séchées uniquement (sinon, elles s'enracinent !), mais pas celles qui sont prêtes à former des graines.
- Tiges coupées des annuelles, vivaces…
- Rameaux et déchets de taille broyés (principalement feuillus, les conifères se dégradant trop lentement).
- Feuilles mortes.
- Papiers et cartons non imprimés (en petite quantité).
- Épluchures de fruits et légumes.
- Marc de café et sachets de thé ou tisane.
- Coquilles d'œuf broyées.

Ne doivent pas être intégrés au tas de compost :

- Restes de poisson, viande, croûtes de fromage, plats cuisinés, pain.
- Huiles de friture ou autres.
- Déjections animales.

Lorsque vous jetez des déchets sur votre tas de compost, prenez soin d'alterner les matériaux « bruns » (plus fibreux, plus secs) et les matériaux « verts » (plus humides), comme les tontes de gazon ou les fanes de légumes (voir encadré ci-dessus).

N'hésitez pas non plus à broyer ou recouper de temps en temps les déchets les plus grossiers, de manière à constituer un tas suffisamment compact.

N'oubliez pas enfin d'arroser votre tas de compost de temps à autre, pour éviter qu'il ne soit trop sec, et de le « brasser » tous les 1 ou 2 mois, pour qu'il se décompose plus vite.

Inutile d'acheter un produit « activateur » de compost : il sera avantageusement remplacé par des tiges et des feuilles hachées d'ortie, de consoude ou de rhubarbe, que vous étalerez en fine couche.

Le compost, un ingrédient de choix pour fabriquer son terreau

Le compost est un amendement organique, riche en humus, qui permet d'améliorer la fertilité du sol et de préparer du terreau maison. Ce dernier vous sera notamment utile pour le rempotage de vos plantes d'intérieur, mais aussi pour les potées estivales et plantes d'orangerie.

Il convient tout d'abord de tamiser le compost une fois qu'il est bien décomposé, soit avec un tamis, soit avec une plaque de grillage à maille fine.

Ensuite, il faut savoir que le compost, même tamisé, ne doit jamais être employé seul, pur, comme terreau de rempotage : il est beaucoup trop riche et brûlerait les racines des plantes ! Vous devez donc le mélanger ainsi :

✓ Pour un terreau universel, mélangez 1/3 de terre de jardin, 1/3 de compost tamisé et 1/3 de sable de rivière (acheté en jardinerie ou chez un marchand de matériaux). Ce terreau convient à une très large gamme de plantes, potées estivales comme plantes vertes d'intérieur.

✓ Pour les plantes grasses, mélangez 1/4 de terre de jardin, 1/4 de compost tamisé et 1/2 de sable de rivière. ■

Agir contre les mauvaises herbes

Le désherbage fait malheureusement partie des corvées incontournables du jardinage. On ne peut pas y couper... car les mauvaises herbes ont tôt fait de s'installer et de concurrencer les plus beaux sujets du jardin ! On ne cédera pas pour autant à la tentation des désherbants, même si les produits aujourd'hui autorisés sur le marché sont moins agressifs qu'avant. Des solutions astucieuses existent qui méritent d'être essayées.

Les bons gestes

De l'intérêt des plantes couvre-sol

▪ Naturellement vigoureuses et colonisatrices, les plantes couvre-sol créent un véritable tapis végétal et étouffent ainsi les mauvaises herbes. Elles gagnent à être utilisées dans les massifs, au pied ou entre des arbustes ou de grandes vivaces vigoureuses comme elles, mais aussi en bordure de massif. On évitera, en revanche, de les installer à côté de sujets plus fragiles, qui seraient vite étouffés. Idéales dans les massifs : pervenche, alchémille, lamier, orpin, myosotis, bergénia, géranium vivace…

Allées et terrasses

❁ Pour éviter le désherbage manuel, très fastidieux dans ces zones, vous pouvez avoir recours à un désherbeur thermique (à gaz ou électrique). Sa flamme, en créant un choc thermique, vient à bout d'un grand nombre de mauvaises herbes, exception faite, peut-être, des plantes à racine pivotante, tel l'emblématique et indétrônable pissenlit. Ces plantes ayant tendance à résister, seul le couteau désherbeur s'avère alors efficace.

❁ Une solution plus écologique et préventive consiste à semer des plantes robustes et résistantes au piétinement : thym rampant, sagine, aubriète, violettes, petites campanules… Elles occuperont le terrain bien plus joliment que les mauvaises herbes ! Et vous n'aurez pas à vous soucier de les déloger…

Dans les massifs

❁ La pratique du paillis freine notoirement la croissance des mauvaises herbes dans les massifs, qu'il s'agisse de tontes de gazon, de compost grossier ou de déchets de taille broyés (voir aussi p. 350). N'hésitez donc pas à pailler vos massifs, sans oublier de désherber au préalable et de renouveler le matériau de paillage quand il commence à se tasser et à entrer en décomposition.

❁ Autre possibilité : opter pour des plantes couvre-sol (voir encadré ci-dessus) qui, une fois bien établies, empêchent elles aussi les mauvaises herbes de pousser.

Au pied d'une haie

❁ Certaines mauvaises herbes affectionnent les coins et recoins naturellement moins « cultivés ». Or, certaines de ces herbes (linaire, lierre terrestre, achillée, lamier pourpre, plantain, trèfle, cardamine, ortie…) ne sont pas mauvaises en soi, car elles attirent une faune utile au jardin (voir p. 360). Ne cherchez donc pas à les éradiquer, mais ne vous laissez pas non plus envahir – conservez-en quelques pieds. Seules les plus redoutables, comme le chiendent ou l'herbe-aux-goutteux, nécessitent d'être arrachées.

Dans la pelouse

❁ Toutes les mauvaises herbes ne déparent pas dans une pelouse. Certaines sont même esthétiques, comme le trèfle ou les pâquerettes, et méritent donc de rester en place, sauf si elles se font par trop envahissantes. Pour le reste, un couteau désherbeur ou une gouge à asperges vous aideront à déloger, au printemps, les pissenlits et autres indésirables à racine pivotante.

Le liseron, le chiendent et l'herbe-aux-goutteux, trois envahisseurs tenaces

Côté potager

❁ Pratiquer un faux semis est un bon moyen de déjouer les mauvaises herbes au potager. Il s'agit de préparer le sol comme pour le semis, puis d'arroser sans rien avoir semé. Les graines de mauvaises herbes germeront dans les 15 jours qui suivent et vous les supprimerez par un simple binage – le fait de griffer le sol suffit à déraciner les plantules. Vous pourrez alors procéder au « vrai » semis, sachant que le désherbage d'entretien sera ensuite nettement allégé !

Contre les plus tenaces des mauvaises herbes

❁ Certaines mauvaises herbes peuvent s'avérer particulièrement coriaces et donner du fil à retordre au jardinier ! Le liseron, le chiendent et l'herbe-aux-goutteux comptent parmi les plus redoutés de ces envahisseurs. Des passages répétés finissent, certes, par en avoir raison, mais il faut s'armer de patience et de courage. Sinon, on peut tenter des parades ponctuelles, en « enfermant », par exemple, la plante, l'été, dans une bouteille en plastique (goulot coupé) : la mini-serre créée la fera succomber en période chaude et sèche.

❁ Si une surface importante de votre jardin est envahie de chardons, liserons ou autres, couvrez tout le périmètre avec une vieille moquette, un tapis épais, de vieux cartons ou une bâche en plastique noire. Laissez ainsi en place 6 mois environ. Même les mauvaises herbes les plus récalcitrantes étoufferont et leurs racines commenceront à se décomposer. Vous pourrez ensuite préparer le sol pour de nouvelles plantations.

Choisir le bon moment pour désherber

❁ Le printemps est un rendez-vous clé pour maîtriser le désherbage du jardin.

❁ D'avril à fin juin, veillez à inspecter régulièrement vos massifs, tous les 15 jours si possible. Le mieux est de passer après une pluie, car les mauvaises herbes sont plus faciles à enlever, surtout les plus résistantes, qui s'affaiblissent au fil d'arrachages répétés. Ce nettoyage printanier contribuera à alléger le désherbage d'été, que la sécheresse rend souvent plus délicat. ▪

Idée reçue

Eau de Javel et gros sel

▪ L'eau de Javel est souvent conseillée pour un désherbage efficace. Or, ce produit chloré s'avère hautement toxique pour les plantes (sans distinction !), mais aussi pour la microfaune du sol et les nappes phréatiques. À proscrire, donc.

▪ Le gros sel est aussi néfaste, puisqu'il brûle les racines des végétaux. De fait, très peu de plantes parviennent à pousser dans les sols salés des littoraux.

Jardiner malin

Certains gestes astucieux facilitent grandement les travaux de jardinage, que ce soit le ramassage des feuilles, souvent fastidieux, ou la taille des arbres, parfois délicate. Mais faire preuve d'ingéniosité est également utile pour déjouer les obstacles que dame Nature peut mettre sur le chemin du jardinier ! Ainsi, si votre terrain est humide et que vous souhaitiez malgré tout jouir d'un potager, vous trouverez ici la solution pour en créer un. Et bien d'autres conseils.

> **Bon à savoir**
>
> **Fleurs fanées : supprimer pour renouveler**
>
> ▪ La suppression des fleurs fanées est une tâche un peu fastidieuse, mais elle s'avère souvent indispensable pour favoriser une nouvelle floraison. Vos efforts seront donc payants ! Si vous ne retirez pas les fleurs fanées, la plante utilisera son énergie pour former graines et fruits, au détriment de nouvelles fleurs.

Feuilles mortes : faut-il les ramasser à la pelle… ?

❁ Tout dépend du type de feuilles et des plantations qu'offre votre jardin ! Voici les principaux cas où il est bon de les ramasser.

✓ Lorsqu'elles sont coriaces et/ou lentes à se décomposer, ce qui est le cas, notamment, chez les platanes et mûrier-platanes, le laurier-cerise ou encore les magnolias à feuillage persistant. Si vous désirez les utiliser pour en faire du compost (voir pp. 352 et 353) ou un paillis, il est préférable de bien les broyer.

✓ Lorsque leur aspect peut faire suspecter la présence d'une maladie, en particulier pour les rosiers et les arbres fruitiers. Dans ce cas, les feuilles ne doivent pas être mises sur le tas de compost, mais brûlées, pour éviter tout risque de propagation.

✓ Quand elles jonchent la pelouse, au risque d'asphyxier les graminées du gazon. Mais, le ratissage étant assez laborieux sur une pelouse, vous pouvez tout simplement passer la tondeuse pour vous faciliter la tâche.

✓ Quand elles recouvrent une allée ou une terrasse, car elles peuvent rendre le sol glissant par temps pluvieux. Un petit effort vaut mieux qu'une mauvaise chute !

✓ Quand elles s'accumulent dans les massifs de plantes herbacées (vivaces, bulbes…), où elles peuvent provoquer le pourrissement des souches.

✓ Quand elles flottent à la surface d'un bassin, compromettant ainsi la qualité de l'eau. Pour les repêcher, une astuce consiste à fixer un carré de grillage fin sur une fourche – malin ! Mais il est encore plus judicieux de poser un grillage au-dessus du bassin dans le courant de l'automne, en prévention.

❁ En revanche, on peut tout à fait les laisser se décomposer naturellement dans les cas suivants:

✓ Lorsqu'elles jonchent le pied des haies ou des grands arbres, où elles se transformeront en humus et seront colonisées par une microfaune utile.

✓ Lorsqu'il s'agit de petites feuilles dans des massifs associant arbustes et vivaces, qu'elles ne risquent donc pas d'étouffer. C'est le cas, par exemple, pour les charmes ou bouleaux surplombant le massif, mais aussi les arbustes d'ornement à petites feuilles.

Tailler les arbustes à fleurs au bon moment

❁ Les jardiniers hésitent souvent quant au moment opportun pour tailler les arbustes à fleurs… sans ruiner la floraison à venir ! On a ainsi coutume de distinguer les sujets qui fleurissent sur le bois de l'année – ils forment leurs fleurs sur les nouvelles pousses de l'année et ne fleurissent donc pas avant l'été – et ceux

Buddleia

qui fleurissent sur le bois de l'année précédente – ils portent leurs fleurs sur les tiges de l'été précédent et fleurissent par conséquent au printemps. Cette distinction est importante pour savoir quand opérer!

✓ Pour les arbustes qui fleurissent sur le bois de l'année: la période la plus favorable est la fin de l'hiver ou le début du printemps. En effet, la taille stimule alors la formation de nouvelles pousses et l'arbuste n'en fleurira que mieux. C'est le cas des buddléias, lavatères arbustives, caryoptéris…

✓ Pour les arbustes qui fleurissent sur le bois de l'année précédente: il vaut mieux les tailler après la floraison, et non en fin d'hiver, au risque de sacrifier une bonne partie des fleurs attendues! On procédera de la sorte avec les forsythias, deutzias, seringats…

Favoriser le buissonnement

❁ Pour avoir des plantes bien étoffées, pleinement épanouies, la pluie et le soleil ne suffisent pas! Un petit coup de pouce fait la différence… Il existe en effet une technique particulière, qui consiste à «pincer» une tige herbacée (ou souple), c'est-à-dire à la couper à une certaine hauteur entre le pouce et l'index.

❁ Cette action permet de supprimer le bourgeon terminal de la tige, ce qui favorise l'entrée en croissance des bourgeons inférieurs. Conséquence: la tige se ramifie – ou, plus précisément, «buissonne» – et porte ainsi davantage de feuilles et fleurs tout en demeurant plus basse. Autre avantage du pincement: les tiges, plus trapues, demandent moins de tuteurage.

❁ La technique peut être mise à profit pour beaucoup de grandes vivaces: grands asters, fuchsias, chrysanthèmes d'automne, penstemons, phlox, rudbeckias, hélianthus… Le mieux est bien sûr de procéder en cours de végétation, soit à la fin du printemps ou au début de l'été. On supprimera alors entre un quart et un tiers de la partie supérieure de la tige.

❁ Les aromatiques ne sont pas en reste, tels le basilic et l'estragon, qui formeront plus de pousses feuillues et parfumées.

❁ Mais on peut aussi utiliser cette technique pour certaines plantes d'intérieur, que l'on incitera ainsi à se ramifier: misère, pothos, crassula et bien d'autres.

Les bons gestes

Bien couper une tige

Quel que soit le diamètre de la tige à couper, voici comment réaliser une coupe «propre», c'est-à-dire à même de stimuler la croissance des bourgeons inférieurs sur la tige.

- Coupez juste au-dessus d'un bourgeon ou d'une feuille (selon la saison), ou d'une paire de bourgeons ou feuilles (en fonction de la disposition des feuilles sur les tiges, alterne ou opposée). Il est préférable de ne pas couper trop près des bourgeons, pour éviter de les blesser, ni trop loin, car la portion de tige située au-dessus des bourgeons va alors sécher, ce qui l'exposera davantage aux maladies.
- Dans le cas d'une tige à feuilles opposées, pratiquez une coupe plane, perpendiculaire à l'axe de la tige.
- Dans le cas d'une tige à feuilles alternes, pratiquez une coupe en biseau, en inclinant la coupe du côté opposé au bourgeon. Ainsi, l'eau de pluie ne ruissellera pas vers le bourgeon, limitant les risques de pourriture.

Bon à savoir

Des bienfaits de la taille des arbres et arbustes

La taille est un geste essentiel à la bonne santé des arbres et arbustes. Elle vise ainsi à :

- supprimer le bois mort, cassé ou abîmé, qui peut fragiliser l'arbre ou arbuste et favoriser les maladies ;
- assurer le renouvellement des tiges (arbustes) et des rameaux à fruits (arbres fruitiers), ce qui revient à stimuler floraison et fructification, les jeunes tiges étant plus florifères que le vieux bois ;
- favoriser la pénétration de la lumière au cœur de la ramure, ce qui confère de la vigueur à l'arbre ou arbuste ;
- rectifier l'équilibre de la plante, pour une bonne répartition des tiges ou branches ;
- réduire le volume de l'arbre ou arbuste, notamment pour une haie, ce qui permet de maîtriser son développement.

Tuteurer les grandes vivaces, bulbeuses et annuelles

L'été est une saison propice aux rafales de vent et pluies d'orage, qui couchent à terre les grandes vivaces (delphiniums, grandes campanules, chrysanthèmes…), bulbeuses (dahlias, glaïeuls) et annuelles. Pour parer à de tels effets et préserver ses plantations, on anticipera dès le mois de mai ou juin, en posant des tuteurs appropriés. Le jardin offre de multiples matériaux qui peuvent être récupérés à cette fin.

✓ Une branche de bambou est parfaite pour soutenir des tiges droites comme celles des delphiniums ou des iris.

✓ Une branche de noisetier fait un bon soutien à des tiges robustes comme celles des pivoines arbustives.

✓ Des tiges ramifiées (résidus de taille des arbustes du jardin) conviendront très bien pour des touffes telles que phlox, asters, pivoines herbacées… Au besoin, piquez des tuteurs ramifiés tout autour de la touffe en croissance. Ainsi, les tiges s'appuieront sur ces tuteurs de façon souple et naturelle, sans risquer de casser pour autant.

Étayer les fruitiers lourdement chargés

Certaines années, les arbres fruitiers croulent littéralement sous le nombre et le poids des fruits, qu'il s'agisse de pommiers, poiriers ou pruniers. Le risque, alors, est qu'une grosse branche ne casse, ce que l'on peut prévenir en soutenant les branches les plus chargées dès le mois de juillet. Ces « béquilles » seront retirées une fois la cueillette terminée.

Un solide pieu en bois, fourchu à une extrémité, est le soutien idéal pour une grosse branche, mais, à défaut, n'importe quel support en forme de T peut convenir, pourvu qu'il soit suffisamment solide et haut (la hauteur doit être adaptée à la taille de l'arbre fruitier).

Sinon, on peut également avoir recours à un outil à long manche, de type râteau ou scarificateur manuel, voire à un escabeau ou une échelle en bois, ou encore à un vieux poteau de fil à linge. Recycler pour tuteurer fait aussi partie du jardinage malin !

Restaurer une pelouse

Le gazon fait souvent grise mine en fin d'été ou au printemps, avec des taches ou des zones dénudées. Plusieurs solutions permettent de remédier à ces petits désagréments passagers.

Si la ou les portions dénudées se situent dans une zone très ombragée, par exemple au pied d'une haie ou d'un arbre, le mieux est de renoncer au gazon, qui ne pourra jamais être dense à cet endroit. On gagnera à le remplacer par des plantes couvre-sol supportant l'ombre et la sécheresse, comme pachysandra, lamier, pervenche ou lierre.

Si la pelouse ne peut pas attendre d'être remise en état, la meilleure solution est de griffer la terre de surface à l'emplacement dénudé (pour ameublir la terre), d'éliminer au besoin les mauvaises herbes, puis de ressemer à la volée. On veillera ensuite à garder le sol frais, en pratiquant des arrosages réguliers en pluie fine si le temps est sec. Sans oublier de poser un filet à maille fine, pour dissuader les oiseaux.

Si la zone dénudée se limite à une petite surface en bordure de la pelouse, l'astuce consiste à découper une plaque carrée ou rectangulaire de 7 à 10 cm d'épaisseur, comprenant la partie dénudée, puis à la retourner de façon que la partie dénudée se retrouve côté pelouse et non côté bordure (côté allée ou massif jouxtant la pelouse). De cette façon, la bordure elle-même sera réparée et la partie dénudée, une fois griffée et ressemée, reprendra très rapidement, également étoffée par les graminées voisines.

Réaliser un potager insolite

Il existe des alternatives intéressantes au traditionnel potager.

Si vous possédez un tout petit jardin ou souffrez de maux de dos qui limitent votre pratique, le potager en carré surélevé peut se révéler une option judicieuse. Aménagez un ou plusieurs carrés selon l'espace dont vous disposez, chacun d'environ 1,20 m de côté, pour être accessible de toutes parts.

✓ Pour surélever, utilisez des planches, des murets ou des fascines (branchages souples tressés).

✓ Remplissez ensuite chaque carré avec une bonne terre enrichie en compost.

✓ Définissez la hauteur souhaitée, puis montez les côtés du carré, soit à l'aide de simples planches maintenues à la verticale par des fers à béton enfoncés dans le sol, soit, pour une plus grande hauteur, en assemblant des planches sur des poteaux verticaux placés aux quatre angles de la structure.

✓ Comblez avec le volume de terre nécessaire pour remplir la structure. Vous pouvez remplir à «ras bord», car la terre se tasse toujours un peu avec le temps. Le carré peut ensuite être divisé en 9 ou 12 cases, ce qui permet des cultures très variées et successives, mais en petite quantité bien sûr!

En sol humide, adoptez le potager sur butte : il s'agit d'aménager une butte d'environ 1,20 m de large, à la longueur de votre choix, mais limitée par des bordures pour maintenir la terre en place. Constituez un monticule de bonne terre (bien drainée!), d'environ 60 cm de hauteur, au sommet de la butte. Là aussi, vous pouvez multiplier les semis et plantations, associer des légumes très variés, qui ne souffriront pas de l'humidité excessive du sol sous-jacent.

Si le jardin se limite à une petite cour ou un grand balcon, pots, bacs et jardinières peuvent accueillir aromatiques et légumes bien choisis (laitue à couper, radis, tomate...), à condition d'assurer à ces plantes des contenants d'au moins 25 cm de profondeur et remplis d'un bon terreau (voir p. 353). ■

Accueillir la petite faune au jardin

Des insectes butineurs au craintif hérisson en passant par le furtif lézard, la petite faune est extrêmement variée. Mais surtout, elle fait beaucoup dans un jardin : pour la biodiversité même, pour la pollinisation, pour la fertilité du sol, pour la lutte contre les ravageurs. Alors, si vous voulez que ces précieux animaux viennent s'installer chez vous, faites en sorte de leur offrir gîte et couvert !

Multiplier les points d'eau

❁ La petite faune aime pouvoir s'abreuver ou se baigner, aussi est-il bon de lui fournir des points d'eau à demeure (toute l'année) : soucoupes, larges coupelles, fontaine, tout est possible… pourvu que chaque point d'eau soit adapté aux animaux, c'est-à-dire pas trop profond, pour éviter les noyades, et avec une pente douce, pour qu'ils puissent en ressortir. Il est important qu'ils disposent d'une passerelle de sortie, par exemple un caillou dans une soucoupe pour les insectes ou une planchette dans un bassin pour les hérissons. Et, en période de gel, on veillera naturellement à renouveler l'eau chaque jour. Dans tous les cas, la présence de nombreux abreuvoirs exerce un fort potentiel d'attraction… et de fidélisation !

Des abris pour tous

❁ N'hésitez pas à constituer des abris de toutes sortes, afin que la petite faune puisse y trouver refuge en hiver, ou se reproduire entre le printemps et l'été pour la plupart des espèces. Ainsi, un petit tas de bois, placé au fond du jardin, constituera un abri idéal pour les hérissons comme pour les insectes xylophages. Un muret de pierres sèches ou un simple tas de pierres plates seront très appréciés des lézards et petits invertébrés. Un tas de feuilles mortes, dans un coin reculé, attirera aussi le hérisson, voire la musaraigne. Enfin, les insectes seront heureux de trouver des tas de brindilles et tiges sèches.

❁ Pour pouvoir jouir du chant des oiseaux, veillez à leur installer un nichoir : un modèle simple suffit, de type boîte aux lettres, avec un toit protégé par une plaque en zinc et sans perchoir, surtout – il fournirait un point d'appui à certains prédateurs.

Abri pour insectes

❁ Pour favoriser les insectes utiles, notamment les précieux pollinisateurs, vous pouvez leur construire un abri spécial, en bois. Ce sera l'occasion de recycler vos déchets de taille !

✓ En prévision, quand vous taillez et nettoyez vos massifs, pensez à mettre de côté des tiges sèches et creuses de différents diamètres (bambou, fenouil, sureau, framboisier…). Vous les recouperez en tronçons d'environ 20 cm de long.

✓ Pour l'abri lui-même, réalisez un cadre triangulaire ou rectangulaire avec des planches de 15 à 20 cm de large.

✓ Prévoyez de laisser dépasser les tiges de 2 à 3 cm du cadre.

✓ Assemblez les tiges à l'intérieur du cadre, avec des points de colle à bois, de façon à le remplir.

✓ Il est préférable d'installer votre abri au printemps, dans un

endroit du jardin ensoleillé et abrité du vent, pas trop haut (environ 1 m) et à proximité de fleurs mellifères et de plantes sauvages, qui attirent naturellement ces insectes.

Nourrir les oiseaux en hiver

- Les oiseaux, friands d'insectes, constituent des alliés de choix pour l'équilibre de votre jardin. À condition d'être aux petits soins avec eux, c'est-à-dire de les nourrir ! Veillez toutefois à ne le faire que durant la période où la nourriture se fait rare, à savoir des premières gelées aux premiers beaux jours d'avril.
- Vous pouvez leur donner des graines, des fruits et de la graisse, soit dans des mangeoires (maintenues propres par un nettoyage régulier), soit sous forme de boules de graisse et graines.
- Il est bon de laisser les feuilles mortes au pied des arbres en automne : les oiseaux y trouveront petits insectes et vers jusqu'en hiver. Moins d'effort pour vous, plus de vivres pour eux ! De même, il vaut mieux ne pas tailler les arbustes à baies (pyracantha, cotonéaster, rosiers botaniques…) avant l'hiver. Les oiseaux pourront ainsi profiter de cette ressource. ■

Bon à savoir

La petite faune utile : une grande diversité !

■ Elle est en effet bien plus diverse qu'on ne l'imagine ! Parmi les oiseaux insectivores les plus courants, figurent les mésanges, les merles, les rouges-gorges et les moineaux domestiques. Les insectes utiles comptent, par exemple, des prédateurs de ravageurs des plantes, tels que carabes, coccinelles, syrphes ou chrysopes, mais aussi les indispensables pollinisateurs que sont essentiellement les abeilles, domestiques ou sauvages, et les bourdons, ainsi que certaines guêpes et certains papillons. Des petits mammifères comme les hérissons et des batraciens comme les grenouilles et crapauds se nourrissent également de ravageurs des plantes… Vos alliés au jardin sont donc nombreux !

Maladies, parasites et indésirables

Prévention et pratiques culturales

Pour préserver son jardin des maladies et parasites, il est essentiel d'agir en prévention, par des gestes ciblés, mais aussi d'adopter de bonnes pratiques culturales. Si, malgré tout, une maladie ou une attaque de parasites se déclare, mieux vaut intervenir rapidement, pour limiter les risques de propagation, et choisir un moyen de lutte approprié, respectueux de l'environnement. En matière de soins au jardin, il en va des végétaux comme des humains, ou presque…

Prévenir l'oïdium

- Cette maladie, fréquente par temps sec, se traduit par l'apparition d'un feutrage blanchâtre sur les feuilles et pousses, parfois sur les fleurs et fruits. Un grand nombre de plantes peuvent être touchées, au potager comme au jardin d'ornement, voire au verger chez les fruitiers.
- Quelques gestes et réflexes sont bons à adopter en prévention.

✓ On veillera à arroser les plantes fragiles en période sèche, en versant l'eau au pied et sans mouiller le feuillage.

Bon à savoir

La moniliose : une maladie fréquente chez les fruitiers

- Cette maladie cryptogamique (champignon monilia) touche tous les arbres fruitiers, mais surtout les pruniers, cerisiers, pêchers et abricotiers, ainsi que certains prunus d'ornement. Elle se traduit par un dessèchement brutal de bouquets floraux et/ou de fruits et rameaux. Les fleurs des arbres atteints se dessèchent au printemps et forment des « paquets » agglomérés, qui se couvrent d'une poussière cireuse beige. Les fruits produits présentent à maturité une pourriture molle, due au champignon. Parfois, des rameaux se dessèchent et laissent s'écouler une gomme à leur base.

✓ Il est important que l'air circule bien autour et entre les plantes. Ainsi, on espacera suffisamment les plants au potager, de même que l'on taillera les arbustes. Pour les grimpantes palissées, il convient également de laisser un espace entre le support de palissage et le mur.

✓ Privilégier dès le début des variétés résistantes reste le meilleur moyen préventif, du moins lorsque ce choix est possible.

Au jardin fruitier

- Les arbres fruitiers s'avèrent particulièrement vulnérables aux maladies et parasites, aussi méritent-ils le plus grand soin en vue de prévenir toute propagation.
- D'une manière générale, une hygiène attentive des arbres permet de préserver au mieux son verger.

✓ Ramasser tous les déchets végétaux (feuilles mortes, fruits tombés) empêche la propagation au sol d'éventuels parasites.

✓ Le bois mort pouvant lui aussi être porteur de parasites, il importe de le supprimer.

✓ On veillera à éliminer les fruits momifiés, secs, qui restent sur les arbres en hiver.

✓ Les vieilles écorces doivent être brossées en hiver, car leurs replis peuvent abriter des larves et œufs de parasites.

❁ Les oiseaux insectivores, eux aussi, jouent un rôle préventif non négligeable. La palme revient aux mésanges, moineaux et rouges-gorges. Ces oiseaux limitent efficacement les populations de vers et chenilles qui parasitent les fruits, comme les larves de carpocapse des pommiers et poiriers. Vous avez donc tout intérêt à favoriser leur présence dans votre jardin (voir pp. 360 et 361).

❁ Pour attirer les insectes utiles, on gagnera à semer ou planter des fleurs mellifères à proximité des arbres fruitiers : aster, bleuet, coréopsis, mauve, scabieuse, rudbeckia, tournesol…

❁ La moniliose étant répandue parmi les arbres fruitiers (voir encadré p. 362), quelques gestes préventifs peuvent être utiles.

✓ En période de végétation, soit entre le printemps et la fin de l'automne, on n'hésitera pas à supprimer tout bouquet de fleurs ou fruits qui sèche brutalement, tout fruit qui pourrit, qu'il soit isolé ou dans un bouquet.

✓ En début d'été, éclaircir les bouquets de fruits trop chargés permet de limiter les risques de contamination d'un fruit à l'autre par contact.

Les bons gestes

La rotation des cultures

▪ Cette pratique très ancienne, qui vise à prévenir les maladies et l'épuisement du sol, est traditionnellement mise en œuvre dans les potagers. Comme son nom l'indique, la rotation des cultures consiste à diviser son potager en plusieurs parcelles (3 à 6) et à faire « tourner », chaque année, le contenu de chaque parcelle sur la parcelle suivante – si l'on a 6 parcelles, ce qui est cultivé en année 1 sur la parcelle 1, sera déplacé en année 2 sur la parcelle 2, et reviendra 6 ans après sur la parcelle 1. Cet intervalle de temps évite de puiser chaque saison les mêmes éléments nutritifs dans le sol, ce qui l'appauvrit au fil des ans, mais aussi d'y maintenir des germes de maladies ou des larves de ravageurs spécifiques à chaque culture.

Au jardin potager

❁ Le potager constitue également une cible favorite pour les attaques de parasites, d'autant que la propagation se fait rapidement d'une plante à l'autre. Là encore, il convient de lui prêter le plus grand soin.

❁ Une terre de bonne qualité rend les plantes moins vulnérables. La fertilisation est, à cet égard, un procédé judicieux, en sachant qu'il vaut mieux apporter du compost maison (voir pp. 352 et 353) qu'un fumier du commerce, toujours susceptible d'abriter des germes de maladies.

❁ Il est bon d'introduire entre les rangs de légumes des plantes qui attirent les insectes utiles : pollinisateurs, mais aussi prédateurs d'autres insectes ravageurs. On pourra ainsi semer ou planter aneth, bourrache, capucine,

souci, toutes plantes qu'affectionnent les insectes pollinisateurs.

❁ La pratique de la rotation des cultures (voir encadré p. 363) contribue aussi à garder un sol riche.

Des plantes bonnes compagnes

❁ De nombreuses plantes, fleurs comme aromatiques, sont de précieuses alliées pour le jardinier. Certaines, notamment, méritent une place de choix au potager, car leur odeur agit comme un redoutable répulsif sur certains insectes : œillet d'Inde, souci, armoise, rue officinale, sauge officinale.

❁ Voici quelques exemples de plantes vertueuses pour les légumes du potager :

✓ aneth contre la piéride et la mouche du chou ;

✓ basilic pour éloigner la mouche du chou, pour préserver la tomate du mildiou et, plus largement, pour faire fuir les doryphores et les mouches blanches ;

✓ bourrache pour ses vertus mellifères qui attirent en particulier les abeilles ;

✓ capucine pour l'attraction qu'elle exerce auprès des pucerons, ainsi détournés des légumes, et son pouvoir répulsif envers les punaises ;

✓ carotte pour écarter la mouche de l'oignon et la teigne du poireau ;

✓ céleri pour préserver le poireau de la teigne ;

✓ menthe pour repousser les altises (chou, radis) et la mouche du chou ;

✓ œillet d'Inde pour éloigner les nématodes de la tomate ;

✓ poireau contre la mouche de la carotte ;

✓ romarin contre la mouche du chou ;

✓ sarriette pour écarter les pucerons noirs des cultures ;

✓ sauge officinale pour repousser la mouche de la carotte, la mouche du chou, la piéride du chou, les doryphores des pommes de terre et, plus généralement, pour chasser les fourmis du potager ;

✓ souci pour sa capacité à attirer les syrphes prédateurs des pucerons ;

✓ tomate pour éloigner la mouche du chou.

La sauge (au centre) protège les cultures de la mouche du chou

Idée récup

Euphorbe contre taupe

▪ L'euphorbe épurge, ou herbe à taupe, est réputée de longue date pour faire fuir les taupes, comme son nom l'indique. Elle ne présente en réalité aucune efficacité ! Son latex laiteux blanc, en revanche, est très toxique et irritant en cas de contact, aussi est-il préférable de ne pas planter cette euphorbe, peu décorative, dans les jardins.

▪ Il est vrai que la taupe représente une nuisance par les monticules de terre qu'elle amasse à la sortie de ses galeries, mais ce petit mammifère se nourrit aussi de quantité de larves d'insectes nuisibles présentes dans le sol.

▪ Toutefois, si les dégâts occasionnés sont importants, on peut essayer d'installer un répulsif odorant à l'entrée des taupinières, comme le feuillage de sureau. Il faut néanmoins savoir que cette solution n'a qu'une efficacité limitée, sans garantie aucune que ces dames quittent les lieux.

▪ Le seul remède serait le piégeage, à condition que le piège ne porte pas d'odeur humaine, la taupe se méfiant beaucoup de nous. On prendra donc soin de se laver les mains avant de mettre le piège en place.

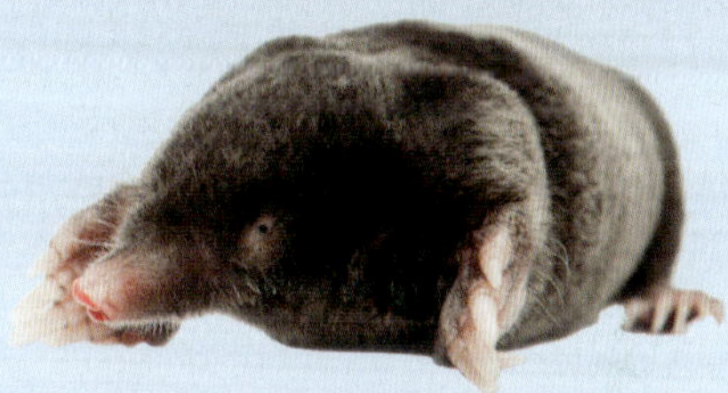

Éloigner chats et chiens

❁ Force est de constater qu'il existe peu de moyens vraiment efficaces pour éloigner chats et chiens. Les chats, notamment, apprécient la terre meuble (jeunes semis) de nos jardins, où ils ont tôt fait de causer des dégâts.

❁ Pour contourner la difficulté, une astuce consiste à leur réserver un coin de terre à eux, pourvu que l'espace imparti le permette. Et, pour rendre l'endroit plus attrayant, on rusera encore en y plantant… de l'herbe à chat.

❁ Certains dispersent du poivre moulu sur leurs jeunes semis pour empêcher les chats de venir gratter autour, mais il faut en remettre régulièrement, surtout s'il pleut.

❁ La rue (*Ruta graveolens*) a des fleurs malodorantes qui indisposent parfois ces petits

félins. On peut tenter d'en faire pousser dans son jardin.

- Si votre chat aime gratter le terreau de vos plantes d'intérieur, le recouvrir de petits galets l'en dissuadera.
- Si les chiens du voisinage vous visitent un peu trop souvent, une clôture ou une haie épineuse (berbéris, pyracantha…) freinera leurs ardeurs.
- Si c'est votre propre chien qui sévit dans le jardin, il ne vous reste plus qu'à clôturer le potager et vos massifs de plantes fragiles.

C'est malin !

Atténuer les méfaits de l'urine de chien

- L'urine de chien, très concentrée en azote, fait jaunir la pelouse. Dans la mesure du possible, si vous surprenez votre chien sur le fait, arrosez copieusement l'endroit pour diluer l'urine et, ainsi, limiter ses effets toxiques.

Tenir les oiseaux à distance des petits fruits

- Les oiseaux sont friands des petits fruits rouges des arbustes à baies, mais aussi des fruits du verger tels que cerises et prunes.
- La parade la plus efficace demeure le filet à maille fine, à condition qu'il soit tendu au-dessus de l'arbre ou arbuste, sans contact avec les branches, sinon les oiseaux se posent sur le filet pour grappiller à travers !
- Autres astuces que l'on peut essayer : des boulettes ou bandelettes de papier aluminium, ou encore de vieux CD suspendus dans la ramure et dont les reflets peuvent avoir un effet dissuasif. En sachant cependant que les oiseaux sont malins et ne se laissent pas abuser longtemps, quel que soit l'artifice dont on use ! Temporairement efficaces mais peu agréables, des restes de poisson suspendus agissent également comme répulsif !

Idée reçue

Les pièges à bière : ils ratissent large !

▪ Les pièges remplis de bière et enterrés sont bien connus, mais attention, ils peuvent aussi piéger des insectes utiles, comme les carabes, ou se révéler si efficaces qu'ils attirent des limaces bien au-delà des limites du jardin !

Tenir les oiseaux éloignés des semis

❁ Les oiseaux picorent volontiers les jeunes semis au potager ou les semis de fleurs et de gazon.

❁ Là encore, un filet à maille fine les empêchera physiquement de s'approcher, à condition de le tendre au-dessus de la surface à protéger, sur des piquets de 20 à 30 cm de hauteur.

❁ Autre solution possible : placer des rameaux épineux (houx, rosier, berbéris…) entre les rangs semés ou, encore mieux, fixés légèrement au-dessus des rangs, sur des petits piquets fichés en terre, par exemple.

Escargots et limaces : prévention avant tout

❁ Si votre jardin est régulièrement visité par les escargots et limaces, c'est préventivement qu'il faut agir, avant que les feuillages tendres et jeunes plants ne soient dévorés… Diverses méthodes s'offrent à vous.

❁ Un moyen tout naturel est de favoriser les prédateurs des gastéropodes : hérissons, crapauds, oiseaux et poules – on lâchera ces dernières au potager après avoir bêché, mais avant de planter, pour qu'elles picorent les œufs mais pas les semis.

❁ La collecte manuelle est certes un peu fastidieuse, mais efficace pour limiter les populations d'escargots et de limaces. Pour une récolte fructueuse, il est préférable d'opérer à la tombée de la nuit et par temps humide.

❁ En outre, disposer des planches ou des tuiles au sol peut grandement faciliter la tâche. En effet, les gastéropodes s'en serviront comme abri et il suffira alors de les retourner pour faire un ramassage de masse, puisqu'ils seront regroupés – malin !

❁ Les gastéropodes ne sont pas difficiles à piéger ! De simples pots de fleurs renversés dans un coin ombragé les attireront immanquablement pendant la journée – il n'y aura plus qu'à les recueillir.

❁ Enfin, on peut exploiter leurs faiblesses, à savoir leur mode de déplacement. En effet, les escargots et limaces ont beaucoup de mal à progresser sur un matériau poudreux, rugueux ou coupant tel que sciure, cendre de bois, coquilles d'œufs broyées, aiguilles de pin, voire papier de verre usagé… La stratégie consiste donc à en répandre un cordon sur le sol autour du potager, très attractif, ou des plantes qui font leur régal. Sans oublier de renouveler ces matériaux par temps pluvieux car, humides, ils perdent leur efficacité.

❁ Côté répulsifs, le purin de fougère aigle a un effet certain. Il peut ainsi être pulvérisé sur le feuillage des plantes régulièrement visitées par les petits mollusques (voir comment le préparer p. 369). ▪

Comment intervenir

Maladies, parasites ou indésirables se manifestent inévitablement dans nos jardins. Il est important d'identifier le problème le plus rapidement possible afin de prendre les mesures nécessaires pour limiter les dégâts, et de n'envisager un traitement qu'en dernier recours.

Repérer les signes suspects et identifier les problèmes

Une plante affaiblie ou malade présente des signes qu'il est bon de savoir identifier pour pouvoir lui prodiguer les soins nécessaires. Voici les plus courants.

✓ Feuillage qui pend : il révèle en général un manque d'eau, auquel cas on arrosera copieusement au pied en attendant de voir si le feuillage se redresse.

✓ Flétrissement partiel d'une plante : il représente souvent le premier symptôme d'une attaque de maladie.

✓ Flétrissement de la plante entière : il peut s'agir d'une maladie, de type pourriture par exemple (pourriture du collet ou des racines), ou de dégâts dus à des insectes du sol qui dévorent les racines, tels que vers blancs, vers gris ou courtilières.

✓ Feuilles tachées : la présence de taches est fréquemment révélatrice d'une maladie cryptogamique (champignon pathogène).

Un doryphore et sa larve

Bon à savoir

La chlorose

▪ Dans nos jardins, les carences du sol, c'est-à-dire l'absence ou le manque d'éléments nutritifs, sont assez rares. La plus courante est appelée chlorose ferrique et correspond à une carence en fer due à un excès de calcaire actif dans le sol. Elle touche des plantes comme les hortensias, azalées et rhododendrons plantés en sol calcaire, mais aussi les pêchers et poiriers. Ses principaux signes sont un jaunissement du feuillage entre les nervures et un ralentissement de la croissance.

✓ Feuilles collantes : l'examen du feuillage révèle très souvent des insectes suceurs de sève, tels que pucerons ou cochenilles.

✓ Décoloration du feuillage : elle peut être due à une carence (voir encadré ci-dessus), une virose, des araignées rouges (feuillage finement ponctué) ou une maladie comme le plomb parasitaire.

✓ Feuilles rongées : elles signent le passage d'insectes, escargots ou limaces – on traquera les responsables !

✓ Feuilles déformées : certaines viroses provoquent ainsi des déformations, tout comme la maladie de la cloque du pêcher, mais les fautifs sont généralement des insectes suceurs de sève, comme les psylles ou les pucerons, qui s'agglutinent alors dans les feuilles.

✓ Feutrage poudreux blanchâtre sur les feuilles et pousses : il s'agit très vraisemblablement d'une attaque d'oïdium (voir p. 362 pour la prévention).

✓ Taches décolorées ou brunâtres sur les feuilles, feutrage blanc au revers, puis dessèchement ou pourriture du feuillage : le processus traduit bien souvent une forme de mildiou.

Nos grands-mères faisaient

Les différents types de préparations végétales

Les anciens jardiniers concoctaient des préparations végétales pour leurs plantes en vue de renforcer leurs défenses, prévenir les maladies ou lutter contre les ravageurs. Elles se présentent principalement sous quatre formes :

- infusion ;
- macération ;
- décoction ;
- purin.

En pratique, ces différentes préparations s'utilisent pures ou diluées, selon les cas, et directement pulvérisées sur les feuilles.

Des préparations maison

Voici quelques recettes de préparations végétales que l'on peut réaliser soi-même en vue de lutter contre les principaux parasites et maladies du jardin.

✓ Purin d'ortie (dilution 20 %) contre les pucerons : hacher 1 kg de feuilles et tiges d'ortie, puis ajouter 10 litres d'eau de pluie, laisser macérer 5 jours avant de filtrer.

✓ Purin de feuilles de fougère (pur) contre pucerons, escargots et limaces : hacher 1 kg de feuilles de fougère dans 10 litres d'eau de pluie, laisser macérer 10 jours avant de filtrer.

✓ Macération d'ail (pure) en prévention contre les maladies cryptogamiques : faire macérer 1 tête d'ail écrasée dans 10 litres d'eau de pluie pendant 48 heures. Filtrer avant utilisation.

✓ Décoction de prêle (dilution 20 %) en prévention contre les maladies cryptogamiques : faire tremper 250 g de feuilles de prêle dans 10 litres d'eau de pluie pendant 24 heures, puis faire bouillir 10 à 15 minutes. Laisser refroidir et filtrer avant utilisation.

✓ Infusion de rhubarbe (pure) contre les insectes du sol : hacher 1 kg de feuilles de rhubarbe dans 6 litres d'eau bouillante. Bien mélanger, couvrir et laisser infuser 24 heures, puis filtrer.

Faire face aux indésirables

Si le fait de favoriser l'installation de la petite faune utile au jardin reste, bien sûr, un bon moyen d'éliminer les indésirables, certaines astuces toutes simples méritent également d'être essayées.

✓ Pucerons : soumettre les pousses et tiges envahies à un jet d'eau violent « nettoie » et détruit une partie des pucerons. On n'hésitera pas à renouveler le « traitement ». Des pulvérisations de purin d'ortie, purin de feuilles de fougère ou décoction de tanaisie sont également efficaces. Une astuce consiste aussi à semer des capucines, qui attirent naturellement les pucerons et les détourneront ainsi d'autres plantes. Ces petits parasites n'aiment pas, en revanche, les végétaux à odeur forte ou feuillage aromatique, tels que menthe, armoise, lavande ou ail – en planter peut contribuer à les éloigner.

✓ Cochenilles : quand elles sont peu nombreuses, une simple élimination manuelle, avec un coton imbibé d'alcool dénaturé, peut suffire. Tailler les pousses atteintes est également un remède efficace pour enrayer une attaque, sur des plantes d'intérieur par exemple.

✓ Mouches blanches : une solution judicieuse consiste à planter des œillets d'Inde au pied des plantes sensibles (tomates achetées en plants). Sinon, on peut aussi tenter de poser des pièges jaunes englués près des plantes fragiles. ■

Bon à savoir

Produits de traitement : prudence

Les produits phytosanitaires issus de l'industrie chimique, néfastes pour l'environnement et pour la santé et mettant en péril la biodiversité du fait de leur toxicité, sont interdits à la vente aux particuliers depuis 2019. Les produits dits « naturels » (bouillie bordelaise, purins végétaux…) se sont développés ces dernières années pour offrir une alternative à ces traitements chimiques, mais ils ne sont pas non plus exempts de danger pour soi-même, les animaux familiers et la faune utile. On veillera par conséquent à les utiliser avec parcimonie, en respectant bien les doses préconisées, sans oublier que la prévention et les moyens mécaniques de lutte restent toujours préférables..

Potées extérieures, plantes d'intérieur et bouquets

Plantes d'intérieur et bouquets

Bouquets et plantes d'intérieur apportent une touche verte et colorée au décor de la maison, sans compter les délicats parfums qui embaument l'atmosphère. Bien soignées, les plantes d'intérieur rivalisent de beauté, pour le plus grand plaisir des yeux, et certaines d'entre elles sont très faciles à multiplier, permettant d'étoffer l'ornementation ! Quant aux bouquets, vous trouverez ici quelques astuces pour vos cueillettes au jardin ou dans la nature, ainsi que des conseils, bien sûr, pour la mise en vase.

Multiplier les plantes d'intérieur

- Certaines plantes vertes forment très facilement des racines dans l'eau (pour la technique de ce bouturage, voir p. 342). Parmi elles, on peut citer : lierre d'intérieur, bégonia à feuillage décoratif, papyrus (il suffit de retourner une ombelle de feuilles sur l'eau pour qu'elle émette des racines), syngonium, coléus, misère, impatiens d'intérieur, hypoestes, cissus et même saintpaulia (juste une feuille !). Profitez de ce coup de pouce naturel pour créer un beau décor végétal, surtout si vous avez beaucoup d'espace ou, mieux, un jardin d'hiver.
- D'autres plantes d'intérieur forment d'elles-mêmes des rejets. Il suffit alors de détacher ces derniers et de les repiquer dans un petit pot rempli de terreau : les nouvelles plantes s'enracineront rapidement. Vous pouvez procéder ainsi avec le chlorophytum, certains kalanchoés (*Kalanchoe daigremontiana*, *K. tubiflora*) et plantes grasses (*Aloe variegata* ou *Crassula ovata*, par exemple).

Nettoyer les feuillages des plantes vertes

- Si vous voulez que vos plantes d'intérieur aient toujours bel aspect, il convient d'en prendre soin. Car la poussière qui se dépose sur vos meubles se dépose aussi sur leur feuillage, et contrairement aux plantes du jardin, elles ne peuvent pas compter sur la pluie. Or cette pellicule indésirable finit, bon an mal an, par obstruer les pores des feuilles, gêner les échanges gazeux et, par conséquent, la photosynthèse. Ce n'est donc pas qu'une question d'esthétique et un nettoyage s'impose de temps à autre. Mais les gestes diffèrent selon les cas.

✓ Pour les plantes à petites feuilles, telles que misère, fougère, cissus, ficus, l'idéal est de pratiquer une douche à peine tiède. Pour ce faire, placez la plante dans le bac de votre douche (ou dans votre baignoire), puis arrosez-la en pluie fine avec le pommeau (réglez l'intensité du jet en conséquence). Mieux, pensez à mettre vos plantes dehors lorsqu'il pleut et qu'il fait doux, surtout s'il s'agit de sujets de grande taille : rien ne vaut une douche « naturelle », car l'eau de pluie est totalement exempte de calcaire.

✓ Quant aux plantes à grandes feuilles, comme le philodendron ou le caoutchouc, elles gagnent à être nettoyées feuille à feuille, même si l'opération est un peu fastidieuse : soutenez la feuille d'une main et, de l'autre, passez une éponge ou un linge humide.

✓ Les feuillages duveteux (saintpaulia ou gynura, par exemple) et les cactus craignent l'eau : utilisez un pinceau doux pour les dépoussiérer.

✓ Méfiez-vous des produits lustrants proposés dans le commerce. Ils conviennent bien pour nettoyer les feuillages coriaces et cireux, tel celui du caoutchouc ou du dracéna, mais sont mal supportés par les plantes à feuillage fin, notamment les fougères, et ils peuvent relarguer des substances nocives.

Arrosage de vacances pour plantes d'intérieur

❁ Si vous n'arrosez pas vos plantes pendant plusieurs semaines, notamment en été, elles risquent d'en souffrir énormément. Quelques astuces peuvent vous être utiles.

❁ La plus courante consiste à ficher une bouteille remplie d'eau en terre, côté goulot. Plusieurs débits s'offrent à vous : si vous enlevez entièrement le bouchon, le débit sera plus important ; pour un débit plus faible, faites un trou plus ou moins grand avec un tire-bouchon dans le bouchon en plastique et replacez ce dernier sur le goulot. Pour mieux évaluer les besoins et donc le débit nécessaire, commencez par faire un essai avant votre départ pour savoir combien de temps la plante est arrosée grâce à la bouteille.

❁ Sinon, si elles ne sont pas trop grandes et trop nombreuses, vous pouvez installer vos plantes à la cuisine, à condition qu'elles y reçoivent suffisamment de lumière – mais pas en plein soleil ! Remplissez d'eau le bac de l'évier et placez un feutre absorbant sur la partie égouttoir, l'extrémité du feutre plongeant dans la réserve d'eau. Posez alors les pots des plantes sur le feutre, en ayant pris soin de bien l'avoir arrosé au préalable. L'eau gagnera doucement la base des pots et donc le terreau par capillarité.

❁ Plus sophistiqué mais très efficace, vous pouvez installer un système d'arrosage avec des mèches en coton (que vous pouvez vous procurer dans le commerce ou fabriquer vous-même avec du coton épais ou des morceaux de tissus en coton tressés) reliant les pots à un réservoir d'eau ; il est également possible de relier des tuyaux fins à des carottes de terre cuite enfoncées dans les pots des plantes. Dans tous les cas, veillez à ce que le réservoir ait une capacité suffisante pour 8 à 15 jours d'absence : le mieux, là encore, est de tester votre installation plusieurs jours avant de partir, de manière à quantifier les besoins en eau de vos plantes. Adaptez le nombre de mèches ou de carottes au diamètre du pot, soit une pour un petit pot (10 à 12 cm de diamètre), deux pour un pot de 20 cm, trois pour un pot de 30 cm.

Récupérer une plante assoiffée

Vous rentrez de vacances plus tard que prévu ou, dans l'urgence des préparatifs, une plante a malheureusement été oubliée… Si son feuillage pend et si ses fleurs sont tombées, elle a manifestement souffert de la sécheresse. Rassurez-vous : il est peut-être encore temps de la « ranimer ».

✓ Plongez le pot dans une cuvette remplie d'eau à température ambiante ; s'il s'agit d'une grande plante, mettez-la directement dans le bac de la douche (ou dans la baignoire) rempli d'eau. Puis laissez le terreau se réhydrater lentement, jusqu'à ce qu'il n'y ait plus de bulles à remonter en surface.

✓ Une fois le terreau humide, laissez le pot égoutter et placez la plante à la lumière, mais surtout pas en plein soleil.

✓ Vaporisez éventuellement le feuillage pour le réhydrater.

✓ Attendez quelques jours avant de couper ce qui vous paraît irrémédiablement sec (tiges ou feuilles).

✓ Pratiquez des arrosages attentifs, mais sans excès, durant 2 à 3 semaines, le temps de juger si la plante se « remet » bien et mérite d'être gardée !

Les bons gestes

Cueillette : le bon outil pour couper

- **Lorsque vous cueillez vos fleurs, coupez-les avec un outil adapté au diamètre des tiges pour ne pas les broyer ni les arracher : ciseaux de fleuriste ou sécateur fin pour les tiges herbacées comme celles des achillées, cosmos, œillets de poète ; sécateur bien aiguisé pour les tiges épaisses ou ligneuses comme celles des roses ou des pivoines. Votre cueillette en sera grandement facilitée et vos bouquets seront tout en beauté !**

Cueillir des fleurs

La cueillette des fleurs est un art et en connaître les principaux arcanes vous permettra de composer de beaux bouquets.

Beaucoup de fleurs s'épanouissent en été et il est tentant de les cueillir par une belle après-midi ensoleillée, surtout si vous aimez vous promener dans les champs. N'en faites rien : elles sont très sensibles à la chaleur et se dessèchent vite. Une fois mis en vase, votre bouquet aurait tôt fait de flétrir et vous n'en jouiriez pas longtemps. Il vaut mieux cueillir vos fleurs le matin, après dissipation de la rosée, ou encore en soirée.

De même, ne vous laissez pas charmer par des fleurs pleinement épanouies : si vous voulez que votre bouquet dure, il est préférable que les boutons soient à peine ouverts quand vous cueillez la fleur.

Pour la coupe, veillez à utiliser un outil adapté afin de ne pas abîmer les tiges (voir encadré ci-dessus).

Pour préserver le tonus des fleurs, évitez de les tenir dans la main : le contact de la chaleur et la pression exercée altèrent la tenue des tiges. Posez-les délicatement à plat dans une corbeille ou un panier à fond assez large.

Mieux vaut cueillir ses fleurs le matin ou en soirée

En attendant de composer un bouquet, plongez les fleurs dans l'eau pour qu'elles conservent leur fraîcheur

❁ Au retour de votre cueillette, le mieux est de ne pas trop tarder pour composer le bouquet. Mais, si vous ne pouvez pas mettre tout de suite vos fleurs en vase, plongez leurs tiges dans de l'eau fraîche en attendant.

Faire durer un bouquet de fleurs

❁ La composition d'un bouquet requiert presque autant de soin que la cueillette de ses fleurs… Ainsi, quelques précautions vous permettront de bien le préparer.

❁ Commencez dans tous les cas par recouper les tiges en biseau, puis supprimez toutes les feuilles et pousses qui pourraient tremper dans l'eau du vase (risque de pourriture).

❁ Certains types de tiges demandent un traitement particulier pour éviter que les fleurs ne fanent rapidement une fois en vase.

✓ Tiges ligneuses (lilas, seringat…) : fendez-les sur quelques centimètres pour faciliter l'absorption d'eau et écrasez même leur bout (2 à 3 cm) au marteau.

✓ Tiges creuses (amaryllis, delphinium…) : pour éviter qu'elles ne se vident, remplissez-les d'eau (fleurs tête en bas !), puis bouchez avec du coton et retournez-les aussitôt pour les disposer dans le vase.

Les bons gestes

Des fleurs peu sociables

- Les narcisses et jonquilles, qui sont des espèces proches, ne font pas bon ménage avec d'autres fleurs en vase : leur sève, en se diluant dans l'eau, libère des substances toxiques pour leurs voisines, qui dès lors fanent plus vite.
- Ainsi, si votre bouquet comprend quelques narcisses ou jonquilles, prenez soin de glisser chaque tige dans une éprouvette pour l'isoler du reste des fleurs. Sinon, le plus simple reste de constituer des bouquets composés uniquement de narcisses et de jonquilles.

Nos grands-mères faisaient

Des recettes pour faire durer un bouquet

▪ Pour faire tenir leurs bouquets plus longtemps, nos grand-mères glissaient dans l'eau du vase tantôt un cachet d'aspirine, tantôt une pièce de monnaie, elles ajoutaient aussi parfois une pincée de sel, un peu de sucre, quelques gouttes de vinaigre blanc, voire de l'eau de Javel. Les trucs et astuces ne manquent pas, mais quant à affirmer leur efficacité…

▪ Le cachet d'aspirine est sûrement une des pratiques les plus répandues ; si cette technique ne présente pas de risque, rien n'a été prouvé scientifiquement et les avis sur les résultats sont très partagés.

▪ Pour les fleurs à tiges molles qui ont tendance à pourrir, comme celles des tulipes, l'eau de Javel semble une solution plus efficace. La Javel ayant des propriétés bactéricides, elle « nettoie » la pourriture en formation et agit donc sur la qualité de l'eau. À ce titre, un morceau de charbon de bois déposé au fond du vase aiderait aussi à assainir l'eau.

✓ Tiges à sève laiteuse (euphorbe, pavot, hellébore…) : cautérisez pour bloquer l'écoulement de latex, soit en plongeant la base des tiges (2 à 3 cm) quelques secondes dans de l'eau bouillante, soit en passant la flamme d'un briquet sur la base elle-même.

✓ Tulipes : avec leur tête lourde, elles ont tendance à se courber dans l'eau. Pour éviter ce port disgracieux, avant de les mettre en vase, faites-les tremper une nuit en maintenant les tiges bien serrées dans un manchon de papier kraft épais (enroulez les tiges dans le kraft et fermez le tout avec du rouleau adhésif). Elles conserveront ensuite leur rigidité (une fois le manchon retiré), à condition, cependant, de ne pas trop remplir le vase (veillez alors à compléter tous les jours le niveau).

❁ Une fois le bouquet composé, quelques réflexes vous permettront de bien l'entretenir.

✓ Remplissez le vase avec de l'eau bien fraîche : le bouquet durera ainsi plus longtemps. Pour la nuit, déplacez-le au besoin dans une pièce plus fraîche (véranda, arrière-cuisine, balcon au printemps ou en été).

✓ Si l'atmosphère est chaude et que les tiges semblent ramollies, ajoutez quelques glaçons à l'eau du vase : elles reprendront un peu de tonus.

✓ Tous les 2 à 3 jours, changez l'eau du vase et recoupez légèrement les tiges en biseau sous un filet d'eau. Vous éviterez ainsi la formation de bulles d'air, notamment dans les tiges ligneuses ou épaisses, qui obstruent les vaisseaux et nuisent donc au bon approvisionnement de la plante. À cette occasion, supprimez les fleurs fanées et les feuilles jaunies, voire les tiges qui s'abîment.

Réaliser un bouquet de fleurs séchées

❁ En règle générale, mieux vaut cueillir les fleurs destinées au séchage, peu avant leur plein épanouissement, car elles continuent à s'ouvrir en séchant.

❁ Après la cueillette, débarrassez délicatement les tiges de leurs feuilles, puis groupez-les en petits bouquets que vous suspendrez, tête en bas, dans un local sec et peu lumineux ; vous pouvez aussi les mettre sous un auvent, mais veillez à ce que les fleurs soient à l'ombre, pour préserver leurs couleurs. Selon les espèces, il faut compter de 2 à 4 semaines pour le séchage. ■

Pots et bacs extérieurs

Balcons et terrasses sont d'autres lieux où s'adonner aux plaisirs du jardinage, même s'ils requièrent plus de soin pour créer un décor digne de ce nom. En effet, dans la mesure où les plantes sont cultivées en pot ou bac, elles disposent d'un faible volume de terre et demandent de ce fait non seulement des arrosages suivis, mais aussi des rempotages réguliers qui assureront un renouvellement de la terre ou du terreau épuisés.

Potager au balcon

Si votre jardin se résume à un grand balcon ou une terrasse, rien ne vous empêche d'y cultiver quelques légumes et plantes aromatiques bien choisis, à condition de respecter leurs besoins, notamment en matière d'exposition. Mais, pour peu que leurs attentes soient comblées, vous aurez la satisfaction de récolter feuillages parfumés et légumes savoureux.

Bon à savoir

Quand faut-il rempoter une plante ?

Des signes visibles permettent de savoir quand il est nécessaire de rempoter une plante. Intervenez quand :

- la plante déborde du pot, ses racines remontant à la surface et sortant par les trous de drainage ;
- le terreau est visiblement appauvri, souvent blanchi ou décoloré en surface, poudreux sous les doigts, et se réhydrate difficilement lors des arrosages ;
- la plante fleurit peu, avec une croissance ralentie.

En situation ensoleillée, voici quelques plantes aromatiques faciles à cultiver en pot : basilic, verveine-citronnelle, romarin, thym, sauge, origan. Et en situation mi-ombragée : ciboulette, estragon, cerfeuil, menthe, persil. Ne vous trompez pas, le choix des herbes n'est pas qu'une question de goût !

Pour les légumes, il est préférable de jouir d'une situation ensoleillée, auquel cas vous pouvez mettre en pot ou jardinière : tomate (variétés de tomates cerises, en particulier), laitue à couper, radis, haricot (haricot d'Espagne, notamment), ainsi que fraisier.

Balcon venté et potées

Si vous avez un balcon ou une terrasse exposés au vent et que vous souhaitiez y installer des potées, veillez à la sécurité comme au bon choix des plantes – sinon, elles ne dureront pas.

Pensez à arrimer solidement tous les pots ou jardinières qui seraient installés en surplomb et assurez-vous aussi de la stabilité des pots à l'intérieur du balcon.

Installer des brise-vent pour protéger vos plantations est une bonne solution. Si vous avez peu de place, contentez-vous de doubler la rambarde avec un filet brise-vent.

En revanche, si vous disposez d'un grand balcon ou d'une terrasse, vous pouvez aligner des potées d'arbustes résistants au vent :

éléagnus, laurier-tin, abélia, fusain du Japon, argousier… La haie qu'ils formeront permettra non seulement de filtrer le vent, mais aussi d'abriter les plantations à leur pied – malin ! Évitez en revanche les grandes feuilles souples qui, à la longue, risquent de se déchirer.

❁ Parmi les plantes à massif qui supportent le vent et fleurissent généreusement en été, on peut citer : aster du Cap (*Felicia amelloides*), dimorphotéca, ficoïde, pavot de Californie, pourpier et nigelle pour les annuelles.

Déplacer les grandes plantes

❁ Les grandes plantes vertes (caoutchouc et ficus, par exemple) et les plantes d'orangerie (laurier-rose, tibouchina, bougainvillée, plumbago…) nécessitent d'être mises à l'abri, en automne pour les premières et en hiver pour les secondes. Pour limiter vos efforts, vous trouverez dans le commerce des supports de pot à roulettes, spécialement conçus pour cet usage, mais vous pouvez tout aussi bien utiliser un diable ou un vieux skate pour faire « rouler » les gros pots jusque dans la maison. Si vous devez tailler quelques grands sujets, faites-le avant de les rentrer : leur déplacement en sera d'autant plus facile !

Surfacer les grandes plantes en pot

❁ Difficiles à manipuler, les grandes plantes vertes et les plantes d'orangerie risquent de souffrir au moment du rempotage (tiges cassées…). Toutefois, parvenues à une certaine maturité, elles n'ont généralement plus besoin d'être transférées dans un pot plus spacieux et vous pouvez alors vous contenter d'effectuer un surfaçage tous les printemps ou un an sur deux. La plante vous en saura gré ! Voici comment procéder.

✓ Griffez délicatement le terreau de surface pour l'éliminer sans blesser les racines, à la main ou à l'aide d'une petite griffe à fleurs, voire d'une vieille fourchette.

✓ Remplacez le vieux substrat par du terreau neuf, riche en éléments nutritifs, approprié aux besoins de la plante (sur 5 à 10 cm, selon les possibilités).

✓ Terminez par un bon arrosage. ▪

C'est malin !

Astuces de rempotage pour les contenants hors normes

▪ S'il s'agit d'un pot haut et très profond, il est inutile de le remplir intégralement de terreau, ce qui l'alourdit. Comblez une bonne partie du « fond » de billes d'argile, légères et drainantes, posez dessus un feutre de jardin, puis versez le terreau et mettez la plante en place comme dans un pot « normal ».

▪ Pots et jardinières en zinc sont très élégants, mais il faut savoir qu'ils exposent les racines des plantes à un échauffement considérable en été s'ils sont exposés au soleil, et à un froid glacial en hiver ! Pour prévenir cet inconvénient, isolez l'intérieur avec des plaques de polystyrène, efficaces été comme hiver.

Déco-brico au jardin

Être outillé malin

Des outils bien rangés vous feront gagner un temps précieux, car vous n'aurez pas à les chercher partout, et des outils bien entretenus vous accompagneront pendant des années ! En effet, le contact avec la terre et le stockage en lieu humide (cave, abri de jardin...) font qu'ils s'abîment vite si vous n'en prenez pas soin. Or, c'est à ses outils qu'on reconnaît un bon jardinier...

Des outils bien soignés

❁ Nettoyez régulièrement les lames de vos sécateurs et autres outils de taille, car la sève des plantes finit par y adhérer, ce qui nuit à leur tranchant. En outre, le nettoyage permet d'éviter toute propagation de maladie dans le cas où l'on aurait coupé une plante malade. Utilisez un coton ou un chiffon imbibé d'alcool à 90° ou d'alcool à brûler pour frotter les lames. Avant de les ranger pour l'hiver ou si vous vous absentez plusieurs semaines, nettoyez vos fourches, bêches, râteaux...

✓ Pour commencer, enlevez les restes de terre avec du papier journal froissé ou un bout de bois – surtout, n'employez jamais d'outil métallique, qui risque d'endommager le revêtement protecteur et, ainsi, de favoriser l'apparition de rouille.

✓ Ensuite, graissez les lames et pointes des outils afin de les protéger de la corrosion ; pour ce faire, utilisez de la graisse de récupération (restes de margarine ou de beurre, huile de vaseline, voire couenne de lard) ou prélevez un peu d'huile de vidange de la tondeuse.

Il est important de nettoyer les outils de taille après chaque utilisation

Idée récup

Des ustensiles de cuisine pour jardiner

▪ On a toujours besoin de petits outils au jardin. Alors, pourquoi ne pas recycler vos vieux ustensiles de cuisine ? Le recyclage est très profitable au jardinage ! Les fourchettes sont parfaites pour griffer le terreau, tandis que les cuillères à soupe ou les louches vous aideront à remplir les pots. Quant aux petites casseroles, elles sont idéales pour puiser le terreau au fond d'un grand sac.

Des outils bien rangés

❁ Rangez avec soin vos outils et tuteurs, par taille et par usage, pour trouver rapidement celui dont vous avez besoin, mais aussi en hauteur, pour les isoler de l'humidité du sol (risque de moisissures et de rouille).

❁ Aménagez un râtelier pour vos outils, ce qui vous permettra de les attraper facilement, sans faire tomber les autres.

❁ Une bonne astuce consiste à recycler un vieux portemanteau mural en bois, pourvu qu'il soit suffisamment robuste pour supporter le poids. Ses crochets serviront ainsi à suspendre les outils à long manche, tête en haut, les uns à côté des autres.

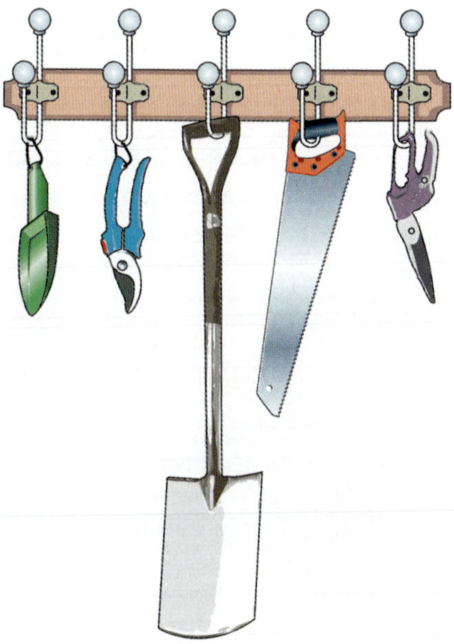

❁ Vous pouvez aussi récupérer une palette en bois (dans un magasin de bricolage, par exemple) pour en faire un porte-outils vertical sur le principe du porte-parapluies, mais avec plusieurs cases. Sciez la palette en deux dans la longueur, mettez-la à la verticale, puis munissez-la de petites cales afin de séparer les outils les uns des autres. Vous n'aurez sans doute pas trop des deux demi-palettes pour ranger tous vos outils, toujours manche vers le bas et tête vers le haut. Placez les demi-palettes contre un mur (abri de jardin, garage ou cave). Pour éviter tout risque de chute, il peut être nécessaire de les fixer au mur (avec chevilles et vis suffisamment longues).

Des outils bien visibles

❁ Quand on jardine, on a tôt fait de laisser un sécateur au pied d'un arbuste, une griffe dans un massif…

❁ Pour ne plus chercher vos petits outils, colorez leurs manches ou poignées : appliquez-y une couche de peinture de couleur vive, facile à repérer de loin, ou entourez-les d'un ruban adhésif coloré, jaune ou rouge. Vous les aurez désormais à l'œil ! ▪

Agrémenter son jardin avec trois fois rien

Caves et greniers abritent bien souvent des trésors d'objets qui ne demandent qu'à connaître une nouvelle vie au jardin. Décoration de charme, contenants de récupération... amusez-vous et donnez libre cours à votre imagination ! De la maison au jardin, le recyclage est sans fin. Quelques idées pour vous inspirer.

Une seconde vie au jardin

- Voici quelques exemples parmi les vieux objets en attente dans les caves, garages, greniers et abris de jardin.
- Sur la terrasse ou près de l'abri de jardin, un vieil escabeau en bois accueillera volontiers une collection de plantes grasses ou aromatiques. Pour parfaire le décor, jouez avec les couleurs en le peignant à votre goût.
- Un guéridon ou une petite table ancienne mettront en valeur une belle plante en pot retombante, une composition estivale (potée décorative rassemblant des plantes de saison) ou encore une vasque remplie d'eau où s'épanouiront quelques jolies fleurs plates – plantes aquatiques, mais aussi gerberas, chrysanthèmes, petits tournesols…
- Dans le même esprit, une ancienne table de toilette à plateau de marbre ou une table de machine à coudre font des supports très stylés pour une collection choisie de pots (plantes grasses, mini-cyclamens, petites aromatiques…).
- Les anciennes ferronneries – grilles et portes – constituent de précieux tuteurs pour les grimpantes, telles de légères clématites ou capucines, qui y déploieront leurs floraisons avec raffinement.

Idée récup

Tuteurs de fortune

- Les fers à béton rouillés font de solides tuteurs. Les supports en plastique se tordent facilement, tandis que les tuteurs en bois ont tendance à pourrir, surtout sous climat humide.

C'est malin !

Dallage cassé, solution trouvée

Le dallage de la terrasse ou d'une allée présente une ou plusieurs dalles cassées? Plutôt que de vous lancer dans des travaux de maçonnerie, aménagez des poches de plantation pour des petites plantes tapissantes.

- Dégagez avec soin les fragments de dalle (ou pavé) et les éclats de maçonnerie, puis comblez avec de la terre de jardin bien drainée ou un mélange de terreau de plantation et de sable de rivière (trois quarts et un quart).
- Il ne vous reste plus qu'à planter: par exemple, pour les expositions ensoleillées, thym rampant, *Erigeron karvinskianus* ou gazon d'Espagne et, pour les expositions ombragées, petits géraniums vivaces et campanules ou aubriètes.

Un vieux miroir pour donner de la profondeur

- Une surface réfléchissante apporte lumière et profondeur dans un coin ombragé du jardin ou un jardinet un peu étroit.

✓ Fixez donc un vieux miroir – ou une glace toute simple – sur un mur ou une clôture en fond de jardin et le jeu des perspectives s'en trouvera transformé ! Ce jeu de miroir est bien sûr à éviter en situation ensoleillée, car la lumière réfléchie serait alors trop violente.

✓ Pour parachever l'effet, encadrez le miroir de feuillages ou disposez quelques pots devant. L'illusion sera parfaite.

Une cage à oiseaux pour grimpante légère

- Une cage à oiseaux désaffectée, surtout si elle est ancienne, fait un charmant support pour une plante grimpante. Optez pour une plante légère, qui ne masquera pas entièrement la cage, par exemple une clématite ou une annuelle grimpante comme le thunbergia ou le haricot d'Espagne.

Les bons gestes

Habiller un grillage, un mur ou une clôture ternes

Vieux grillage, vieille clôture ou mur disgracieux sont faciles à masquer avec des plantes à croissance rapide. En effet, un grillage ou une clôture ajourée offrent un support de choix pour les grimpantes.

- Parmi les plus vigoureuses, surtout si vous avez une grande surface à couvrir, citons le chèvrefeuille, le houblon ou encore la renouée du Turkestan.
- Vous pouvez aussi opter pour des annuelles grimpantes, comme la capucine, la cobée, le haricot d'Espagne ou l'ipomée. Dans ce cas, il vous faudra semer chaque printemps, mais le décor sera plus varié, en quelque sorte.
- Si vous ne souhaitez pas installer un support ou des fils métalliques pour les plantes volubiles, choisissez parmi les grimpantes qui s'accrochent toutes seules, comme le lierre et la vigne vierge. Mais votre mur doit être en bon état, sinon il risque de s'abîmer. En effet, votre mur peut être vite envahi, lierre et vigne vierge étant très vigoureux.
- Enfin, de grandes vivaces à port dressé sont une bonne solution pour habiller la base d'un mur : roses trémières au soleil, macleayas à l'ombre.

Chèvrefeuille

Ipomée

✓ Placez-la sur une petite table, un muret ou une marche, ou bien en suspension.

✓ Guidez les jeunes tiges au début, puis laissez-les prendre leurs aises ! L'effet n'en sera que plus naturel.

✓ Si la cage est en bois, au besoin, protégez-la au préalable en y appliquant un produit adéquat, comme l'huile de lin.

Présentoirs à plantes grasses

- Les petites plantes grasses, comme les joubarbes et les sedums, n'ont pas besoin de beaucoup de terre pour prospérer, car elles sont naturellement peu exigeantes et résistantes à la sécheresse. Profitez-en pour les présenter de façon originale : une simple tuile retournée et remplie de terre, un petit pot à bonsaï, une vieille coupe en faïence, une petite faisselle en terre cuite… c'est l'occasion de faire preuve d'inventivité. Et, si vous avez l'opportunité de récupérer une vieille pierre d'évier, elle fera un gracieux jardinet de plantes grasses.

Contenants récup

- Toutes sortes de contenants peuvent être recyclés en pots pour votre jardin ou votre terrasse : anciennes boîtes de conserve (amusez-vous à les peindre !), bidons d'huile d'olive, vieilles bouilloires, cafetières, pots à lait, marmites, bassines métalliques de toutes dimensions, pots en grès, boîtes et caisses en bois, voire vieux tiroirs… Ouvrez l'œil et, là encore, usez d'imagination !
- Si vous laissez ces contenants dehors en hiver, assurez-vous de leur résistance au gel, notamment pour les poteries, dont certaines sont gélives. Le bois et le métal résistent au gel, sous réserve, bien sûr, de ne pas être remplis d'un mélange gorgé d'eau.
- Attention au drainage dans le contenant, indispensable pour éviter que l'eau de pluie ne s'accumule lors de fortes pluies. Veillez par conséquent à percer des trous au fond du contenant avant de le remplir de terre ou de terreau (voir recette p. 353).
- Les récipients non percés peuvent quant à eux être utilisés à condition, d'une part, de les

Bordure d'ardoises

installer à l'abri de la pluie (sous un auvent, par exemple) et, d'autre part, de pratiquer des arrosages légers… sauf à imaginer une potée aquatique dans une vieille bassine en zinc, mêlant à l'envi nénuphar miniature, papyrus et jacinthe ou laitue d'eau. Tout est possible !

Paniers et vanneries

- Paniers, corbeilles et vanneries trouveront aussi un nouvel usage au jardin, mais pour des plantations saisonnières surtout. En effet, leur taille limitée ne permet pas une croissance des plantes sur plusieurs années et leur matériau, l'osier, se dégrade assez vite. Il est donc essentiel de les protéger avant de les remplir de terreau de plantation.
- Doublez-les de plastique, sans oublier de perforer ce dernier de quelques trous pour le drainage.
- Ensuite, libre à vous d'y faire pousser pensées et petits bulbes ou muscaris et primevères, agréables pour fleurir la fin d'hiver, verveines et helichrysums pour l'été…

Des tuiles ou des ardoises pour border les massifs

- Pour garantir une bonne cohabitation entre pelouse et massif, la seule solution est de les séparer… par une bordure. Sinon, les graminées (herbe) risquent de coloniser le massif ou, inversement, les plantes de bordure vont s'étaler sur le gazon. Les vieilles ardoises ou tuiles plates sont idéales pour cela. Si vous avez la chance de pouvoir en récupérer, n'hésitez pas ! Il suffit de les enfoncer dans la terre, à la verticale. Petite astuce pour faciliter la pose : vous pouvez préparer une tranchée étroite, avec la lame de la bêche, par exemple. ■

L'UFC-Que Choisir et ses associations locales

Créée en 1951, l'Union fédérale des consommateurs-Que Choisir est une association loi 1901 à but non lucratif. Indépendante (de l'État, des syndicats, de producteurs, des distributeurs…), elle a pour objectifs de promouvoir les actions individuelles ou collectives des consommateurs et la défense de leurs intérêts et de les représenter auprès de toutes les instances.

L'UFC-Que Choisir compte environ 140 associations locales, animées par des militants de la consommation et des responsables bénévoles. Elles fournissent de la documentation, des conseils juridiques et techniques et représentent les consommateurs dans les instances locales, départementales et régionales. Certaines ont des antennes : vérifiez s'il y en a une près de chez vous.

01 AIN
• Maison de la culture
et de la citoyenneté
4, allée des Brotteaux
CS 70270
01006 Bourg-en-Bresse Cedex
04 74 22 58 94

02 AISNE
• 31 bis, rue du Général-Patton
02880 Crouy
09 70 96 64 93

03 ALLIER
• 52, rue de la Gironde
03100 Montluçon
04 70 05 30 38
• 42, rue du Progrès
03000 Moulins
04 70 20 96 30

04 ALPES-DE-HAUTE-PROVENCE
• Rue Pasteur-Henri-Genatas
Château de Drouille
04100 Manosque
04 92 72 19 01

06 ALPES-MARITIMES
• 56, bd Auguste-Raynaud
06100 Nice
04 93 04 58 18

07 ARDÈCHE
• Maison des associations
Place de la Gare
07200 Aubenas
04 75 39 20 44

08 ARDENNES
• 5 rue Jean Moulin
BP 561
08000 Charleville-Mézières
Cedex
03 24 53 70 17

09 ARIÈGE
• Maison du Couserans
Place Alphonse-Sentein
09200 Saint-Girons
05 61 66 03 66

11 AUDE
• Place des Anciens-Combattants-d'Afrique-du-Nord
11000 Carcassone
04 68 47 64 00

12 AVEYRON
• 21, rue des Fasquets
12100 Millau
05 65 61 20 52
• Maison des associations
15, av. Tarayre
12000 Rodez
05 65 77 00 01

13 BOUCHES-DU-RHÔNE
• 4, place Coimbra
Le Félibrige – Bât. B
13090 Aix-en-Provence
04 42 93 74 57
• 5, rue Colbert
13001 Marseille
04 91 90 05 52
• Le Puccini
8, bd Joliot-Curie
13500 Martigues
04 42 81 10 21
• 107, rue de Bucarest
13300 Salon-de-Provence
04 90 42 19 80

14 CALVADOS
• 24, rue des Bouchers
14400 Bayeux
02 31 22 82 27
• 19, quai de Juillet
14000 Caen
02 31 86 32 54
• Centre socio-culturel
CAF
9, rue Anne-Morgan
14500 Vire
02 31 67 73 66

15 CANTAL
• 16, rue Arsène-Vermenouze
BP 17
15018 Aurillac Cedex
04 71 48 58 68

16 CHARENTE
• Immeuble George-Sand
83, av. De-Lattre-de-Tassigny
16000 Angoulême
05 45 95 32 84

17 CHARENTE-MARITIME
• 3, rue Jean-Baptiste-Charcot
17000 La Rochelle
05 46 41 53 42

18 CHER
• Maison des associations
28, rue Gambon
18000 Bourges
02 48 70 48 02

19 CORRÈZE
• Maison municipale
du bénévolat
10, bd Max-Dormoy
19100 Brive-la-Gaillarde
05 55 23 19 37

20 CORSE
• Bâtiment A Le Golo
Av. de l'Aspirant-Michelin
20900 Ajaccio
04 95 22 69 83

21 CÔTE-D'OR
• Maison des associations
2, rue des Corroyeurs
Boîte N 14
21000 Dijon
03 80 43 84 56

22 CÔTES-D'ARMOR
• Villa Labenne
16, rue Bécot
22500 Paimpol
02 96 20 58 76
• 3, rue Pierre-Cléret
22120 Yffiniac
02 96 78 12 76

23 CREUSE
• 25, av. Pierre-Leroux
BP 242
23005 Guéret Cedex
05 55 52 82 83

24 DORDOGNE
• 1, square Jean-Jaurès
24000 Périgueux
05 53 09 68 24

25 DOUBS
• 8, av. de Montrapon
25000 Besançon
03 81 81 23 46

26 DRÔME
• 10, rue François-Pie
26000 Valence
04 75 42 58 29

27 EURE
• Immeuble Cambrésis
17, rue des Aérostiers
27000 Évreux
02 32 39 44 70

28 EURE-ET-LOIR
• La Madeleine
25, place Saint-Louis
28000 Chartres
02 37 30 17 57

29 FINISTÈRE
• Espace associatif
6, rue Pen-Ar-Creach
29200 Brest
02 98 80 64 30
• 3, allée de Roz-Avel
29000 Quimper
02 98 55 30 21

30 GARD
• 20, rue du
Commandant-Audibert
30100 Alès
04 66 52 80 80
• 65, av. Jean-Jaurès
Bâtiment A
30900 Nîmes
04 66 84 31 87

31 HAUTE-GARONNE
• Les Ormes Bât. E2
Av. Salvador-Allende
31320 Castanet-Tolosan
05 61 27 86 33

• 59, bd Lascrosses
BP 70529
31005 Toulouse
05 61 22 13 00

32 GERS

• 44, rue Victor-Hugo
32000 Auch
05 62 61 93 75

33 GIRONDE

• 17, cours Balguerie-Stuttenberg
33300 Bordeaux
05 56 79 91 94
• 52, rue Jules-Ferry
33220 Port-Sainte-Foy-et-Ponchapt
05 53 63 25 31

34 HÉRAULT

• Maison de la vie associative
BAL 15
2, rue Jeanne-Jugan
34500 Béziers
04 67 28 06 06
• 3, rue de Richelieu
BP 2114
34026 Montpellier
04 67 66 32 96
• Centre commercial
Le-Château-vert
53, bd Chevalier-de-Clerville
BP 106
34207 Sète
04 30 41 53 30

35 ILLE-ET-VILAINE

• 8, place du Colombier
35000 Rennes
02 99 85 94 23
• Guichet des associations
40 ter, square des Caraïbes
35400 Saint-Malo
02 99 56 80 47

36 INDRE

• 34, espace Mendès-France
Av. François-Mitterrand
36000 Châteauroux
02 54 27 43 57

37 INDRE-ET-LOIRE

• 12, rue Camille-Flammarion
37000 Tours
02 47 51 91 12

38 ISÈRE

• 27, rue Bovier-Lapierre
38300 Bourgoin-Jallieu
04 37 03 00 85
• 24 bis, rue Mallifaud
38100 Grenoble
04 76 46 88 45
• BP 261
38202 Vienne Cedex
04 74 59 43 17

39 JURA

• La Visitation 3A
Av. Aristide-Briand
39100 Dole
03 84 82 60 15

40 LANDES

• Maison René-Lucbernet
6, rue du 8-Mai-1945
BP 186
40004 Mont-de-Marsan
05 58 05 92 88

41 LOIR-ET-CHER

• 17, rue Roland-Garros
41000 Blois
02 54 42 35 66

42 LOIRE

• 17, rue Brossard
42000 Saint-Étienne
04 77 33 72 15

43 HAUTE-LOIRE

• 29, bd Chantemesse
43000 Aiguilhe
04 71 02 29 45

44 LOIRE-ATLANTIQUE

• 1, place du Martray
44000 Nantes
02 40 12 07 43
• Maison des associations
Agora 1901
2 bis, rue Albert-de-Mun
44600 Saint-Nazaire
02 40 22 00 19

45 LOIRET

• Maison des associations
32, rue Claude-Debussy
45120 Châlette-sur-Loing
02 38 85 06 83
• 39, rue Saint-Marceau
45100 Orléans
02 38 53 53 00

46 LOT

• Espace associatif
Place Bessières
46000 Cahors
05 65 53 91 19

47 LOT-ET-GARONNE

• 159, av. Léon-Blum
BP 50301
47008 Agen
05 53 48 02 41

49 MAINE-ET-LOIRE

• Espace Frédéric-Mistral
4, allée des Baladins
49000 Angers
02 41 88 56 42

50 MANCHE

• 167, rue du Général-Gerhardt
50000 Saint-Lô
02 33 05 68 76

51 MARNE

• Espace Entreprises
Saint-John-Perse
2, cour Général-Eisenhower
51100 Reims
03 26 08 63 03

52 HAUTE-MARNE

• 14, rue de Vergy
52100 Saint-Dizier
03 25 56 26 59

53 MAYENNE

• 31, rue Oudinot
53000 Laval
02 43 67 01 18

54 MEURTHE-ET-MOSELLE

• 76, rue de la Hache
54000 Nancy
09 52 19 48 23

56 MORBIHAN

• Maison des Familles
2, rue du Professeur-Mazé
56100 Lorient
02 97 84 74 24

57 MOSELLE

• 1A impasse de l'École
BP 46
57470 Hombourg-Haut
03 87 81 67 80
• 4, place de la Nation
BP 40103
57951 Montigny-les-Metz
03 72 13 73 57
• 2, rue d'Austrasie
57100 Thionville
03 82 51 84 29

58 NIÈVRE

• Maison des Éduens
Allée des Droits-de-l'Enfant
58000 Nevers
03 86 21 44 14

59 NORD

• 104, rue d'Esquerchin
59500 Douai
03 27 96 05 15
• Terre-plein du Jeu-de-Mail
Rue du 11-Novembre-1918
BP 90097
59942 Dunkerque Cedex 2
03 28 20 74 81
• 54, rue Jacquemars-Gielée
59800 Lille
03 20 85 14 66
• Maison des associations
13, rue du Progrès
59600 Maubeuge
06 47 49 53 81

60 OISE

• BP 80059
60303 Senlis Cedex

61 ORNE

• Maison de la vie associative
23, rue Demées
61000 Alençon
02 33 26 79 47

62 PAS-DE-CALAIS

• Maison des sociétés
Bur. 39
16, rue Aristide-Briand
62000 Arras
03 21 23 22 97
• 536, av. Toumaniantz
62100 Calais
03 21 96 33 69
• Maison des associations
Elie-Vignon
1, place du Général-de-Gaulle
62219 Longuenesse
03 21 39 81 81

63 PUY-DE-DÔME

• 21, rue Jean-Richepin
63000 Clermont-Ferrand
04 73 98 67 90
• Maison des associations
20, rue du Palais
63500 Issoire
04 73 55 06 76

64 PYRÉNÉES-ATLANTIQUES

• 9, rue Sainte-Ursule
64100 Bayonne
05 59 59 48 70
• Maison Ladebat
11, rue Saint-Gilles
64300 Orthez
05 59 67 05 80
• 16, rue du Capitaine-Guynemer
64000 Pau
05 59 90 12 67

65 HAUTES-PYRÉNÉES

• 4, rue Alphonse-Daudet
65000 Tarbes
09 62 34 21 21

66 PYRÉNÉES-ORIENTALES

• 45, av. Marcelin-Albert
66000 Perpignan
09 83 87 07 07

67 BAS-RHIN

• 1A, place des Orphelins
67000 Strasbourg
03 88 37 31 26

68 HAUT-RHIN

- Carré des associations
100, av. de Colmar
68100 Mulhouse
07 82 47 11 58

69 RHÔNE

- 1, rue Sébastien-Gryphe
69007 Lyon
04 78 72 00 84

70 HAUTE-SAÔNE

- 22, rue du Breuil
BP 10357
70006 Vesoul
03 84 76 36 71

71 SAÔNE-ET-LOIRE

- 2, rue Jean-Bouvet
71000 Mâcon
03 85 39 47 17

72 SARTHE

- 21, rue Besnier
72000 Le Mans
02 43 85 88 91

73 SAVOIE

- Maison des associations
25, bd des Anglais
BP 10427
73104 Aix-les-Bains
Cedex 4
07 83 74 12 73
- Maison des associations
21, rue Georges-Lamarque
73200 Albertville
04 79 37 11 01
- Maison des associations
67, rue Saint-François-de-Sales
73000 Chambéry
04 79 85 27 87

74 HAUTE-SAVOIE

- 48, rue des Jardins
74000 Annecy
04 50 69 74 67

75 PARIS

- 54, rue de l'Ouest
75014 Paris
01 56 68 97 48

76 SEINE-MARITIME

- 36, rue du Maréchal-Joffre
76600 Le-Havre
09 62 51 94 37
- 12, rue Jean-Lecanuet
76000 Rouen
02 35 70 27 32

77 SEINE-ET-MARNE

- Centre social et culturel Brassens
4, patio des Catalpas
77420 Champs-sur-Marne
01 64 73 52 07
- 22, rue du Palais-de-justice
77120 Coulommiers
01 64 65 88 70

78 YVELINES

- 3, av. des Pages
78110 Le-Vésinet
- Mairie de Lévis-Saint-Nom
Place Yvon-Esnault
78320 Levis-Saint-Nom
- 7, av. Foch
78120 Rambouillet
01 78 82 52 12
- 9, Grande-rue
BP 56
78480 Verneuil-sur-Seine
01 39 65 63 39
- 5, impasse des Gendarmes
78000 Versailles
01 39 53 23 69

79 DEUX-SÈVRES

- Maison des associations
12, rue Joseph-Cugnot
79000 Niort
05 49 09 04 40

80 SOMME

- 88 av. Jean-Jaures
80480 Salouel
03 22 72 10 84

81 TARN

- 3, place du Palais
81000 Albi
05 63 38 42 15

82 TARN-ET-GARONNE

- 25, place Charles-Caperan
BP 397
82003 Montauban Cedex
05 63 20 20 80

83 VAR

- 1196 bd de la Mer
BP 517
83616 Fréjus Cedex
09 63 04 60 44
- 89, rue du Général-Michel-Audéoud
83000 Toulon
04 94 89 19 07

85 VENDÉE

- 8, bd Louis-Blanc
85000 La Roche-sur-Yon
02 51 36 19 52

87 HAUTE-VIENNE

- 4, cité Louis-Casimir-Ranson
87000 Limoges
05 55 33 37 32

88 VOSGES

- Maison des Associations
6, quartier de la Magdeleine
BP 1004
88050 Épinal Cedex 9
03 29 64 16 58

89 YONNE

- 12, bd Vaulabelle
89000 Auxerre
03 86 51 54 87

90 BELFORT

- Maison des associations
2, rue Jean-Pierre-Melville
BP 462
90008 Belfort
03 84 22 10 91

91 ESSONNE

- CSC La Ferme
91800 Boussy-Saint-Antoine
01 69 56 02 49
- 3, rue Alfred-de-Musset
91120 Palaiseau
01 60 11 98 20
- Place du 19-Mars-1962
91240 Saint-Michel-sur-Orge
09 67 19 08 13

92 HAUTS-DE-SEINE

- BP 60025
92270 Bois-Colombes Cedex
- BP 31
92293 Châtenay Malabry Cedex
01 40 91 81 55
- BP 73
92370 Chaville
- 11, rue Hédouin
92190 Meudon
- 18, rue des Écoles
92210 Saint-Cloud
07 66 84 29 92

93 SEINE-SAINT-DENIS

- 19, rue Jules-Guesde
93140 Bondy
06 42 01 07 89
- Centre Salvador-Allende
2, av. du Dauphiné
93330 Neuilly-sur-Marne
06 40 30 83 61

94 VAL-DE-MARNE

- Centre Marius-Sidobre
26, rue Émile-Raspail
94110 Arcueil
01 45 47 74 74
- Centre social Kennedy
36, bd John-Fitzgerald-Kennedy
94000 Créteil
01 43 77 60 45

95 VAL-D'OISE

- Espace Nelson-Mandela
82, bd du Général-Leclerc
95100 Argenteuil
01 39 80 78 15
- BP 90001
95471 Fosses Cedex
01 34 72 76 87
- Office culturel
Place François-Truffaut
95210 Saint-Gratien

LA-RÉUNION

- 7, rue Paul-Demange
Résidence Les Vacoas
97480 Saint-Joseph
02 62 45 24 44

NOUVELLE-CALÉDONIE

- 8 rue Lacave-Laplagne
Trianon Mont-Coffyn
BP 2357
98846 Nouméa Cedex
06 87 28 51 20

Index

A

B

T

U

V

W

Y

Crédits iconographiques

COUVERTURE

Plat 1, de gauche à droite : © YinYang / iStock ; © elenaleonova / iStock ; © Africa Studio / Shutterstock.

Dos : © Sasiistock / iStock.

INTÉRIEUR

Age fotostock © pages 125a Glow Cuisine RM ; 130 Tanya Constantine ; 198 Foodcollection ; 212 Alix Minde ; 253 Patrick Lane ; 345 Matthew Benoit ; 350a Kzenon.

Laetitia Ayné © dessins pages 210-211, 213, 248-249.

Bindies © page 319.

Biosphoto © pages 332 Mark Winwood / GAP ; 344 Jean-Michel Groul ; 346 Claude Thouvenin ; 347 Andrew Lawson / Garden Collection ; 348 Rémy Courseaux ; 350b, 351 Denis Bringard ; 353 Marie O'Hara / Garden Collection ; 357 NouN ; 358, 359 Gilles Le Scanff & Joëlle-Caroline Mayer ; 363 Alexandre Petzold ; 364 Elke Borkowski / GAP ; 366 Claudius Thiriet ; 367 J.-L. Klein & M.-L. Hubert ; 368a imagebroker / Creativ Studio Heinemann ; 370 Nova Photo Graphik / Flora Press ; 372a Flora Press ; 373 José Nicolas ; 377 Gilles Le Scanff & Joëlle-Caroline Mayer ; 381 H. Curtis ; 383a FhF GreenMedia / GAP.

Laurent Blondel © dessins pages 208, 289, 295, 342-343, 349, 352, 371, 379.

Justine Boudard © dessins pages 71, 125, 277, 282, 312, 320, 328, 330-331.

Sophie Boussahba © pages 63, 91.

BSIP © pages 215 Chassenet ; 218, 227 B. Boissonnet.

EG Atelier © pages 47a, 51b, 105ab, 109a, 278b, 287a, 325.

Fotolia © pages 12 Ingrid Balabanova ; 14-15 sutsaiy ; 15 Xavier Schneider ; 16a bluebat ; 16b Alexandre Zveiger ; 17 Tomasz Trojanowski ; 18a David Acosta Allely ; 18b correnta ; 19a Gordana Sermek ; 19b nito ; 20 Valeria Tarleva ; 21a Schlierner ; 21b Agatha Lemon ; 22b Klaus Eppele ; 23a Peter Waters ; 23c margo555 ; 24a Alekss ; 24b guy ; 25a Vera Kuttelvaserova ; 25b Frog 974 ; 26a FikMik ; 27a tstock ; 27b flariv ; 28 Ruzanna Arutyunyan ; 29 britta60 ; 30 Florian Villesèche ; 31 Roman Milert ; 32 Massimiliano Gallo ; 34 Vitas ; 35b Alain Wacquier ; 36a Pascal Piot ; 36b Vely ; 38 emde71 ; 38ab Evgeny Karandaev ; 39 Africa Studio ; 40 Richard Villalon ; 42 bit24 ; 42-43 Gunter Kremer ; 43 lynea ; 44a Olivier Dirson ; 44c Zbyszek Nowak ; 45 Emmanuelle Bonzami / Cynoclub ; 47b Igor Terekhov ; 47c flariv ; 48a picsfive ; 48b Andrei Rybachuk ; 49, 50 picsfive ; 51a jeehyun ; 52 Nataliia Pogrebna ; 53a kurapy ; 53b Vladyslav Danilin ; 54 picsfive ; 55a Kudrin Ruslan ; 55b Malyshchyts Viktar ; 56 Andrei Kuzmik ; 57 Mr. Lightman ; 60b Patryssia ; 61a L. Bouvier ; 61b Unclesam ; 64a nool ; 64b pixarno ; 64c Africa Studio ; 65a Petr Malyshev ; 66 xy ; 67 venusangel ; 68 meailleluc.com ; 69a Karam Miri ; 70a Liliya Kulianionak ; 70b ksena32 ; 73 mythja ; 74 Africa Studio ; 75a Nina Malyna ; 75b Philophoto ; 76 milachka ; 77 picsfive ; 78a msp12 ; 80 fred34560 ; 80a Alexandra Karamyshev ; 80b Thierry Hoarau ; 82 Alexstar ; 84a Africa Studio ; 85 Sergey Yarochkin ; 86a Mexrix ; 86b Frédéric Prochasson ; 87a Christian Gauthier ; 87b marcoprati ; 88a Africa Studio ; 88b Veronika Synenko ; 89a Dessie ; 89b gdvcom ; 92 Christopher Nolan ; 93a MurielleB ; 94a falcn ; 94b babimu ; 95 Sylvia Pasquet ; 96 olesiabilkei ; 99a Piotr Pawinski ; 99b Guillaume Duris ; 100, 101 Africa Studio ; 102 Ivonne Wierink ; 103 Anna Subbotina ; 104a Piotr Pawinski ; 106b sil007 ; 108 Erik Schumann ; 109b N. Deviatkina ; 110a Delphimages ; 111 Simone van den Berg ; 112b tairen ; 113a ksena32 ; 113b britta60 ; 114 Guillaume Duris ; 115a mrgarry ; 116a arbuzubra ; 116b John Lee ; 116c Fotodesign Märzinger ; 118 goodluz ; 119a Lydie Besançon/studio DER ; 120 Chlorophylle ; 121 auremar ; 123a L. Bouvier ; 123b Sergii Moscaliuk ; 124 Africa Studio ; 126a Aleksandr Ugorenkov ; 126b Philetdom ; 128 Jeremy Tamisier ; 131b meailleluc.com ; 132 Fotodesign Märzinger ; 134b yurolaitsalbert ; 135 Yahia Loukkal ; 136b Paipai ; 137a mariesacha ; 137b Richard Villalon ; 138 Maximo Sanz ; 139 flake Images ; 141 fottoo ; 142a msk.nina ; 143 D. Ott ; 144a alkerk ; 144b Jean-Paul Chassenet ; 145 Ljupco Smokovski ; 146a Maurice Metzger ; 146b Rade Lukovic ; 149a Christophe Fouquin ; 150a Robbic ; 150c algre ; 151a design56 ; 152 Anna Subbotina ; 154 monticellllo ; 155 Valeria Tarleva ; 156 B. and E. Dudzinscy ; 157 ChantalS ; 158a apatchi ; 158b Aygul Bulté ; 159 Diana Taliun ; 160 Laurent Hamels ; 162a Africa Studio ; 162b amk1 ; 163a Anton Ignatenco ; 163b goccedicolore ; 164a ExQuisine ; 164b M.studio ; 165 Paolo Lambertini ; 166 Paul Grecaud ; 167 Sergiogen ; 168a msk. nina ; 168bc 7monarda ; 169 Sonia Chatelain ; 170a Mendolo ; 170b Maks Narodenko ; 171 Food-pictures ; 172b Brad Pict ; 172c Lilyana Vynogradova ; 173 Serge Bertasius ; 174 Maksim Shebeko ; 176 Diana Taliun ; 177 Brebca ; 178a Studio DER ; 178b Food-pictures ; 179a Aleksandar Jocic ; 179b Natika ; 180a Thierry Hoarau ; 180b Natika ; 180c oriori ; 181 M.studio ;

182a guy; 182b Matteo Dini; 183a chanelle; 183b Sea Wave; 184a Galaiko Sergey; 184b Brad Pict; 185 Viktorija; 186a Jacques Palut; 186b Bernd Juergens; 187a Jjava; 187b Guillaume Duris; 188a MurielleB; 189a Anna Omelchenko; 189b Natika; 190 Roberta Zanlucchi; 192 Brad Pict; 193 M.studio; 194 sonia Chatelain; 195 Elena Schweitzer; 196a heros1973; 196b Anton Prado Photo; 197a helenedevun; 197b tolism; 199 El bieta S kowska; 200a Food-pictures; 200b Ralf Neumann; 201a mates; 201b Sea Wave; 201c Dani Vincek; 202 Serhiy Shullye; 203 EastWest Imaging; 204 Joshua A Resnick; 205 M.studio; 207 SCPixBit; 209 Birgit Reitz-Hofmann; 211 photocrew; 213a Dominique Vernier; 213b Serhiy Shullye; 214a Nicolas Beaumont; 214b Artem Furman; 216 Dionisvera; 217 Vittorio Stasi / kreativloft.ch; 221 Susanne Güttler; 222a margo555; 222b Lsantilli; 223 chihana; 224a adautoaraujo; 224b Delphimages; 225a natalyka; 225b Thierry Hoarau; 226 dream79; 228 Schlierner; 229 Brent Hofacker; 230a NataliTerr; 230b Natika; 231a marisha5; 231b Anton Ignatenco; 232 Studio DER; 233 grimplet; 234 Unclesam; 235a Miredi; 235b Wolfgang Mücke; 236 Unclesam; 237b Vadim Gnidash; 238a Masaru Kato; 238b Maridav; 239 olegator1977; 240a Cheryl Casey; 241 fotomatrix; 242 Matka Warlatka; 244 anetlanda; 245 auremar; 246 Ron Sumners; 250a Marcin Sadlowski; 250b Botamochy; 251 ExQuisine; 252 Ilona Baha; 255b Alois; 255c JPC-Prod; 256 Alexandra; 258 Dmitry Sunagatov; 259 Unclesam; 260 Petr Malyshev; 261a Natika; 261b ksena32; 263b Christian Stoll; 264a guy; 264b karandaev; 265 Gennadiy Poznyakov; 266a marcoemilio; 266b Eléonore H; 267a picsfive; 267b margo555; 268a Unclesam; 268b Anna Kucherova; 269a Barbara Pheby; 269b Christophe Fouquin; 269c M S; 270 Vladimir Liverts; 271 Yanik Chauvin; 274a Brad Pict; 274b nacroba; 275a M.studio; 275b Davy Bailey; 276 Jérôme Berquez; 277 Unclesam; 278c Didier Salou; 279a Vesna Cvorovic; 279b Unclesam; 280 John Lee; 283ab tuja66; 284a pozezan; 284b Unclesam; 285 auremar; 287b Unclesam; 288a emanelda; 288b Philippe Devanne; 291 cosma; 292a Florian Villesèche; 293a Richard Villalon; 293b Philippe Devanne; 295 Frédéric Combes; 298 Helios; 301b Jean-Paul Chassenet; 303, 304 PAO joke; 306 andiafaith; 312 Jennifer Jane; 313 3darcastudio; 314 Frog 974; 315b Pixel & Création; 316 cecconi_94; 318 Natika; 326a Brad Pict; 326b Olivier Dirson; 329a Timothy Budd / Timages; 329b Saenjo; 329c Unclesam; 330-331 marog-pixcells; 334 Andrea Wilhelm; 336a tsach; 336b Dmitri Zakovorotny; 337 Stefan Körber; 338 Paplauski Vital; 339 Patryssia; 341 natali1991; 354a Mykola Velychko; 354b ksena32; 355a rafalwit; 355b Unclesam; 355c rainbow33; 356 DLeonis; 360a Alekss; 360b mediagram; 360c Alekss; 361a Sergey Galushko; 361b Serg Salivon; 362 Coulanges; 365 Eric Isselée / lifeonwhite.com; 368b pio3; 369 Schlierner; 372b L. Bouvier; 374a elenarostunova; 374b Zee; 375a richard53270; 375b marcoemilio; 376 federicofoto; 378 LianeM; 382a; 382b legabatch; 383b Africa Studio.

Kharbine-Tapabor © page 247 IM.

Fifi Mandirac © page 321.

Oredia © 37 Andreas von Einsiedel Interio; 41 Flore Palix; 127 Neil Lorimer / Ewa Stock; 140, Simon McBride / Redcover; 272 Flora press; 297 Simon McBride / Redcover; 299a Suzanne Webster / Camerapress; 300 Andreas von Einsiedel Interiors; 302 Jody D'Arcy / Bauer Syndication; 305 Andreas von Einsiedel Interiors; 310 Fiorentini Christina / Gap Interiors; 311 Redcover; 317 Nick Carter / Gap Interiors; 324 Gallo Images/Camerapress.

Phanie © pages 112a, 117, 126c Garo; 241 Burger; 254 Garo.

Thinkstock © pages 22a Yungshu Chao; 23b arlindo71; 26b iStockphoto; 33 Vid Gutenberger; 35a Thomas Seybold; 44b Stuart Duncan Smith; 51c design56; 58 George Doyle; 59a Karam Miri; 60a Timur Arbaev; 62 Sarah Marchant; 65b Anna Sirotina; 69b Fuse; 78b George Doyle; 79a Arthur Fatykhov; 79b Margaret O'Hare; 83 Richard Jemison; 84b Petro Korchmar; 90 Aleksandr Ugorenkov; 93b chomplearn; 104b Lionel Boivineau; 106a Thomas Brostrom; 107 Andrew Olney; 110b senol koc; 115b YekoPhotoStudio; 119b Michal Adamczyk; 122 Canunal; 129 Dirk Ercken; 131a Miodrag Trajkovic; 133 Jupiterimages; 134a Maxim Shebeko; 136a Okea; 142b Medioimages/Photodisc; 147 Stockbyte; 148a Ingram Publishing; 148b Thomas Northcut; 149b Daniel Kaesler; 150b Brian Jackson; 151b Roman Ivaschenko; 172a Lasse Kristensen; 188b Lorenzo Antonucci; 237a Melinda Fawver; 249 Nenad Aksic; 255a Dave White; 257 Christian Mueringer; 263a iStockphoto; 278a Ingram Publishing; 281 Polka Dot Images; 286 Steven Heap; 290 Dean Mitchell; 292b Wavebreakmedia Ltd; 294 Gary Ombler; 301a Ablestock.com / Hemera Technologies; 308 Mike Manzano; 309 Ableimages; 315a Feng Yu; 327 Michael J Hipple; 335 Wavebreakmedia Ltd.

Wikicommons © page 279c Omegatron; 282 Otto Lueger.

CONSEILS ET ASTUCES POUR VOUS ET VOTRE MAISON
est publié par SAS QUE CHOISIR
Impression et reliure : Pollina, Luçon, France - 95277
TROISIÈME ÉDITION – Premier tirage
Achevé d'imprimer : novembre 2020
Dépot légal en France : novembre 2020
Imprime en France / Printed in France